21世纪高职高专旅游服务与管理专业工学结合系列教材

# 中外旅游景点赏析

主　编　王春梅
副主编　梁　盼　王林春
主　审　杨永杰

中国财富出版社

**图书在版编目（CIP）数据**

中外旅游景点赏析/王春梅主编．—北京：中国财富出版社，2014.1
（21世纪高职高专旅游服务与管理专业工学结合系列教材）
ISBN 978-7-5047-5070-9

Ⅰ.①中… Ⅱ.①王… Ⅲ.①景点—世界—高等职业教育—教材 Ⅳ.①K917

中国版本图书馆CIP数据核字（2013）第288582号

**策划编辑** 李瑞清　　**责任印制** 方朋远
**责任编辑** 徐文涛　李瑞清　　**责任校对** 杨小静

---

**出版发行** 中国财富出版社（原中国物资出版社）
**社　　址** 北京市丰台区南四环西路188号5区20楼　　**邮政编码** 100070
**电　　话** 010-52227568（发行部）　　010-52227588转307（总编室）
010-68589540（读者服务部）　　010-52227588转305（质检部）
**网　　址** http://www.cfpress.com.cn
**经　　销** 新华书店
**印　　刷** 三河市西华印务有限公司
**书　　号** ISBN 978-7-5047-5070-9/K·0114
**开　　本** 787mm×1092mm　1/16　　**版　　次** 2014年1月第1版
**印　　张** 18.75　　**印　　次** 2014年1月第1次印刷
**字　　数** 456千字　　**定　　价** 38.00元

---

# 21 世纪高职高专旅游服务与管理专业
# 工学结合系列教材编审委员会

# 出版说明

为了编写这套教材，中国财富出版社筹备的“21世纪高职高专旅游服务与管理专业工学结合系列教材编审委员会工作会议”第一次会议和第二次会议先后在杭州和北京召开，会议贯彻以职业技能训练为中心任务、以工学结合为体系的现代化高职教育教材编写理念，探索具有旅游服务与管理专业特色的工学结合的教材编写模式，搭建了企业管理人员与一线教师交流的平台。

工学结合的教材应该根据具体的专业所属的行业领域和职业岗位（群）的任职要求，参照相关的职业资格标准，按照职业岗位编排教材体系与实训项目内容，从而使教材有效地体现知识与职业岗位的一体化。这样的教材必然具备两个特点：一是必须由企业人员参与教材编写，体现校企合作、工学结合；二是必须与相关职业资格标准相结合。

那么，旅游服务与管理专业工学结合的教材应该是怎样的？

旅游服务与管理专业工学结合的教材应该是以岗位（群）为依据划分项目，再将项目分解成任务，并且具体地讲解完成任务所需要的步骤，从而同时实现技能目标和知识目标。它不同于传统的“实训教程”，也不等于众多小模块的拼凑，更不是简单地将“章”变“项目”，“节”变“任务”。而是将系统的知识与技能有机地结合起来表述，有严格的项目、任务分解依据，读来既轻松又不失严谨。

本系列教材还配有电子教学资料，包括电子教案，教学指南，课时建议，练习题答案，实训设置，期末考试A、B试卷等，能够为老师授课和学生学习提供诸多便利，起到小型“资料库”的作用，欢迎登录中国财富出版社网站（http://www.cfpress.com.cn）进行下载。

本系列教材从策划伊始到问世，都伴随着策划人的详尽调研、行业专家的认真解惑和编写老师的严谨耕耘，具备以下特点：

(1) 通俗易读，深浅有度。理论知识广而不深，基本技能贯穿教材的始终。图文并茂，以例释理的方法得到广泛的应用，十分符合职业院校学生的学习特点。

(2) 工学结合的编写思路。一方面注重企业的参与，另一方面注重与相关职业资格标准相结合。

(3)“套餐式”教材，电子教学资料请专业人士制作。现代化的手段可以帮助丰富和发展传统的教材。

(4) 兼顾老师授课和学生学习。教材不仅设置电子教学资料，从而减少老师备课的工作量，而且内容安排上兼顾了可读性，使学生能够自主学习。

“21世纪高职高专旅游服务与管理专业工学结合系列教材”符合职业教育的教学理念和发展趋势，能够成为广大教师和学生教与学的优秀教材，同时也可以作为旅游业管理人员、相关从业人员的自学读物。

# 前　言

我国旅游业发端于改革，兴盛于开放。30多年来，它走过了不平凡的历程，实现了由单纯的外事接待向综合性行业的重大转变，由新的经济增长点到国民经济支柱产业的重大转变，由旅游资源大国到世界旅游大国的重大转变。2013年4月25日第十二届全国人民代表大会常务委员会第二次会议通过《中华人民共和国旅游法》(2013年10月1日起施行)，标志着我国旅游业的发展跨上新的台阶。

目前，全国星级饭店总数达1.4万家，外商投资的星级饭店共有470家，其中四星级以上299家；旅行社达2.5万家，外商投资设立旅行社78家；各类旅游景区景点达2万多家，其中，5A级旅游景区150余家；红红火火的休闲农业和乡村旅游在全国9万个村镇开展，其中农家乐达155万家，2800万农民从中受益。全国旅游直接从业人数已超过1350万，带动相关行业就业超过8000万。旅游从业人员日益壮大，专业素质提高不容忽视。

本教材从旅游业发展的现实出发，融知识性、欣赏性、趣味性于一体，着眼于旅游院校旅游人才素质教育的需求，使学生在学习中外旅游景点知识的同时，欣赏到中外自然景点、人文景点的神韵，从而提高自身的旅游文化修养和审美能力，达到人才培养的目标和提高实际工作能力的需求。

本教材在编写体制上以旅游景点为主线，在任务导入环节，注重对真实工作任务的分析，强调游客的实际需求，实现与旅游工作岗位的无缝链接，有助于导游、计调、外联及销售人员突破岗位局限，全面深入地认识旅游景点，达到提高人才竞争力的积极意义。

本教材依据旅游企业实际岗位能力需要，加大实训教学环节的设置，使课程内容与计调、导游、外联等岗位能力紧密衔接，充分体现"特色景点+实践实训"工学结合教材的特点，落实和实践了工学结合教材编写的新模式。

本教材由王春梅老师担任主编，梁盼、王林春老师担任副主编。王春梅老师编写项目一、十二；梁盼老师编写项目七、九；王伟老师编写项目二；宋萍老师编写项目三；李京红、陈刚老师编写项目四；贾艳琼老师编写项目五中的任务二、三；高铮老师编写项目五中的任务一；朱宁老师编写项目六；赵琳琳老师编写项目八；朱瑞明老师编写项目十；李宜老师编写项目十一。王春梅老师、王林春老师负责全书统稿，杨永杰老师负责主审。由于编者水平有限，难免有疏漏之处，恳望广大读者批评指正。

**编　者**

**2013年12月**

# 目 录

**项目一 中国印象——景观赏析** ……(1)
任务一 景观赏析 ……(1)
复习思考题 ……(13)
任务二 中国世界遗产及A级景区 ……(14)
复习思考题 ……(21)

**项目二 京华览胜——华北景点赏析** ……(22)
任务一 京津景点赏析 ……(22)
复习思考题 ……(31)
任务二 河北景点赏析 ……(32)
复习思考题 ……(38)
任务三 山东景点赏析 ……(38)
复习思考题 ……(45)

**项目三 白山黑水——东北景点赏析** ……(46)
任务一 辽宁景点赏析 ……(46)
复习思考题 ……(54)
任务二 吉林景点赏析 ……(54)
复习思考题 ……(61)
任务三 黑龙江景点赏析 ……(62)
复习思考题 ……(68)

**项目四 华夏风采——中原景点赏析** ……(69)
任务一 河南景点赏析 ……(69)
复习思考题 ……(76)
任务二 陕西景点赏析 ……(76)
复习思考题 ……(88)
任务三 山西景点赏析 ……(89)
复习思考题 ……(95)

项目五　塞外风情——西北景点赏析 ……………………………… (96)
任务一　宁夏景点赏析 ……………………………… (96)
复习思考题 ……………………………… (103)
任务二　甘肃景点赏析 ……………………………… (103)
复习思考题 ……………………………… (110)
任务三　内蒙古景点赏析 ……………………………… (111)
复习思考题 ……………………………… (120)

项目六　秀山丽水——华东景点赏析 ……………………………… (121)
任务一　苏—浙—沪旅游板块游览景点赏析 ……………………………… (121)
复习思考题 ……………………………… (141)
任务二　江西景点赏析 ……………………………… (141)
复习思考题 ……………………………… (148)
任务三　安徽景点赏析 ……………………………… (148)
复习思考题 ……………………………… (155)

项目七　山水峡谷——华中景点赏析 ……………………………… (156)
任务一　四川景点赏析 ……………………………… (156)
复习思考题 ……………………………… (163)
任务二　重庆——湖北景点赏析 ……………………………… (163)
复习思考题 ……………………………… (174)
任务三　湖南景点赏析 ……………………………… (175)
复习思考题 ……………………………… (182)

项目八　南国风光——华南景点赏析 ……………………………… (183)
任务一　广东景点赏析 ……………………………… (183)
复习思考题 ……………………………… (193)
任务二　福建景点赏析 ……………………………… (194)
复习思考题 ……………………………… (201)
任务三　海南景点赏析 ……………………………… (201)
复习思考题 ……………………………… (207)

项目九　奇观荟萃——西南景点赏析 ……………………………… (208)
任务一　广西景点赏析 ……………………………… (208)
复习思考题 ……………………………… (216)
任务二　贵州景点赏析 ……………………………… (216)

复习思考题 ………………………………………………………………………………… (223)
任务三　云南景点赏析 ……………………………………………………………………… (223)
复习思考题 ………………………………………………………………………………… (231)

**项目十　多姿多彩——青藏新景点赏析** …………………………………………………… (232)
任务一　青藏景点赏析 ……………………………………………………………………… (232)
复习思考题 ………………………………………………………………………………… (241)
任务二　新疆景点赏析 ……………………………………………………………………… (241)
复习思考题 ………………………………………………………………………………… (248)

**项目十一　都市风貌——港澳台景点赏析** ………………………………………………… (249)
任务一　港澳景点赏析 ……………………………………………………………………… (249)
复习思考题 ………………………………………………………………………………… (259)
任务二　台湾景点赏析 ……………………………………………………………………… (259)
复习思考题 ………………………………………………………………………………… (264)

**项目十二　魅力全球——国外景点赏析** …………………………………………………… (265)
国外主要景点赏析 …………………………………………………………………………… (265)
复习思考题 ………………………………………………………………………………… (283)

**参考文献** ………………………………………………………………………………………… (284)

# 项目一 中国印象——景观赏析

## 学习目标

**知识目标**

1. 了解不同旅游景观的审美特征，熟悉不同景点的观赏方式；
2. 熟悉世界遗产的产生原因、分类及分布；
3. 熟悉中国A级景区的概况及评定。

**能力目标**

1. 能够运用所学知识，根据旅游景观特点，选择最佳观赏地点和时间；
2. 能够根据同学及家人的特点推荐旅游景点。

## 任务一 景观赏析

### 任务导入

青青是职业院校旅游管理专业的一名学生，家人和朋友们听说她是学旅游的，常常请教她旅游景点方面的问题，而她自己总也说不出什么，只能建议朋友们上网查查。最近系办老师安排她带领新生参观校园，如何将美丽的校园介绍给师弟师妹？如何欣赏校园美景和旅游景点？请你为她支支招。

### 任务分析

学习旅游管理及相关专业，毕业后往往成为一名旅游从业者，而旅游从业者对旅游景观的认识直接影响旅游服务的质量。旅游从业者掌握了旅游景点的美学特征，理解旅游景点美学内涵，才能引领游客发现美，享受到旅游的乐趣。2013 年 3 月 18 日，国家旅游局印发《旅游质量发展纲要（2013—2020 年）》（以下简称《纲要》），提出质量强旅战略目标。《纲要》对旅游服务质量发展目标提出了具体要求，从中我们不难看出景点赏析的重要性。

## 知识准备

### 一、中国旅游景观的美学特征

（一）自然景观的美学特征

1. 形态美

我国自然景点的形态美概括为雄、奇、险、秀、奥、旷、野等几种典型的风格特征。

雄是指一种壮观、雄伟，意味形象高大，人们常须用高仰角来观看，有压顶之势，具有动人心魄的气势，如五岳之首的泰山，以雄伟著称，有“泰山天下雄”的赞誉。其绝对高度为海拔 1545 米，但其相对高度则达 1360 米，且骤然突起，山势陡峭，凌驾于齐鲁大地之上，具有通天拔地之势，给人以高大雄浑之感。杜甫《望岳》一诗中“会当凌绝顶，一览众山小”两句，形象地道出了泰山雄伟壮观的审美形象。

奇是指形态光怪陆离，奇异多变，往往给人一种巧夺天工而非人力所为的感叹。我国以奇为美的景观首推黄山。明代大旅行家徐霞客两登黄山，以“生平奇览”、“步步生奇”、“五岳归来不看山，黄山归来不看岳”等溢美之辞，盛赞“黄山天下奇”的独特景象。黄山奇美，主要源于峰奇、石奇、松奇、云奇。黄山景区 72 峰均高千米以上，沟壁交错，层次丰富，构成连天通地的峰海奇观。黄山岩石久经风化，断裂纵横，曲直圆方，其状“如笔、如矢、如笋、如林”或“似人、似物、似禽、似兽”，遍布于山脊、峰顶、陡崖上，构成“仙人指路”、“猴子观海”、“松鼠跳天都”、“金鸡叫天门”等系列石奇景观。黄山的松苍郁挺拔地盘结在危岩或峭壁上，其“无树非松，无松不奇”和“近听风声如笛，远闻松涛似海”等景象，给黄山奇美注入了与众不同的内容。黄山“四奇”中，峰、石、松三者处于相对的静态，唯云海如锦似缎，变幻无穷，幻化出动态美和朦胧美的奇特景致。

险是指景观形状陡峭，气势险峻，坡度特别大，山脊高而窄。西岳华山，素有“天下险”之称。如想登上华顶，领略“西岳峥嵘何壮哉，黄河如丝天际来”的景象，就须攀登 30 里，历险数十处。其中千尺幢、百尺峡、老君犁沟、擦耳崖、上天梯和苍龙岭等险道，令人望而生畏，不寒而栗。特别是苍龙岭，长约一里，岭脊仅宽一米左右，光滑圆溜，形如龙背鱼脊。岭西壁落深渊，直下 700 余米；岭东绝壑悬崖，似觉无底，故有“背无一仞阔，旁有万丈垂”的描述。

秀是风景中最常见的一种审美形态，一般有良好的植被覆盖，山水交融，色彩葱茏，生机盎然。其形态别致丰满，轮廓线条柔和优美，给人一种甜美、安逸、舒适的审美感受。峨眉山享有“天下秀”的美誉，一是因为远观其形，“此山云鬟（huán）凝翠，鬓（bìn）黛遥妆，真如螓（qín）首蛾眉细而长，美而艳也。”二是因为植被葱翠，水草丰茂，色彩雅丽，四季常青。杭州西湖的秀美，从苏东坡的“水光潋（liàn）滟（yàn）晴方好，山色空蒙雨亦奇；欲把西湖比西子，淡妆浓抹总相宜”的诗句中得到形象的描绘。

幽是指以崇山幽谷、山间盆地或山麓地带为地形基础，辅以铺天盖地的高大乔木，构

成封闭或半封闭的空间环境。幽美在于深藏，景藏得越深，越富于情趣，越显得幽美。正所谓“曲径通幽处，禅房花木深”。“青城天下幽”的青城山之美，就美在一个“幽”字上。宏观青城，如一个天然陶铸成的大青瓷瓶，幽雅古朴。游人沿山间小路上山，两侧苍松翠竹，碧绿成荫，溪泉清澈见底，潺潺入耳，偶尔传来鸟鸣声，“鸟鸣山更幽”，有一种幽深莫测的神秘感。

奥是指比“幽”美更为复杂深隐、封闭迷离。如四周崖壁环列、通道如隙的“一线天”式的景观；曲折而出、深奥如井的溶洞景观都属此类。游人进入其内，顿感奥秘无穷，幽深莫测，如扑朔迷宫。号称“天下奥”的武陵山区，植被覆盖率高达90%以上，峰密森立，遮天蔽日，溶洞棋布，迷离神奇，对探幽访奥者具有极大的吸引力。

旷是指视域开阔宽广，形态坦荡，给人一种心旷神怡的审美感受。凡能称“旷”的，都为人们的视线没有阻隔、放眼四望茫无际涯的景色，如浩渺的水面、苍茫的原野、居高而望群峰等。从内蒙古大草原的“天苍苍，野茫茫，风吹草低见牛羊”到登黄鹤楼的“唯见长江天际流”，各种旷景无不具有雄浑、博大、深沉、单纯之势。最典型的“旷”美景观首推“八百里洞庭”。

野这类景观属于原始自然的产物，纯真古朴，富有野趣，一般未受人类干扰、雕饰或破坏。如“大漠孤烟直，长河落日圆”表现了大漠荒原之野；“芳树无人花自落，春山一路鸟空啼”是山林之野。近年来开辟的九寨沟、张家界和神农架等景区，其山、水、石、林、洞等仍处于原始状态，保持着洪荒自然的风貌，给人一种远离尘嚣的“野趣”神秘之感。正所谓有“九寨风光人间稀”之说。

2. 色彩美

自然风景中的色彩美主要是由树木花草、江河湖海、烟岚云霞及阳光等构成，万象纷呈，极其丰富。五彩缤纷的自然色彩，最易于被人们直观地感受，给旅游者带来欢乐，带来赏心悦目的美感，乃至令人振奋和神往。“日出江花红似火，春来江水绿如蓝”；“西山红叶好，深秋色愈浓”……大自然中色彩之绚丽，色彩之变幻莫测，令人着迷。

**图1-1　色彩美**

四季之色："苏堤春晓"突出春色，"居庸叠翠"突出夏色，"西山红叶"突出秋色，"西山晴雪"突出冬色，故有"春翡夏翠秋金冬银"之说。秋季的山野，黄红（变色树叶）、白（白桦树干和芦花）、绿（常绿树），色彩斑驳，较之其他季节尤为动人。"香雪海"（梅林）、林海雪原以其纯白洁净而富有魅力。

山色：近山绿而远山蓝，渐远渐淡，层次分明，直至天边。

石色：色彩相对稳定。如碧水丹崖的武夷山（红色砂岩构成的丹霞地貌）、青色石灰岩构成的路南石林、四川江津县的黑石山、浙江乐清县的白石山、新疆吐鲁番盆地的火焰山等。

水色：水本无色透明，但在不同的地理环境中，由于所含矿物质及洁净程度的不同，或受天色及周围景物的影响而产生丰富的色彩。如黄河，因含沙量大，成为世界上特有的黄色巨流，在阳光下像一条金色的带子。

天色：当阳光穿过大气层时，不同的天气和时间就会出现五彩斑斓的朝霞、晚霞、彩云、雾霭，使天空呈现出蓝、紫、灰、绿、红、橙、黄等色彩的变化，五彩斑斓。

植物色：植物的色彩，是生命的色彩，最富有情感，色彩也最为丰富。如北京香山红叶、峨眉山的高山杜鹃花、云南的茶花、广西左江的木棉花、上海南汇的桃花、天津盘山的梨花等。花季之时，游人如潮。

3. 动态美

自然景点的动态美主要由流水、飞瀑、飘雾和浮云等因素构成。

所谓"山得水则活"，是因为水的流动、跌宕、声响，打破山谷的沉寂，改变景观的形态，同时还给植物鸟兽提供滋养，给人一种生机勃勃的审美感受。闻名天下的三峡风景，若无汹涌奔腾的长江巨流，就不会给人以惊心动魄之感。

瀑布是动态景观的重要组成部分。山中近观飞瀑，或浪花四溅，或珠帘轻泻，或银河落天，或雷奔云卷。其形态多变，充满活力，气势动人，洗涤胸襟。贵州的黄果树瀑布，云南的大叠水瀑布，雁荡山的大龙湫，泰岳的黑龙潭，庐山的三叠泉等，都是典型的动态景观。

流云飘雾构成的动态景观奇幻莫测，深远神秘。云动山移，峰影隐现，构成"山在虚无缥缈间"的朦胧之美。云作为动态表象，聚散不一，"轻而为烟，重而为雾，浮而为霭，聚而为气。"结果，其状相异，有浮云、朵云、片云、条云、鱼鳞云等。黄山就美在云雾之中，其云变化多端，像流水一样荡漾在万壑深谷。每当烟云升腾，犹如大海波涛翻滚，向游人迎面扑来，使人感受到一种飘动的美、荡漾的美。

构成动态美的内在动力是无形的风。风驱赶云雾，扬起波澜，摇拂垂柳，掀动松涛……使山水变活，景物生趣，造成"众象不定"的景观变化。

4. 听觉美

在众多自然景点中，瀑落深潭，惊涛拍岸，溪流山涧，泉泻清池，雨打芭蕉，风吹松涛，幽林鸟语，夏日蝉鸣，寂夜虫唱等自然音响，在特定的环境中，能给人以赏心悦目的音乐般的美感享受。凡名山名园，均设有诸如"松涛亭"、"听泉亭"、"留听

阁”之类的景点。大千世界中听觉美有着丰富的内容，具有代表性的主要是鸟语、风声、钟声、水声。

鸟语的听觉美。百鸟之中，黄鹂历来备受青睐。“两个黄鹂鸣翠柳”“隔叶黄鹂空好音”等诗句，描写的都是黄鹂鸣唱时给人的心旷神怡的听觉之美。在幽林深谷之中，鸟语虫声会使自然景点产生一种对比和反衬的审美效应。“蝉噪林愈静，鸟鸣山更幽”便是典型而形象的写照。

风声的听觉美。在中国山水中以风声构成或得以命名的景致不胜枚举。承德避暑山庄的“万壑松风”一景，使得古往今来的游人慕名而访，期望倾听浑厚沉浊、古朴苍劲的自然乐章。有人比喻：假如把大自然视为一架钢琴，把山谷、岗峦、植物等视为琴键，那么，风则是拨动这些琴键的乐师。

钟声的听觉美。古刹钟声浑厚深沉和悠远荡漾的特点，常常给人一种不可言喻的带有神秘意味的听觉美感。“姑苏城外寒山寺，夜半钟声到客船”。这空灵清净的诗意，感人肺腑的钟声，吸引了大量国内外游客。其中不少人为闻钟声，离开饭店宾馆，夜居水舟之上。

水声的听觉美。轰然巨响的飞瀑，惊涛拍岸的江流，节奏起伏的海潮，潺潺不息的泉涧，轻打芭蕉的雨声……由此汇成的自然协奏曲，或亢奋，或雄强，或古朴，或轻柔，或欢快……能给人一种妙不可言的听觉享受。

5. 象征美

中国人喜欢荷花、兰花、竹子和松柏等植物景观，其根本原因不在于其外表好看，而在于其内在的品质，即作为人格的象征或精神意志的表现。荷花生长在池塘沼泽，“出淤泥而不染”，故象征高洁。兰花生于幽谷而不与芜草为伍，色洁、香醇、质朴，故象征清雅。竹子修直不弯，引发人们洒脱淡泊的联想，故象征高风亮节，素有“正人君子”之称。松柏不畏严寒，斗风傲雪，四季常青，因此，人们习惯于借用松柏的这种性格来喻示人类不屈的精神，以象征坚忍不拔的品质。

另外，久居城市的人们，一旦深入山林，闻到芳草、花香，吸到新鲜空气，顿觉得肺腑清净，全身透亮，精神振奋，这些都是美，给人以审美享受。

（二）人文景观的审美特征

1. 形式美

我国众多的古建筑、园林、桥梁、佛像等人文景点随着其历史性和时间性的不断延长，原有的实用功能相对淡化，而观赏功能则更加突出。其宏伟、典雅和精巧的造型美吸引着越来越多的国内外游客。这些独特的造型与结构，应用了一系列形式美法则，其基本原理包括：

反复与整齐的互动原理。要求同一形式有规律地重复出现，组成整体结构上的整齐一致形态，给人以秩序感、条理感和节奏感。比如中式大屋顶建筑中形式一律的窗户与斗拱，佛塔上层的拱门与叠檐，桥体中连串的小拱或桥孔等。

**图 1-2 北京故宫**

对称与均衡的互动原理。对称要求物体或图形相对两边的各个部分在大小形状及排列上对应相当。对称法在中国古建筑的布局和结构上应用得十分广泛。沿北京故宫中轴线南北穿行游览，门洞、路基、台阶、大殿的立柱、左右的开间……均遵守对称的规律，给人以法度严密、体态沉稳之感。

均衡是对称的某种变形。主要差异在于均衡要求物体或图形左右上下在形、量、力甚至色彩等方面大体接近，但不要求形体的一致或相等。如故宫的午门，由于巧妙地运用了对称与均衡相结合的手法，其造型通过大小、轻重、高低、上下的变化既保持了稳定而牢固的重心，又表现了庄重与严肃的气氛。

调和与对比的互动原理。调和指将两个相接近的东西并列在一起。给人一种融洽、平和、安定与自然的感觉；对比是为了追求一种比较或对照的明显反差效果，而将两个极不相同的东西并列在一起。给人一种鲜明、醒目、活泼或华艳的感觉。如天坛的祈年殿，在圆形的回音壁中看到圆形的大小基座、叠檐与上接蓝天的皇穹宇，这种在形体上由曲线所构成的调和现象，具有浑然一体的特点。而汉白玉护栏、镏金宝顶、蓝色琉璃瓦与火红的立柱等，因彼此色彩对比强烈，在外观上具有显赫、宏丽和超拔的意味。

尺度与比例的互动原理。“尺度就是量”，就是以一定量来表示和说明质的某种标准。中国人所讲的“度”，指的就是适宜的尺度，即一定事物质量变化的限度。所谓的“东家之子，增之一分则太长，减之一分则太短；著粉则太白，施朱则太赤……”，讲的就是一种关于人体美的“度”。比例是指同一事物的整体与局部，或局部与局部之间的尺寸大小所构成的结构关系。古希腊人最早发现的“黄金分割率”（即长与宽之比等于 1∶0.618），则是最有代表性的比例美范式。我国的乐山凌云大佛，虽高达 71 米，但整尊佛像仍保持匀称的体态与适当的比例。

节奏与韵律的互动原理。节奏指有秩序、有规律的连续变化和运动。韵律是指在节奏基础上，内容和形式在更深层次上有规律的变化统一。节奏和韵律都离不开一定的比例关系和适当的间隔距离。故宫的太和门，其内容丰富而生动的韵律，沿垂直和水平方向巧妙展开，逐渐变化，令观赏者的心律和视线平和地跃动起伏，回环往复，使原本静止的空间形象活转过来，委实像一首“凝固了的音乐”。

多样与统一的互动原理。多样指不同事物个性间的千差万别；统一代表多种事物共性

的有机结合与整齐一律。外在的人文景点内容如果仅有多样性而缺乏统一性，容易造成杂乱无序的印象；如果仅有统一性而缺乏多样性，则会导致单调死板的感觉。唯有两者有机结合，才能和谐有致，给人以美感。

实景与虚景的互动原理。“实景”是指相对独立与实际存在的景物与形象，如园林中的水、石、亭、台、楼、阁、植被和绘画中的着墨之处等。“虚景”是指相对依附和假借的景物与形象，如园林中的借来之景与绘画中的空白之处等。在注重诗情画意的中国园林中，虚实相生的造园技术得到广泛的运用。

2. 协和美

一般表现在物态形式和文化心理两方面因素。

物态形式因素：它是人文与自然景点协和美的基础。人们通常以特定的自然环境为背景，遵循多样统一等美学原则，选择布局和谐的景点位置，并借助亭台楼阁等建筑形式，因地制宜地创造出景中之景，以协调和强化整体景观的审美效应。我国各大名山胜水，历经数千年经营，建筑布局与自然环境非常讲究审美风格上的和谐统一。

以“雄”为美的景区，建筑多居于山脊，绝顶或明坡上，以协调和强化雄伟崇高的气势。如东岳泰山，每到险要高旷之处，必有建筑点缀。

以“险”为美的景区，建筑物一般临崖依壁，凭险而设，突出“无限风光在险峰”的意境。如北岳恒山的悬空寺，西岳华山的长空栈道等。

以“秀”为美的景区，建筑物往往依山傍水，掩映林间。号称“地上天堂”的苏杭，经常在主要景点看到造型轻巧，尺度适宜，体态匀称，色彩素雅的亭台楼阁与小桥流水式的景致。

以“幽”为美的景区，建筑物常掩于密林，藏于山麓，沉于谷底，形成密林隐殿或深山藏古寺式的幽静宁寂之境。如崂山的夏清宫等。

以“奥”为美的景区，建筑物大多与洞穴结为一体，更显得扑朔迷离，妙趣横生。如雁荡山合掌峰下的观音洞，顺山势筑有九层殿堂，远望是天然洞穴，近看有殿阁隐约可见，入内有九重楼阁之大观。

以“奇”为美的景区，建筑物在布局设计上惯于采取巧妙因借的手法，构成更为变幻曲折、令人叹奇的景致。如云南石林中时上时下、时隐时现、时洞时桥的游览道路等。

以“旷”为美的景区，建筑物往往选择临湖或沿江的制高点而设，以供游人登高俯视，远望或纵览景观的全貌与气势。如洞庭湖畔的岳阳楼，钱塘江边的六和塔、武昌城外江边的黄鹤楼等。

文化心理因素：它是指相关的神话传奇的辅助作用（渲染、烘托、引申、和深化意境等）是观赏主体的审美心理活动。

中国名胜古迹山川河流的神话传说极丰富，有人将其比作一条彩练，能把自然景观和人文景观巧妙地联结起来，从而对游人产生更大的感染力。如借助于《阿诗玛的故事》，可从云南石林那块冰冷僵硬的石头中幻化出一位楚楚动人的妙龄少女；凭借《孟姜女哭长城》的传说，可从姜女庙后那块平淡无奇的“望夫石”中想象出一位凝愁带恨的善良少妇……所有这些，是假借神话传说的启迪，经由主体心理的活动，与自然景物的互动协和

作用而生发出来的“象外之象，景外之景”。事实表明，此“象”此“景”所给人的历史、文化、伦理与审美等综合性体验，在内容与深度方面都超过纯风景观赏所获得的形式美感。常言道：“山不在高，有仙则名；水不在深，有龙则灵。”这便从一侧面表明了神话传奇在丰富和提高景观价值方面的实际效用。

3. 风情美

观赏张择端的《清明上河图》，那城郊农村清明时节四野如市的田园风光，汴河两岸繁华兴盛而又闲适悠然的市俗景象，以及汴梁街市人欢马叫、歌舞喧天和车轿穿梭等热闹场面，便组成一幅风土人情相互交融的优美图画，这就是风情美。它是民俗民风、生活方式与社会人文环境彼此协调而成的一种综合美。

我国地域辽阔，民族众多，文化习俗内容丰富，风土人情各具特色。其中一些主要的节日庆典活动，如汉族的春节、元宵节、端午节、中秋节，傣族的泼水节，蒙古族的那达慕节，回族的古尔邦节，形式各异的庙会、灯节与花市，以及风格不同的民俗歌舞等，在特定的生活环境和文化氛围中，最能反映出当地的风土人情之美。

4. 意境美

用象征手法和自然布局，将主观意趣、理想与客观感性形式、景象有机地融合起来，所生成的富有典型性特征的艺术境界，就是景观意境。如我国承德避暑山庄的景点全都“因地之势”，“度土之宜”，采取分散布局。其中最有代表性的要数艺术风格各异的“外八庙”。若登上棒槌山环顾四野，你会十分惊奇地发现，这些在当时为了联络满、藏、蒙、布鲁特、哈萨克等民族而建立的宗教庙宇，像众星捧月般地面向行宫，象征着各地民族心向中央，巧妙地借助建筑形式表现了“宇内一致”或“一统天下”的主题思想。

## 二、旅游景观赏析

旅游是一种高层次的生活方式，其主要意向是审美。懂得审美，才会欣赏旅游景观的美。能欣赏到旅游景观的美，才可获得旅游的乐趣。如何培养自已较强的赏析能力呢？这里依据美学原理，综合中外旅游观光的实践经验，介绍几种基本方法。

### （一）动态观赏

动态观赏是一种或步行、或乘车、或乘船的动态游览方式。动态地观赏风景，与在电影院看电影不同，观赏者身临其境，立体地感受风景，得到的美感非常强烈。如步移景异是一种慢速度的游览，人与景没有阻隔，不可分离，在随心所欲和全身心都同时介入的悠然自得的观赏中，会体验到较强的亲切感和立体感。湖中荡舟式的游览在审美效果上与此近似，视野比较开阔，感受更为悠闲。车过景变或船（快艇或顺江而下的游艇）过景变，是动态观赏活动中快速度快节奏的游览形式。

一幅幅远近不同、形态各异、色彩缤纷的景致，迎面扑来，在空间腾跃飞动，此起彼伏，形成川流不息的节奏美，使人眼花缭乱、目不暇接。唐代诗人李白在《早发白帝城》中所记述的“两岸猿声啼不住，轻舟已过万重山”那直下江陵的情景，以及现代诗人贺敬之在《西去列车的窗口》中所描绘的“一重重山岭闪过，似浪涛奔流……”那流动的景象，都是对运动感及流动美的精彩写照。

总之，旅游动态观赏过程如同一种由移动、速度、景变与感受等四大因素组成的“魔圈”，其中移动涉及速度，速度导致景变，景变影响感受，感受反过来又调节速度……彼此关联，循环往复，交互作用，使旅游者尽情玩味，畅神怡性。

（二）静态观赏

静态观赏是指旅游者在一定的位置上，面对风景的一种欣赏活动。颐和园中的谐趣园、苏州的网师园等，其特点是小巧精美，以小见大，以少胜多，都适合静态观赏，仔细玩味。与动态观赏相比，它是一种选择性极强的观赏方法。在人们游览某些景点时，要设法入静，在静观中感悟景物的诗情、画意、哲理或禅味。中国的名山大川和古典园林，在布局和设计上充分考虑到这一审美情趣，主要景点都置有亭、台、楼、阁、榭、廊等，如泰山的松涛亭和瞻鲁台，上海豫园的静观厅，昆明滇池的大观楼，北京颐和园的佛香阁等。它们一方面构成景致，一方面供游人歇息，另一方面还供游人静观周围的景象，是观赏功能和实用功能有机统一的产物。

图 1-3　龙脊梯田

（三）移情观赏

凡游过泰山、观过日出的人，大都有这样的体验：拂晓，站在观日峰上，只见脚底下飞渡过乳白色的流云飘雾，东方茫茫的海面上空浮动着鱼肚白色的云团。屏住呼吸，凝神翘望，渐渐地，那云团染上了淡红色，愈来愈深，成为朵朵翻飞的丹霞；继而，似乎含羞带笑的红日慢慢地浮了起来，霎时，像一只火轮似的一下子跃出地平线，光芒四射，万物生辉。令人心神振奋，觉得生命在扩张，体积在增大，仿佛感到这云霞、红日中有你，你胸中亦有这云霞、红日……这是什么缘故呢？是移情观赏所产生的作用，是人与物交感贯通的结果。

旅游审美活动中，移情观赏作为重要原理之一，是指游人在观赏旅游景观的过程中，在审美知觉和理解的基础上，展开审美想象的翅膀，动用以往积累的直接或间接审美经验，将自己的思想意趣投射到外在的景观中去，使景化为情，使情化为景，达到“情景交融”的境界。

## 三、旅游景观欣赏注意事项

（一）观赏距离

距离也是一种观赏原理。距离本身能够美化一切。距离不仅掩盖了物体外表的不洁之处，而且抹掉了那些使物体原形毕露的微小细节。这样，视觉的过程本身，在把对象提高到纯洁形态方面起到了一定作用。这里的距离包括心理距离和空间距离两种。

1. 心理距离

指观赏者暂时摆脱实际生活的约束，把事物放在适当的“距离”之外去观赏。如我们在游历时最容易见出事物的美。东方人陡然站在西方的环境中，或西方人陡然站在东方的环境中，都觉得面前的事物光怪陆离，别有一种美妙的风味。池塘中园林的倒影往往比实在的园林好看，也是因为“距离”的道理。

2. 空间距离

指人与物之间的远近长短间隔。距离不等，所看到的景致相异，而具有一定差异的景致，往往使人获得不同的审美体验。如昆明滇池的西山，素有“睡美人”之称。而这一“美人的睡态”形象，只有在可构成全景的基础上，才能通过空间想象，勾出轮廓线，视其形态美。如果距离太近，也许只能看到满山的杂树，遍野的荒草，凌乱的岩石，而丝毫见不到“睡美人”的踪迹。

（二）观赏时机

大自然是美的源泉，其丰富多彩的美，只有在一定时机才为观赏者所领略。当人们置身于巍巍的泰山之顶，不同的时机都会使人感受到不同的景致。从观日石上望去，晨曦中有红日喷薄欲出时的绚丽神奇的色彩美；从观日峰上远眺，黄昏时有夕阳余晖洒落黄河而构成的“黄河金带”式的线条美；夜来站在玉皇顶上，有幽寂而挺拔的东岳与其脚下的万家灯火相衬而出的形象美。如遇山风云雾，你来到瞻鲁台上，还将有机会欣赏到由松涛飞瀑汇成的音响美，以及由飘飞的流云与虚幻的雾气所构成的飞动美和朦胧美……正如宋代郭熙所言：一切景物，“朝看如此，暮看又如此，阴晴看又是如此。所谓朝暮之变态不同也。”

景观的形态变异，不仅受朝暮光照的影响，而且也受季节的制约。同一景观在不同的季节往往呈现出不同的色彩和形象。是因为导致变异的光照、植被、云雾、雨雪等自然因素具有明显的季节性，从而使同一景观按时令顺序表现为春景、夏景、秋景和冬景。因此，如游燕京八景中的“琼岛春荫”。应在桃红柳绿的春季，择风和燕舞之日前往；观“居庸叠翠”，应在草木葱茏的夏季，择雨后方晴之日寻访；看“西山红叶”，应在天高云淡的秋季，择明净气爽之览胜；赏“西山晴雪”，应在寂静萧瑟的冬季，择雪后日出之时登临。

（三）观赏位置

观赏位置是旅游审美活动中不容忽视的原理之一。涉及视点、角度、方位，乃至距离等几个因素联结起来，会对旅游者的审美经验产生直接的影响。如，“会当凌绝顶，一览众山小”，关系到一个从上至下，自左到右或自右到左地俯视环顾的观赏点，否则就不可

能产生这种雄浑坦荡的崇高美感。

图 1－4　罗平油菜花

不少旅游景观只有从一定位置或角度望去，才能发现其特有的魅力。如在北京的玉泉山眺望万寿山，万寿山只不过是一个单调的小山头，感觉不到美。而在颐和园昆明湖东岸再看万寿山，便觉得它林木苍翠，高峻雄伟，在山上建筑物的衬托下，万寿山显得美丽壮观，玉泉山和西山的群峰，似乎也是颐和园的景物了。同理，到云南石林观看神话中的“阿诗玛天然石像”，也存在一个观赏位置与角度的问题。通常，从正前方十步开外望去，那尊“石像”犹如一位穿裙戴帽、亭亭玉立的妙龄少女。但若从偏左方八步开外看去，该“石像”顿时变成一位瘦骨嶙峋、风烛残年的老太婆。同一景物，从不同位置和角度看去，就会呈现出截然相异的形象，这显然是观赏位置的戏剧性效果所致。

（四）观赏节奏

旅游景观中，季节交替、山色变幻、日月升降、峰峦起伏、潮涨潮落、花开花落等等，像钟摆一样周而复始，循环往复，无疑也贯穿着各种节奏。这些景观节奏，随着时间的流动、空间的广延而展现出来，以视觉形象作用于心，给人一种视觉上的节奏美感。如游览北京故宫，那些具有独特建筑形式的大屋顶乍看上去会给人一种异常沉重甚至压抑的感觉，但随着视觉的移动，眼前建筑四角飞檐的弯曲翘起，展翼腾飞，原先的重压感被减弱了。接着，一排排小巧玲珑的斗拱由下而上伸展开来，似乎毫不费力地托起大屋顶。斗拱之下，是粗壮有力的廊柱和阔大坚实的台基，这样，整座建筑的立面给人一种“重—轻—重”的节奏感。从平面上看，飞檐、廊柱、门窗、夹柱、斗拱，也同时形成一种起伏变化的整体序列感。此外，建筑群的高低起伏、虚实结合、疏密交织、对应变幻，亦产生节奏效果。因此，人们通常也把建筑称之为“凝固了的音乐”。

观赏节奏的另一层意思是指旅游活动过程中的观赏节奏。这种节奏是旅游景观的物理节奏与旅游者的生理—心理节奏趋于对应合拍或同步运动状态时，形成的一种特殊节奏。实践证明，旅游者的生理—心理节奏，会直接影响，甚至决定他对旅游景观的审美态度。高强度长时间的奔波使人紧张，同样程度的闲散使人不快。人们不喜欢杂乱，也害怕单调；喜欢变化，又讨厌无规律的运动；喜欢交替，但又回避无休止的重复。所以，要想解除紧张，摒弃单调，避免烦乱，获得审美感受，就必须使主客观的节奏协调同一起来，使观赏节奏趋于合理化。

拓展阅读

## “美丽中国之旅”正式确定为中国旅游整体形象

近期，“美丽中国之旅”已正式确定为中国旅游整体形象。为围绕这一整体形象认真做好旅游宣传推广工作，努力把“美丽中国之旅”打造成中国旅游核心品牌。

图 1-5　中国旅游整体形象标识

将“美丽中国之旅”确定为中国旅游整体形象，是旅游行业发挥自身在生态文明建设方面的特殊功能优势，对“十八大”提出的建设“美丽中国”要求的主动和具体落实。“美丽中国之旅”具有丰富内涵，它代表着中国博大精深的文化底蕴和极为富集的自然、人文旅游资源，代表着中国改革开放以来的经济建设之美、政治建设之美、文化建设之美、社会建设之美、生态文明建设之美，也代表着中国旅游业以生态文明为核心理念来引领和影响全球旅游业发展方向的努力，是对“中国旅游”准确、形象、全面且深刻的诠释。

2013 年在国家旅游局牵头参加的国际旅游展、专项促销活动以及驻外旅游办事处牵头参加的国际旅游展中，在 2013 年中国国际、国内旅游交易会，俄罗斯“中国旅游年”开、闭幕式及框架下各项活动中突出宣传“美丽中国之旅”；并将利用旅游与外宣、文化等战略合作平台，旅游多双边国际交流合作机会以及中国旅游海外推广网站等渠道加强对“美丽中国之旅”的宣传推介。国家旅游局正在制定“美丽中国之旅”整体推广方案；“美丽中国之旅”旅游宣传片及各类旅游招贴画、宣传册等纸制和电子宣传品正在制作中，将于近期与公众见面。

中国旅游整体形象推广是一项长期的系统工程，为统筹做好中国旅游整体形象推广，形成全国一盘棋，通知要求各旅游部门，一要高度重视，积极参与各项整体推广活动。结合工作实际，积极参与国家层面的旅游整体形象推广活动，配合做好“美丽中国之旅”宣

传品制作、联合广告投放、精品线路设计、新产品开发等具体工作。二要主动工作，发挥各地自身平台优势强化品牌营销。按照中国旅游整体形象宣传推广的总体要求，认真组织宣传推广工作。特别是要充分利用现有大型节事活动，本部门、本地区现有旅游宣传平台，如网站、报纸、户外广告等，强化对“美丽中国之旅”品牌的宣传推广。各地在海外开展旅游交流合作活动时，制作、发行、发放各种海外旅游宣传品等，要使用“美丽中国之旅”标识，共同打造中国旅游整体形象。三要规范使用，切实保障和提升品牌价值。四要内练素质，抓好“美丽中国之旅”的品牌内化。

## 任务实施

建议青青同学根据自己学校的实际情况，依据景观审美的需要，将学校进行一个划区，如分为教学、宿舍、运动等不同的功能区，并用旅游线路将各个节点串联起来。

## 任务总结

“环境育人”是现在很多大学孜孜不倦的追求，“花红柳绿、湖水青青”的校园胜景让莘莘学子一见倾心，其中以北京大学的“一塔、一湖、一图”成为校园胜景的典范。要完成这个任务首先要对校园充分了解，通过审美能力的提供，将校园中的核心景观提炼出来，再用合理的线路加以串联，再配上导游词，任务才能高质量完成。

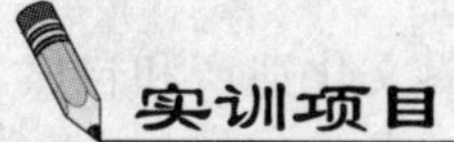

## 实训项目

### 设计校园旅游路线

**实训内容**

设计校园旅游路线要求：要将校园不同功能区有机串联，并能根据景观赏析的要求设计导游讲解的占位及游客的观赏角度。

**实训建议**

各项目团队在课上用 PPT 展示并说明绘制的校园旅游线路图；并派出一名同学进行讲解；由教师和其他团队成员进行现场点评，以鼓励为主。

## 复习思考题

1. 自然景观和人文景观的审美特征分别是什么？
2. 依据美学原理，综合中外旅游观光的实践经验，常用的观赏方法有哪几种？
3. 如何正确选择观赏距离？

# 任务二 中国世界遗产及 A 级景区

青青的父母为青青操劳了一辈子，如今青青上了大学，老人们已经退休，待在家里觉得闷得慌，于是想趁着还能走得动，请青青为他们推荐中国最值得一看的景点，作为旅游管理专业的学生，该如何为父母安排景点参观游览呢？

中国父母的前半生基本上奉献给了工作和孩子，多半到了退休时在旅游上还是一个新手，青青的父母如是，很多学生父母也不例外，因此在中国这个老龄化日益严重的国家，空巢老人们的银发之旅比比皆是。

知识准备

## 一、中国的世界遗产

世界文化遗产和自然遗产是人类祖先和大自然的杰作，有效保护世界文化遗产和自然遗产，就是保护人类文明和人类赖以生存的环境。

（一）世界遗产概述

1. 世界遗产公约的产生

第二次世界大战以后，世界范围的工业化，使人类遗产越来越受到破坏和威胁，一方面因年久腐变所致，同时变化中的社会和经济条件使情况恶化，造成更加难以对付的损害或破坏现象。伴随着现代化的发展，原始自然景观、传统文化景观迅速消亡，自然和文化遗产保护需大量现代科技、资金及法律文件的制约。为确定、保护和恢复全人类的共同遗产，1972 年 11 月在巴黎召开了联合国教科文组织第十七届大会，通过了《保护世界文化和自然遗产公约》，（以下简称《世界遗产公约》），同时决定建立《世界文化与自然遗产名录》，（以下简称《世界遗产名录》）。1976 年为落实《世界遗产公约》一系列规定，联合国教科文组织成立了“世界遗产委员会”。

《世界遗产公约》的宗旨，是依照现代科学方法，建立一个永久性的有效制度，共同保护具有杰出和普遍价值的文化和自然遗产。“世界遗产委员会”是联合国实施公约的管理机构，任务是将世界公认的具有显著普遍价值的文化与自然遗产列入《世界遗产名录》，管理“世界遗产基金”及审定支配基金，对已列入名录的项目进行监测、保护和管理。凡被通过加入《世界遗产公约》的缔约国，其国家级文化和自然遗产均可申请列入《世界遗产名录》，一经列入，则在充分尊重遗产所在国主权的前提下承认这些遗产是世界遗产的

一部分，成为全人类的共同遗产并得到保护。第一批世界遗产1978年公布，第35届世界遗产委员会大会在巴黎联合国教科文组织总部闭幕，截至2011年6月《世界遗产名录》收录的全球世界遗产总数已增至936项，全球共有725项世界文化遗产（含文化景观遗产），183项自然遗产，28项文化与自然遗产双重遗产。

2. 世界遗产标志

世界遗产标志，蕴含着世界文化和自然遗产及两种遗产之间的相互关系。标志中央的正方形状代表人类创造；正方形的外部圆圈代表大自然；方形与圆形相互连通，表示人类与自然相互依存关系。

**图1-6　世界遗产标志**

标志呈圆形整体，既象征世界，也象征人类对世界遗产的保护。保护世界遗产免受损害，是世界遗产标志的精髓。

（二）世界遗产分类

世界遗产共分为两大类，即物质遗产、人类口述与非物质遗产。物质遗产又可分为世界文化遗产、世界自然遗产、世界文化与自然双重遗产、世界文化景观遗产4种类型。

1. 世界文化遗产

文物指从历史、艺术或科学的角度看，具有突出普遍价值的建筑物、雕刻和绘画，具有考古意义的成分和结构、铭文、洞穴及各类文物组合体；建筑群指从历史、艺术或科学角度看，在建筑形式、同一性及景观中的地位，具有突出普遍价值的独立或相互联系的建筑群；遗址指从历史、美学、人种学或人类学角度看，具有显著普遍价值的人造工程或人与自然的共同杰作，即考古遗址地带。

2. 世界自然遗产

从美学或科学的角度看，具有突出普遍价值的由地质和生物结构，或这类结构群组成的自然面貌；从科学或保护的角度看，具有突出普遍价值的地质和自然地理结构，及明确划为濒危动物和植物生境区；从科学、保护或自然美的角度看，具有突出普遍价值的天然名胜或明确划定的自然区域。

3. 世界文化和自然遗产双重遗产

同时具备世界文化遗产及自然遗产的定义。

4. 世界文化景观遗产定义

1972年《世界遗产公约》只确定了文化遗产、自然遗产、文化和自然遗产双重遗产3

种类型。1992 年 12 月在美国圣菲召开联合国教科文组织“世界遗产委员会”会议，决定增加文化景观进入《世界遗产名录》，它主要反映自然与人类的和谐，比前 3 类更强调可持续发展理念，主要包括人类有意设计和建筑的景观、有机进化的景观、关联性的文化景观，以表达人和自然相互作用产生的共同作品。

## 世界遗产申报的十项基准

(1) 表现人类创造力的经典之作。

(2) 在某期间或某种文化圈里对建筑、技术、纪念性艺术、城镇规划、景观设计之发展有巨大影响，促进人类价值的交流。

(3) 呈现有关现存或者已经消失的文化传统、文明的独特或稀有之证据。

(4) 关于呈现人类历史重要阶段的建筑类型，或者建筑及技术的组合，或者景观上的卓越典范。

(5) 代表某一个或数个文化的人类传统聚落或土地使用，提供出色的典范——特别是因为难以抗拒的历史潮流而处于消灭危机的场合。

(6) 具有显著普遍价值的事件或者传统、理念、信仰、艺术及文学作品，有直接或实质的联结（世界遗产委员会认为该基准应最好与其他基准共同使用）。

(7) 包含出色的自然美景与美学重要性的自然现象或地区。

(8) 代表生命进化的纪录、重要且持续的地质发展过程、具有意义的地形学或地文学特色等的地球历史主要发展阶段的显著例子。

(9) 在陆上、淡水、沿海及海洋生态系统及动植物群的演化与发展上，代表持续进行中的生态学及生物学过程的显著例子。

(10) 拥有最重要及显著的多元性生物自然生态栖息地，包含从保育或科学的角度来看，符合普世价值的濒临绝种动物种。

### （三）中国的世界遗产

1.《世界遗产名录》

1985 年全国人大常务委员会批准我国加入《世界遗产公约》缔约国，1991 年当选为《世界遗产委员会》委员组成国，1992 年当选为《世界遗产委员会》副主席。截至 2012 年，经联合国教科文组织审核被批准列入《世界遗产名录》的中国的世界遗产共有 43 项（包括自然遗产 9 项，文化遗产 30 项，双重遗产 4 项）。在数量上居世界第三位，仅次于意大利和西班牙。首都北京拥有 6 项世界遗产，是世界上拥有遗产项目数最多的城市。而苏州是至今唯一承办过世界遗产委员会会议的中国城市（2004 年，第 28 届）。

**图 1-7 中国世界遗产分布图**

我国世界遗产项目总体特征是：世界遗产数目居世界第三位，仅次于西班牙和意大利；在全世界是唯一拥有世界遗产全部类别的国家，拥有双重遗产项目数量在全世界最多；文化遗产项目时间跨度上下几十万年；遗产项目空间分布东密西疏；自然与人文融为一体；北京是全世界遗产数目最多的城市。

2.《人类口头与非物质文化遗产名录》

联合国教科文组织认为，非物质遗产保护比物质遗产保护更严峻，许多传统和民间文化面临严重威胁，甚至濒临消亡。联合国教科文组织 1989 年第二十五届大会上通过了《保护民间创作建议案》，2003 年 10 月 17 日在第三十二届大会上通过了《保护非物质文化遗产国际公约》，产生了世界遗产的一个新类别，即“人类口头与非物质文化遗产”（简称非物质文化遗产，又称无形遗产），是相对于有形遗产（物质遗产）而划分的。

“非物质文化遗产”是指传统民间文化，它来自某一文化社区的全部创作，其创作以传统为依据，由某一群体或一些个体所表达，并符合社区期望，作为社区文化和特性的表达形式、准则和价值，通过模仿或其他方式可口头传承。形式包括各种语言、口头文学、民族民间音乐、舞蹈、风俗习惯、礼仪、游戏、神话、手工艺、传统医学、建筑艺术及其他艺术。

我国列入《人类口头与非物质文化遗产名录》有 27 个项目：2001 年首批是昆曲艺术；

2003 年第二批是古琴艺术；2005 年第三批是中国新疆维吾尔木卡姆艺术和内蒙古蒙古族长调民歌；2009 年中国 22 个项目入选非遗名录，中国蚕桑丝织技艺、福建南音、南京云锦、安徽宣纸、贵州侗族大歌、广东粤剧、《格萨尔》史诗、浙江龙泉青瓷、青海热贡艺术、藏戏、新疆《玛纳斯》、蒙古族呼麦、甘肃花儿、西安鼓乐、朝鲜族农乐舞、书法、篆刻、剪纸、雕版印刷、传统木结构营造技艺、端午节、妈祖信俗等；2010 年中国中医和针灸 2 个项目入选非遗名录。

联合国教科文组织于 1972 年 11 月 6 日在巴黎通过了《保护世界文化和自然遗产公约》，其目的是加强对人类文化和自然遗产的保护与开发，同时设立了世界文化和遗产委员会以及“世界遗产基金”，以审核、论证各缔约国申报的文化与自然遗产项目。

## 二、中国的 A 级景区

### （一）A 级景区概述

中国的旅游景区质量等级划分为五级，从高到低依次为 5A、4A、3A、2A、A 级旅游景区。5A 是一套规范性标准化的质量等级评定体系，是全国旅游景区（点）最高等级荣誉。代表了世界级旅游品质和中国旅游精品景区的标杆，较 4A 级旅游景区更加注重人性化和细节化，更能反映出游客对旅游景区的普遍心理需求，突出以游客为中心，强调以人为本。申报的 5A 景区要通过旅游交通、游览区域、旅游安全、接待能力等 12 道坎，评选难度系数不亚于申报世界遗产，甚至超过了申报世界遗产的难度。截至 2013 年 5 月 31 日全国共有 157 家 5A 级景区。

### （二）A 级景区评定

旅游景区是以旅游及其相关活动为主要功能或主要功能之一的空间或地域。旅游景区是指具有参观游览、休闲度假、康乐健身等功能，具备相应旅游服务设施并提供相应旅游服务的独立管理区。该管理区应有统一的经营管理机构和明确的地域范围。包括风景区、文博院馆、寺庙观堂、旅游度假区、自然保护区、主题公园、森林公园、地质公园、游乐园、动物园、植物园及工业、农业、经贸、科教、军事、体育、文化艺术等各类旅游景区。

3A 级及以下等级旅游景区由全国旅游景区质量等级评定委员会授权各省级旅游景区质量等级评定委员会负责评定，省级旅游景区评定委员会可向条件成熟的地市级旅游景区评定委员会再行授权。

4A 级旅游景区由省级旅游景区质量等级评定委员会推荐，全国旅游景区质量等级评定委员会组织评定。

5A 级旅游景区从 4A 级旅游景区中产生。被公告为 4A 级三年以上的旅游景区可申报 5A 级旅游景区。5A 级旅游景区由省级旅游景区质量等级评定委员会推荐，全国旅游景区质量等级评定委员会组织评定。

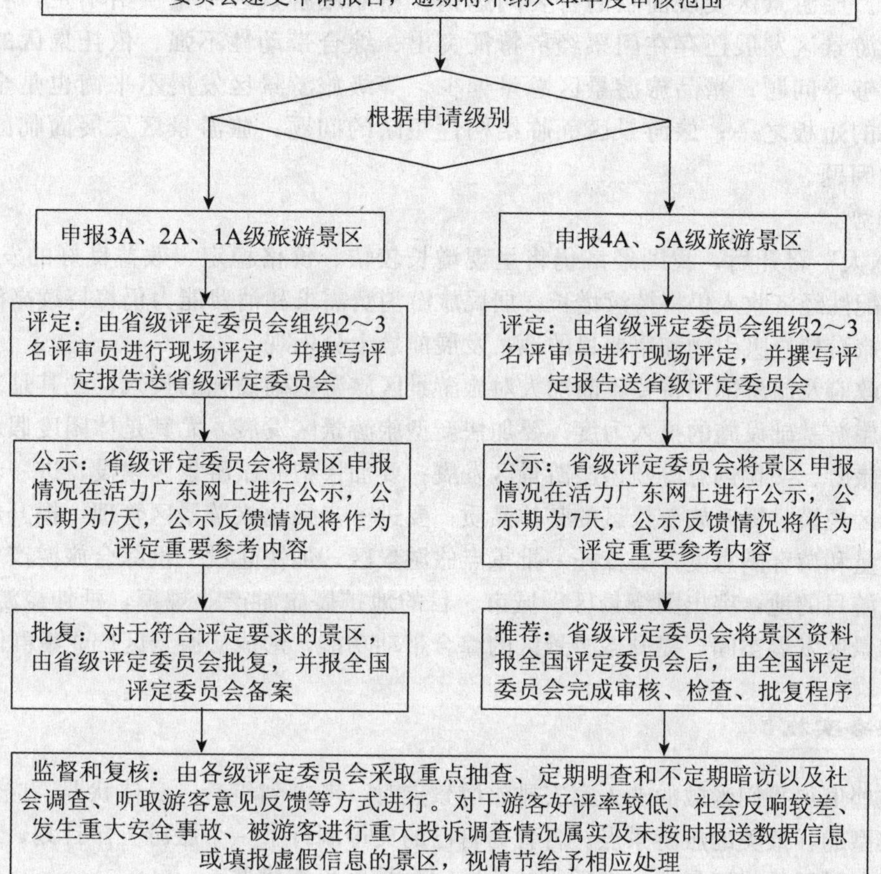


**图 1-8　中国 A 级景区评定程序**

### （三）A 级景区发展现状及趋势

1. 现状

截至 2011 年年底，全国共有各类旅游景区 20976 家，其中，A 级旅游景区 5573 家。旅游景区已成为居民旅游消费的热点之一，景区收益不断增加。2011 年全国 A 级旅游景区接待游客人数 25.54 亿人次，人均景区游览约 2 人次；营业收入达到 2658.60 亿元，占全国旅游总收入的比重在不断提高。2011 年全国旅游景区接待游客规模和综合营业收入增长均超过 20%，增速明显高于同期全国星级饭店和旅行社行业，旅游景区的主体地位进一步增强。

从接待游客数量看，5A 级旅游景区年平均接待数量最多，是我国 A 级旅游景区的优势产品；4A 级旅游景区年接待总量最多。从营业收入看，4A、5A 级旅游景区占全国 A 级旅游景区的比例达到 8 成多。其中，4A 级旅游景区更是游客接待的主体和消费热点。从门票收入看，4A、5A 级旅游景区门票收入比重较高，占全国 A 级景区的 78.83%，4A、5A 级旅游景区是全国 A 级旅游景区的主体支撑。

虽然旅游景区发展取得了快速持续有效发展，但是其发展仍存在一些不足，面临不少挑战。旅游景区发展面临的首要问题是，精品旅游景区总量供给不足，容量压力加大；旅游景区发展还存在门票经济特征突出、综合带动性不强、依托景区的目的地整合度不够等问题；精品旅游景区总量偏少、等级旅游景区发展不平衡也是全国旅游景区发展的短板之一；旅游景区面临结构性短缺的问题；旅游景区发展面临区域发展不平衡的问题。

2. 趋势

“十八大”召开后，我国经济仍将呈现增长较快、价格稳定、效益良好的发展局面，居民可支配性经济收入仍将持续增长，居民旅游消费需求和消费能力仍将持续高涨，旅游景区作为旅游核心吸引物和重要目的地，发展前景十分乐观。

各地政府及旅游部门将要不断加大对旅游景区旅游基础设施的投入，尤其是对中西部旅游景区旅游基础设施的投入力度；要加快新型旅游景区发展，尤其是休闲度假、乡村旅游、森林旅游、文化创意等新型旅游景区发展；要加快精品旅游景区建设，进一步壮大精品旅游景区规模，提升旅游景区的整体品质；要进一步强化旅游景区管理，提升旅游景区的服务质量和游客满意度；要依托一批重点旅游景区，加快建设一批综合旅游产业集聚区和精品旅游目的地，突出围绕景区、城市、目的地扩展旅游产业规模，延伸旅游产业链，拓展旅游景区发展空间，提升旅游景区的综合带动功能，形成旅游景区产业集群体系。

## 任务实施

为这些值得我们爱戴的老人家安排旅游景点时，考虑到年龄、身体状况，应该为他们推荐最典型的，最美的旅游景点。青青为自己的父母制订了一个旅游五年计划，首先挑选世界遗产名录里的景区景点，然后再从 5A、4A 景区里面挑选。

## 任务总结

青青是个很有孝心的孩子，她选取景点的角度无疑是很专业的。同时，考虑到她父母的年龄及身体状况，建议老人家能由远及近的开始旅游，在旅游旺季来临时要错峰旅游，同时考虑到安全问题，最好能选择正规旅行社进行参团旅游。

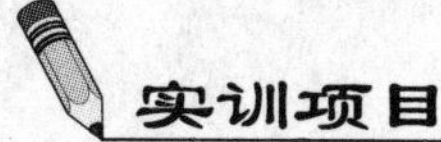

实训项目

# 本省市A级旅游景点填图

**实训内容**

本省市A级旅游景点填图要求：在中国地图上填出本省市世界遗产景点及5A、4A级景点，要求填图准确，景点突出。

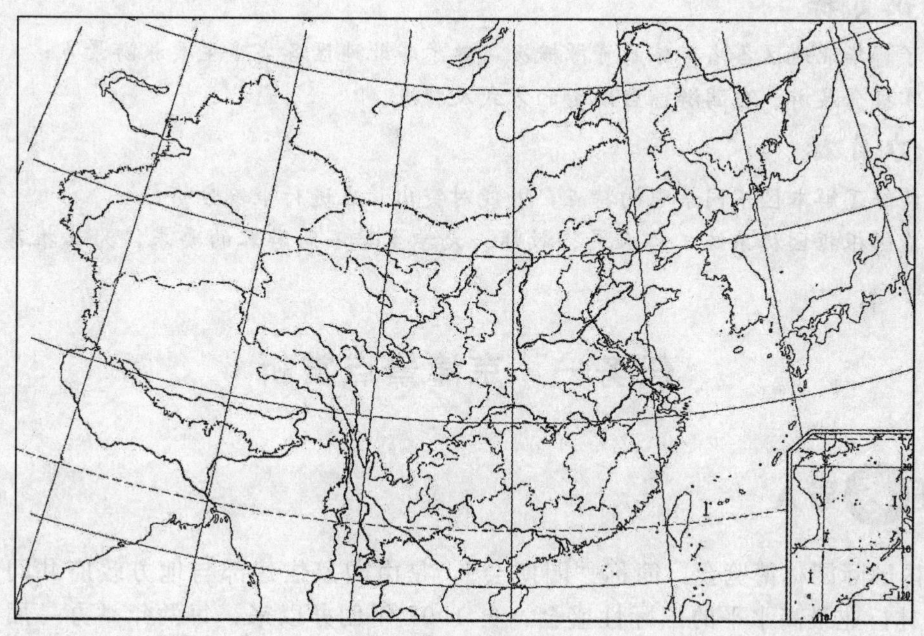

**图1-9　旅游景点图**

**实训建议**

以个人为单位填图；由教师进行面批，以鼓励为主。

复习思考题

1. 世界物质遗产又可分哪4种类型？
2. 中国的旅游景区质量等级划分为哪5级？
3. 我国世界遗产项目总体特征是什么？

# 项目二　京华览胜——华北景点赏析

**知识目标**

1. 了解华北地区各省市旅游资源概况，熟悉华北地区各省市主要旅游景点；

2. 掌握会展游、自驾游、自助游的方式及特点。

**能力目标**

1. 能够了解本区不同景观的特点，并能对突出景点进行审美分析；

2. 能够根据园林系统工作人员、教师、大学生等不同游客的要求，为其推荐华北旅游区景点。

## 任务一　京津景点赏析

中国国际园林博览会，简称“园博会”，是由国家住建部与地方政府共同主办的国内园林行业最高水平的国际性盛会，自 1997 年创办以来，每两年举办一届。第九届北京园博会于 2013 年 5 月 18 日开幕，11 月 18 日闭幕，会期 185 天，是继北京奥运会、残奥会，新中国成立 60 周年庆祝活动之后，在北京举办的又一次国家级、国际性的重大活动。

2016 年唐山世界园艺博览会由国家外交部、商务部、国家林业局、中国贸促会、中国花卉协会、河北省政府主办，唐山市政府承办，将于 2016 年 5 月至 10 月在唐山南湖举办。为了举办好唐山世界园艺博览会，唐山园林系统拟派分管规划科技、建设处和招商引资工作的副局长，分管园林绿化处的总工程师及园林系统各级骨干，前往北京学习经验，并在北京会议中心召开唐山园林系统研讨会，请你为研讨会的专家们推荐旅游景点。

会展旅游是借助举办国际会议、研讨会、论坛等会务活动以及各种展览会而开展的旅

游形式，目前，国际会议旅游具有组团规模大、客人档次和消费额高、停留时间长、涉及相关服务行业多、成本低、利润丰等特点，在欧洲、北美、亚洲的香港和新加坡，会议已经成为一门产业。会展旅游者在全国游客中的数量和消费比例逐年上升，发展会展旅游大有可为。

## 知识准备

### 一、北京旅游景点

北京简称京，位于华北平原的北端，燕山山脉南麓，是中华人民共和国的首都，中国中央四个直辖市之一，全国政治、文化、交通和国际交往中心。北京有着 3000 余年城市历史和 850 多年的建都史，是世界历史文化名城和中国七大古都之一，截至 2010 年年末，全市常住人口 1961.9 万人，其中户籍人口 1257.8 万人，居住半年以上的外来人口 704.7 万人。

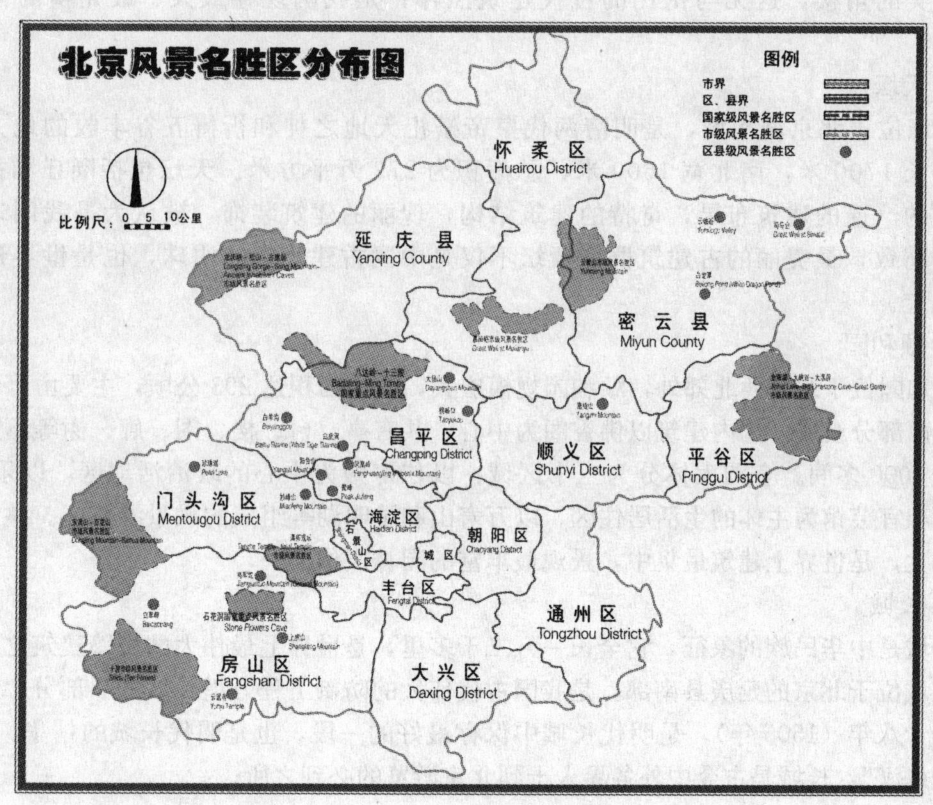


图 2-1　北京旅游景点图

**主要景点**

（一）人文景观

1. 天安门城楼及广场

天安门城楼位于北京市中心，始建于明永乐十五年（1417年），原名“承天门”，取“承天启运”、“受命于天”之意。清顺治八年（1651年），改建为“天安门”，取“受命于天”、“安邦治民”之意。它有汉白玉石的须弥座，高大而色彩浓郁的墙台，上有两层重檐大楼，东西九间，南北五间，象征皇权的“九五之尊”，全国重点文物保护单位。天安门广场南北长880米，东西宽500米，总面积44万平方米，是当今世界最大的城市中心广场，是我国大型政治活动时群众聚会场所，最多可容纳100万人，是我国最大的城市中心广场。

2. 故宫博物院

故宫博物院位于北京市中心，旧称紫禁城，故宫始建于明永乐四年（1406年），是明朝皇帝朱棣下令修建，明、清两代24位皇帝处理政务和日常起居的场所，宫城南北长961米，东西宽853米，总面积72万平方米，四周环绕高10米的城墙，四角建有精美的角楼，这无与伦比的古代建筑杰作，是我国现存最大、最完整的宫殿建筑群。

3. 天坛

天坛位于北京城南城，是明清两代皇帝祭祀天地之神和祈祷五谷丰收的地方。天坛东西长1700米，南北宽1600米，总面积为273万平方米。天坛包括圜丘和祈谷二坛，它的严谨的建筑布局，奇特的建筑结构，瑰丽的建筑装饰，被认为是我国现存的一组最精致，最美丽的古建筑群，天坛不仅是中国古建筑中的明珠，也是世界建筑史上的瑰宝。

4. 颐和园

颐和园位于北京西北郊外，颐和园规模宏大，占地面积达293公顷，主要由万寿山和昆明湖两部分组成。园内建筑以佛香阁为中心，共有亭、台、楼、阁、廊、榭等不同形式的建筑3000多间。全园大体分为三个区域：以仁寿殿为中心的政治活动区，以乐寿堂、玉澜堂和宜芸馆为主体的生活居住区，以万寿山和昆明湖等组成的风景游览区。整个景区规模宏大，是世界上建筑最集中，景观最丰富的园林杰作。

5. 长城

长城是中华民族的象征，它全长一万二千多里，是世界上最伟大的城墙建筑之一。八达岭长城位于北京的延庆县南部，是我国古代伟大的防御工程万里长城的一部分，建于明代弘治十八年（1505年），是明代长城中保存最好的一段，也是明代长城的精华。“不到长城非好汉”，长城是古今中外各界人士到北京游览的必到之所。

6. 明十三陵

明十三陵，是明朝十三个皇帝的陵墓。坐落在北京西北郊昌平区境内的燕山山麓的天寿山。总面积一百二十余平方千米。这里自永乐七年（1409年）五月始作长陵，到明朝最后一帝崇祯葬入思陵止，其间230多年，先后修建了十三座金碧辉煌的皇帝陵墓、七座

妃子墓、一座太监墓。共埋葬了十三位皇帝、二十三位皇后、二位太子、三十余名妃嫔、一位太监。是中国乃至世界现存规模最大、帝后陵寝最多的一处皇陵建筑群，十三陵作为中华民族古老文化的一部分，与陵区自然景观交相辉映，形成一处风景优美文化内涵深刻的旅游胜地。

7. 北海公园

位于北京市中心区，景山西侧，在故宫的西北面，因与中海、南海分称三海而得名。与中海、南海合称三海。全园以北海为中心，面积约 71 公顷。这里原是辽、金、元、明、清五个朝代逐渐修建而成的帝王宫苑，是我国现存最古老、最完整、最具综合性和代表性的皇家园林之一。全园以神话中的“一池三仙山”（太液池、蓬莱、方丈、瀛洲）构思布局，形式独特，富有浓厚的幻想意境色彩，主要由北海湖和琼华岛所组成。园内亭台别致，游廊曲折。琼岛上有高 67 米的藏式白塔（建于 1651 年）和永安寺、庆霄楼、漪澜堂、阅古楼，还有清乾隆帝所题燕京八景之一的琼岛春阴碑石及假山、邃洞等。东北岸有画舫斋、濠濮涧、镜清斋、天王殿、五龙亭、九龙壁等建筑；其南为屹立水滨的北海团城，城上葱郁的松柏丛中有造型精巧的承光殿。

8. 圆明园

历史上的圆明园是由圆明园、长春园、绮春园（万春园）组成。三园紧相毗连，通称圆明园，共占地 5200 余亩（约 350 公顷），比颐和园的整个范围还要大出近千亩。它是清代封建帝王在 150 余年间，所创建和经营的一座大型皇家宫苑。雍正、乾隆、嘉庆、道光、咸丰五朝皇帝，都曾长年居住在圆明园优游享乐，并于此举行朝会，外理政事，它与紫禁城（故宫）同为当时的全国政治中心，被清帝特称为“御园”。

（二）自然景观

1. 灵山

灵山自然风景区距京城 122 千米，其顶峰海拔 2303 米，是北京市的第一峰。西与龙门森林公园毗邻；东与龙门涧景区相连；南与 109 国道相通，由于其海拔高度所致，使灵山在方圆 25 平方千米内形成北京地区集断层山、褶皱山为一体，奇峰峻峭、花卉无垠的自然风景区。

2. 香山

香山位于北京西郊海淀区，是一处自然地理条件优越，文化历史悠久、具有山林特色的皇家园林。它的东面为玉泉山，北邻碧云寺，南接八大处，主峰香炉峰（鬼见愁）海拔 557 米，与万寿山、玉泉山并称“三山”。香山总面积 2400 余亩，古树名木众多，满山遍野黄栌，形成独特的“山川、名泉、古树、红叶”特色。

3. 龙庆峡

龙庆峡即古城水库，位于延庆县古城河口，距北京市区 85 千米。古城河发源于西北方 30 余千米处的海坨山，东南注入妫水河。龙庆峡自 1984 年正式对外开放。1986 年该景区被评为“北京新十六景”之一。1987 年举办首届冰灯艺术节。2007 年龙庆峡被国家旅游局评为 4A 级景区。

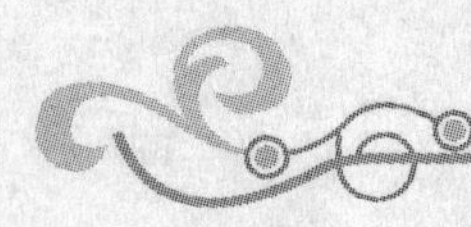



4. 石花洞

石花洞是国家 4A 级旅游景区，位于距城区 50 千米的房山南侧车营村西坡，面积 84.66 平方千米。1978 年北京水文地质工程公司对该洞进行勘探，被专家称为“地下地质奇观，溶洞博物馆”，定名石花洞。1987 年对外开放。2001 年 1 月，北京石花洞国家地质公园成立。2006 年北京房山世界地质公园成立，北京由此成为世界上第一个拥有世界地质公园的首都城市。

5. 十渡

十渡位于北京市房山区西南部拒马河中上游，距北京市区约 80 千米。景区总面积 301 平方千米，东起千河口，西至大沙地，东西长约 40 千米，南北最宽处 25 千米。1986 年被评为北京十六景，1999 年被评为北京市首批风景名胜区，现为国家 4A 级景区。

（三）主题公园

1. 北京园博园

北京园博园地处丰台区长辛店镇，永定河西岸，紧邻著名的卢沟桥和宛平城，处在北京市总体规划中的西部发展带上，是城南发展规划“一轴一带多园区”中的永定河绿色生态发展带的核心区。园区面积 267 公顷，加上 246 公顷的园博湖，总面积 513 公顷，接近于两个颐和园。整体空间体现了“一轴、两区、三地标、五展园”的规划布局。“一轴”即园博轴，是一条由园林博物馆至功能性湿地的南北向景观轴线；“两区”即园博湖景区和下沉式花园景区锦绣谷；“三地标”即园博会的三大标志性建筑：永定塔、中国园林博物馆和主展馆；“五展园”即传统展园、现代展园、创意展园、国际展园和湿地公园。

第九届园博会第一次提出了以省为单位建园，既集中了财力，提高了展园的建设标准和质量，也让不同风格流派的园林造园要素得到了充分展示。会期将融中外造园艺术、文化展演、学术交流、商贸洽谈、企业营销等活动于一体，是迄今为止会期最长、规模最大、影响力最强、预计游客数量最多一届的园博会。

园博之美不仅美在园林，还美在历史文化的积淀。展会期间，异彩纷呈的花车巡游表演、美轮美奂的绚彩霓裳，范围涉及音乐、舞蹈、戏曲、书法、绘画、摄影、旅游、民俗、花车、花卉等多项内容。旨在展示静态园博园旖旎风光的同时，形成又一道流动的艺术景观，将为游客奉上一场终生难忘的视听盛宴。

2. 奥林匹克公园

奥林匹克公园位于北京市朝阳区，地处城市中轴线北端，在北四环中路的北部，北至清河南岸，南至北四环中路，东至安立路、北辰东路，西至林翠路与北辰西路。奥林匹克公园总占地面积 1135 公顷。奥林匹克公园中心区是举办北京 2008 年奥运会的主要场地，拥有亚洲最大的城区人工水系、亚洲最大的城市绿化景观、世界最开阔的步行广场、亚洲最长的地下交通环廊。公园内建筑包括国家体育场（鸟巢）、国家体育馆、国家游泳中心（水立方）、会展中心等。

鸟巢位于北京奥林匹克公园中心区南部，为 2008 年第 29 届北京奥林匹克运动会的主

体育场。工程总占地面积 21 公顷，建筑面积 258000 平方米。场内观众坐席约为 91000 个（相当于 2004 年雅典奥运会主体育场所能容纳观众数的近 2 倍，第 18 届世界杯足球赛主体育场德国慕尼黑安联体育场所能容纳观众数的将近 1.5 倍），其中临时坐席约 11000 个。这里举行了奥运会、残奥会开闭幕式、田径比赛及足球比赛决赛。现在这里已经成为北京市民广泛参与体育活动及享受体育娱乐的大型专业场所，并成为具有地标性的体育建筑和奥运遗产。

水立方位于北京奥林匹克公园内，与鸟巢分列于北京城市中轴线北端的两侧。水立方是 2008 年夏季奥运会修建的主游泳馆，在北京奥运会期间，国家游泳中心将承担游泳、跳水、花样游泳、水球等比赛项目。总建筑面积约 8 万平方米，可容纳观众坐席 17000 个，其中永久观众坐席为 6000 个。现在水立方已经为集游泳、运动、健身、休闲于一体的活动中心。

3. 欢乐谷

欢乐谷是国家 4A 级景区、新北京十六景。位于北京市朝阳区东四环四方桥东南，占地面积 56 万平方米，于 2006 年 7 月建成开放，是目前国内最为国际化、现代化的主题公园，以文化景观、艺术表演和游乐体验为核心，集海、陆、空三栖游乐于一体，白天让人心旷神怡，夜晚让人流连忘返，是家庭的首选地，是孩子们的开心课堂，是年轻人的娱乐先锋地。

北京欢乐谷由“峡湾森林、爱琴港、失落玛雅、香格里拉、蚂蚁王国、亚特兰蒂斯、欢乐时光”等七大文化主题区组成，通过主题文化包装及故事演绎，以建筑、雕塑、园林、壁画、表演、游乐等多种形式，向游客展示了一个多姿多彩的地球生态环境与地域文化，园区内精选世界经典文明和创意智慧，精心设置了 50 余项主题景观、10 余项主题表演、30 多项主题游乐设施、20 余项主题游戏及商业辅助设施，营造了一个神秘、梦幻的世界。30 多万平方米的绿化、8 万平方米的湖面赋予欢乐谷良好的生态环境；七大主题区域赋予欢乐谷独特的人文气质；国际国内双重标准的安全检测、人性化的服务配套和智能化的全园信息系统赋予欢乐谷世界一流的品质。

## 二、天津旅游景观

天津简称津，地处华北平原东北部，环渤海湾的中心，东临渤海，北依燕山，素有“九河下梢”、“扼河海要冲”之称，属温带季风气候。全市面积 1.18 万平方千米，是中国第三大城市，四个直辖市之一，市辖 16 个市辖区、县，2009 年年底，全市常住人口 1228.16 万人，有汉、回、满、蒙等 52 个民族。天津市海岸线长达 153 千米，海洋资源丰富，自古以来就是著名的油盐产地，拥有我国最大的盐场，是中国北方的经济中心，北方最大的港口城市、历史文化名城和生态城市。

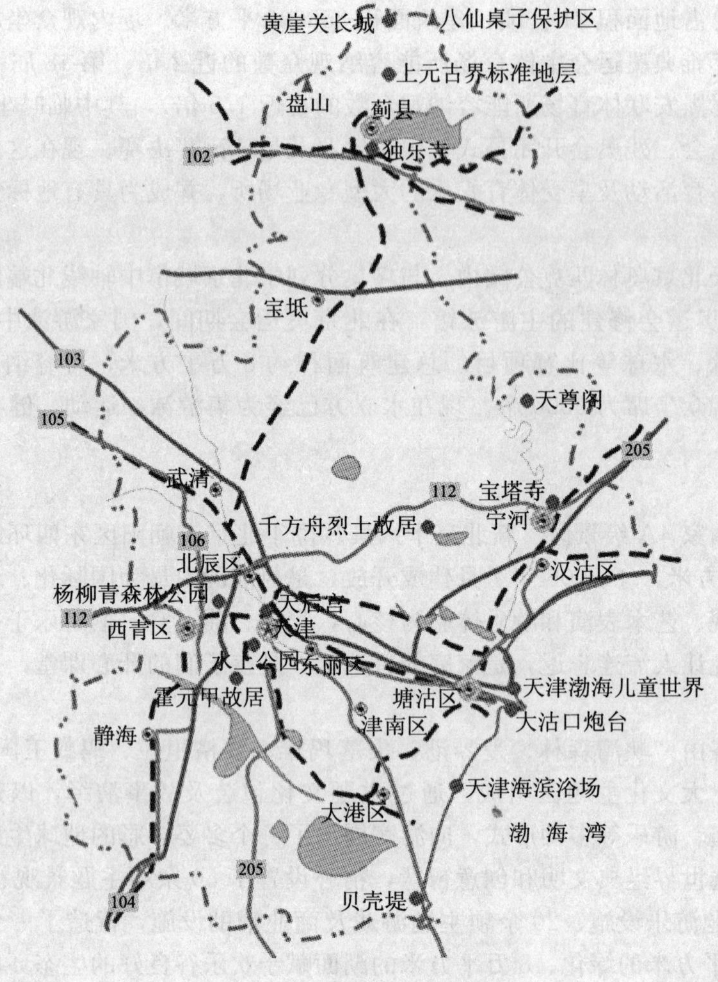


图 2-2　天津旅游景点图

**主要景点**

1. 自然景观

(1) 盘山

盘山风景名胜区，位于天津市蓟县西北 15 千米处，又因她雄踞北京之东，故有“京东第一山”之誉。相传东汉末年，无终名士田畴不受献帝封赏，隐居于此，因此人称田盘山，简称盘山。盘山景区面积 106 平方千米，有“五峰”、“八石”、“三盘”之胜，还有天成寺、万松寺、云罩寺、舍利塔等古代建筑。五峰为挂月峰、紫盖峰、自来峰、九华峰、舞剑峰，与山西五台山相呼应，号称“东五台”。主峰挂月峰，海拔 864 米。五峰攒簇，引人入胜。由西路登山，山势呈上、中、下三盘之状。三盘景致各具特色，上盘松、中盘石、下盘水，人称“三盘之胜”。

(2) 八仙山

八仙山自然保护区以林深佳秀而闻名，有丰富的动植物资源，被称为天然的植物园。

中外闻名的蓟县中上元古界地质剖面，层序齐全，构造简单，叠层石和微体化石丰富，厚度达万米，被联合国地质科学联合会确认为世界标准地层剖面，1984 年被批准为我国第一个国家级自然保护区。

2. 人文景观

（1）独乐寺

在盘山脚下的蓟县城内，有著名的千年古刹独乐寺。据说安禄山叛唐，就是在此处誓师，他喜独乐，故以“独乐”二字名寺。寺内主体建筑山门和观音阁，为辽统和二年（984年）重修。观音阁高 23 米，木质，集我国木结构建筑之大成，是国内现存最早的木结构楼阁。阁内有一座高达 16.27 米的观音菩萨像，是辽代泥塑艺术珍品，又是国内最大的观音塑像。古老雄伟的独乐寺与苍翠雄奇的田盘山相映成辉，使这一风景名胜区更加绚丽多彩。

（2）黄崖关长城

黄崖关长城在蓟县北 30 千米的崇山峻岭之中，始建于公元 556 年，明代名将戚继光任蓟镇总兵时，曾重新设计，包砖大修。黄崖关城是明代蓟镇长城的重要关隘，也是县境内唯一的一座关城。关城东侧山崖的岩石多为黄褐色，每当夕阳映照，金碧辉煌，素有“晚照黄崖”之称，关城因此得名。这一段长城建筑特点是：台墙有砖有石，敌楼有方有圆，砌垒砖有空心有实心。关城塞堡、敌台水关，应有尽有；接山跨河，布局巧妙，集雄险奇秀于一身。

（3）文庙

文庙在天津旧城东门里，又名孔庙，因与武庙相对，俗称文庙。是天津市区保存完整、规模最大的古代建筑群。大殿始建于明正统元年（1436 年），后经明天顺、万历，清康熙、乾隆等各代重修、扩建。清雍正年间，天津府、县同设治所于城内，因而庙东侧为府庙，西侧为县庙，均有照壁、泮池、棂星门、大成门、大成殿、崇圣祠和配殿等。府庙主体建筑的殿顶均用金黄色琉璃瓦覆盖，雕梁画栋，装饰精美。庙外有二柱三楼式牌坊两座，明代建造，万历、清康熙年间重修，是天津市内仅存的过街牌楼。

（4）市南食品街

位于繁华的旧商业中心南市，占地 2.5 公顷，建筑面积 4 万多平方米。这里不仅云集了全国各地的珍馐美馔、风味小吃，而且建筑别具一格，具有浓厚的民族特色。整个食品街像一座宫殿，显得古朴庄严。它是中国目前最大的经营名特食品为主的新型市场。这里有全国各地的风味，有川、鲁、粤、湘、苏、浙正宗大菜，有甜、咸、干、稀回汉民俗小吃，有意、俄式的西餐、快餐，也有山村野味、时令海鲜、乡村便饭、仿膳佳肴等。南市食品街作为天津一景的独特魅力吸引着越来越多的中外游客。

（5）天后宫

俗称“娘娘宫”，是古文化街上的主要参观旅游项目。天后在古时被人们称为护航女神。传说她是福建莆田人，姓林名默，经常驾船出海，搭救遇难的人，故被后人敬为女神。元时京城每年需北运大批粮食，先从海路运抵天津，然后再转河运至京城。元政府为祈求航海安全，便将护航女神崇为天妃，并在沿海城镇建起天后宫。天津的天后宫建于公元 1326 年。农历三月二十三日是娘娘的生日。每年这时都举行“皇会”，表演高跷、龙灯、旱船、狮子舞等，百戏云集，热闹非常。现今天后宫已成为天津民俗博物馆，介绍天津的历史变革，陈列着各种民俗风情实物。皇会是因清乾隆皇帝下江南时曾游此会而得名。传统的演出场所在天后宫前的广场以及宫南、宫北一带。古文化街建成后，每逢农历三月二十三日（“天后”诞辰吉日）在此举行盛大的皇会，表演龙灯舞、狮子舞、少林会、高跷、法鼓、旱船、地秧歌、武术以及京戏、评剧、梆子等。

（6）古文化街

古文化街，整个街道古色古香，富丽堂皇。穿过大牌坊，是600米的仿清建筑群，出自数十位书法界名人之手的百块匾额和楹联，充满翰墨气息，犹如百家书法展览。在这条街上出售古玩玉器、古旧书籍、传统手工艺制品和民俗用品。天津既是历史文化名城，又是北方文化的重要发祥地。天津文学兴盛于清初的园林文化。以水西庄文化为代表的天津文学曾鼎盛一时，天津书法、美术艺术源远流长，清代以来更是名家辈出。在民间工艺方面，堪称天津工艺四绝的有：画面绚丽的“杨柳青”年画，形神兼备的“泥人张”彩塑，彩绘逼真的“风筝魏”风筝，玲珑剔透的“砖刻刘”砖雕，都在此设有专店。

## 北京园博园特色

第一个特色：世界上唯一一个以园林为专题的博物馆。中国园林博物馆的建设填补我国没有国家级园林艺术博物馆的空白，充分利用多种现代园林艺术手段和科技手段，向全世界展示中国园林历史文化“大百科”。

第二个特色：北京园博会成为建设“绿色北京”的示范工程，园博会园区景观绿化建设总投资4.1亿元，种植乔灌木、花卉等1200多万株，形成147公顷连片的绿地景观。

第三个特色：是生态修复的成功典范。园博园巧妙利用废弃地进行生态修复建园，在原来140公顷的建筑垃圾填埋场上进行生态修复，变成了267公顷的锦绣花园。其中，锦绣谷是北京园博会化腐朽为神奇，进行生态修复建园的典范工程。

第四个特色：园林艺术精品荟萃。全国各省、自治区、直辖市及港、澳、台地区都参与建园，25个国家的34个城市和机构建设了32个国际展园，苏州、岭南、闽南和巴蜀园林体现了中华园林精髓，欧式、伊斯兰式展园展现异域风情，世界顶尖的园林大师展现先进园林理念。

第五个特色：生态理念与先进技术相辅相成。园博园整体设计充分展示生态优先、以人为本、绿色循环、永续利用的园林建设理念，并在建设和运营过程中采用很多节能环保的新材料、新技术、新工艺。

第六个特色：文化繁荣与区域发展完美结合。丰台区以园博园为核心，整合周边资源，发展文化创意产业和休闲旅游业，使园博园成为休闲、旅游胜地和园林创意、设计中心。同时，园博会的举办将加快推进丰台科技园西区4.17平方千米土地的联动开发，建

设绿色园区、形成新的产业集聚，辐射带动永定河流域和京津冀地区的发展。这是“人文北京、科技北京、绿色北京”战略思想的重大举措。

（资料来源：北京园博园官网）

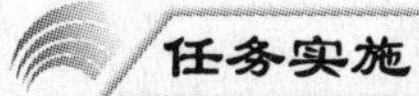

## 任务实施

考虑到会展旅游的特点，重点为唐山园林局推荐北京景点：天安门广场、颐和园、北海、圆明园、北京园博园、北京奥林匹克公园、鸟巢。天津景点：独乐寺、天后宫、古文化一条街等。

## 任务总结

为唐山园林局的专家们推荐的景点以北京市最有代表性的园林景观为主。节日的天安门广场花团锦簇，几十万盆植物的摆放往往体现北京园林设计的最高水平，所以建议这次研讨会能在十一前后召开，方便专家们对天安门广场的考察。另外，颐和园、北海、圆明园都是北京典型的皇家园林的代表，奥林匹克公园是新兴的湿地公园，鸟巢是北京新增景观，这些景点的推荐都符合研讨会的主题。另外，天津作为北京的周边城市，顺便逛逛，可增加会议旅游的趣味性。

## 实训项目

### “我要到北京上大学”夏令营

**实训内容**

暑期是夏令营的旺季，每年有全国各地的学子来北大、清华参观。为了进一步开阔学生视野，激发学生学习积极性，某学校打算暑假举办夏令营，带领学生来京津看看北大、清华、南开等名校，使学生能树立起更高远的学习目标。

**实训建议**

各项目团队提交纸质行程安排，每组选派一名代表用 PPT 向全班展示设计的旅游线路，要求图文并茂；由教师和其他团队成员对本团队展示的旅游线路做出现场点评。小组内对个人表现进行总结，以鼓励为主。

## 复习思考题

1. 北京主要有哪些人文景观？
2. 天津有哪些自然景观？
3. 京津两地旅游景观有哪些不同？

# 任务二　河北景点赏析

## 任务导入

为了方便群众快捷出行，2012年7月，国家实施重大节假日期间免收7座及以下小型客车通行费。在北京教国画的秋华老师得知这一消息，非常兴奋。热爱大自然热爱摄影热爱画画的他，打算利用重大节假日走遍河北的山山水水，你能为他推荐河北的美景吗？

## 任务分析

自驾游属于自助旅游的一种类型，是有别于传统的集体参团旅游的一种新的旅游形态。自驾车旅游在选择对象、参与程序和体验自由等方面给旅游者提供了伸缩空间，其本身具有自由化与个性化、灵活性与舒适性及选择性与季节性等内在特点，与传统的参团方式相比具有本身的特点和魅力。多年来我国小汽车的家庭拥有量不断增加，但由于高昂的高速公路通行费等因素，目前居民节假日自驾出行的比例还不高，在节日长假期间，经常出现一边是火车飞机票难买，一边是高速公路车辆稀少的现象。有关专家表示，重大节假日免收部分车辆的通行费将惠及民生，并有助于扩大内需。因此重大节假日免收小型客车通行费方案的实施将促进自驾游等新兴旅行方式的发展。

## 知识准备

河北省地处华北，东临渤海，内环京津，地理位置优越。总人口6700万，总面积18.8万平方千米，海岸线487千米。是全国唯一兼有海滨、平原、湖泊、丘陵、山地、高原的省份，属温带大陆性气候，春季干旱多风，夏季炎热多雨，秋季天朗气爽，冬季寒冷干燥，自然景观四季分明。种类齐全的地形地貌和温和宜人的气候，造就了河北独特秀美的自然风光。

河北省是中华民族的重要发祥地之一。早在五千多年前，中华民族的三大始祖黄帝、炎帝和蚩尤就在河北由征战到融合，开创了中华文明史。在中国最古老的地理著作《禹贡》里，全国被划分为九州，河北属于冀州之地，因此河北又被简称为“冀”。春秋战国时期，河北地属燕国和赵国，故有“燕赵”之称。元、明、清三朝定都北京，河北成为拱卫京师的畿辅之地。到了近代和现代，燕赵儿女与全国人民一道抒写了一部可歌可泣的以反帝、反封建、反官僚、反资本主义为内容的新民主主义革命史诗。悠久的历史，灿烂的文化，壮丽的河山，使河北成为全国重要的旅游资源大省。

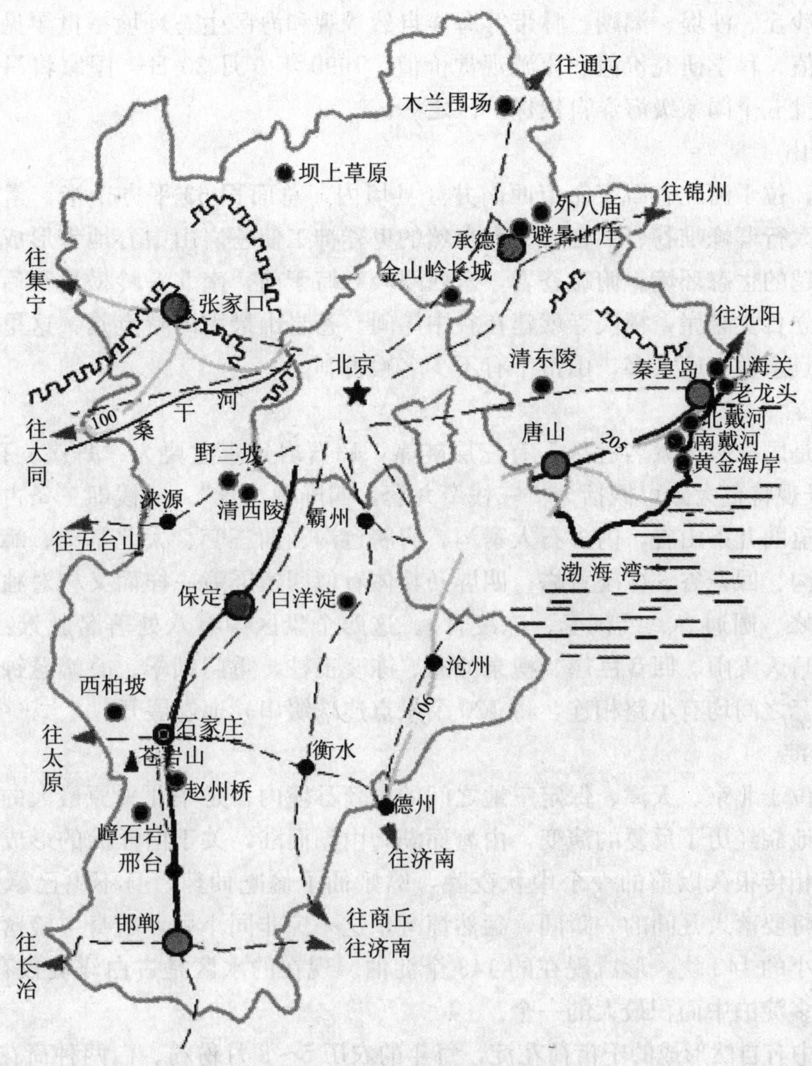


图 2-3 河北旅游景点图

## 一、自然景观

1. 北戴河

北戴河海滨位于秦皇岛西南 15 千米处，北有联峰山作屏障，南临茫茫沧海。风光明媚，气候宜人，春无风沙，冬无严寒，秋季天高气爽，夏季最热的农历六七月，平均气温也只有 23℃。整个风景区，东自鸽子窝、金山嘴起，西至戴河口止，长约 13 千米，宽约 2 千米，为一条狭长的沿海地带。这里沙软潮平，是海水浴的好地方。

2. 黄金海岸

黄金海岸位于河北省昌黎县东南面的渤海岸边，海岸线全长 52.1 千米，具有沙细，滩软，水清，潮平的特点，是进行海水浴、阳光浴、沙浴、森林浴、空气浴的理想地点。

黄金海岸的沙丘、沙堤、潟湖、林带等海洋自然景观和海区生态环境举世罕见，具有重要的生态学价值、科学研究价值和旅游观赏价值。1990 年 9 月 30 日，国家将昌黎黄金海岸列为中国首批五个国家级海洋自然保护区之一。

3. 苍岩山

苍岩山，位于河北省石家庄市西南井陉县境内，总面积 63 平方千米，素有“五岳奇秀览一山，太行群峰唯苍岩”之誉。大自然的鬼斧神工使苍岩山中心地带形成了奇异的断崖绝壁及优越的生态环境。俯瞰苍岩，东西双峰对峙于前，南北一岭横亘于后，峰岭相向的侧面，壁立百丈悬崖，福庆寺就建在谷中崖间。苍岩山最大的特点是：这里不仅自然风光优美，而且宗教寺庙众多，山峦中有不少名殿古刹。

4. 嶂石岩

嶂石岩是国家级风景名胜区，有三层陡崖，嶂石岩景观主要为“丹崖、碧岭、奇峰、幽谷”。其景观特色大致可概括为“三栈牵九套，四屏藏八景”。三栈即三条古道；九套即连接三条古道的九条山谷，内含石人寨沟、肩膀台沟、西三套、大北掌沟、嶂石岩沟、槐泉峪、大西沟、回音谷、冻凌背峪；四屏乃整体看似四道屏障一样而又相对独立的四个分景区（九女峰、圆通寺、纸糊套、冻凌背）。这四个景区中有八处著名胜景：九仙聚会、岩半花宫、晴天飞雨、回音巨崖、槐泉凉意、冻凌玉柱、重门锁翠、叠嶂悬钟。这三栈四屏、八景九套之间均有小路相连，将 120 个景点连珠缀串，迤逦展开。

5. 白洋淀

白洋淀位于北京、天津、保定三地之间的安新县境内，是华北平原最大的淡水湖。白洋淀的地形地貌经历了反复的演变，由海而湖，由湖而陆，关于白洋淀的形成还有一个美丽的传说。相传很久以前的一个中秋夜晚，嫦娥仙子偷吃仙药，身不由己飘飘然离开月宫，就在她将要落入凡间的一瞬间，猛然惊醒，这一惊非同小可，随身宝镜落入人间，摔成了大大小小的 143 块，形成现在的 143 个淀泊。现在的水区是古白洋淀仅存的一部分，白洋淀是众多淀泊中面积最大的一个。

白洋淀中有自然形成的千亩荷花淀，每年的农历 5～8 月份粉、白两种荷花盛开，淀内香气四溢。白洋淀水域辽阔，春季青芦吐翠；夏季红莲出水；秋天芦苇泛金黄色；冬季泊似碧玉。白洋淀物产丰富，盛产大米、鱼虾、菱藕和“安州苇席”。被誉为美丽的鱼米之乡。

6. 野三坡

野三坡地处保定涞水县境内，总面积 520 平方千米，距保定市 150 千米，距北京市中心 100 千米，是距首都北京最近的国家级风景名胜区。地势北高南低，气候差异明显，分上、中、下三坡，三坡之名始于此。区内悬崖深谷，榛莽古林，雄、险、奇、秀，蓝天、碧水、绿荫无污染，有数十种天然野生绿色食品及野兔、山鸡、河虾及农特色佳肴可野餐；有少数民族风格的各式客房及家庭旅馆的传统火炕可野宿；有天然浴场可沙浴、日光浴、游泳、滑沙、划竹筏，也可骑马奔驰，乘驴车游荡，采核桃、杏仁、伏花椒，登野山、观野景等，故“三坡”以“野”定名。自古有“世外桃源”之称。

## 二、人文景观

1. 承德避暑山庄

避暑山庄原名热河行宫，俗称承德离宫，位于承德市西北部。建于公元1703年至1792年（即清朝康熙四十二年至乾隆五十七年），占地564万平方米，宫墙长达10千米，比颐和园大一倍，是我国现存规模最大的皇家园林。

承德避暑山庄是一座宫苑一体的大型皇家园林，分为宫殿区和苑景区两大部分，宫殿区包括正宫、东宫、松鹤斋和万壑松风四组建筑，风格古朴典雅，是清朝皇帝处理朝政，举行庆典，日常起居的地方。苑景区又有湖区、平原区和山区之分。湖光山色，兼具“南秀北雄”之特点。山庄内楼台殿阁，寺观庵庙等古建筑达120多组，它们因山就水，遍布全国，其中就有康熙皇帝以四字命名的“三十六景”和乾隆皇帝以三字命名的“三十六景”，史称“康乾七十二景”。

避暑山庄在清朝的历史上曾起过重要的作用，素有“第二个政治中心”之称，现在是全国重点文物保护单位，被列为“世界文化遗产名录”，全国“四十四个风景区”和“十大名胜”之列，承德市也因此而被誉为中国历史文化名城。

2. 外八庙

在承德避暑山庄东部和北部丘陵起伏的地段上，如众星拱月之势环列着十二座色彩绚丽、金碧辉煌的大型喇嘛寺庙。这些寺庙建筑工艺精湛，风格各异，是汉、蒙、藏文化交融的典范。在这里可以瞻仰西藏布达拉宫的气势、浏览日喀则扎什伦布寺的雄奇、领略山西五台山殊像寺的风采、欣睹新疆伊犁固尔扎身的身影、还可看到世界最大的木制佛像——千手千眼观世音菩萨。当年有八座寺庙由清政府理藩院管理，于北京喇嘛印务处注册，并在北京设有常驻喇嘛的“办事处”，又都在古北口外，故统称“外八庙”（即口外八庙之意）。这八座庙分别是：溥仁寺、溥善寺、普乐寺、安远寺、普宁寺、须弥福寿寺、普陀宗乘庙、殊像寺。久而久之，“外八庙”便成为这八座寺庙的代称。1994年12月，“外八庙”同避暑山庄一起被列入世界文化遗产。

3. 山海关

山海关景区位于秦皇岛市区东部15千米处，建于明洪武十四年（1381年），因其倚山连海，故得名山海关，是万里长城的最东端，素有“京师屏翰、辽左咽喉”、“天下第一关”之称。是中国名胜古迹荟萃风光旖旎、气候宜人的历史文化古城和旅游避暑胜地。

4. 赵州桥

赵州桥，又名安济桥（宋哲宗赐名，意为“安渡济民”），位于河北赵县洨河上，它是世界上现存最早、保存最好的巨大石拱桥，被誉为“华北四宝之一”。建于隋代大业年间（605—618年），由著名匠师李春设计和建造，距今已有1400年的历史，是当今世界上现存最早、保存最完善的古代敞肩石拱桥。

5. 清西陵

清西陵是清朝帝王两大陵寝之一，位于河北省易县城西15千米处的永宁山下，离北京120多千米，始建于雍正八年（1730年）。清西陵有帝陵四座：泰陵（雍正）、昌陵（嘉庆)、慕陵(道光)、崇陵(光绪);后陵三座:泰东陵、昌西陵、慕东陵;妃陵三座。此外,还有怀王陵、公主陵、阿哥陵、王爷陵等共14座,共葬有4个皇帝、9个皇后、56个妃嫔以及王公、公主等76人。

清西陵是规模宏大、体系完整的古建筑群,每座陵寝严格遵循清代皇室建陵制度。清西陵中建筑最早、规模最大的一座是泰陵,始建于1730年,是清西陵的中心建筑,被视为西陵建筑艺术中具有代表性的作品。

6. 清东陵

清东陵坐落在河北省唐山市的遵化县境,是中国现存规模最大、体系最完整的古帝陵建筑,共建有皇陵五座:顺治帝的孝陵、康熙帝的景陵、乾隆帝的裕陵、咸丰帝的定陵、同治帝的惠陵,以及东(慈安)、西(慈禧)太后等后陵四座、妃园五座、公主陵一座,埋葬14个皇后和136个妃嫔。陵区南北长125千米、宽20千米,以顺治帝的孝陵为中心,排列于昌瑞山南麓,均由宫墙、隆恩门、隆恩殿、配殿、方城明楼及宝顶等建筑构成。

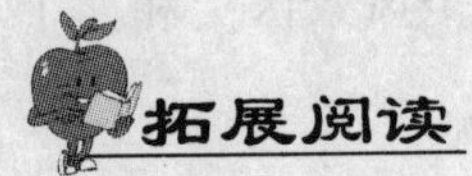


## 节假日免高速路通行费催热自驾游

“四大重大节假日小型车免费通行”消息传出,立即引起强烈反响。根据《重大节假日免收小型客车通行费实施方案》,春节、清明节、劳动节、国庆节等四个国家法定节假日,以及当年上述法定节假日的连休日,收费公路(含收费桥梁和隧道,但不包括各地机场高速),将免收小型客车通行费。免费时段从节假日第一天0:00开始,最后一天24:00结束。

河北康辉国际旅行社范栗楠认为,新政势必会带动自驾游游客数量的增长。从以往的情况看,节假日期间往往有20%左右的私家车出游,一旦取消通行费,预计将会增加一半以上的自驾游游客。不过,过路费只是出行成本的一小部分,汽油费、住宿费、门票费用等都是大头。减免过路费,不会成为私家车主是否自驾出行的决定性因素。在免费政策实施初期,或许会掀起自驾出游热潮,但估计很快会进入一个平衡状态。

小于家在石家庄,在北京工作,每到节假日都会开车回来。他算了一笔账,走京昆高速石家庄距离北京大约290多千米,高速费是105元,来回就是210元。“这样下来,一年4个假期免费,回家4趟可节省840元过路费。”如果路程远,省下的钱还会更多。市民王女士的打算是“十一”去内蒙古的阿尔山玩,她算了一下,往返的高速费能省下2000元。节假日通行费全免政策的出台,对市民来说是好消息,但对交通、旅游景点来说也存在挑战和压力。

(资料来源:燕赵晚报)

综合考虑秋华老师时间及爱好等基本情况，为他定制的参考行程如下：

（1）冀东海滨度假旅游线：从北京沿京沈高速公路东行，途经遵化市—玉田县—唐山市—卢龙县—抚宁县—秦皇岛，行程 280 千米。主要景观有北戴河等海滨。

（2）承德皇家风情旅游线：从北京出发，沿京承旅游公路东北行，途经怀柔县—密云县—滦平县，承德市，全程 230 千米。这条线曾经是清朝皇帝塞外巡游的路线，主要景观有承德的避暑山庄和外八庙及北部围场县森林草原。

（3）京北草原风光旅游线：从北京出发，沿高等级公路北行，怀柔县—丰宁县（丰宁是京北第一草原），全程 190 千米。

（4）塞北旅游线：从北京出发，沿京张高速公路北行，途经昌平区—延庆县—怀柔县—宣化县,张家口，行程 200 千米。

（5）京郊太行风光旅游线：距北京仅 90 千米的涞水县野三坡和涞源县白石山均为享誉中外的风景名胜区，堪称太行风光之胜。

（6）燕赵文化旅游线：从北京出发，沿京广铁路和京深高速公路南行，依次经过保定市—石家庄市—邢台市—邯郸市四个中心城市，行程 450 千米。

（7）冀东南民俗风情旅游线：从北京出发，沿京津塘高速公路，京沪高速公路东南行，途经香河县—廊坊市—天津市—沧州市—吴桥县，到达衡水市，全程 410 千米。

（8）长城旅游线：万里长城东起山海关，西至嘉峪关，全长大约 6700 千米，是中国旅游的象征，更是河北旅游的主打产品。举世闻名的万里长城横穿河北全境，长达 2000 多千米，使河北成为长城途经距离最长、保存最完好、建筑风格最具代表性的省份。

通过全面了解河北省旅游景观，在熟悉自驾游特点的基础之上，充分考虑秋华老师的旅游动机及需求，为他推荐了八条旅游路线，这些旅游路线同样适合外地来冀的旅游者，可以通过租车的形式进行旅游，也为河北周边省份游客及团体游客出行选择旅游行程提供了一定的参考。

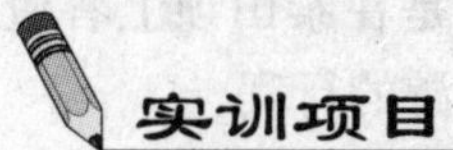

## 张光的河北自驾旅游计划

**实训内容**

张光在天津推销体育器材，生活逐渐走上小康，这些年娶妻生子，买房还贷，现在终于无债一身轻了，热爱旅游的他还拥有了一辆适合旅游的小轿车，请你为这位天津自驾游朋友设计河北自驾旅游计划至少 5 条。

**实训建议**

各项目团队提交纸质行程安排，每组选派一名代表用 PPT 向全班展示设计的旅游线路，要求图文并茂，讲解清楚明白，避免线路重复。由教师和其他团队成员对本团队的展示的旅游线路做出现场点评。小组内对个人表现进行总结，以鼓励为主。

表 2－1　张光的河北自驾旅游计划

| | |
|---|---|
| 旅游主题 | |
| 自驾路线 | |
| 时间 | |
| 宿营地或入住地点 | |
| 主要活动项目 | |
| 主要游览内容 | |

1. 河北省旅游资源的特色是什么？
2. 自驾游出行前应该注意哪些问题？

# 任务三　山东景点赏析

## 任务导入

首经贸大三学生格格，有七天时间和 2000 元的预算，打算山东自助游。其实选择山东，还有感情上的原因，她高考第一志愿报的就是山东大学，那是她最向往的地方，最后以十分之差与之失之交臂，但是格格心里挥之不去的梦想就是：去山大的校园里走走，感受一下曲阜厚重的文化气息，再去看看泰山的日出，据说格格的妈妈就是在泰山顶上答应跟爸爸结婚的。所以，山东就成了其旅行首选。请你为她安排山东自助游的行程。

自助旅游是近年来兴起的一种旅游方式，深受年轻的旅游朋友的喜爱，自助旅游最大的优势是旅游活动安排的自主性，包括对旅游目的地和行程和线路的确定，交通方式及食宿标准的选择，游览项目的安排等各方面拥有个人的自主权和选择权。同时自助旅游还具有很大的灵活性，在旅途中可以根据个人的喜好临时调整或更改行程，从而享受自由、深入、有特色的旅游。

## 知识准备

山东，古代为齐鲁之地，位于中国东部沿海、黄河下游、京杭大运河的中北段，省会设在济南。陆地南北最长约420千米，东西最宽约700余千米，陆地总面积15.67万平方千米，约占全国总面积的1.6%，居全国第十九位。西部连接内陆，从北向南分别与河北、河南、安徽、江苏四省接壤；中部高突，泰山是全境最高点；东部山东半岛伸入黄海，北隔渤海海峡与辽东半岛相对、拱卫京津与渤海湾，东隔黄海与朝鲜半岛相望，东南则临靠较宽阔的黄海、遥望东海及日本南部列岛。

济南的泉、枣庄的水、青岛的海、烟台的仙、威海的岛、泰安的山，都无不让人拍案称绝。走进曲阜，领略孔孟文化的博大精深；留步枣庄，“江北水乡·运河古城”让你流连忘返；入住淄博，感受齐国的泱泱大风；在潍坊，放飞梦想的风筝；去日照，领略“水上运动之都”和“东方太阳城”的风情浪漫；在菏泽，细赏国色天香的牡丹；在东营，看那滚滚黄河东入海，浪花淘尽，千古风流人物，谱写了怎样一个风起云涌、山河壮丽的山东。

**图2-4 山东旅游景点图**

（一）济南市的主要景观

济南市南依泰山，北跨黄河，地势南高北低。济南境内河流主要有黄河、小清河两大水系。湖泊有大明湖、白云湖等。济南是中国东部沿海经济大省——山东省的省会，全省政治、经济、文化、科技、教育和金融中心，也是国家批准的副省级城市和沿海开放城市。全市总面积8177平方千米，市区面积3257平方千米。济南历史悠久，是国务院公布的历史文化名城。境内泉水众多，被誉为“泉城”。

1. 趵突泉

趵突泉公园位于济南市中心繁华地段，南倚千佛山，北靠大明湖，东与泉城广场连接，是以泉水、人文景观为主的文化名园。趵突泉居“七十二名泉”之首，更有“天下第一泉”的美誉。“趵突泉”名见于文字的最早记载是宋代熙宁六年（1073年）曾巩撰《齐州二堂记》。泉池长30米，宽18米，深2.2米。周围建有观澜亭、泺源堂、来鹤桥、蓬山旧迹坊及历代名人题咏趵突泉诗文碑刻等名胜古迹。1956年，依泉建园称趵突泉公园。

2. 大明湖

大明湖公园为国家4A级景区，位于济南市中心，是一处不可多得的繁华都市之中的天然湖泊。大明湖水源充足，湖水来源于珍珠泉、趵突泉、五龙潭、濯缨泉等诸多名泉，有“众泉汇流”之说，水质清冽、天光云影，被誉为“泉城明珠”。湖南有稼轩祠、遐园、明湖居、秋柳园，湖东北有南丰祠、张公祠、汇波楼、北极阁，湖北有铁公祠、小沧浪，湖中有历下亭、汇泉堂等名胜古迹。“四面荷花三面柳，一城山色半城湖”是大明湖风景的最好写照。

3. 千佛山风景区

千佛山，是济南三大名胜之一，海拔285米，周朝以前始称历山。相传古代舜曾于山下耕作，留下许多广为流传的故事。隋开皇年间，依山势镌刻佛像多尊，并建“千佛寺”，故又称千佛山。唐代将“千佛寺”改名“兴国禅寺”，自元代始，“三月三”、“九月九”均举办庙会。明代寺院扩建，逐成香火胜地。

千佛山1959年辟建公园，面积166公顷，东西嶂列如屏，风景秀丽，名胜众多。兴国禅寺居千佛山山腰，内有大雄宝殿、观音堂、弥勒殿、对华亭。南侧千佛崖，存隋开皇年间的佛像130余尊。山崖上由西向东，依次有龙泉洞、极乐洞、黔娄洞、吕祖洞。在千佛山北麓建有集中国佛教四大石窟为一体的万佛洞，游人至此，可一瞻北魏、隋、唐、宋造像风采。千佛山公园是一处融历史、风景、舜文化、佛文化于一体，服务功能设施齐全，规模宏大的游览胜地。

4. 五龙潭公园

五龙潭公园位于济南旧城西门外路北，因园内主要景观为五龙潭而命名，面积5.44公顷，其中水面0.8公顷。公园的建园风格兼具南北造园之精华，以潭、池、溪、港等景观构成，质朴野逸为特点的园林水景园。五龙潭公园内，散布着形态各异的26处古名泉，形成了庞大的五龙潭泉系并成为济南四大著名泉群中水质表现最好的泉群。这里群泉竞生，溪水横流，景色宜人，有“夹岸桃花，恍若仙境”之美誉。

（二）泰安

泰山名胜风景区，位于山东中部，跨越泰安，济南两市，总面积426平方千米。泰山，古时称岱宗，春秋时改为泰山，被称为东岳，位居五岳之首。泰山，不但在地质学和历史文化方面具有研究价值，而且还具有很高的艺术价值和美学价值。1987年被联合国教科文组织列入世界自然文化遗产名录。

泰山主峰玉皇顶海拔1532.7米，突起于华北平原，凌驾于齐鲁丘陵，相对高差达1300米，视觉效果格外高大，具有通天拔地之势，形成“一览众山小”的高旷气势。泰山绵亘200余千米，盘卧方圆426平方千米，形体集中，产生厚重安稳之感，正如“稳如泰山”一词所述。古松与巨石相互衬托，云烟和朝日彼此辉映，突兀峻拔，耀眼磅礴。

泰山人文历史悠久，文化遗产丰厚。大约五六万年前，人们已经开始了对泰山的崇拜。中国人的山岳崇拜，最具有代表性的就是对泰山的崇拜。根据古文献记载，先秦时代曾经有七十二君到过泰山，祭告天地。经唐、宋到明清，尤其到了清朝康熙、乾隆时期，泰山的地位抬高到了无以复加的程度。泰山的名胜古迹众多，主要的景点有岱庙、普照寺、王母池、关帝庙、红门宫、斗母宫、经石峪、五松亭、碧霞祠、仙人桥、日观峰、南天门、玉皇顶等，其中旭日东升、晚霞夕照、黄河金带、云海玉盘被誉为岱顶四大奇观。

（三）曲阜

1. 孔庙

孔庙位于山东省曲阜市南门内，是祭祀孔子的庙宇。初建于公元前478年，以孔子的故居为庙，以皇宫的规格而建，是我国三大古建筑群之一，在世界建筑史上占有重要地位。庙内共有九进院落，以南北为中轴，分左、中、右三路，纵长630米，横宽140米，有殿、堂、坛、阁460多间，门坊54座，“御碑亭”13座，拥有各种建筑100余座，460余间，占地面积约95000平方米的庞大建筑群。孔庙内的圣迹殿、十三碑亭及大成殿东西两庑，陈列着大量碑碣石刻，特别是这里保存的汉碑，在全国是数量最多的，历代碑刻亦不乏珍品，其碑刻之多仅次西安碑林，所以有我国第二碑林之称。孔庙是我国现存规模仅次于故宫的古建筑群，堪称中国古代大型祠庙建筑的典范。

2. 孔府

孔府是孔子世袭“衍圣公”的世代嫡裔子孙居住的地方，是我国仅次于明、清皇帝宫室的最大府第。孔府占地240多亩，有厅、堂、楼、轩等各式建筑463间，分为中、东、西三路。东路为家庙，西路为学院，中路为主体建筑。大成殿是孔庙的正殿，也是孔庙的核心。它是全庙最高建筑，也是中国三大古殿之一。杏坛位于大成殿前甬道正中，传为孔子讲学之处，坛旁有一株古桧，称“先师手植桧”。

3. 孔林

位于曲阜城北，是孔子及其家族的专用墓地。其后代从冢而葬，形成今天的孔林。从子贡为孔子庐墓植树起，孔林内古树已达万余株。自汉代以后，历代统治者对孔林重修、增修过13次，以至形成现在规模，总面积约2平方千米，周围林墙5.6千米，墙高3米多，厚1米。是目前世界上延时最久，面积最大的氏族墓地。

4. 青岛

青岛位于山东半岛东南部，东、南濒临黄海，东北与烟台市毗邻，西与潍坊市相连，西南与日照市接壤。总面积10654平方千米，全市总人口为762.92万人。青岛依山傍海，风景秀丽，冬暖夏凉，气候宜人，是国家历史文化名城、首批中国优秀旅游城市、首批全国文明城市和2008年奥运会帆船比赛举办城市。

“红瓦绿树、碧海蓝天”的老城区，与东部现代化新城区交相辉映。贯通城区东西的滨海步行道，将栈桥、小青岛、小鱼山、海底世界、第一海水浴场、八大关风景区、五四广场、奥帆中心、银海游艇俱乐部、极地海洋世界、石老人海水浴场等主要旅游景点串接在一起，成为一条独具特色的海滨风景画廊。老城区的德国总督府旧址、中山路劈柴院、青岛啤酒博物馆、红酒坊、德国风情街都是游人如织的景点。

青岛市郊自然生态景观、人文景观、名胜古迹丰富多彩。千古名胜琅琊台，古台观月、龙湾涌浪，秦始皇三次东临乐而忘返，徐福东渡日本从此起航；田横岛上西汉五百义士集体殉葬，壮怀激烈、可歌可泣；还有被誉为石刻瑰宝的国家级重点文物保护单位天柱山摩崖石刻、国家级自然保护区马山石林和春秋战国齐长城遗址等。

5. 烟台

烟台位于胶东半岛北部沿海。东距蓬莱70千米，西距威海88千米。数千米长的芝罘半岛深入海中，有烟台山、毓璜顶、芝罘岛、牟平县、养马岛等旅游景点。烟台素有“水果之乡”美称，烟台苹果久负盛名。味美思葡萄酒、金奖白兰地为特产，并获“国际葡萄酒城”之美誉。烟台的木钟在我国也很著名。

6. 威海

威海位于胶东半岛北缘威海湾西侧，三面环海，背负青山。自明代起为我国海防重镇，现为我国重要港口。位于威海市区以东海中的刘公岛，是清代北洋水师的大本营，现存水师提督衙门、丁汝昌官邸，码头旧址等。原北洋水师提督府现已辟为“中日甲午战争博物馆”，成为爱国主义教育基地。威海花园一般的市区，以及市区西部的环翠楼公园都是吸引中外游客的好去处。

7. 蓬莱

蓬莱又称“蓬壶”。神话中渤海里仙人居住的三座神山之一（另两座为“方丈”、“瀛洲”）。要说蓬莱最富有仙气的地方，当属蓬莱阁了。传说中的八仙过海，便发生在此间。蓬莱阁始建于北宋嘉祐六年（1061年），坐落在城北濒海的丹崖山巅。丹崖拔海面起，通体赭红，与浩茫的碧水相映，时有云烟缭绕。山高海阔，气势雄伟，风光壮丽。自古以来蓬莱阁以八仙过海和海市蜃楼名扬天下，被历代文人墨客视为仙境，与黄鹤楼、岳阳楼、滕王阁并称为中国古代四大名楼。其西侧是久负盛名的登州古港，为我国目前保存最完好的古代海军基地。1982年与水城同被国务院公布为全国重点文物保护单位。

水城位于市区西北丹崖山东侧。宋庆历二年（1042年）于此建停泊战船的刀鱼寨。明初洪武九年（1376年）在原“刀鱼寨”的基础上修筑水城，总面积27万平方米，南宽北窄，呈不规则长方形。它负山控海，形势险峻，其水门、防浪堤、平浪台、码头、灯塔、城墙、敌台、炮台、护城河等海港建筑和防御性建筑保存完好，是国内现存最完整的

古代水军基地。1982年，水城与蓬莱阁一同被国务院公布为全国重点文物保护单位。

8. 潍坊

潍坊直线距离西至省会济南183千米，西北至首都北京410千米。南依沂山，北濒渤海，扼山东内陆腹地通往半岛地区的咽喉，胶济铁路横贯市境东西。东连海港名城青岛、烟台，西接工矿重镇淄博、东营，南连临沂、日照。南北长188千米，东西宽164千米，市域地势南高北低，南部是山区丘陵，中部为平原，北部是沿海滩涂。

潍坊世界风筝博物馆（原潍坊风筝博物馆）是我国第一座大型风筝博物馆，建筑面积8100平方米，建筑造型选取了潍坊龙头蜈蚣风筝的特点，屋脊是一条完整的组合陶瓷巨龙，屋顶用孔雀兰琉璃瓦铺成，似蛟龙遨游长空伏而又起，设计风格在国内独树一帜。

潍坊世界风筝博物馆旨在收藏、陈列古今中外的风筝珍品及有关风筝的文物资料。在共约2000平方米的展室里，介绍了风筝的历史、分类、创新以及潍坊国际风筝会、风筝界友好往来和潍坊的概况。展览以1000余只风筝精品、300余件翔实的风筝文物资料以及照片、文字、绘画、复制品等，全面、客观地展现了潍坊风筝所独有的题材广泛、造型优美、绘制精细、色彩艳丽的风格，介绍了富有构思大方、造型夸张、色彩对比鲜明、注重飞翔性能、研究价值较高的外国风筝。此外，该馆还设有书画、民俗、奇石、工艺品、景德镇精品瓷器等展厅，生动展示了中华民族璀璨文化所独具的艺术魅力。

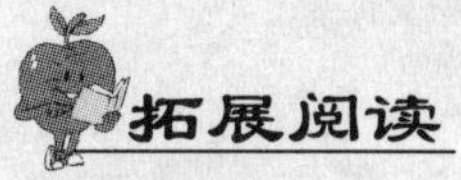


## 山东十一自助游

2011年9月30日下午15：26，与两位侄女一起背上硕大的旅行袋，挤上了南昌—青岛的1554次列车（往返404元/人）。于10月1日下午15：02到了青岛，走进站前的肯德基解决了温饱问题，就近找了一家庭旅馆（25元/人·天）住下。小憩后，我们来到离车站只有千米之余的栈桥、第一海水浴场一带散步。清风拂面，海水带来几分清新，步履踏在青草簇拥的绿茵小道上走进灯火阑珊处。

10月3日一早，用过早餐后，我们开始发动自己的“11”路“便车”，沿着前海湾沿岸步行道，挨着崖边，经过栈桥→天后宫（门票5元/人，在这里补充一些开水或一杯咖啡是很必要的）→海军博物馆（门票15元/人）→小青岛（门票15元/人）→鲁迅公园（门票5元/人）→汇泉广场→八大关→太平角（雕塑一条街）→音乐广场（在这里，我和两位读大学的侄女同骑一辆三人自行车，滋味非凡，一言难尽）→五四广场。日落后，我们来到台东三路、台东八路天桥，全国有名的步行街。这里，布艺等口岸返销商品，多为精细也不贵，还有很多纪念品在卖。晚上用了一顿快餐，22：58分搭上去威海的火车（车票29元/人），又是一夜的车宿。

10月5日早上我们一睁眼，就饱餐了离家后的第一顿正规早点，热腾腾的稀饭、馒头、小咸鱼、鸡蛋管饱。7：00时左右起步前往钓鱼岛（门票20元/人，含往返船票），岛上风光很美，犹如身临一个天然氧吧的氛围，信步走走停停，拍了很多照片。大约3个小时后，搭车只用了10分钟就来到九丈崖（门票22元/人），从这里看海，景观很壮丽。这里的海产品也比青岛便宜很多。不知不觉2小时过去了。午餐还是回到王氏客栈用过，好好地睡了一个午觉后，按计划14：30出发去林海（门票22元/人）。这里是黄海、渤海的分界处。游完崖底，登上369级台阶，不待喘口气（时间还未到17：30），落日似乎就要沉入大海的水平线了。要想让那道光芒四射的海霞映成你的摄影作品，可别忘了带上滤光镜和望远镜。真是太美了。

10月6日凌晨4：00时就起床，中午，吃过午饭后乘船回烟台蓬莱，游览了蓬莱阁后，搭上16：00时的长途车前往日照，下榻。有人问我，日照的海会与青岛的海会有什么区别吗？我想告诉大家的是海原本是生命的归属。特别是那蔚蓝色的海。因为它饱含着宁静。如，青岛的海秀美恬静，日照的海蔚蓝、广博、浑厚。眼前的海水十分平静，蓝里透黑。海水缓缓地排成波浪，前赴后继地推上来，在细腻的沙滩上形成白色的浪花，很温柔。海风也很轻柔。如果说青岛的海秀美与浪漫凝聚着幸福，难以让你折服的话，那日照的海却洋溢着勤谨而深沉了许多的东西。这，就是日照的海，显得格外宽阔。小住一日，次日下午乘夜行列车回到南昌。

（资料来源：蜂窝网）

## 任务实施

综合考虑格格的经济实力及闲暇时间，推荐旅游景点及行程如下：

D1：乘坐火车前往曲阜，参观历代祭祀孔子的地方孔庙；参观“孔子故宅”以及孔子后裔居住办公的宅院——孔府；游览孔子家族墓地——孔林。

D2：乘坐火车前往泰安，入住快捷酒店，游览五岳独尊的泰山。乘环山旅游车至中天门，步行攀登观十八盘、南天门、月观峰、望吴胜迹、天街、唐摩崖石刻、青帝宫、玉皇顶、拱北石等。步行下山至中天门，乘车下山。返回酒店休息。

D3：乘坐火车前往济南，入住快捷酒店，游览乾隆皇帝称之为“天下第一泉”的趵突泉及泉城的标志——泉城广场；观赏素有小西湖之称的大明湖；晚上徜徉山东大学。

D4：乘车前往青岛，在青岛市内参观：东海路雕塑一条街，五四广场、音乐广场，2008年奥运会帆船比赛场地等美丽景色。

D5：乘车前往青岛崂山参观，乘车前往蓬莱，游览蓬莱游览八仙渡海口风景区，观（八仙坊、八仙楼、八仙桥、八仙祠、仙人桥、会仙阁），晚上入住酒店。

D6：乘车赴世界上最适合人类居住的500个城市之一的威海市，游览北洋水师定远舰，游览中国北方最大的韩国服装城，挑选称心的韩国饰品。晚上乘车赴烟台，入住快捷酒店。

D7：游览烟台第一海水浴场，月亮湾风景区。乘坐火车返回北京。

大学生属于有闲暇时间但没有多少收入的群体，他们青春洋溢，充满活力，吃苦耐劳，针对这一特点，这条旅游主要降低旅游住宿及餐费，另外，大部分景点实行学生门票优惠措施，所以学生出游一定要带好学生证，进一步降低旅游消费的成本。

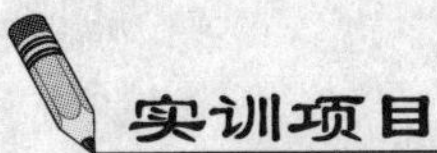


## 山大旅游管理 1994 级毕业 15 年校友聚会行程安排

**实训内容**

山东大学旅游管理系 1994 级毕业生，拟定于 2014 年 7～8 月在山东大学举行 15 年校友聚会，请你为他们设计一个 5 日半自助游行程。

**实训建议**

各项目团队提交纸质行程安排，每组选派一名代表用 PPT 向全班展示设计的旅游线路，要求图文并茂，讲解清楚明白，避免线路重复；由教师和其他团队成员对本团队的展示的旅游线路做出现场点评。小组内对个人表现进行总结，以鼓励为主。

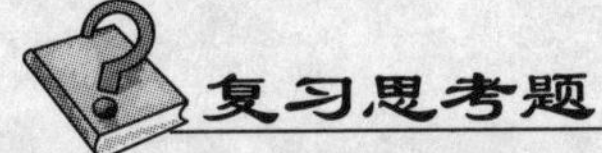


1. 山东省旅游资源的特点是什么？
2. 自驾游和自助游的差别是什么？
3. 谈谈你的家乡春节黄金周可以参加的旅游项目有哪些？

# 项目三　白山黑水——东北景点赏析

**知识目标**

1. 熟悉辽宁、吉林、黑龙江三省旅游资源概况；
2. 熟悉东北三省主要旅游景点。

**能力目标**

1. 能够对滑雪爱好者、大学生及退休人士进行游客分析；
2. 能够根据游客要求，为不同类型的游客推荐旅游景观。

## 任务一　辽宁景点赏析

当赵薇导演的处女作《致我们终将逝去的青春》引得奔四奔三的中青年一阵用心感悟、一掬认同泪时，我们的父辈也在追忆他们已经逝去的青春——老谭年轻时上山下乡，曾在辽宁铁岭学习锻炼。他不仅会唱“卡秋莎”，而且也喜欢二人转。今年，老谭要开始退休生活了。于是，他想和老伴一起去辽宁旅游，看看年轻时候生活战斗过的地方，听听老乡们唱的地道二人转。请你为这对老年夫妇推荐旅游景点，帮助他们找回当年的回忆吧！

**任务分析**

人口老龄化是人类社会发展的趋势，是经济发展和社会进步的必然结果。据中国老龄工作委员会统计，截至2013年，中国60岁以上老年人口将突破2亿，这标志着我国已进入了老龄化社会，同时迫切需要重视和加强老年文化建设。随着我国老年人生活水平和质量的不断提高，老年旅游市场已成为一个极具潜力的旅游市场，其开发具有重要的经济意义和社会意义。

## 知识准备

辽宁省位于东北地区的南部，简称辽。是东北三省中唯一的沿海省份。面积 14.59 万平方千米，共辖 14 个地级市，总人口 4389 万人，有汉、满、蒙古、朝鲜、锡伯等 44 个民族，省会沈阳。辽宁省战国时期为燕地，秦属辽东，辽西汉属于幽州，唐属河北道，辽属东京，元代置辽阳行省，明代时为辽东都司，清初置盛京，清末改奉天省，公元 1929 年改为辽宁省，为辽宁得名的开始，取“辽河流域永远安宁”之意。

**图 3－1　辽宁旅游景点图**

## 一、人文景观

### 1. 沈阳故宫

沈阳，因地处沈水（浑河的古称）之北而得名，位于辽宁省中部，是我国东北地区最大的中心城市，是我国历史文化名城之一，从西汉设立侯城，至今已有两千多年的历史了，特别是明末清初时期，这里更是“一朝发祥地，两代帝王城”。

沈阳故宫始建于公元 1625 年，是清朝入关前清太祖努尔哈赤、清太宗皇太极建

造的皇宫，又称盛京皇宫。现已辟为沈阳故宫博物院，是中国现存完整的两座宫殿建筑群之一。占地 6 万平方米，全部建筑 90 余所，300 余间。它以独特的历史、地理条件和浓郁的满族特色而迥异于北京故宫。金龙蟠柱的大政殿、崇政殿，排如雁行的十王亭、万字炕口袋房的清宁宫，古朴典雅的文朔阁，以及凤凰楼等高台建筑，在中国宫殿建筑史上绝无仅有，那极富满族情调的“宫高殿低”的建筑风格，更是“别无分号”。

2. 关外三陵

昭陵位于沈阳古城以北，因此俗称“北陵”，是清代皇家陵寝和现代园林合一的游览胜地。昭陵是清朝第二代开国君主太宗皇太极以及孝端文皇后博尔济吉特氏的陵墓，占地面积 16 万平方米，是清初“关外三陵”中规模最大、气势最宏伟、最具代表性的一座。

清福陵是清太祖努尔哈赤与孝慈高皇后叶赫那拉氏的陵墓，位于沈阳城东北，因此也俗称东陵，是清朝命名的第一座皇陵。

清永陵位于新宾满族自治县永陵镇西北起连山脚下，是努尔哈赤远祖、曾祖、祖父、父亲、伯父、叔父的陵园。原来只埋有努尔哈赤的六世祖孟特穆的衣冠和其曾祖福满的遗体。顺治年间，封葬地为兴京陵，陵山为启运山。后来把努尔哈赤的祖父觉昌安、父亲塔克世及礼敦、塔察篇古的遗骨自辽阳东京陵迁到这里。顺治十六年（1659 年）改称永陵。永陵占地一万一千平方米左右，建筑规模、体制均比沈阳福陵、昭陵小得多，但自具特点。陵四周围以缭墙，由前院、方城、宝城组成。

3. 五女山城

五女山位于桓仁满族自治县桓仁镇北侧 8 千米处，系高句丽民族开国都城。公元前 37 年，中国东北的夫余国王子朱蒙为避免兄弟迫害，逃离夫余国南下，以“纥升骨城”为中心建立了高句丽王国。据考证，“纥升骨城”应为今辽宁省桓仁县城附近的下古城遗址，而五女山山城则为其山城。五女山山城共设三座门，分别在东墙、南墙和山顶西部。“十八盘”直通的西门宽约 3 米，两侧砌筑石墙，门略内凹，呈瓮门之势。现存门阶、门枢础石、门卫室等遗迹。

通过西门登上山城，只见山城利用险峻的山势，形成了较为完备的防御体系，充分显示了王城霸气。山城平面略呈靴形，南北长约 1500 米，东西宽约 300～500 米，规模宏大，体系完备，可分山上、山下两部分，现存城墙、城门、马道、大型建筑基址、居住建筑群址、蓄水池、瞭望台、哨所等。

4. 九门口长城

九门口长城依山势起伏盘旋升腾，九道水门横跨两山之间，建筑结构独特，防御设施密集，形成城在水上走，水城在城下流之势，称之为“水上长城”。有人根据九门口的扼要险奇，在西城门额上题下了可以和“天下第一关”相媲美的雅号——京东首关。九门口长城下九个水门，雄伟壮观，在整个万里长城中独一无二。上有长城九门，下走九江河水，可谓别具一格，独具风采。

5. 北宁青岩寺

青岩寺风景区位于北宁市常兴店镇西部，是闾山主要游览胜地之一。青岩寺始创于北魏，盛于中唐，分上中下三院。下院建于群峰环抱之中，形同坐井观天；建有“大雄宝殿”、“天王殿”、“钟楼”、“鼓楼”等，院中青桐翠柏，郁郁森森。中院坐落于香炉峰上，香烟袅袅，岚气蒸腾。上院筑于险涯绝壁之畔，势若凌空飞悬，风景佳绝，数百米峭壁间退出一刹天然阶台，边缘筑一带砖墙，墙下深渊眩目，群岭如烟。上院“歪脖老母”名闻天下，是“世界唯一，中国仅有”的一尊佛像，为观世音菩萨三十二化身之一。古往今来，每天到此降香朝拜、观光旅游者络绎不绝。

6. 义县奉国寺

奉国寺坐落在义县城内，始建于辽开泰九年（1020 年）因殿内塑有七尊大佛，又俗称大佛寺。奉国寺由山门、牌坊、无量殿、钟亭、碑亭、大雄殿、西宫禅院等古建筑构成，占地 3 万平方米，是国内辽代遗存最大的木结构建筑。大雄殿位于中轴线的北端，面宽 9 间，通长 55 米，进深 5 间，通宽 33 米，总高度 24 米，建筑面积 1800 多平方米，堪称中国寺院第一大雄宝殿。因大雄宝殿佛坛上塑有一组彩色群像，“过去七佛”，并列一堂，佛教界独一无二。奉国寺这一民族瑰宝早在一九六一年就被国务院第一批公布为全国重点文物保护单位。

7. 辽阳白塔

白塔坐落于辽阳中华大街北侧，塔高 71 米，八角十三层密檐式结构，是东北地区最高的砖塔，也是全国六大高塔之一。建于金代大定年间（1161—1189 年），是金世宗完颜雍为其母贞懿皇后李氏所建的垂庆寺塔的俗称，至今已有 800 多年的历史。基座塔身都以砖雕的佛教图案为饰。塔身八面都建有佛龛，龛内砖雕坐佛。塔顶有铁刹杆、宝珠、相轮等。因塔身、塔檐的砖瓦上涂抹白灰，俗称白塔。

8. 兴城古城

兴城古城始建于明宣德三年（1428 年），明天启三年（1623 年）经明右副都御史袁崇焕复修。兴城古城略呈正方形，城墙周长 3274 米，高 8.88 米，底宽 6.5 米，顶宽 5 米。墙顶外沿筑垛口，内修女儿墙。城墙基础砌青色条石，外砌大块青砖，内垒巨型块石，中间夹夯黄土。城墙四面正中各设有城门一座，东曰春和门，南为延辉门，西名永宁门，北称威远门。各城门上修筑高耸的箭楼，各门内侧沿城墙修有蹬道。四角高筑炮台，突出于城角，用以架设红夷大炮。当年明清宁远之役，清太祖努尔哈赤就是被红夷大炮击中，身负重伤，回盛京之后不久身亡。

9. 发现王国

发现王国主题公园是以游乐休闲为目标的主题景观，以奇幻的故事为线索，围绕特定主题营造出惊险、刺激、怜悯的环境和氛围。全园占地面积约为 47 万平方米，以占地约 9 万平方米的人工湖为中心，共六大分区：发现广场、传奇城堡、魔法森林、金属工厂、沙漠王国和疯狂小镇，每个景观都造就了自己独特的主题文化，每个小主题公园都融入了不同历史时期和不同地域文化的不同建筑、歌舞表演、商品餐饮、娱乐设施等。游客徜徉其中，仿佛穿越时空，游历世界各地。

## 二、自然景观

1. 凤凰山

凤凰山位于丹东西北 50 千米，凤城市东南 3 千米处，属于长白山余脉，面积 24 平方千米，最高峰攒云峰海拔 836.4 米。凤凰山是辽宁省著名四大名山之一。凤凰山分为西山、东山、庙沟和古城四大景区。西山景区中的“老山背”、“天下绝”、“箭眼”等奇观世间罕见。凤凰山树木繁多，有奇花异草以及各种珍贵药材 800 多种，是一座天然植物园。每年农历四月廿六至廿八日的凤凰山山会远近闻名，山会期间举办各类民间文艺活动。凤凰山以“雄伟险峻，泉洞清幽，花木奇异，四季景秀”而著称。

2. 青山沟

青山沟位于丹东市宽甸满族自治县境内北部山区，景区位居八面威山面麓至千层山的青山绿水之间，面积约 127 平方千米，由青山湖、飞瀑涧、虎塘沟 3 个景区、126 个景点、36 条瀑布组成。该区风景秀丽，水秀山清，气势恢弘，植被多为原始林态，树林葱郁，峡谷幽深，怪石林立，溪水潺潺，飞瀑壮观，景色迷人。其中青山湖景区，水域辽阔，上下长达百余里，湖区面积 2.2 万亩，水深 30～70 米，湖水清澈碧绿，两岸万木参天，遮天蔽日，群山环绕。该景区以水为主，以山为辅、山水匀映。飞瀑涧景区，是青山沟风景区最具特色的景区，其青山飞瀑，溪流从 32 米高的峡谷断层处飞涌而下，景致十分壮观。其下游为仙女潭，潭北面山峰有抗联英雄杨靖宇将军的临时指挥所遗址。

3. 本溪水洞

本溪水洞风景名胜区位于辽宁省本溪市东郊，距本溪市中心 28 千米，是目前发现的世界第一长的地下充水溶洞。每年来本溪水洞游览观光的中外游客近百万，被誉为“北国一宝”、“天下奇观”、“亚洲一流”、“世界罕见”。本溪水洞风景名胜区以水洞为中心，包括温泉寺、庙后山、关门山、汤沟和铁刹山五处重要景点，是集山、水、洞、湖、林等自然景观和寺庙、古人类遗址等人文景观于一体的风景名胜区。

水洞地下暗河全长 2800 米，面积 3.6 万平方米，空间 40 余万立方米。最开阔处高 38 米、宽 50 米，洞内水流终年不竭。河道曲折蜿蜒。“三峡”、“九湾”清澈见底。故名“九曲银河”。银河两岸石笋林立，千姿百态、光怪陆离，洞顶穹窿、钟乳高悬、晶莹斑斓、神趣盎然，沿河百余处，景点各具特色，新开发的“源头开地”、“玉女宫”等 500 米暗河景观别有天地，神秘莫测。洞内空气畅通，常年恒温摄氏 10 度，四季如春。洞外长廊、湖泊、亭台、水榭融成美丽的画卷。近年来，本溪水洞景区投巨资对景区进行了整体改造。如今，洞旁有湖，湖畔是山，山下藏洞，山水相连，水天一色，整个景区犹如一个美丽的大花园。

4. 关门山

关门山景区位于本溪满族自治县境内，距市区 48 千米，因双峰对峙，一阔一窄，一大一小，其状如门，故称关门山。它有三道门：北门，在小市方向，双峰对峙，中间拱桥相连；南门，在去汤沟的岭顶，公路从中而过，十分险要；中门，在深谷河道中，“双扉”夹水，宽只二十余米，为兴修水库的天然门柱。有人将之美誉为“小江南”，“赛黄山”，

关门山又素以“东北小黄山”之名而令天下闻。这里山美：陡峭，俊秀，山峰奇峭，拔地而起，峰顶松姿绰约，怪石林立，宛若天造地设一般，似一簇簇巨型盆景；这里树美：树木种类繁多、千枝竞秀，尤以秋日的枫叶，冬季根植于峭壁上的苍松闻名，壮观非常；这里水美：汤河穿谷而过，汇集小溪，飞瀑，“夺门”而出，似来自于天际；这里花美：天女木兰，山杜鹃，漫山遍野，芬芳宜人，其天女木兰为本溪市市花；这里云美：清晨雨后，山谷中云雾缭绕，如披轻纱，分外妖娆，近处轻雾缭绕，扑朔迷离；云、山、水、雾浑然一体，远处云蒸霞蔚，纤云弄巧，山峰若隐若现，妩媚含羞。历代文人多有诗篇赞颂。每年，到这时写生、作画、摄影的人络绎不绝，更成了关门山的新景观。

5. 千山

千山位于鞍山市东南 17 千米处，总面积 44 平方千米，为长白山支脉，主峰仙人台高 708.3 米，总面积 72 平方千米。山峰总数为 999 座，其数近千，故名“千山”，又名“积翠山”、“千华山”、“千顶山”、“千朵莲花山”，千山“无峰不奇，无石不峭，无庙不古，无处不幽”。

千山，以奇峰、岩松、古庙、梨花组成四大景观。按自然地形划分为北部、中部、南部、西部四个景区。千山，一年四季景色各异：春天梨花遍谷山花满壑；夏天重峦叠翠，郁郁葱葱；秋天漫山红叶，落霞飞虹；冬天银装素裹，雪浪连绵。最为奇特的是千山大佛。千山弥勒大佛（石佛）位于千山风景区北部，是自然造化的全国特大石佛之一。佛像身高 70 米，体宽 46 米，头高 9.9 米，头宽 11.8 米，耳长 4.8 米，依山而坐，貌似弥勒，形象逼真，神态可掬，栩栩如生，端坐于千朵莲花山之中，为千山增添了神秘的色彩。

6. 大清沟

位于彰武县西北部的大清沟，坐落在科尔沁沙地南缘，距阜新市 110 千米。大清沟景区已成为辽宁乃至东北的重要景区，连绵的沙丘、断裂的峡谷、荡漾的碧波、广袤的草原、沙丘植物和珍禽异兽等构成了大清沟颇为奇特完美的自然景观。在这里既可以观赏山光湖色和举世闻名的粉沙大坝，还可看到水库中戏游腾跃的鲢、鲤、鲫、草鱼。大清沟以其独特的自然环境和地域特点被人们发现，流传出“八大怪”：马架房、土板墙、沙土打墙墙不倒，原始森林冬天有青草；大涝不洼，大旱不干，乌鸦不筑巢，青蛙不会叫，更为大清沟蒙上了一层秘不可测的面纱。

7. 大连金石滩

金石滩国际旅游度假区，位于大连市区的东部，距老市区 58 千米，金石滩有四个旅游中心：绿色中心、蓝色中心、银色中心和彩色中心。

金石滩奇石馆是中国目前最大的藏石馆，号称“石都”，内藏珍品 200 多种近千件，其中的浪花石、博山文石、昆仑彩玉等均为中国之最。

绿色中心主体是金石高尔夫球场，蓝色中心是以国际游艇俱乐部为主的海滨游乐场。这里海域辽阔，沙滩细软，有一个可容纳 50 余艘游艇的琴意湖和一个叫神月湾的美丽海湾。银色中心位于金石滩的西部半岛。这里山势起伏，植被繁茂，冬季常有白雪覆盖，银装素裹，著名的狩猎俱乐部就设在这里。彩色中心有 3000 平方米的花卉展销大厅，1 万平方米的日光温室和 3 万平方米的现代化温室。鲜花大世界是我国东北最大的花卉生产基地和销售集散地。鲜花大世界集中了世界各种品类的名花，四季不败，争芳斗艳。

8. 冰峪沟

冰峪沟风景区位于辽东半岛南部庄河市北 40 千米处，是一处以奇特的冰川地貌、秀丽的自然山水为主景的山岳型风景区。素有“辽南桂林”之美誉，景区由龙华山、小峪河谷和英纳河谷构成，中心景区 47 平方千米，保护带 64 平方千米，规划总面积 100 多平方千米，风景区内有景点 30 多处，景观数百个。景区内的山属千山余脉，石英岩结构，是黄河以北罕见的保存完整的喀斯特地貌。经地质专家的多次考察断定，这里的地质是第四纪冰川期形成的，并发现了多种冰川遗迹。景区内植被丰富，森林覆盖率达 90%以上。在 1740 公顷原生型生态森林里不仅有高寒山区植物，而且还有亚热带植物。从植物种类上看，木本植物 150 余种，草本植物 500 余种。这里还生产着珍贵的三桠药樟、海州常杉、兰果紫珠等 10 余种亚热带植物。

9. 丹东鸭绿江

因其水色青绿、恰如鸭头而得名。鸭绿江发源于吉林省长白山南麓，流经长白、集安、宽甸、丹东等地，向南注入黄海，全长 795 千米，是中朝两国的界河。鸭绿江流经丹东市约 300 千米。景区以水景为主线，山景相依托，名胜古迹历史久远，游一江可观赏中朝两国风光。鸭绿江是中朝两国的交通要道，也是游人观光览胜的景点。此段江面宽阔，两岸风光秀丽，在入海口一带，盛产大银鱼。鸭绿江造桥历史很早，可上溯到辽代，20 世纪初，鸭绿江上始建铁桥，先后在丹东和朝鲜新义州之间建了二座。第一座建于 1909 年，是座开闭式桥梁。1950 年朝鲜战争中被美国飞机炸毁，桥墩至今犹存，被称为“鸭绿江断桥”。端桥上的成千上万处弹痕，至今遗留宛然，成为抗美援朝的见证。第二座桥建于 1940 年，为铁路、公路两用桥，全长 940 米，属中朝两国共管。

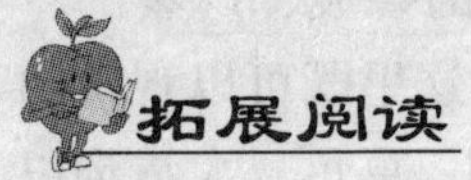


## 一种生活造就一种文化

铁岭有三张城市名片。名片之一，铁岭是“红楼”文化之乡。曹雪芹的关外祖籍就是铁岭，续写《红楼梦》后四十回的高鹗是铁岭人，著名的红学研究家端木蕻良也是地地道道的铁岭人。名片之二，铁岭是体育冠军之乡。300 万人口的城市走出过 5 位世界冠军、两位奥运冠军。还有一张名片，是叫得最响亮、影响力也最大的——小品艺术之乡。从铁岭走出了以赵本山、潘长江、范伟、李静、崔凯、张超等为代表的一大批著名小品、二人转演员和编导，他们以生动的艺术形式表现了风风火火的关东情。

“出了山海关，都是赵本山”。是什么让铁岭这块土地，萌发出如此众多的快乐的种子？

一方水土，养一方人，也催生一方独特的文化。东北的冬天长，没有冬季作物，从 10 月份到来年 4 月，农民都没活干。铁岭全市 300 万人口，820 万亩耕地，地广人稀，农民

吃饱穿暖没有太大问题，所以冬天大家也不出去找活干，就窝在家里"猫冬儿"。白天没事情做，常常弄个火盆，在土炕上盘着腿围坐一圈，唱二人转，讲故事，说笑话。你一句我一句，互相逗乐。

二人转散发着泥土的气息，在铁岭人眼中，二人转能解除劳作的疲乏。到铁岭开荒的老一辈人讲，闯关东刚到铁岭时，大伙每天都要开垦很长很长的垅，干累了，就轮番讲笑话、唱传统戏。时间长了就约定好，你给我讲个笑话，我帮你铲半条垅。有的生产队队长抓住大伙爱听笑话、爱听二人转的心理，就把大家召集到一起，他给讲笑话，讲到关键地方，戛然而止，不往下讲了，"再去铲一条垅，铲完再讲"。

时间长了，基本上人人都能说几段笑话，哼上两句二人转，有人说，二人转是小伙子在山上随手就能抓到的"开心果"，是老汉在田边张嘴就能哼哼上来的快乐调，是大婶子脱口而出的农家嗑儿，是小丫头在场院上撒欢儿扭起来的浪身段儿。

面对恶劣的自然环境，东北人制造快乐，用快乐消融苦难，用快乐牵引生活。"只要有个鸡下蛋的地方，就能唱二人转"，三百多年来，"二人转"就像一朵朴素的野花，在铁岭这片并不肥沃的土地上绽放，它吸吮的是民间文化质朴的营养。"宁舍一顿饭，不舍二人转"，虽然没有复杂的故事情节和曲调，没有考究的服装和道具，没有豪华的舞台和背景，但简单、原始、热烈的民间艺术，就这样融入到人们的生活之中。

一种生活造就一种文化，一种文化规范一种生活。欢快喜悦的二人转，又哺育了铁岭人直率、奔放、热情、幽默的性格。"你看了二人转其实就了解整个大东北了。它天生的幽默，天生的那种直来直去。这种幽默方式跟这块土地有关系。"从铁岭走出来的赵本山，一直记得自己艺术的根在哪里。

## 任务实施

据调查显示，70%的老人有退休后旅游的打算。老年人拥有大量的旅游时间、旅游消费能力等特征，老年旅游业将展现出巨大的发展机遇。辽宁省旅游线路众多，最为著名的有"滨海大道"，西起葫芦岛绥中县，东至丹东境内的虎山长城，全长1443千米，连接着辽宁省沿海6市的21个县区、100多个乡镇，串联了省内25个港口和多个旅游景区、沿海开发区，是国家确定的辽宁沿海经济发展战略的重要基础设施，是新中国成立以来我省修建的最长的公路，同时也是全国最长的一条沿海公路。滨海大道辐射沿线6个城市：葫芦岛、锦州、营口、盘锦、大连、丹东，比较适合边走边玩，时间充足的老年人，具体行程如下：

D1—D2：葫芦岛。葫芦山庄—兴城古城—碣石—永安长城—龙潭大峡谷

D3—D4：锦州。笔架山风景区—辽沈战役纪念馆—青岩寺—奉国寺—观音阁风景

D5—D6：营口。白沙湾海滨—仙人岛风景区—望儿山风景区—天沐温泉

D7—D8：盘锦。红海滩—鼎翔生态旅游区—鑫安源生态园—辽河碑林

D9—D10：大连。金石滩度假区—老虎滩海洋公园—旅顺口景区—日俄监狱旧址博物馆

D11—D12：丹东。虎山长城—鸭绿江断桥—抗美援朝纪念馆—凤凰山风景名胜区

在熟悉辽宁旅游景点知识的基础之上，在对退休人士进行旅游需求分析后，为游客推荐合适的旅游景点。老年人旅游，特别要考虑到老年人身体健康的问题，旅游行程的安排不要过于紧凑，饮食住宿的安排要注意卫生舒适，避免由于行程过紧造成老年人过度劳累，影响旅行的进行。

## “霍思邈、美小护”们的辽宁之旅

**实训内容**

随着电视剧《心术》的热播，人们了解到医护人员的高尚与不易。湖南某医院为了表彰先进工作者，奖励海滨旅游，该医院工会选择去辽宁旅游。请为霍思邈、美小护们推荐景点。

**实训建议**

各项目团队提交纸质行程安排，每组选派一名代表用 PPT 向全班展示设计的旅游线路，要求图文并茂，讲解清楚明白，避免线路重复；由教师和其他团队成员对本团队的展示的旅游线路做出现场点评，小组内对个人表现进行总结，以鼓励为主。

1. 辽宁有哪些人文旅游景点？
2. 辽宁有哪些自然旅游景点？
3. 你听过二人转吗？你觉得它是怎样的文艺形式？

# 任务二　吉林景点赏析

家在吉林长春的高佳音，在北京农业职业学院上大学，她和宿舍的女生都是韩剧迷，看过《舌尖上的中国》后对朝鲜族泡菜十分向往。一日，佳音被延边朝鲜族自治州的介绍所吸引。于是，她灵机一动，决定组织宿舍的舍友假期去吉林旅游，顺便还可以带舍友到自己家玩玩。请你为高佳音推荐吉林著名的景点，来帮她们实现梦想。

## 任务分析

截止到2012年年底，普通高校在校学生数为2536.5647万人，这是一个庞大的旅游市场。大学生思想活跃，精力旺盛，旅游动机多样化且追求个性化，大学生出游前大都需要找志同道合的出游者，尤其是女生，所以旅游景点的推荐要具有针对性。尽管这一群体暂时没有固定收入，但他们超前的消费意识、充裕的闲暇时间以及家庭对孩子所需费用尽量满足等因素都使得学生旅游市场潜力巨大。大学生旅游市场作为旅游业的一个细分市场极具发展潜力。然而，令人遗憾的是大学生旅游市场仅仅处于开发的初级阶段，较多的是面向中小学生的夏令营和流于大众化的产品。因此分析这一细分市场需求，设计适合大学生的定制化产品是极为必要的。

## 知识准备

吉林省简称“吉”，以吉林乌拉前二字得名，位于中国东北地区的中部。吉林省在全国的位置主要体现为三个大约2%：面积18.74万平方千米，占全国的1.95%；2012年人口2750.4万人，占全国的2.03%；2012年末GDP达到11937.82亿元，占全国的2.31%。现辖1个副省级市、7个地级市、延边朝鲜族自治州和长白山管委会，60个县（市、区）。省会长春市，是全省政治、经济、科教、文化和金融、交通的中心，中国特大城市之一，是著名的“汽车城”、“电影城”、“文化城”、“森林城”和“雕塑城”。吉林市的旅游资源概括来讲，是“一江秀水、两大奇观、三湖美景、四座神山”。

图3-2　吉林旅游景点图

## 一、自然景观

1. 长白山

长白山，位于吉林省东南部地区，因其主峰白头山多白色浮石与积雪而得名，是中朝两国的界山，有“关东第一山”之称。历史上的长白山一直是关东人民生息劳作的场所，也是满族的发祥地，所以在清代有“圣地”之誉。长白山以旅游胜地、满族发祥地、朝鲜族圣山而闻名于世。长白山是一座休眠火山，由于其独特的地质结构形成不同于其他山脉的奇妙景观。主峰海拔 2691 米，海拔在 2500 米以上的山峰就有 16 座，天池是长白山最为著名的景观。长白山是东北三宝——人参、貂皮、鹿茸的主要产地，山上还有许多稀有的生物资源，近年来开展的“人参之路”旅游，极具地方特色吸引了国内外众多游客。

长白山天池位于长白山主峰白头山山顶，是一火山口湖，实际湖面高度为 2194 米，是我国最高的火山口湖，不愧“天池”之称。天池的湖水面积为 9.8 平方千米，湖水平均深度 204 米，最深处达 373 米，是我国最深的湖泊。长白山天池由于高度较高，气候多变，风狂、雨暴、雪多是它的特点。它有长达 10 个月的冬季，湖水冻结的时间达 6 个月之久。当风力达 5 级时，池中浪高可达 1 米以上。如同任性的少女发怒，平静的湖面霎时狂风呼啸，沙石飞腾，甚至暴雨倾盆，冰雪骤落。为长白山天池增添了无限的神秘感，它塑造了长白山天池的独特个性。

长白山景区，景色壮美、神奇秀丽，原始自然。“雄山托天池，林海藏珍奇”，“一山有四季，十里不同天”，是世人瞩目的神奇之地。1983 年夏，邓小平同志登上长白山极顶，题写“长白山”、“天池”横幅，并发出“人生不上长白山，实为一大憾事!”的感叹。长白山天池“怪兽”的传说，更增添了它的神秘色彩。长白山瀑布从天池一角，如玉带从天坠下，是松花江、图们江、鸭绿江之源。长白山大峡谷，集奇峰、怪石、幽谷、秀水、古树、珍草于一体，博大雄浑，洪荒无比。

2. 吉林雾凇

位于北国江城吉林市松花江畔，冬季气温可降至零下 30℃左右，由于气温低，多偏南风，空气湿度大，加之丰满水电站泄水增温影响，水温在 4℃左右，使水蒸气不断排放，水汽附在过冷的物体上，形成雾凇奇观，俗称“树挂”。因为雾凇有净化空气的内在功能，所以在看雾凇之时会感到空气十分新鲜。当地也有一句俗语：“夜看雾，晨看挂，待到近午看落花”，描写了琼枝玉树般的雾凇形成的过程。

吉林雾凇冰清玉洁，以其“冬天里的春天”般的诗情画意，同桂林山水、云南石林、长江三峡一起被誉为中国四大自然奇观。吉林雾凇仪态万方、独具丰韵的奇观，让络绎不绝的中外游客赞不绝口。每当雾凇来临，吉林市松花江岸十里长堤“忽如一夜春风来，千树万树梨花开”，“柳树结银花，松树绽银菊”，把人们带进如诗如画的仙境。1991 年，江泽民主席视察吉林时，吟诗盛赞：“寒江雪柳，玉树琼花，吉林树挂，名不虚传”。1998 年他又赋诗曰：“寒江雪柳日新晴，玉树琼花满目春。历尽天华成此景，人间万事出艰辛。”

3. 长春净月潭

位于长春市东南部，是国家级森林公园，距市中心仅 18 千米，堪称“大都市中难得

的一块净土”。森林面积逾100平方千米，潭水面积430公顷，赋有30多个树种构成的完整森林生态体系，是人们盛夏避暑的胜地。整个景区可分为月潭水光、潭北山色、潭南林海、潭东田舍四个部分。密林中放养梅花鹿饲养紫貂，种植人参，还建立了度假村和游乐园，这里已开辟成为大型综合性旅游基地。

净月潭绿荫如盖，潭水清澈，森林浩瀚，其规模人称亚洲人工林之最。这里冬雪夏爽，集湖、林、山、田于一身，水面宽阔且清澈似镜，园区内潭水碧透，林海莽莽，大岭纵横，是春踏青、夏避暑、秋赏景、冬玩冰雪的理想去处，被国内外游客称之为“绿海明珠”。

4. 伊通火山群

伊通火山群位于伊通满族自治县内，距离长春仅65千米，是一个由16座火山连绵成带构成的火山群落，以缓慢的“挤牙膏”式即“侵出”为特征形成的熔岩穹丘，被国内外专家、学者确认为“伊通型”而独步世界的火山之林。火山群山体多由武岩柱构成，柱体截面为多边形，有的构成塔式，并由多组石塔构成奇特的“塔林”，置身于塔林中，犹如进入光怪陆离的神怪世界。16座火山锥中的东尖山、西尖山、大孤山、小孤山、莫里青山、马鞍山、横头山等7座，当地群众称之“七星落地”。

5. 松花湖风景名胜区

国家级风景名胜区松花湖风景区，位于吉林省吉林市，距市区17千米，距省会城市长春120千米。松花湖风景区总面积700平方千米，分为骆驼峰、北大门、五虎山、卧龙潭、石龙壁等10个景区。松花湖的湖身长，沟汊多，窄处两岸青山对峙，婀娜多姿；宽处烟波浩渺，万顷一碧；周围层峦叠嶂，林林葱茏；整个湖区的景色十分秀丽，冬季的松花湖别具特色，尤其是冬季沿江十里长堤的冰雪树挂景观，为国内罕见。松花湖被誉为中国避暑第一湖，是夏季休闲度假的好地方。现代著名诗人贺敬之游湖后留下了“水明三峡少，林秀西子无，此行傲范蠡，输我松花湖”的名句。

6. 北大湖滑雪场

吉林北大湖滑雪场位于吉林市永吉县五里河镇，距市区56千米，原名为“北大壶”，是以山区地貌和水文情势而拟名的。在这里建滑雪场以后，改“北大壶”为“北大湖”。北大湖滑雪场有得天独厚的自然优势，地处长白山余脉、松花湖自然风景区内，是我国重要的滑雪运动基地和滑雪旅游中心。这里山坡平缓，很少悬崖峭壁，海拔超过1200米的山峰有9座，一年中积雪日达160天左右。积雪深度山上和山下不一，最厚可达1.5米。

整个北大湖滑场区域三面环山，冬季避风好，有时近似无风状态，气候较为适宜，可以满足高山滑雪、越野滑雪、跳高滑雪、自由滑雪、现代两项及雪橇、雪车等雪上项目场地要求，所拥有的配套生活条件，也达到国际雪上竞赛场地的水平，现已开辟为一个集竞赛、训练、旅游、健身康复于一体的体育和旅游中心。

## 二、人文景观

1. 长春伪满皇宫博物院

伪满皇宫旧址位于长春市宽城区光复北路5号，是清朝末代皇帝溥仪充当伪满洲国傀

偏皇帝时的宫廷遗址，占地面积13.7万平方米，是国内现存比较完整的宫廷遗址之一，也是日本武力侵占中国东北、推行法西斯殖民统治的最典型的历史见证。伪满皇宫遗址核心保护区现存文物建筑多处，以中和门为界分为内廷和外廷。内廷主要有缉熙楼、东御花园、西御花园、同德殿、书画楼等，是溥仪及其眷属的生活区。外廷区主要有勤民楼、怀远楼、嘉乐殿、宫内府等，是溥仪的政务活动区。此外，还有建国神庙、植秀轩、畅春轩、中和门、洋膳房、中膳房、御用汽车库、马厩、跑马场、花窖、禁卫军营房、近卫军营房等附属设施。

2. 长影世纪城

长影世纪城是被誉为新中国电影摇篮的著名的长影制片厂投巨资打造的中国第一家世界级电影主题娱乐园，是魔幻工厂、快乐天堂、童话世界。她采用世界先进的高科技电影技术，荟萃好莱坞环球影城、迪斯尼游乐园的精华汇集了3D巨幕，4D特效，激光悬浮、动感球幕、正交多幕等当代技术最先进、种类最齐全的特效电影于一园，被誉为“世界特效电影之都”。

3. 伊通满族博物馆

始建于1987年6月（时称民俗馆），现有馆藏文物630种，近5000件，是目前国内县级满族民俗文物收藏最多，质量最好，档次较高的民俗文化展示胜地。伊通满族博物馆建筑面积6000平方米，馆内设渊源生产、生活文化、礼仪信仰、古今伊通等展厅，并以照片、图表、模型、影像、视听等多种展示手段，从不同侧面映现伊通满族悠久历史和灿烂文化。

4. 杨靖宇烈士陵园

通化美丽富饶，是一个英雄城。位于浑江东岸山冈上的杨靖宇烈士陵园，建于1954年，占地2万平方米，是伟大的抗日英雄杨靖宇将军的英灵安息地。园内有古民族式琉璃建筑五座，红砖碧瓦，雕梁画栋，正面主体建筑为灵堂和杨靖宇将军生平业绩展示厅，两侧四个偏殿为陈列室。园内松柏苍翠，四季常青，1985年11月新建的高3.8米，重4吨的杨靖宇将军铜像，使公园更加庄严肃穆。在将军诞辰100周年之际，陵园重新布展，并新建了面积为3800平方米的抗日联军纪念馆，与陵园浑然一体。馆内大量的图片、资料、文物充分展示了东北抗日联军抵抗侵略者的斗争史。靖宇陵园是全国爱国主义教育示范基地、“全国百家红色旅游经典景区”。

5. 集安高句丽古迹

集安是鸭绿江中游的一座历史文化名城，高句丽时期的文化遗产丰富。高句丽建于公元前37年，灭于公元668年，共存续705年，传28位王，是中国古代东北地区边疆少数民族政权，也是我国北方存续时间最长的少数民族政权，其中有425年以集安为都，这里一直都是高句丽的政治、经济、文化中心，遗留大量的遗迹。2004年，高句丽王城、王陵及贵族墓葬被列入世界文化遗产名录。景区内有雄伟壮丽的海东第一古碑“好太王碑”；有气势恢弘的高句丽王陵“东方金字塔——将军坟”；具有浓郁民族特色的高句丽王城“丸都山城”；有堪称“东北亚艺术瑰宝”的高句丽壁画墓“五盔坟五号墓”。这些遗迹在向人们诉说着一个辉煌古老民族创造的独具特色的魅力与文明。在2009年吉林省“吉林

八景”的评选中，高句丽景区以第二名的好成绩被评为“吉林八景”，冠名“王城遗韵”。集安博物馆坐落于集安市建设街与云水路交汇处，是我国乃至世界唯一的以展示高句丽历史文化为主的专题博物馆，整体为八瓣莲花状，体现了中国传统风水学理念和高句丽喜莲、尚石的特点。

拓展阅读

## 暑期的大学生旅游

每逢暑假，不少大学生都选择远行。记者调查发现，无论是旅行目的地、旅行方式，还是食宿方面，大学生的暑期旅游都有不同于传统旅行方式的新特征，注重探险、体验和个性化的“新旅行”正成为一种潮流。

新方式：骑行、拼车、搭便车

在出行方式上，不少大学生选择省钱的拼车旅游，或者踩辆单车“骑行天下”。

湖北一所高校的大学生周正青刚结束了西藏之旅返回武汉。他骑自行车从成都出发，2000 多千米的路程，翻越了 10 多座山峰，用时近一个月。一路上，压缩饼干成了主食。“到的那天，特意买了一袋牦牛肉和几罐青稞酒犒劳自己。”他回忆起那有些艰难的行程，依旧很是兴奋：“这一趟太值了。”

骑行之外，拼车出游，也是许多大学生的暑假旅行选择。正在武汉大学交流学习的台湾学生小凯，前不久去了趟云南与四川交界的泸沽湖。去之前并没有做多少准备工作，他是和一群不认识的人拼车前往的。“在住的客栈看到了驴友拼车的联系方式，就和一群人凑钱拼了辆车。自己单独找车太贵了。”

搭便车旅行，同样不乏大学生尝试。讲述两位年轻人由北京一路搭顺风车到柏林的纪录片《搭车去柏林》，被很多选择搭车旅行的受访大学生视为榜样。在那部纪录片中，主人公共搭车 88 次，一路上只依靠陌生人的帮助，成功穿越了中国、中亚和欧洲间的 1 万 6 千多千米路程。

新终点：特色化、个性化、小众化

在旅游目的地的选择上，更多大学生开始倾向于在假期中选择前往有独特卖点，极具个性化的地点旅行。传统的旅行景点对于大学生的吸引力呈下降趋势。采访中，许多大学生均表示暑期“不会选择去知名度太高的景点”。

中南民族大学学生赵洋今年暑假选择了徒步“徽杭古道”。那条与“丝绸之路”“茶马古道”齐名的古道，是历史上徽商与浙商开展贸易的重要通道。整段旅途，赵洋和几位朋友一起走了 3 天。一路上，林木葱郁，层峦叠嶂，几个人走走停停，拍摄了很多照片。“这样比较悠闲，多走走路也是锻炼身体。不像有些景区啊，那叫一个挤。”

边打工边旅行这一个性化的旅行方式，也受到不少大学生青睐。假期中，湖北大学大三学生刘星通过在不同城市做临时工攒钱出游的方法，已经成功游历了两座城市。“最麻

烦的是在找工作时，许多地方一听是临时工都不愿意招。”

一些原本并不知名的小地方，经过同学间和社交网络的推荐与分享，也开始成为许多大学生的旅游目的地。华中师范大学毕业生小徐将毕业旅行的其中一站，定在了位于湖北咸宁通山县厦铺镇郊外的太阳山。

此前，他有同学去过太阳山，归来后向他推荐。“那地方风景的确很好，人也不多，可以沿着溪流一直往上走，路上有山有水有瀑布，很惬意。”小徐说。

新住宿：青旅、露营、沙发客

外出旅行，怎么住曾是令很多大学生头疼的问题。记者与十余所高校的大学生交流中得知，入住青年旅社或者露营成为很多学子暑期旅行时的优先选择。

青年旅社对大学生“驴友”的吸引力很强。“只要青旅能订到位置，我从来不住其他地方。暑假期间，青年旅社的生意格外好，我提前一周就在网上预订了。”正在浙江旅游的中国地质大学大二学生小谭告诉记者，青旅住宿是按床位收费，一个床位一晚只需要二三十元钱，比较省钱；里面住的又多数是同龄人，有共同话题。

长途骑行以及徒步时，住宿的地方有时不容易找到，很多人就将露营作为了首选。便携式的帐篷和睡袋体积小、重量轻，不少大学生出行前都会随身携带。赵洋说，他和几个朋友就在徒步“徽杭古道”的途中选择了露营。“还好那几天没有下雨。”他笑着说。

也有些大学生为了节约旅行开支，做起了“沙发客”。他们通过提前在驴友论坛发帖，征集不同城市的大学生短期“交换宿舍”居住，解决了旅行期间的住宿问题。

新颖的旅行方式及目的地选择等，为大学生们的暑期出游增添了许多乐趣，但也带来了潜在的风险。近期，多地接连暴出大学生骑行中暑身亡，以及“驴友”深山被困等新闻。

全国区域旅游协会副会长、湖北经济学院旅游与酒店管理学院院长王远坤说，年轻人多比较喜欢新奇、刺激的事物，所以许多大学生更喜欢有挑战性、有特色的“新旅游”。“读万卷书、行千里路本无可厚非，但一定要注意做到防患于未然。在确保安全的前提下，更好地享受假期生活。”

（资料来源：中国旅游网）

## 任务实施

延边朝鲜族自治州，是闻名中外的旅游胜地，有着独特的自然景观和人文景观：被联合国确定为“人与生物圈”的长白山自然保护区、千里图们江畔独特的自然景观、别具一格的“一眼看三国”的边境风光、珍贵的古渤海国遗址，浓郁的朝鲜民族风情，都使人流连忘返。具体行程安排如下：

D1：早起前往最具朝鲜族风情的大长今的故乡——阿里郎民俗风情园，进行朝鲜民族家访交谈，详细了解生活习俗。穿上朝鲜族民族服装拍照留念，学跳舞，学朝鲜语，观看民俗婚礼表演录像，让您真正地领略到浓郁的朝鲜族风土人情。下午延边朝鲜族自治州首府自由观光，晚餐后送团。

D2：早 8：00 乘车赴祖国东方第一村“防川”，沿途观图们江风光，隔江观赏朝

鲜自然风光，抵防川后观赏洋馆坪大堤，最狭窄的国土，登望海阁，可一眼望三国（中、朝、俄），观三国风光，朝鲜的豆满江，俄罗斯的包德哥尔那亚小城，张鼓峰事迹馆。回程观看边贸城市——图们，参观国门，上桥观朝鲜稳城自然风光，跨国界边境留影。

D3：早4：30乘旅游车赴中国十大名山之一——长白山，沿途观赏木围栏、美人松等。抵达长白山进入大门乘环保车观看原始森林，亲身体验自然氧吧。乘坐越野车或登山观看天池。午餐（野外露餐）后观看东北最大的瀑布—长白瀑布、长白山温泉群—聚龙泉，乘车返回沿途参观东北最大梅花鹿养殖园、东北三宝等。

在熟悉吉林省景点知识的基础之上，在对大学生进行旅游需求分析后，能为游客推荐合适的旅游景点。前往朝鲜族聚居区，要注意尊重当地的少数民族习俗，不要违背当地少数民族的禁忌。另外线路中要跨越国境线，同时要考虑到相关的出入境政策问题等相关因素。

## 园丁们的聚会

**实训内容**

河北农业大学建校50周年之际，学校奖励今年的35名优秀教师去吉林旅游。请分析这个旅游团的特征及旅游需求，并为其推荐吉林旅游景点。

**实训建议**

建立团队沟通协调机制，合理分配任务，团队成员共同参与、协作完成任务；各项目团队成员就实训内容互相进行交流、讨论，并点评；各项目团队提交纸质行程安排，每组选派一名代表用PPT向全班展示推荐的旅游景点，要求图文并茂；由教师和其他团队成员对本团队的展示的旅游景点做出现场点评。小组内对个人表现进行总结，以鼓励为主。

**复习思考题**

1. 吉林有哪些重要自然景观？
2. 吉林有哪些重要人文景观？
3. 吉林5A级景区有哪些？

# 任务三　黑龙江景点赏析

## 任务导入

双峰林场位于黑龙江省牡丹江市张广才岭与老爷岭交汇之处，当地降雪频繁，全年积雪期长达 7 个月，因雪质好、黏度高，素有“雪乡”美誉。伴随着 1 月 5 日，哈尔滨国际冰雪节的盛大开幕，上海滑雪俱乐部的 23 名年轻会员决定前往黑龙江，去感受真正的冰雪之旅。除了滑雪之外还应该为这个特殊团队推荐哪些景点?

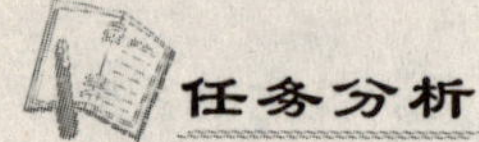

## 任务分析

为旅游者推荐旅游景点，首先要熟悉旅游目的地的旅游资源状况，同时最大限度地满足旅游者的需求。由于旅游者来自上海，距离黑龙江比较远，长途跋涉投入比较大，因此在景点推荐时，一方面要考虑到团队的需求，另一方面也要兼顾旅游者求全求奇的心理，遵照合理而可能的原则为游客进行推荐。

## 知识准备

黑龙江省位于中国东北部，以中国第三大河黑龙江为名，简称黑。面积 45.4 万平方千米，2012 年年末常住人口为 3834.0 万人。全省现有中国优秀旅游城市 9 个，旅行社 457 家（其中国际社 75 家），星级饭店 280 家（其中五星级 3 家、四星级 36 家、三星级 113 家），国家 A 级景区 151 家（其中五 A 级 1 家、四 A 级 17 家、三 A 级 68 家），S 级滑雪场 27 家。黑龙江境内冰雪资源丰富，是中国冰雪运动的故乡，亚布力是开展竞技滑雪和旅游滑雪的最佳场所。境内群山连绵，林海绿涛，森林旅游、天然狩猎场和野生动物饲养基地令人神往。这里还有“鹤乡”之称的扎龙，“火山地质博物馆”之称的五大连池，“北极村”之称的漠河，以及镜泊湖、吊水楼瀑布等著名旅游胜地。“梦幻冰雪世界，清凉养生天堂”将黑龙江打造成为世人关注的旅游胜地。

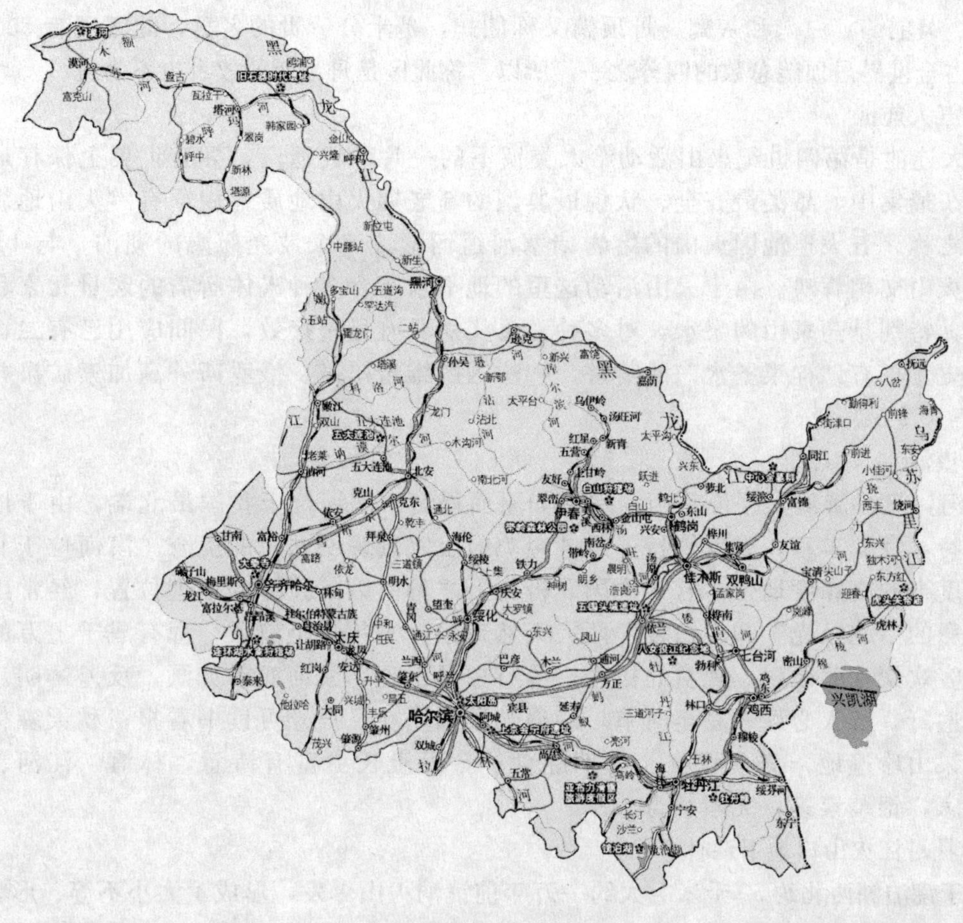

图 3-3 黑龙江旅游景点图

**主要景点**

(一) 自然景观

1. 镜泊湖

北国明珠——镜泊湖，坐落在牡丹江市境南 94 千米处的群山峻岭间，是约一万年前经火山喷发，熔岩阻塞牡丹江河道而形成的火山堰塞湖，是科研、旅游、避暑的胜地，被誉为“北方的西湖”。景区内环境幽雅，一片恬静、秀丽的大自然风光。在湖的北岸半岛上，有一些建筑别致的小别墅和旅游设施，这就是镜泊湖的游览中心镜泊山庄，除了镜泊山庄以外，整个湖周围很少有建筑物，只有山峦和葱郁的树林。

2. 扎龙自然保护区

扎龙是我国著名的珍贵水禽自然保护区，西北距齐齐哈尔市 30 千米。这里，主要保护对象是丹顶鹤及其他野生珍禽，被誉为鸟和水禽的“天然乐园”。扎龙自然保护区占地 4 万平方千米，河道纵横，湖泊沼泽星罗棋布，湿地生态保持良好。每年四五月或八九月，约有二三百种野生珍禽云集于此，遮天蔽地，蔚为壮观，是游览此区的最佳季节，扎龙自然保护区以鹤著称于世，全世界共有 15 种鹤，此区即占有 6 种，它们是丹顶鹤、白头鹤、

白枕鹤、蓑羽鹤、白鹤和灰鹤。丹顶鹤又称仙鹤，是十分珍贵的名禽，此区现有500多只，约占全世界丹顶鹤总数的四分之一，所以，称此区是丹顶鹤的故乡也不为过。

3. 五大连池

五大连池是第四世纪火山活动给人类留下的一片珍贵遗产，拥有世界上保存最完整、分布最集中、品类最齐全、状貌最典型的新老期火山地质地貌，有“火山地貌博物馆”之称。五大连池因火山的熔岩堵塞河道而形成5个波光粼粼的湖泊，与14座宁静的火山交相辉映。由于火山活动这里的地下水富含多种人体所需的宏量元素和微量元素，特别是药泉山的泉水，对多种常见疾病具有显著疗效，民间应用已有二百多年的历史，享有“神泉圣水”的美誉，和法国的维希矿泉、俄罗斯外高加索矿泉并称“世界三大冷泉”。

4. 漠河

漠河，又称墨河，据说是因河水黑如墨而得名。漠河位于我国最北端，由于地理位置独特，资源丰富，天象奇特，有“金鸡冠上之璀璨明珠”的美誉。漠河位于北纬五十三度半的高纬度地带，有“中国北极村”之称。因其独特的地理位置，经常出现绚丽多彩的“北极光”和“白夜”两大天然奇景。每年夏至前后，都有成千上万的海内外游客欢聚在北极村，观赏北极光，等待白昼出现。漠河四季如画，反差鲜明。春天花开遍野，醉人心扉；夏至时节，晚霞与黎明同在，户外可读书看报；秋天森林尽染，野果山珍遍地，美不胜收，食不胜食；冬天漫长更富有诗意，林海、江河、大地、人家，银装素裹，无限神奇。

5. 牡丹江火山口地下森林

位于镜泊湖西北约50千米。大约一万年前镜泊火山爆发，形成了大小不等、形状不一的10个火山口，经千万年沧桑变化，成为低陷的火山口原始林带，是世界著名的“火山口地下森林”。由于其环境的特殊性，它不仅成为美妙的风景区，而且成为中外地理学家、历史学生物学家理想的科研基地。三号火山口是十座火山口中最大的一处，直径达500多米，深达200多米，树龄在400～500年，游人可借人工台阶下至火山口中部寻幽探胜。坑底林木蔚然深秀，云烟缭绕，阵阵冷气夹着清香扑面袭来，使人神志飘忽，不知天上人间。

6. 吊水楼瀑布

吊水楼瀑布位于牡丹江宁安镜泊湖风景区，是镜泊湖水泻入牡丹江的出口。此处有一道大坝，水从坝上往下冲，形成一个落差约20米，宽约40米的瀑布，湖水飞泻而下，冲起一片白浪。瀑布下的石块受到冲击，年深日久，淘挖磨蚀成圆柱形的深潭，深达数十米。静静的湖水到此即奔腾咆哮，飞泻而下，发出雷鸣般的轰响，1000米以外就能听到。周围还有凉亭和铁链围栏，供游人站在瀑布上面岸边观瀑。

（二）人文景观

1. 卜奎清真寺

始建于清康熙二十三年（1684年），早于卜奎建城七年，故有“先有清真寺，后有卜奎城”之说。占地面积6400平方米，位于齐齐哈尔市建华区清真寺胡同。清真寺从初建

时的几间草房，经过多次修缮、扩建，形成了目前这座省内规模最大、历史最久、具有中华民族特色的伊斯兰宗教建筑。光绪三十一年（1905 年），清真寺成为黑龙江省第一个助学的社会团体，为此，光绪皇帝御批赐予该寺“急公好义”匾额一方。悠悠岁月，沧海桑田，卜奎清真寺以它厚重的文化底蕴和古朴雄浑的气质，吸引着海内外众多穆斯林和各界人士前来瞻仰朝拜。

2. 关帝庙

又称武庙、老爷庙、关公庙。始建于乾隆四年（1739 年）。1980 年至 1985 年，齐齐哈尔市政府再次重修此庙，并将“关帝庙”正式更名为“关公庙”。整修后的关公庙为由山门、前殿、正殿、后殿组成的四进式建筑。山门三间，供休息和接待之用。前殿又称灵官殿，殿内供奉护庙之神王灵官。殿前两侧为高 8.5 米钟鼓楼，上下两层，四角飞檐，楼顶上饰 1 米多高的葫芦，反映出道教的独特风格。正殿又称“忠义恒天”殿，高 10 米，三铺顶，殿堂中央为 3 尊高大塑像，关羽居中，周仓和关平分列左右；墙上绘有以关公传奇故事为题材的重彩壁画。后殿为老君殿，供奉道教创始人老子。

3. 黑龙江将军府

清康熙三十四年（1695 年）由首任黑龙江将军萨布素兴建。相传乾隆年间，皇帝西巡，将军府作为备用行宫，进行了修缮和扩建，形成 3 层院落、4 栋青砖瓦房的典雅宏敞、功能齐备的建筑群。将军府作为古代黑龙江的第一官邸，见证了历史的风云变幻，从康熙时的萨布素在卜奎古城开衙建府，到光绪末年寿山将军在府内自尽殉国，历经清代 8 个王朝，被清廷任命的 76 位黑龙江将军中，只有少数几位将军不曾在此居住过。昔日的将军府，作为今天的爱国主义教育基地和旅游观光景点，进一步传承着历史文明，续写着新的辉煌。

4. 圣索菲亚教堂

圣索菲亚教堂始建于 1907 年，1923 年重建，是典型的巴洛克建筑，经过长达 9 年的精心施工，这座富丽堂皇，典雅超俗的建筑精品竣工落成。圣索菲亚教堂气势恢弘，精美绝伦。教堂的墙体全部采用清水红砖，上冠巨大饱满的洋葱头穹顶，统率着四翼大小不同的帐篷顶，形成主从式的布局，四个楼层之间有楼梯相连，前后左右有四个门出入。正门顶部为钟楼，7 座铜铸制的乐钟恰好是 7 个音符，由训练有素的敲钟人手脚并用，敲打出抑扬顿挫的钟声。巍峨壮美的圣索菲亚教堂，构成了哈尔滨独具异国情调的人文景观和城市风情，同时，它又是沙俄入侵东北的历史见证和研究哈尔滨市近代历史的重要珍迹。

（三）主题公园及雪场

1. 哈尔滨市太阳岛公园

太阳岛风景名胜区坐落在哈尔滨市松花江北岸，与繁华的市区隔水相望，是全国著名的旅游避暑胜地。总面积为 88 平方千米，其中规划面积为 38 平方千米，外围保护区面积为 50 平方千米，是江漫滩湿地草原型风景名胜区。年接待游人约一百万人次。2009 年，太阳岛冰雪艺术馆以占地 5000 平方米、馆内净高 7 米的规模入选中国世界纪录协会世界最大的室内冰雪艺术馆，创造了太阳岛世界之最。

太阳岛是松花江的一个沙洲，是哈尔滨主要的风景区和旅游胜地。有“哈尔滨明珠”

之称。太阳岛自然风景异常秀美。全岛碧水环抱，水光潋滟，花木葱茏，幽雅静谧，野趣浓郁，原野风光质朴粗犷。太阳岛冰雪文化引人入胜，冰雪游乐活动丰富多彩，令人神往。滑冰橇、乘冰帆、溜冰、打冰球，人来人往，蔚为壮观；闻名遐迩的哈尔滨雪雕艺术博览会，群众性的冰雕比赛会，一年一度，相继展开，冰雪雕塑，冰雪建筑，千变万化，异彩纷呈。

2. 黑龙江亚布力滑雪场

亚布力是中国滑雪旅游业的发祥地，中国首个对外开放的4A级滑雪旅游度假区、5S级滑雪场，代表中国滑雪产业发展方向。亚布力滑雪旅游度假区是国际级雪上竞技赛事承办地和滑雪旅游胜地，中国企业家论坛年会永久性会址。因成功举办第3届亚洲冬季运动会和第24届世界大学生冬季运动会而享誉世界，被誉为“中国的达沃斯”。

3. 哈尔滨体育学院高山滑雪场

哈尔滨体育学院高山滑雪场坐落于黑龙江省尚志市帽儿山镇，距哈尔滨市主校区88千米，占地面积260万平方米，建筑面积2.35万平方米。高山滑雪场被誉为中国大学生冬季运动项目训练基地、全国单板滑雪训练基地、黑龙江省中小学生校外活动基地。是我国重要的集教学、科研、训练、竞赛与社会服务，五位一体的人才培养基地。

4. 哈尔滨吉华长寿山滑雪场

吉华滑雪场是哈尔滨吉华旅游集团巨资建设的大型滑雪场，是一个融合了大众旅游滑雪和竞技滑雪的高端平台。经过多年的发展，吉华滑雪场目前已经成为中国乃至亚洲的顶级滑雪场之一，先后被评为“最受欢迎滑雪场”、市民喜爱的“哈尔滨五佳滑雪场”、黑龙江100个最值得去的地方，是海内外媒体关注的焦点和中国滑雪的优质品牌，被誉为“中国滑雪之乡”。

**拓展阅读**

## 哈尔滨国际冰雪节

哈尔滨国际冰雪节是我国历史上第一个以冰雪活动为内容的国际性节日，持续一个月，中国哈尔滨国际冰雪节与日本札幌冰雪节、加拿大魁北克冬季狂欢节和挪威滑雪节并称世界四大冰雪节。

1月5日为冰雪节的开幕时间，根据天气状况和活动安排，持续时间一个月左右。冰雪节正式创立于1985年，是哈尔滨市在每年冬季传统的冰灯游园会的基础上创办的。起初名称为“哈尔滨冰雪节”，2001年，冰雪节与黑龙江国际滑雪节合并，正式更名为“中国哈尔滨国际冰雪节”。

哈尔滨国际冰雪节是被中外人士所瞩目的节日。这是哈尔滨人特有的节日，内容丰富，形式多样。如在松花江上修建的冰雪迪斯尼乐园——哈尔滨冰雪大世界、斯大林公园展出的大型冰雕，在太阳岛举办的雪雕游园会；在兆麟公园举办的规模盛大的冰灯游园会

等皆为冰雪节内容。冰雪节期间举办冬泳比赛、冰球赛、雪地足球赛、高山滑雪邀请赛、冰雕比赛、国际冰雕比赛、冰上速滑赛、冰雪节诗会、冰雪摄影展、图书展、冰雪电影艺术节、冰上婚礼等。冰雪节已成为向国内外展示哈尔滨社会经济发展水平和人民精神面貌的重要窗口。

哈尔滨国际冰雪节是世界上活动时间最长的冰雪节，它只有开幕式——每年的1月5日，没有闭幕式，最初规定为期一个月，事实上前一年年底节庆活动便已开始，一直持续到2月底冰雪活动结束为止，期间包含了新年、春节、元宵节、滑雪节四个重要的节庆活动，可谓节中有节，节中套节，喜上加喜，多喜盈门。

每届冬令，哈尔滨街道广场张灯结彩，男女老幼喜气洋洋，冰雪艺术、冰雪体育、冰雪饮食、冰雪经贸、冰雪旅游、冰雪会展等各项活动在银白的世界里有声有色地开展起来，中国北方名城霎时变成了硕大无朋的冰雪舞台。

## 任务实施

对于滑雪爱好者来说，只要能体会到原汁原味的滑雪的味道，再大的风雪也不怕。黑龙江冬季冰雪游线路各具特色，游客可以从下面线路中，任意选择和组合：

（1）激情滑雪度假游：以亚布力滑雪旅游度假区为代表的全省29家滑雪场，体验国际一流水平的滑雪场，感受追风逐雪的激情和浪漫。

（2）神奇冰雪养生游：泡一泡大庆雪地温泉，体验豪迈而刺激的冰火两重天。享受五大连池火山磁场及矿泉滋养，在奇美纯净、清新养生的大海林雪乡、漠河北极村、亚布力旅游度假区、伊春梅花山庄、伏尔加庄园悠然度假，健康养生。

（3）欢乐冰雪娱乐游：到松花江、嫩江等冰河边观赏勇敢者的运动——冬泳；省内主要冰雪园区抽冰尜、驾冰帆、打冰壶、坐冰爬犁、滑冰；打雪圈，堆雪人，坐马鹿雪橇，参加赫哲人世代相传的冰捕，哈尔滨极地馆观赏极地动物，平山神鹿滑雪场观赏梅花鹿，横道河子虎园观虎，威虎山影视城观光游览，体验乐不完的冰雪情趣。

（4）豪迈冰雪健身游：一定要走进冰雪天地、林海雪原中运动健身，享受冰雪带给我们的独特锻炼。在大小兴安岭穿越雪林、骑马狩猎，伏尔加庄园越野滑雪，各大滑雪场高山滑雪，登上五大连池、帽儿山、鸡西蜂蜜山，观赏雪山美景，参加吉华、二龙山等旅游区组织的冬季野外拓展训练、学生冬令营，傲霜斗雪，强健体魄，挥洒豪情。

## 任务总结

在熟悉黑龙江省旅游景点的基础之上，在对滑雪爱好者进行旅游需求分析后，为游客推荐合适的旅游景点。东北的冬天温度较低，线路的设计要室内外结合，要动静结合，要注意保暖、安全等相关因素。

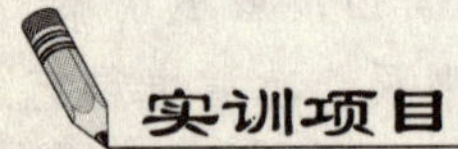

实训项目

## 冬季我要去看雪

**实训内容**

我是海南人，家住三亚，没有见过雪。想在春节时来哈尔滨看雪，需要注意什么吗？黑龙江有哪些景点，如何安排行程最为妥当？想住在哈尔滨中央大街，购物方便吗？附近有没有什么性价比高点的三星级酒店？有暖气吗？滑雪去哪里好？其实我还是有点怕冷的……

**实训建议**

1. 通过网络、图书馆进行资料查询，解决游客疑问；

2. 积极和其他同学探讨，相互学习，并向教师提交纸质的黑龙江景点推荐方案。方案既要考虑游客看雪的诉求，又要考虑春节特殊的时间背景。

复习思考题

1. 黑龙江有哪些重要旅游景点？
2. 黑龙江著名的雪场有哪些？
3. 冬季滑雪注意事项有哪些？

# 项目四　华夏风采——中原景点赏析

**知识目标**

1. 熟悉河南、陕西、山西主要景点；
2. 掌握商务旅游、教师（台湾教师、高校教师）旅游的特点。

**能力目标**

1. 能够对美国商务游客、台湾教师、大学教师进行游客分析；
2. 能够根据游客要求，为游客推荐中原旅游区景点。

## 任务一　河南景点赏析

2013年10月，国家旅游局驻洛杉矶办事处罗卫建拟率领美国西部旅行商代表团前往河南省进行商务考察。美国西部旅行商代表团将通过此次踩线考察活动，进一步增进美国旅游业界对河南省情和旅游产品的了解，在美国市场推出河南旅游精品线路，吸引更多的美国游客到河南旅游。美国是世界上最大的经济体，中国是世界上最大的发展中国家，中美旅游交流是发展中美合作关系的重要平台。请你为美国西部旅行商商务考察团推荐河南旅游景点。

商务和公务差旅具体是指政府、协会组织、事业单位以及公司等为处理公务而进行的非团体旅行。虽然从形式上看，这是一个零星的旅游散客市场，但在总体上目前规模最大的是商务旅游市场。近年来，携程、艺龙等在线旅游公司之所以能够迅速崛起，很大程度上就是依托于这个规模庞大的差旅采购市场。这些机构的主要业务是为商务差旅人员预订机票、酒店等，通过市场的化零为整，提高了商务差旅人员与差旅产品和服务供应商的谈判能力，并从中获取收益。

## 知识准备

**河南省景点赏析**

河南，因大部分地区位于黄河以南而得名。河南位于我国中部偏东、黄河中下游，东西长约580千米，南北长约550千米。全省土地面积16.7万平方千米（居全国第17位，占全国总面积的1.74%），河南是全国人口第一大省，2009年底总人口9967万人。河南东接安徽、山东，北界河北、山西，西连陕西，南临湖北，呈望北向南、承东启西之势。省会是郑州。

河南既是历史文化资源大省，也是自然景观荟萃之地，山川壮美，风光秀丽，融南秀北雄于一体。全省有国家级风景名胜区8处，省级23处。郑州的嵩山，洛阳的龙门山、白云山，信阳的鸡公山，焦作的云台山，济源的王屋山，平顶山的石人山，安阳的太行大峡谷，南阳的宝天曼、老界岭，鹤壁的云梦山，驻马店的嵖岈山等均属山水奇观；黄河自西向东流经河南，出三门峡后经小浪底流入黄淮平原，郑州至开封段河床高出地面，形成地上悬河的独特自然景观。郑汴洛沿黄“三点一线”和南太行景区成为国内外知名旅游品牌，伏牛山生态旅游整体开发全面启动。红色旅游迅速发展，全省共有红色旅游景区26家，拥有驻马店确山县竹沟革命纪念馆、信阳市红色旅游系列景区（点）、南阳桐柏英雄纪念馆、郑州二七纪念堂等4家红色旅游经典景区；新开发的工业旅游、农业旅游项目，也令海内外游客流连忘返。

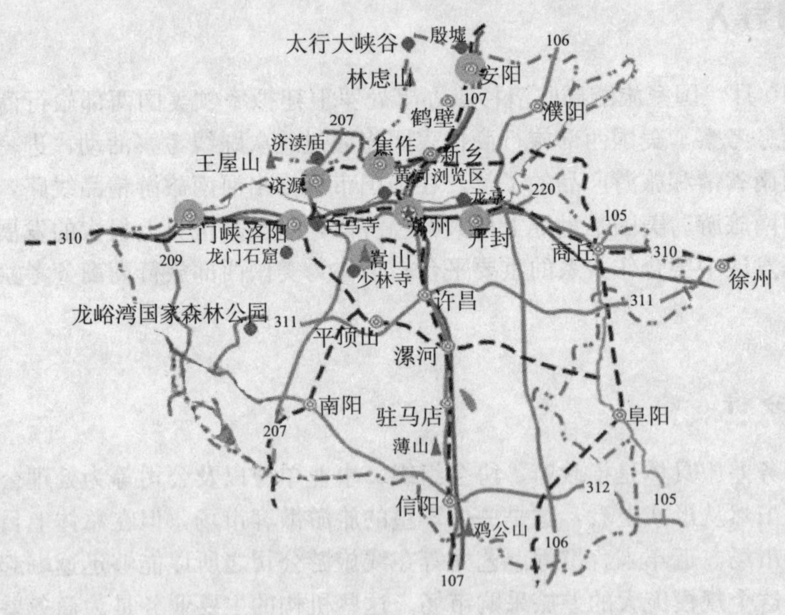


图4-1 河南省主要景点图

**主要景点**

1. 万山之祖——嵩山

中岳嵩山，“峻极于天”且“居天下之中”，自古就被认为是“万山之宗欤”。单是一个“嵩”字就可看出嵩山的地位，“嵩”者“高”“山”也，而实质上，嵩山海拔只有1492米。嵩山地区产生了中国最早的国家文明，且长期是中国古代的政治、经济和文化中心，因而留下了大量极其珍贵的古代文化遗址。2009年中国唯一申报的世界文化遗产“嵩山古建筑群”，共8项11处，其每一项都有资格单独申报世界文化遗产。嵩山是一部用石头和建筑书写的中国历史教科书。

嵩山更是举世罕见的地质博物馆。小小的嵩山，竟然横跨了太古代、元古代、古生代、中生代和新生代五个地质年代，是地质学领域的“五世同堂”。嵩山上既能见到大象的化石，也能见到海象的化石。这就是嵩山世界地质公园。

嵩山群峰挺拔，气势磅礴，景象万千。由峰、谷、涧、瀑、泉、林等自然景素构成的八景为：嵩门待月、轩辕早行、颍水春耕、箕阴避暑、石淙会饮、玉溪垂钓、少室晴雪、卢崖瀑布。

2. 少林寺

少林寺位于登封，是禅宗和少林武术的发源地。佛教传入中国后，少林僧人将它与中国本土的儒家和道家思想相融合，创立了禅宗。禅宗是中国化的佛教，它迅速地传向全国各地及周边的日本、朝鲜、韩国和东南亚等地，对中国历史以及日本的花道、茶道、柔道、武士道等产生了深远的影响。少林武术冠天下，天下功夫出少林。少林僧人在交流中汲取天下武术之大成，总结出了少林拳、少林棍、易筋经、铁布衫等700多种武术绝技，并对其他武术流派产生了深远的影响，仅从少林拳派生出的拳术就有四五十种。少林的积极入世使它与中国历史紧密相连，在南北朝、隋朝、唐朝、北宋和明等朝代都发挥了重要的作用，少林寺也因承担社会责任而成为“天下第一名刹”，少林武术也因此名扬四方并在实战中进一步发展壮大。少林的与时俱进、开放和积极入世，使它一直保持着很强的生命力，在历经磨难后的今天，禅宗和少林武术依然生机无限。今天的少林僧人又将互联网、营销学等现代文化融入少林文化，使少林迅速走向世界。少林成为中国文化走向世界的典范，也在很大程度上成了中华文化的代名词。2010年被列入世界遗产。

3. 嵩阳书院

嵩阳书院位于登封嵩山，是宋代四大书院之一。范仲淹、程颐、程颢、司马光等大儒曾在这里讲学，司马光的《资治通鉴》有一部分就是在这里写的。它位于洛阳附近，二程在这一带将儒释道三者相融合，初步创立了以后影响中国800年的理学。2010年列入世界遗产。

4. 中岳庙

中岳庙，道教著名宫观。在河南省登封县嵩山东麓。始建于秦；宋大中祥符六年（1013年）增修崇圣殿及牌楼等八百余间，时雕梁画栋，金碧辉煌，为极盛时期；明代崇祯十七年（1644年）毁于大火。现存庙宇为清代重修后的规模。

此庙坐北朝南，东毗牧子岗，西邻望朝岭，前对玉案山，背靠黄盖峰；庙中珍藏有铸造于北宋治平元年（1064 年）的四大铁人像，四尊铁人铸像为我国现存镇库铁人之中形体最大、保存最好、铸造较佳的艺术精品，属道教文物。该庙是河南省规模最大的道教建筑群，为全国道教重点开放宫观之一。

5. 龙亭公园

位于开封城内西北隅，占地面积 1300 多亩。全园包括午门、玉带桥、朝门、照壁、朝房、龙亭、北宋皇宫宸拱门遗址、碑亭、北门及东门等清朝万寿宫建筑群体，还有潘杨二湖、春园、盆景园、号称中原一绝的植物造型园及长廊水榭等园林景观。国家 4A 级旅游风景区龙亭，位于开封城内南北交通中枢干线中山路北端。公元 780 年，唐德宗李适在开封（现在龙亭所在地）建永平军节度使治所，即藩镇衙署。随着时间的推进，五代中的后梁、后晋、后汉、后周相继将其改为皇宫。北宋开国皇帝赵匡胤陈桥兵变后，也把这里作为皇宫。金后期同样相中了这块风水宝地。明王朝统治者更是大兴土木，修建了周藩王府。1925 年改为龙亭公园。1927 年，冯玉祥二次主豫时，更名中山公园。1953 年正式命名为龙亭公园。

6. 龙门石窟

龙门石窟位于河南省洛阳市南郊 13 千米处的伊河两岸，这里东（香山）、西（龙门山）两山对峙，伊水中流，形似天然门阙，故古称“伊阙”。2000 年 11 月，联合国教科文组织将龙门石窟列入《世界文化遗产名录》。

龙门石窟开凿于北魏孝文帝迁都洛阳之际（493 年），嗣后历经西魏、东魏、北齐、隋、唐、五代、宋、明诸朝，断续营造达 500 余年，现存伊河两岸山崖峭壁间的两千余座窟龛和十万余尊造像，多数为北魏和盛唐两个时期的雕刻作品。据统计，东西两山现存窟龛 2300 多个，造像十万余尊，碑刻题记 2800 多块，佛塔 70 余座。代表了不同时代的雕凿风格，反映了不同时期人们的审美时尚。龙门石窟最具永恒魅力的当属奉先寺。这是一组斩山为石、依崖临壁凿就的群像。主佛卢舍那是中国古代人物雕塑最完美的作品之一。

7. 白马寺

白马寺位于河南洛阳城东 10 千米处，在汉魏洛阳故城雍门西 1.5 千米处，古称金刚崖寺，号称“中国第一古刹”，是佛教传入中国后第一所官办寺院。它建于东汉明帝永平 11 年（68 年），距今已有近 2000 年的历史。

白马寺坐北朝南，是一座长方形的院落，占地约 4 万平方米。寺大门之外，广场南有近年新建石牌坊、放生池、石拱桥，其左右两侧为绿地。左右相对有两匹石马，大小和真马相当，形象温和驯良，这是两匹宋代的石雕马，是优秀的石刻艺术品。白马寺的山门为明代所重建，为一并排三座拱门，代表三解脱门，佛教称之为涅槃门。白马寺大门东走约 300 多米，有一座十三层的齐云塔，直插云霄。齐云塔始建于五代时期，原为木塔，北宋末年金兵入侵时烧毁。金朝大定年间重建此塔，至今已有 800 多年历史。

8. 云台山

云台山位于河南焦作修武县境内，既是世界地质公园，又是国家 5A 级景区。云台山满山覆盖的原始生林，深邃幽静的沟谷溪潭，千姿百态的飞瀑流泉，如诗如画的奇峰异

石，形成了云台山独特完美的自然景观。汉献帝的避暑台和陵基，魏晋“竹林七贤”的隐居故里，唐代药王孙思邈的采药炼丹遗迹，唐代大诗人王维写出“每逢佳节倍思亲”千古绝唱的茱萸峰，以及众多名人墨客的碑刻、文物，形成了云台山丰富深蕴的文化内涵。

9. 白云山

白云山处于洛阳市嵩县境内，2006 年被《中国国家地理》杂志联合众多旅行社评为“中国最美的地方”。白云山处于伏牛山腹地原始林区，奇峰俊秀，白云悠悠，瀑布飞跌，林深谷幽。整个景区融山、石、水、洞、林、草、花、鸟、兽为一体，雄、险、奇、幽、美、妙交相生辉，形成各具特色的白云峰、玉皇顶、小黄山、九龙瀑布、原始森林五大观光区，成为中原地区集观光旅游、度假避暑、科研实习、寻古探幽为一体的复合型旅游区，被誉为“人间仙境”、“中原名山”。

10. 安阳殷墟

因发现了世界上最大的青铜器和甲骨文而轰动世界，堪称 20 世纪人类 10 大考古发现之首，殷墟也毫无争议地成为世界文化遗产。甲骨文是一种常用字在 5000 字左右的一种比较成熟的文字，是世界上四种最古老的文字中唯一流传下来的文字。

11. 红旗渠

红旗渠位于河南安阳，是闻名于世的“人工天河”和“世界第八大奇迹”。为了修建这条渠，10 万人在崇山峻岭中的悬崖峭壁上辛辛苦苦地整整干了 10 年。他们没有钱、没有粮食、没有技术，又不受政策支持，却靠着顽强的毅力削平了 1250 座山头，修建了上百座引桥，凿通了上百座隧道，最终将生命的河水引入到了干涸的土地。红旗渠的总渠长超过 4000 千米，其土石方可以从哈尔滨到广州修一条宽 2 米高 3 米的石墙，红旗渠是人类改造自然的杰作。

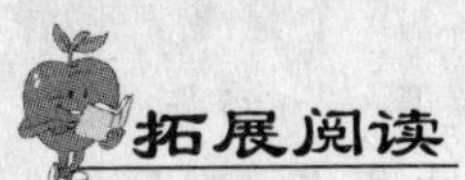


## 河南典型线路

1. 中华功夫行

D1：参观河南博物院，宿古都郑州。

D2：观赏黄河风光，游览古都开封，晚宿郑州登封。

D3—D5：与武林大师见面，学习少林功夫，欣赏《禅宗少林》音乐大典，观看中原武术节比赛，宿登封。

D6：游览少林寺、塔林、嵩山世界地质公园，欣赏少林功夫表演，结束愉快行程。

2. 中原古都探访六日游

D1：郑州—安阳。参观世界文化遗产、中国最早文字甲骨文的发现地、商朝都城遗址——殷墟博物苑；参观中国最早的有文字记载的监狱——羑里城。

D2：开封。游览以清明上河图为模板建造的大型民俗主题公园——清明上河园；参观开封的标志性建筑——开封铁塔；参观中国十大佛教寺院之一——大相国寺；游览天下名府、铁面无私包青天办案的地方——开封府。夜间可品尝著名的开封夜市。

D3：郑州。参观河南博物院，黄河风景名胜区参观炎黄二帝巨型塑像，畅游黄河；后前往十三朝古都——洛阳，途中参观巩义北宋皇陵，石窟寺。

D4：洛阳。游览中国三大石窟艺术宝库之一——龙门石窟；参观“释源”、“祖庭”白马寺；到访武圣人关羽首级埋葬地——关林。

D5：洛阳—许昌。参观关羽秉烛夜读《春秋》的地方——春秋楼；关羽辞曹归刘挑袍处——灞陵桥景区；参观汉魏许都故城遗址。

D6：许昌—郑州。从许昌返回郑州，自由活动。结束愉快行程。

3. 古文明之旅

D1：参观河南博物院，观赏黄河风光，宿古都郑州。

D2：参观少林寺、塔林、嵩山世界地质公园，欣赏少林功夫表演，观赏《禅宗少林》音乐大典，宿郑州登封。

D3：黄帝故里拜祖，参观康百万庄园，宿郑州巩义。

D4：参观龙门石窟、云台山，宿古都郑州。

D5：浏览清明上河园、龙亭、包公府，结束愉快行程。

4. 郑州，焦作，洛阳三日游

D1：郑州接团，赴修武县游览世界地质公园——云台山，游览：老潭沟、小寨沟、情人瀑、温盘峪、单级落差居亚洲之冠的云台天瀑，游黄龙潭、幽潭、白龙潭一线天等景区，游览结束后乘车赴洛阳。

D2：早餐后游览中国三大石窟艺术宝库之一的龙门石窟：参观潜溪寺、宾阳三洞、万佛洞、莲花洞、奉仙寺、药方洞等（龙门石窟开凿历时四百多年，有2345个窟龛，佛像10万多尊，碑刻题记、2800余块，佛塔40余座）。中餐可品尝宫廷筵席——洛阳水席。下午参观著名的唐三彩工艺品，洛浦公园欣赏洛浦美景，远眺中原明珠电视塔，东周文化广场感受周朝文化。

D3：早餐后参观“释源”、“祖庭”——白马寺：大佛殿、大雄宝殿、接引殿、清凉台等。午餐后赴中国武术发源地“天下第一名刹”少林寺，参观：山门、天王殿、大雄宝殿、方丈室、立雪亭、李世民碑、三教浑元碑、塔林，武术馆观看少林武术表演。后返回郑州，结束愉快旅游行程。

5. 河南世界文化遗产游

D1：郑州—洛阳—登封—郑州。早餐后赴龙门石窟，龙门石窟是河南省首个世界文化遗产。抵达景区后，跟随导游先后游览奉先寺、万佛洞、宾阳三洞、庄重神秘的卢舍那大佛，香山寺、白园等。下午前往世界文化遗产登封“天地之中”历史建筑群，参观其中一处历史遗迹少林寺景区。欣赏少林武僧的精彩功夫表演，感受少林武术的博大精深。

D2：郑州—安阳—郑州。早餐后赴中国八大古都之一的殷商古都安阳，汉文字的发源地。殷墟被评为世界文化遗产，“20世纪河南十项重大考古发现”之一，又被评为“中国20世纪一百项考古大发现”之首。下午游览以世界文字为背景，以汉字为主干，以少数

民族文字为重要组成部分的中国文字博物馆。乘车返回郑州，结束愉快行程！

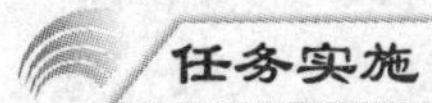


美国西部旅行商代表团，由美国西部重点销售旅华线路的旅行商负责人组成，对河南旅游在美国的推介有重要的意义。建议重点考察：河南博物院、少林寺常住院、嵩阳书院、嵩岳寺塔、塔林、《禅宗少林·音乐大典》等河南主要的旅游产品及旅游配套设施。

通过全面了解河南主要景点及线路的基础之上，在旅游者需求分析的指导之下，为游客设计符合旅游者需求的旅游线路，突出河南旅游的特色安排。

## 心灵故乡　老家河南　古都之旅

**实训内容**

“八大古都”是指由中国古都学会通过并经国内史学家承认的古代都城。八大古都中，有四个位于今河南，包括洛阳（从夏朝始）、郑州、安阳、开封。某旅行社的计调人员为生活在古都南京的刘而昰设计了下面这条古都观光之旅。请你认真阅读、修改行程，满足游客的需求。

**河南古都之旅行程安排**

D1：郑州—开封—郑州

早餐后，8：00 乘旅游车前往七朝古都开封，汽车行驶在郑开大道上（约 50 分钟），沿途不仅可以欣赏郑东新区的时尚建筑，而且可以饱览中原大地一马平川的平原。有关一代枭雄曹操的故事，古代以少胜多的著名战争官渡之战在耳边响起，仿佛时间把我们带回到了古代。

参观以宋代张择端的传世之作《清明上河图》为蓝本再现原图景观的大型宋代民俗风情游乐园清明上河园（约 2 小时）；观看包公迎宾、梁山好汉劫法场、民俗杂耍、可参与王员外招亲等互动节目。然后沿途车览北宋朝代的步行街——宋都御街，远观被人们视为“古都的象征”、“开封的骄傲”的六朝皇宫遗址龙亭大殿，潘、杨二湖等。下午参观素有东方比萨斜塔之称的，中国最古老的琉璃砖塔铁塔（约 1 个小时）和包公祠（约 45 分钟）。返回郑州。

D2：郑州—少林寺—洛阳

早餐后，8：00 乘旅游车前往闻名已久的少林功夫之乡登封，经过 2 个小时左右的一路西行，由平原逐渐进入巍峨的伏牛山脉，转眼已经来到了全国五岳中的中岳嵩山脚下。

在导游的带领下，参观由全国最有名气的方丈释永信主持的少林寺，欣赏少林武僧的精彩功夫表演（约 30 分钟），在感受少林武术的博大精深的同时，您还可以与少林高僧一试身手，或者拜师学艺。之后参观少林寺常住院（约 1 小时），这里的每一个大殿，每一处风景都有着那么深厚的历史和文化，它们等你来发现。接着漫步在从少林寺庙到塔林的路上，沿途的溪水，青山都让你感觉到这里意境悠然。转眼两百多座佛塔跃然而出，这是我国现存古塔群中规模最大、数量最多的古塔群——少林寺塔林（约 20 分钟）。

下午游览中国北宋四大书院之一的嵩阳书院（40 分钟）。晚餐可品味永泰寺素斋，永泰寺素斋是嵩山地区唯一一家经营全素膳食的餐馆。之后自费欣赏嵩山实景演出，近 600 人的禅武演绎，少林僧侣的现场唱颂，春夏秋冬的景观变化，直指心性的佛乐禅音《禅宗少林·音乐大典》（20：00～21：15）。前往洛阳。

D3：洛阳—龙门石窟—郑州

早餐后，8：00 乘旅游车赴位于千年帝都洛阳市南十三千米处的龙门石窟（约 2 小时），它同甘肃的敦煌石窟、山西大同的云冈石窟并称中国古代佛教石窟艺术的三大宝库。

抵达景区后，跟随导游先后游览奉先寺、万佛洞、宾阳三洞、庄重神秘的卢舍那大佛，香山寺、白园等。站在各种艺术造像面前，每个场景都是活生生的，感人的，意境隽永，仿佛超越了时空。艺术的完美和历史的悠久被体现的淋漓尽致。

午餐过后，下午前往我国第一古刹，被称为“释源”，“祖庭”的白马寺（约 1 小时）。这里北依邙山，南临洛水，宝塔高耸，殿阁峥嵘，长林古木，肃然幽静。最后参观洛阳美陶——唐三彩（约 30 分钟）。乘车返回郑州，结束愉快行程！

**实训建议**

各项目团队提交修改后的行程，用 PPT 文件展示；重点说明修改的理由。由教师和其他团队成员进行现场点评，教师点评以鼓励为主。

**复习思考题**

1. 河南省旅游景点的特色是什么？
2. 河南世界遗产旅游线路中重点的景点是哪些？
3. 说说你对安阳殷墟的甲骨文了解多少？

# 任务二　陕西景点赏析

**任务导入**

2013 年 12 月台湾中华基金会拟征集在职教师（国中/高中）30 名，前往陕西参观访问。重点访问陕西省重点中学及陕西师范大学，同时在陕西境内进行 8 天的观光，请你为

他们推荐旅游景点。台湾中华基金会创立于2003年10月，主要捐资者都不是特别有钱的人，而是一群无怨无悔的爱国老人——50年代白色恐怖政治受难人。他们大公无私地把“补偿金”捐献出来创立基金会，主要目的是促进两岸同胞在文化上、社会上及经济上的交流。基金会的历史不长，每年都扎扎实实做了有实质影响的重大交流活动。“俯首甘为孺子牛”，中华基金会也为青年学子推动各种交流团：2004年中华基金会带了第一批台湾大学生到四川亲近大熊猫；2007年与北京的周培源基金会合办“海峡两岸高中生数学竞赛夏令营”；2009年，赴北京与中央音乐学院附中的音乐系进行“两岸琴缘——北京交流巡演”。请你为这个台湾教师团安排行程。

## 任务分析

随着两岸关系的日趋活跃，近年来到祖国境内，以及进入陕西观光、旅游、参访的台胞人数日益增多。入陕旅游台胞的日益增多得益于此间旅游部门大力推进旅游区域合作，加上“台湾同胞寻根问祖”、“台湾县市人员三秦之旅”、“海峡两岸科技论坛”等各种文化交流活动的举办。台湾同胞来大陆旅游，带着浓厚的好奇心，带着不同的政治态度，所以在推荐旅游景点时，要根据其旅游需求来推荐。

## 知识准备

陕西省简称“陕”或“秦”，位于中国内陆腹地，东邻山西、河南，西连宁夏、甘肃，南抵四川、重庆、湖北，北接内蒙古，居于连接中国东、中部地区和西北、西南的重要位置。中国大地原点就在陕西省泾阳县永乐镇。全省总面积为20.58万平方千米。2009年末全省常住人口为3772万人，全省设10个省辖市和阳陵农业高新技术产业示范区，有3个县级市、80个县和24个市辖区，1581个乡镇，164个街道办事处。

陕西是中华文明的重要发祥地，在长达1180多年的历史中，先后有周、秦、汉、唐等十四个王朝在此建都，留下了丰富的人文遗迹，被誉为中华民族文明的摇篮。悠久的历史和独特的地理位置，使陕西成为人文景观与自然景观交相辉映的旅游胜地。作为中国文物古迹荟萃之地，陕西素有“天然历史博物馆”之称，文物景观密度之大、数量之多、等级之高均居中国之首。古长安城的遗迹、“世界第八大奇迹”秦兵马俑、石质图书馆西安碑林博物馆、气象万千的大小72座帝陵……数不胜数的文物古迹和博大悠远的华夏文明，使每一个到过陕西的人都不自觉地从内心深处产生怀古之幽思。

陕西纵跨两个气候带，地理上的差异使陕西集南国之秀丽、北国之雄奇于一体。从秦巴山地到关中平原，从黄土高原到长城大漠，数不清的名山大川、奇峰秀水、古树名木、珍禽异兽，形成绚丽多彩、千姿百态的自然风光；秦岭、华山、太白山、黄河湿地、关山草原、壶口瀑布……各具特色的自然景观，见证着历史的沧桑变幻。

**图 4-2 陕西省旅游景点图**

（一）西安市主要景观

西安，又称长安，中国古都之首，与埃及首都开罗、意大利首都罗马、希腊首都雅典并称世界四大历史文化名城（又称世界四大文明古都），建于公元前 12 世纪，已有 3100 多年未间断的城市发展史。西安是陕西省的省会，中国七大区域中心城市之一，西北地区工商业中心，新欧亚大陆桥中国段最大的中心城市之一，中国优秀旅游城市。

1. 秦兵马俑博物馆

秦兵马俑博物馆是建立在兵马俑坑原址上的遗址性博物馆，位于西安市临潼区东 7.5 千米的骊山北麓，西距西安 37.5 千米，是我国最雄伟的古代地下军事博物馆。兵马俑被

誉为“世界第八大奇迹”、“二十世纪考古史上的伟大发现之一”，它的声名早已扬名海外，成为了全人类的一份珍贵文化财富，与相距不到10千米的华清池、秦始皇陵以及同在西安以东的华山构成了西安东线旅游的黄金景点。

馆内一号坑展厅最为宏大，为东西向的长方形坑，长230米，宽62米，四周各有五个门道。本展厅内的秦俑形成了以车兵为主体，车、步兵成矩形联合编队。军阵主体面东而立，东面三排的武士为先锋，南、北、西边廊中各有一排武士面向外，担任护翼和后卫。坑内呈现出了2000多年前的古代军阵。这支复活的军团军容严整，气势雄伟，势不可挡。望着一排排军姿严谨的秦俑便仿佛看到了那喊杀震天、战车嘶鸣的古战场。秦军再现，声势空前，令人不禁由衷感叹，追忆起战国纷纭的年代，秦军将士金戈铁马，势如破竹的万丈豪情。二号坑内的弩兵方阵，阵势整齐。立射俑、跪射俑的足法、手法、身法都合理合度，非常科学，反映了始皇时代的射击技艺已达到很高的水平，形成了一套规范的模式，并为后代所继承。三号坑呈“凸”字形，出土了战车一乘，马俑四件，武士俑68件。所出土的木制战车，车已朽，仅存残迹。车前驾有四匹陶马，车后有陶俑4件。前排的一件为军吏俑，后排的中间一件为御手俑，御手两侧为车士俑。三号坑的文物为研究我国古代战争、战术以及军队建制、兵种配给都有着不可估量的作用。

2. 陕西历史博物馆

陕西历史博物馆位于西安小寨东路91号，大雁塔的西北侧。博物馆充分展现了被誉为“古都明珠、华夏宝库”陕西的悠久历史与人文风采，突出表现了陕西丰富的文化遗存和深厚的文化积淀，是展示陕西历史文化和中国古代文明的艺术殿堂。陕西历史博物馆面积宏大，馆区占地65000平方米。主体建筑为“中央殿堂、四隅崇楼”的唐风建筑格局，运用黑、白、灰等淡雅清素的色调，塑造了一个庄严、质朴、简约的现代空间环境，既反映出了13朝古都的帝王气势，又兼收并蓄了传统园林和民居的特点。

博物馆由基本陈列、专题陈列、临时陈列三部分组成，整个陈列展线总长1500米。馆藏文物多达37万余件，从远古人类初始阶段使用的简单石器到1840年前社会生活中的各类器物，时间跨度长达一百多万年。文物数量繁多，种类各式，无所不包。商周青铜器精美绝伦，历代陶俑千姿百态，汉唐金银器珍稀无双，而更为精妙的是各个唐墓真品壁画。壁画内容丰富，包括四神、星象、宗教、建筑、仪卫、狩猎、生活、友好往来等方面，真实再现了李唐王朝的社会生活。

3. 小雁塔

小雁塔即荐福寺塔，位于西安的荐福寺内，与大雁塔相距3千米，由于略小于大雁塔，故被称为“小雁塔”。小雁塔修建于唐景龙年间（707—710年），是唐代著名的佛塔，为密檐式砖制结构。外形呈梭状，挺拔向上。塔高43.38米，原为15层，现有13层。塔平面呈正方形，每层均有出檐，檐下砌有两层菱角牙子，形成了特有的重檐架构，具有秀丽飒爽的审美特色。塔身由下至上，逐层收缩，愈上则愈细，从而使得小雁塔在外形轮廓上具有曲线美感，格外直白、利落。

小雁塔底层南北各开券门，上部各层南北还开有券窗。门框上绘满精美的唐代线刻，尤其门楣上的“天人供养”图像，历史、艺术价值颇高。小雁塔构架神奇，其内装有古代

工匠根据西安地质情况特地将塔基用夯土筑成一个半圆球体，受震后压力均匀分散，因此历经千年仍巍然屹立，不能不叫人叹服我国古代能工巧匠的高超技艺。

4. 钟楼

钟楼位于西安市中心，东西南北四条大街的交汇处，是一座具有浓厚民族特色的宏伟古建筑，与鼓楼隔广场而望，以一口钟记录下古长安的盛世雄风，被誉为古城西安的标志。钟楼始建于明洪武十七年，原建在西大街的广济街口，明万历十年（1582 年）移迁至此。

钟楼整体为木质结构，在构造技术上沿用了唐宋建筑的技法，充分体现了我国古代人民的高超智慧。楼为两层，从下至上由基座、楼身和楼顶三部分构成。基座为正方形，高约 9 米，青砖砌成，其四面各开有拱券形洞门。楼顶为重檐三滴水建筑结构，四角攒顶，不仅外观上翘角飞檐，美观古典，而且还能有效地避免雨水对建筑的侵蚀。踏临楼上，凭栏远望，视野极为开阔，古城风貌饱览无余。忽而耳畔响起悠扬的古乐，缕缕笛音犹若空山鸟语，空灵而清雅。一曲《春江花月夜》穿越过浩渺的历史烟云，平添钟楼壮美的汉唐风韵。

5. 鼓楼

鼓楼位于西安城内东西南北四条大街的交汇处，东与钟楼相望，始建于明洪武十三年(1380 年)，迄今已有 600 余年历史，以一面鼓镌刻下古长安的昨日繁华，被誉为“帝都风韵犹在的见证”。昔日鼓楼檐下挂有巨匾，南为“文武盛地”，北为“声闻于天”，凸现了古都西安的中心地位。“文革”期间，匾额被毁，后复原。

鼓楼堪称经典的古代建筑，重檐三滴水与歇山顶的木制结构不仅构造出楼宇的非凡气魄，同时也证明了古代建筑艺术的高超。楼宇基座为长方形，乃用青砖砌成，坚固非常。楼体外观斗拱彩绘，庄重绚丽，高大雄伟。楼内有梯，可登至二楼，凭栏而望，远处的终南山渺渺相存，古城西安尽收眼底，使人顿有“王气千年绕鼓楼，登临极目白云悠”的爽朗感觉。优雅的鼓楼与雄浑的钟楼隔广场相邻而置，两楼犹如两尊擎天而立的神柱撑起了西安的汉唐风骨，又如两颗晶莹剔透的珍珠嵌在八百里秦川沃土之上，散发着凝聚历史烟云的光彩，彰显了古城西安的神奇与辉煌。

6. 西安碑林博物馆

西安碑林博物馆位于市内三学街 15 号，是一座以收藏、研究和陈列历代碑石、墓志及石雕作品为主的艺术博物馆，被誉为“中国最大的石质书库”，为中国四大碑林之首(陕西、山东、四川和台湾)。

西安碑林以碑石丛立如林而得名。它于北宋元丰二年（1079 年）为保存《开成石经》而建立。九百多年来，经历代征集，扩大收藏，精心保护，入藏碑石近三千方。博物馆内的陈列由 3 部分组成，即碑林、石刻艺术及其他文物展览，重点藏品为中国古代书法名碑及汉唐时期石刻雕塑精品。博物馆现有六个碑廊、七座碑室、八个碑亭，一共陈列展出了 1087 方碑石。

名碑展示中，一人高的各式名碑林林丛丛，有的立于鼋背上，有的镶于墙上，虽然样式不同，但却整齐划一。这里既有哲人的石经、秦汉文人的古风，也有魏晋南北朝的墓志

以及唐宋书法大家的墨宝。王羲之的行书，行云流水，一气呵成；张旭、怀素的草书恣意昂然，放任不羁；欧阳询的楷书，紧密内敛，刚劲不挠；不同时代的书法大师用他们呕心沥血之杰作尽情地抒写着对中华书法艺术的珍视与崇敬。

除了领略碑文书法，碑林博物馆的环境也颇具观赏性。馆内建筑布局合理，典雅凝重，古树参天，体现了古城西安深厚的文化底蕴，古风古韵十足。漫步于博物馆中，能够在这座东方艺术的殿堂里重温美的历程，获得真正的艺术享受。

7. 半坡博物馆

半坡博物馆位于西安东郊浐河东岸，是1957年在半坡遗址上修建而成的我国第一座遗址性博物馆。博物馆共有2个陈列室和1个遗址大厅。第一陈列室主要展出半坡遗址中的劳动生产工具，主要有石器、渔具、纺轮、骨针等；第二陈列室主要展出能够反映半坡人社会生活的各种文物。遗址大厅内则向人们展开了一幅宏伟的历史画卷——极具考古价值的半坡遗址。

半坡遗址发现于1953年，是中国黄河流域新石器时代仰韶文化的村落遗址典型代表。半坡时代距今约有六七千年，当时的经济业已进入原始农耕阶段，人们生产所用的工具多为磨制石器，日常生活用品则是使用细泥红陶和夹砂红褐的陶器，陶器上往往绘制有几何图形或动物花纹。这种原始文化首先于1921年的河南渑池县仰韶村发现，故而被命名为仰韶文化。

半坡遗址内的仰韶文化陶画丰富多样，最著名的莫过于人面鱼纹。人面鱼纹线条简洁明快，人头像的头顶有三角形的发髻，两嘴角边各衔一条小鱼。这种图案既反映出了当时人与自然的关系，同时也反映出了半坡人和鱼的关系，很可能半坡人就把鱼作为其所崇拜的图腾。半坡博物馆没有旖旎秀丽的风景，却有着千年不败的历史价值。它的出现不仅证明了黄河流域源远流长的人类文明与文化，同时也向世界彰显了中国作为历史古国的原因。

8. 华清池

“不尽温柔汤泉水，千古风流华清宫”。华清池南依骊山，北临渭水，西距古都西安30千米，因唐玄宗和杨贵妃的传说而名声远播。

华清池历史非常悠久，其实早在西周时期，周幽王就曾在此建骊宫；后世的秦始皇、汉武帝也都在这里建立行宫；唐代更是大兴土木，特别是唐玄宗天宝年间修建的宫殿楼阁更为奢华，并正式改名为“华清宫”，因宫宇建于汤池之上，又名“华清池”，其规模更为宏伟、华丽，体现了唐代建筑特色。诗人白居易便在其名作《长恨歌》中对华清池多有描绘。

如今的华清池可分为九龙湖、唐御汤遗址、五间厅、梨园等多个景区，从不同侧面再现了盛极一时的大唐雄风。九龙湖景区内石桥卧水、波光粼粼。飞霜殿、沉香殿、宜春殿、龙吟榭、龙石舫、九曲回廊等十多个仿古建筑环湖而列，雕栏玉砌，错落有致，美不胜收。漫步其间，难分天上人间，令人心旷神怡；唐御汤遗址内留有莲花汤、海棠汤、星辰汤、尚食汤等汤池，令人不禁遥想当年杨贵妃“春寒赐浴华清池，温泉水滑洗凝脂”的无限娇媚。

9. 骊山

骊山位于西安市临潼区城南，是西安东线旅游唯一自然景观与人文景观相融合的旅游区。因系西周时骊戎国地，故此称为骊山。骊山为秦岭山脉的一个支脉，山上苍松翠柏，壮丽翠秀，恰似一匹奔驰的骊驹。自周秦汉唐以来，一直便为皇家园林，官邸别墅众多。骊山又称绣岭，自然景色出众，以石瓮谷为界可分为东、西二岭。“渭水秋天白，骊山晚照红”。夕阳西下，骊山在落日斜阳里红霞万状尤显壮观，真如一匹黑马云跃而出，故此“骊山晚照”被誉为“关中八景”之一。

“骊山云树郁苍苍，历尽周秦与汉唐，一脉温汤流日夜，几抔荒冢掩皇王”。郭沫若的诗对骊山的景色给予了恰当的评价，同时也写出了骊山那众多的人文特色。除去秀美的景色风光，骊山还有几十个文物胜迹。著名的兵谏亭为张学良、杨虎城两位将军发动震惊中外的“西安事变”迫蒋抗日的地方；烽火台曾演绎出周幽王与褒姒“烽火戏诸侯，一笑失天下”的历史故事；老母殿则追忆着神话中采石补天的中华圣母女娲。

10. 秦始皇陵

秦始皇陵位于西安市临潼区临马公路中段，距西安以东 30 千米。陵区层峦叠嶂，山林葱郁，逶迤曲转，银蛇横卧。高大的茔冢与骊山景色结合得天衣无缝，令人不无遐想。“秦皇扫六合，虎势何雄哉；挥剑决浮云，诸侯尽西来”。秦始皇，这位叱咤风云的旷世帝王建立了中国历史上第一个统一的、多民族的封建中央集权制国家——秦帝国，并给后世留下了这座神秘莫测的宏大地下皇陵。

据史载，秦始皇为造此陵征集了 70 万个工匠，建造时间长达 38 年。陵园仿照秦国都城咸阳建造，大体呈回字形，陵墓周围筑有内外两重城垣。陵区内目前探明的大型地面建筑为寝殿、便殿、园寺吏舍等遗址。秦始皇陵的封土堆高大、雄伟，呈覆斗状，现封土底面积约为 12 万平方米，高度为 87 米，整座陵区总面积为 56.25 平方千米。

秦始皇陵地下宫殿是陵墓建筑的核心部分，位于封土堆之下。《史记》记载：“穿三泉，下铜而致椁，宫观百官，奇器异怪徙藏满之。以水银为百川江河大海，机相灌输。上具天文，下具地理，以人鱼膏为烛，度不灭者久之。”历史上的记载更加增添了秦始皇陵的匪夷所思。据考古发现，秦陵地宫面积约 18 万平方米，中心点的深度约 30 米。陵园以封土堆为中心，四周陪葬分布众多，内涵丰富、规模空前，但是由于各种原因，迄今为止尚不能挖掘。

（二）西岳华山

华山是我国著名的五岳之一，海拔 2154.9 米居五岳之首，位于陕西省西安以东 120 千米历史文化故地渭南市的华阴县境内，北临坦荡的渭河平原和咆哮的黄河，南依秦岭，是秦岭支脉分水脊的北侧的一座花岗岩山。凭借大自然风云变换的装扮，华山的千姿万态被有声有色的勾画出来，是国家级风景名胜区。

华山不仅雄伟奇险，而且山势峻峭，壁立千仞，群峰挺秀，以险峻称雄于世，自古以来就有“华山天下险”、“奇险天下第一山”的说法，正因为如此，华山多少年以来吸引了无数勇敢者。奇险能激发人的勇气和智慧，不畏险阻攀登的精神，使人身临其境地感受祖国山川的壮美。

华山以其峻峭吸引了无数浏览者。山上的观、院、亭、阁皆依山势而建，一山飞峙，恰似空中楼阁，而且有古松相映，更是别具一格。山峰秀丽，又形象各异，如似韩湘子赶牛、金蟾戏龟、白蛇遭难……。峪道的潺潺流水，山涧的水帘瀑布，更是妙趣横生。并且华山还以其巍峨挺拔屹立于渭河平原。东、南、西三峰拔地而起，如刀一次削就。唐朝诗人张乔在他的诗中写道："谁将依天剑，削出倚天峰。"都是针对华山的挺拔如削而言的。华山山麓下的渭河平原海拔仅 330～400 米，而华山海拔 1997 米，高度差为 1600～1700 米，山势巍峨，更显其挺拔。

（三）革命圣地延安

位于陕西省北部，黄土高原的中南部北连榆林地区，南接关中咸阳、铜川、渭南三市，东隔黄河与山西省临汾、吕梁地区相望，西依子午岭与甘肃省庆阳地区为邻。

延安古称延州，是陕北地区政治、经济、文化和军事中心。城区处于宝塔山、清凉山、凤凰山三山鼎峙，延河、汾川河二水交汇之处的位置，成为兵家必争之地，有"塞上咽喉"、"军事重镇"之称，被誉为"三秦锁钥，五路襟喉"。延安之名，始出于隋。1937 年，中共中央进驻，同年设延安市，为陕甘宁边区政府所在地。1949 年，改称县，1972 年，再设市至今，为国务院首批公布的全国 24 个历史文化名城之一。

地处黄河中游的延安，是中华民族的发祥地，相传人类始祖黄帝曾居住在这一带，"三黄一圣"（黄帝陵庙、黄河壶口瀑布、黄土风情文化、革命圣地）享誉中外，为扩大对外开放和交流提供了得天独厚的条件。全市有历史文物保护景点 848 处，有保存完好的宋代石刻群洞 18 个，石窟寺 14 处，有建于唐代的宝塔等 12 处古建筑，有革命旧址 6 处。目前可供游览的国家级、省级文物保护单位 47 处，年接待中外游客 70 万人次。近年来，大力开发旅游业，恢复了摘星楼、烽火台、摩崖石刻等 50 多处景点，"天然公园"万花山新增 200 亩牡丹，宝塔山、清凉山、凤凰山、万花山"四山"森林覆盖率达 55.4%，被国家林业部批准建设国家级森林公园。在历史古迹方面有国务院公布的全国重点保护单位——轩辕黄帝陵、有国家级重点文物保护单位子长钟山石窟等；在自然景观方面有延安黄河壶口瀑布、全国最大的野生牡丹群和花木兰故里万花山等。

（四）黄帝陵

黄帝崩，葬桥山，桥山位于陕西省黄陵县城北约一千米处，山体浑厚，气势雄伟，山下有沮水环绕。山上有八万多棵千年古柏，四季常青，郁郁葱葱。轩辕黄帝的陵冢就深藏在桥山巅的古柏中。

陵墓封土高 3.6 米，周长 48 米，环冢砌以青砖花墙，陵前有明嘉靖十五年碑刻"桥山龙驭"，意为黄帝"驭龙升天"之处。在前为一祭亭，歇山顶，飞檐起翘，气宇轩昂。亭内立有郭沫若手书"黄帝陵"碑石。陵园区周围设置红墙围护，东南侧面为棂星门，两侧有仿制的汉代石阙。陵园区内地铺着砖，显得古朴典雅。

（五）乾陵

乾陵是唐高宗李治（628—683 年）与中国历史上唯一的女皇帝武则天（624—705 年）的合葬之地，是全国乃至世界上唯一的一座夫妇皇帝合葬陵。陵地距古都西安 80 千米，西（安）兰（州）国道顺陵而过。乾陵为全国重点文物保护单位，是陕西省西线观光游览的著名胜地。其居梁山。三峰耸立，风景秀丽。远望宛如一位女性仰卧大地而有“睡美人”之称。乾陵利用自然山势修建，陵园雄踞整个梁山山峦，海拔 1047.9 米的主峰如首而高昂，东西对峙之南峰似其乳，俗谓之奶头山。玄宫凿建于主峰之中。乾陵陵园周围约 40 千米，园内建筑仿唐长安城格局营建，宫城、皇城、外廓城井然有序。初建时，宫殿祠堂、楼阙亭观、遍布山陵，建筑恢弘，富丽壮观。陵园内现存有华表、翼马、鸵鸟、无字牌、述圣记碑、石狮、六十一蕃臣像等大型石雕刻 120 多件，整齐有序地排列于朱雀门至奶头山遥遥两华里之余的司马道两侧，气势宏伟，雄浑庄严，被誉为“盛唐石刻艺术的露天展览馆”。

陵园的东南隅分布有太子、公主及王公臣僚等陪葬墓 17 座。1960 年至 1972 年已先后发掘了五座陪葬墓，出土三彩物俑、器皿、金银饰品、彩绘陶器等珍贵文物 4300 多件，一百多幅绚丽多彩的墓室壁画和 1500 平方米石椁线刻画，堪称唐代瑰丽的地下艺术画廊。《宫女图》《打马球图》《客使图》《狩猎出行图》及《仪仗阙楼图》等壁画，成为人们领略唐代绘画艺术、研究唐代建筑、服饰、风俗、体育活动、宫廷生活及中外文化交流的珍贵资料。发掘整修后，永泰公主墓、章怀太子墓和懿德太子墓道地宫常年对外开放，供中外游客参观。乾陵成为人们领略盛唐社会经济文化繁荣昌盛的重要遗迹。

（六）法门寺宝藏

法门寺位于陕西省扶风县城北 10 千米的法门镇。距西安百余千米，是我国境内安置释迦牟尼真身舍利的著名寺院，始建于东汉。今天看到的法门寺于明朝万历七年（公元 1579 年）重建，由原来的木塔改为砖塔。塔高 46 米，分 13 级。在长达两千年的历史中，法门寺历经沧桑。北魏时木塔称“阿育王塔”，是佛教传入中国 19 舍利塔之一。周朝时曾为王室寺院，常年香火缭绕。隋开元年间，寺院改为“成实道场”。唐高祖武德元年（公元 618 年）正式定名法门寺。唐朝时法门寺几经扩建，寺庙建筑多达 24 院。1987 年为修整塔基，意外地发现了塔基下的地宫。地宫呈隧道形，自南向北，依次有踏步、漫道、平台、甬道、前室、中室、后室六部分，地宫总长 21.12 米，总面积为 31.81 平方米，这是迄今中国发现的最大的佛塔地宫。更为惊人的是，地宫中封藏着数百件唐代留下来的稀世珍宝。在发掘的 4 枚舍利中，有一枚是佛指真骨。法门寺由于出土了真舍利，游客香客常年不断，寺塔周围不仅有乡野之趣，现开放的地宫还可一睹佛光和稀世珍宝。

拓展阅读

## 陕西典型旅游线路

1. 西安东线华清池、骊山、兵马俑、秦始皇陵、半坡博物馆 1 日游

参观唐代皇帝的行宫——华清池，即唐玄宗与杨玉环的温泉洗浴之地，然后登骊山，参观老母殿、七夕桥、兵谏亭、西安事变浮雕等，随后前往世界八大奇迹之一的秦始皇兵马俑（包括 1、2、3 号陪葬坑、铜车马、环幕电影），再参观秦始皇埋葬地——秦始皇陵，

最后游览六七千年前母系氏族社会的村落遗址。

2. 西安西线乾陵、法门寺1日游

参观中国历史上唯一的帝后合葬墓（唐高宗李治与女皇武则天）乾陵陵区，然后参观因释迦牟尼佛指舍利而闻名于世的佛教圣地——法门寺及珍宝馆（锡杖、金银器、秘色瓷等）。

3. 西安市内钟鼓楼、大雁塔、碑林、陕西历史博物馆、古城墙市内景点1日游

参观市内古代报时建筑钟楼、鼓楼，然后参观唐代高僧玄奘译经之地、唐代建筑艺术的杰作——大雁塔，再参观被誉为碑石艺术宝库的西安碑林，最后游览中国现存规模最大、最完整的明代古城墙。

4. 西安华山1日游

游览"奇险天下第一山"之西岳华山，领略"无限风光在险峰"的意境。

5. 西安北线黄帝陵、延安、壶口瀑布3日游

D1：游览黄帝陵，祭拜人文始祖黄帝的陵墓——黄帝陵、轩辕庙，途中欣赏黄土高原风光。

D2：前往革命圣地延安（游览宝塔山、杨家岭、枣园、革命纪念馆等），延安大桥留影，赴壶口。

D3：游览被称颂为"黄河之水天上来，奔流到海不复还"的黄河奇观——壶口瀑布，返西安。

6. 西岳华山风景4日游

D1：接团，游西安古城墙、观钟鼓楼广场夜景。宿西安。

D2：兵马俑，华清池，秦始皇陵。宿临潼或西安。

D3：游华山：缆车往返，登北峰，观苍龙岭劈山救母、乘龙快婿。宿西安。

D4：碑林，陕西历史博物馆，大雁塔，关中书院一条街。送团，旅行结束。

7. 西安·中原6日游

D1：西安接团，午餐后参观大雁塔，城墙，钟鼓楼广场。宿西安。

D2：游览华清池，兵马俑，秦始皇陵，地宫。宿西安。

D3：乘火车赴洛阳，游关林。宿洛阳。

D4：游龙门石窟，白马寺，少林寺，塔林，赴郑州。宿郑州。

D5：开封龙亭，铁塔，包公祠，相国寺。宿郑州。

D6：黄河游览区，午餐后送团。

8. 红色之旅6日游

D1：西安接团，参观古城墙，晚餐。宿西安。

D2：早餐后乘车赴延安，途中参观黄河壶口，观看黄土高原风情。宿延安。

D3：延安市内观光：枣园、杨家岭、革命纪念馆、延水河、登宝塔山。宿延安。

D4：早餐后返西安，途中参观轩辕庙、拜谒黄帝陵。宿西安。

D5：参观兵马俑、华清池、秦陵。宿西安。

D6：碑林，大雁塔，钟楼广场。送火车。

9. 西安·延安·壶口·西线7日游

D1：接团，游古城墙。宿西安。

D2：兵马俑，华清池，秦始皇陵。宿渭南或临潼。

D3：乘车北上观壶口瀑布。宿延安。

D4：延安枣园，杨家岭，革命纪念馆，延河桥，宝塔山。宿延安。

D5：早餐后返西安，途中参观黄帝陵，轩辕庙。宿西安。

D6：早餐后游法门寺，珍宝馆，乾陵，永泰公主墓。宿西安。

D7：碑林，大雁塔。送火车。

10. 西安·丝绸之路精华8日游

D1：西安接团，游城墙。宿西安。

D2：游华清池，兵马俑，大雁塔，秦始皇陵。宿西安。

D3：乘早班机赴敦煌（周二、四、六），游鸣沙山，月牙泉。宿敦煌。

D4：游莫高窟，古城，阳关，柳园，晚乘火车赴吐鲁番。宿火车上。

D5：抵吐鲁番，交河故城，葡萄沟，坎儿井，苏公塔，古墓，千佛洞，火焰山。宿吐鲁番。

D6：赴乌鲁木齐，逛巴扎市场，夜市。宿乌市。

D7：游天池（不含游船），南山牧场，毡房奶茶。宿吐鲁番。

D8：乌鲁木齐送团，乘飞机或火车返西安。

## 任务实施

D1：乘飞机赴有中国天然历史博物馆之称的古城——西安。

D2：抵达西安，导游接站。集合前往酒店用早餐。酒店享用早餐。乘车前往【华清池】参观唐御汤遗址，觅千古丽人绿波倩影，贵妃池、九龙汤、西安事变旧址五间厅等景点。中餐后，乘车前往“世界第八大奇迹”——【秦始皇陵】博物馆，观赏大型青铜器——铜车马，在列阵千年的鲜活面容中找寻与自己最像的那一张脸。乘车返回西安市区参观【大雁塔广场】。您可以游览重现大唐盛世风采的文化商业步行街区——【大唐不夜城】，在其中的新乐汇用晚餐（自理）；您也可以选择游览中国第一个全方位展示盛唐风貌的大型皇家园林式文化主题公园——【大唐芙蓉园】。宿西安星级饭店。

D3：前往高新一中与师生座谈。

D4：早餐后，乘车前往西安浐灞区参观2011年世界园艺博览会。晚上，享用西安特色美食、中华名小吃——老孙家羊肉泡馍。

D5：前往陕西师范大学与师生座谈。

D6：9：30乘车前往游览我国现存最完整的一座古代城垣建筑——【明城墙】，后乘车前往游览位于古城市中心西安的标志建筑，被誉为“古城明珠”的【钟楼】【鼓楼】。午餐【回民街】，在这里体验民族风情。

D7：自由活动，购物。

D8：抵达温馨的家，结束愉快的旅程！

任务总结

通过全面了解陕西主要景点及线路及访问旅游知识的基础之上，在旅游者需求分析的指导之下，为游客设计符合旅游者需求的旅游线路，突出陕西及访问旅游的特色安排。

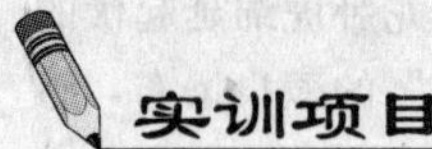

实训项目

## 秦人秦韵

### 实训内容

成都农业广播学校的老师打算到西安去旅游，好好了解一下陕西，某旅行社为他们推荐了两条线路，请你看看有什么不同，为成都的客人选择一条，并说明推荐理由。

表 4－1

| | 线路一：五晚六天 | 线路二：四晚五天 |
|---|---|---|
| D1 | 游览世界第八大奇迹秦始皇兵马俑博物馆 1、2、3 号展厅及铜车马展厅，最古老的皇家园林华清池，贵妃池、西安事变发生地五间厅，秦陵地宫 | 游览位于西安市中心，至今保存最为完整、规模最大的古城墙——明代城墙，然后欣赏全亚洲最大的音乐喷泉广场大雁塔北广场，然后乘车前往钟楼，游览西安市中心标志性建筑钟鼓楼广场、鼓楼风味小吃一条街、可自由品尝西安特色小吃 |
| D2 | 早西安乘车前往华山风景区：乘“亚洲第一索”（往返索道 110 元、进山费 20 元）上至北峰云台峰，步行游览其余诸峰：东峰朝阳峰、西峰莲花峰、南峰落雁峰、中峰玉女峰，至华山极顶 2160 米，感受天下第一险山的壁立千仞、雄奇险峻 | 游览著名的避暑胜地——华清池。可选择步行或索道登上骊山，参观西安事变旧址兵谏亭以及烽火台遗址等景点组成的骊山风景区。午餐后游览世界第八大奇迹——秦兵马俑博物馆。其中包括 1、2、3 号展坑及铜车马展厅。之后参观秦始皇陵园地貌及幽深莫测的地下宫殿——秦陵地宫。下午途经蓝田玉器城参观之后返西安，大约 8 点钟抵达结束愉快旅程 |
| D3 | 早西安出发，乘车前往乾县，参观中国历史上唯一的女皇武则天与高宗李治的合葬墓——乾陵。参观发掘最早的唐代宫廷墓葬——永泰公主墓，破解年仅十七岁的公主香消玉殒之谜。参观安置释迦牟尼真身舍利的著名寺院法门寺 | 早上前往酒店或住地迎接客人，乘专车赴华山。抵达华山脚下后，换乘景区内小车进入华山风景区，乘索道（亚洲第一索）上至北峰云台峰，步行游览其余诸峰：东峰朝阳峰、西峰莲花峰、南峰落雁峰、中峰玉女峰，至华山极顶 2160 米，感受天下第一险山的壁立千仞、雄奇险峻，后乘索道到山下，乘车返西安，结束愉快旅程 |

续 表

| | 线路一：五晚六天 | 线路二：四晚五天 |
|---|---|---|
| D4 | 早集合出发，高速路至黄陵拜谒中华民族的祭坛、人文始祖的陵寝——黄帝陵、轩辕庙。中餐（自理）后赴宜川，沿途车览盘龙卧虎绵延起伏的陕北黄土高原，领略“世界第一大黄色瀑布”“中国第二大瀑布”，“天下黄河一壶收”的壶口瀑布 | 早前往酒店或住地迎接游客，乘高速路至黄陵县参观中华民族的祭坛，人文始祖的寝陵——黄帝陵、轩辕庙。中餐后赴宜川县，沿途车览盘龙卧虎绵延起伏的陕北高原，领略“天下黄河一壶收”的壶口瀑布，感受其汹涌澎湃、翻江倒海的雄壮气势。晚至延安，观圣地夜景 |
| D5 | 早餐后，车游延河大桥，远观革命圣地的象征——宝塔山，与延河大桥、宝塔山合影留念。参观具有伟大历史意义的七大会议旧址、老一辈无产阶级革命家故居——杨家岭，参观延安时期的中南海——枣园，欣赏陕北民间艺人表演 | 早餐后，与革命圣地象征宝塔山、延河大桥合影留念。参观具有伟大历史意义的老一辈革命家故居杨家岭，枣园，参观土特产安心枣店品尝红枣。中餐后返回西安，结束愉快旅程 |
| D6 | 畅游西安名胜古迹，市内参观：参观明城墙；大雁塔北广场观赏亚洲地区最大的音乐喷泉水景广场游览钟鼓楼广场、回民风情小吃街，下午送团，结束愉快旅程 | |
| 推荐理由 | | |

**实训建议**

各项目团队提交 PPT 文件，展示旅游线路推荐理由。由教师和其他团队成员进行现场点评，教师点评以鼓励为主。

1. 简述西岳华山有哪些景观？
2. 乾陵封土形制是什么？
3. 法门寺最著名的宝藏有哪些？

# 任务三　山西景点赏析

中央美术学院建筑学院建筑设计研修班，共有20多名来自全国八大美院的年轻教师，他们在央美认真聆听专家授课，对建筑艺术有了理论上的了解。为了加大学员们对建筑艺术的进一步认识，开阔眼界，研修班组团前往山西进行建筑方面的教学实践，请你为他们进行景点推荐。

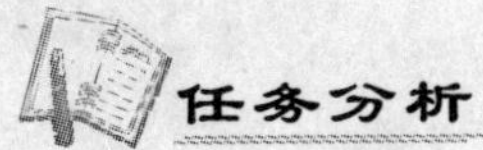

接待教师团往往被投诉，这几乎成了旅游业界的共识。旅游本身是有闲又有钱的活动，教师的特殊身份和经济水平，使得这类消费者购物比较“理智”，而对服务又“较真”，所以造成旅行社和导游接待压力非常大。客观地分析所谓“教师难伺候”的观点，实际上反映了教师对旅游服务质量的高要求。在目前旅游市场尚缺少规范的情况下，旅行社如何“伺候”好“挑剔”的教师团，实际上就是提升自身服务品质的一个过程。另外针对大学教师的学识背景，旅游消费观念、习惯和偏好，细分旅游市场，开辟高校教师旅游专项产品，开发特色旅游产品，设计新的旅游特色专线，保证高校教师的需求的满足，势必产生好的经济效益和社会影响。

山西因居太行山之西而得名。春秋时期，大部分地区为晋国所有，所以简称“晋”；战国初期，韩、赵、魏三家分晋，因而又称“三晋”。全省总面积15.6万平方千米，总人口3374.6万人，辖11个地级市，119个县、市、区。

山西具有丰富的民族文化遗产，旅游资源十分丰富。现存宋、辽、金以前的地面古建筑占全国的70%以上。著名的旅游景点有：大同旅游区的云冈石窟、悬空寺、应县木塔以及中国五岳之一的北岳恒山；忻州旅游区的五台山、芦芽山、代县杨家将故地；太原旅游区的晋祠、晋中的平遥古城、昔日晋商的豪宅大院；临汾旅游区的尧庙、洪洞县的大槐树、广胜寺、吉县黄河壶口瀑布；运城旅游区的解州关帝庙、芮城永乐宫、夏县司马光墓、永济黄河铁牛和莺莺塔等。其中平遥古城和云冈石窟已列入世界文化遗产。

**图 4-3　山西省旅游景点图**

（一）人文景观

1. 晋祠

在太原市西南 25 千米悬瓮山下晋水发源处。始建于北魏，为纪念周武王次子叔虞而建，1961 年被国务院公布为全国重点文物保护单位。晋水主要源头由此流出，常年不息，水温 17 度，清澈见底。祠内贞观宝翰亭中有唐太宗撰写的御碑《晋祠之铭并序》。祠内还有著名的周柏、隋槐，周柏位于圣母殿左侧，隋槐在关帝庙内，老枝纵横，至今生机勃勃、郁郁苍苍，与长流不息的难老泉和精美的宋塑侍女像被誉为“晋祠三绝”。

2. 云冈石窟

云冈石窟位于武周山南麓，东西绵延 1 千米，现存主要洞窟 53 个、石雕造像五万一千余尊，被誉为世界艺术宝库。它建于公元五世纪北魏时代，纯粹是沿武周山整体开凿的。中国有三大石窟，云冈石窟便是其中之一，另外就是敦煌石窟和龙门石窟。云冈石窟

是中国早期石雕艺术的代表。

3. 九龙壁

中国最大的九龙壁，是一种制作精美、显示尊贵的照壁，坐落于宫殿、府第、坛庙、寺院等建筑主体的对面或前面。底为须弥座式，顶覆瓦盖，壁面饰浮雕状九条龙及波涛似的云纹。大同九龙壁长 45.5 米，高 8 米，厚 2.02 米，建于公元 1300 多年的洪武年间，是明朝开国皇帝朱元璋第十三子朱桂代王府门前的一座琉璃照壁。大同九龙壁的体积要比北海九龙壁大三倍多，而且建筑年代早 350 多年。中国现存完好的九龙壁有三座，除大同、北海公园的两座外，还有北京故宫的一座。大同九龙壁，五彩斑斓、风格粗犷，是中国九龙壁之最。

4. 平型关

平型关是内长城的一个关口，位于大同灵丘县西南方，明朝正德六年（1511 年）修筑。平型关城虎踞平型岭上，呈正方形，周围九百余丈，南北各置一门，门额镌刻“平型岭”三个大字，真可谓峻岭雄关。这里又因发生了震惊中外的平型关战役而闻名。1937 年 9 月 25 日，日本最精锐的板垣师团主力在平型关遭到了林彪将军率领的八路军的全力攻击，在此一役歼灭日军近千人，毁敌汽车 100 辆，大车 200 辆，缴获步枪 1000 多支，轻重机枪 20 多挺，战马 53 匹，另有其他大量战利品。这是中国抗战开始后取得的第一次大胜利，它粉碎了“皇军不可战胜”的神话，振奋了全国人心，鼓舞了全国人民的抗战热情。

5. 应县木塔

应县佛宫寺释迦塔位于山西省朔州市应县城内西北佛宫寺内，俗称应县木塔。建于辽清宁二年（1056 年），金明昌六年（1195 年）增修完毕。是我国现存最高最古的一座木构塔式建筑，也是唯一一座木结构楼阁式塔，为全国重点文物保护单位。

木塔位于寺南北中轴线上的山门与大殿之间，属于“前塔后殿”的布局。塔建造在四米高的台基上，塔高 67.31 米，底层直径 30.27 米，呈平面八角形。各层均用内、外两圈木柱支撑，每层外有 24 根柱子，内有八根，木柱之间使用了许多斜撑、梁、枋和短柱，组成不同方向的复梁式木架。有人计算，整个木塔共用红松木料 3000 立方，约 2600 多吨重，整体比例适当，建筑宏伟，艺术精巧，外形稳重庄严。

塔内各层均塑佛像。一层为释迦牟尼，高 11 米，面目端庄，神态怡然，顶部有精美华丽的藻井，内槽墙壁上画有六幅如来佛像，门洞两侧壁上也绘有金刚、天王、弟子等，壁画色泽鲜艳，人物栩栩如生。二层坛座方形，上塑一佛二菩萨和二胁侍。三层坛座八角形，上塑四方佛。四层塑佛和阿难、迦叶、文殊、普贤像。五层塑毗卢舍那如来佛和人大菩萨。各佛像雕塑精细，各具情态，有较高的艺术价值。塔顶作八角攒尖式，上立铁刹，制作精美，与塔协调，更使木塔宏伟壮观。塔每层檐下装有风铃，微风吹动，叮咚作响，十分悦耳。

6. 平遥古城

平遥称古陶地，是帝尧的封地。平遥古城原为夯土城垣，始建于西周宣王时期（前 827—前 782 年）。平遥古城是中华人民共和国境内，现存最为完整的明清古城。它是中国

汉民族中原地区古县城的典型代表。在平遥古城内诞生了全国第一家票号“日升昌”，在中国古近代金融史上具有划时代意义。迄今为止，这座城市的城墙、街道、民居、店铺、庙宇等建筑，仍然基本完好，原来的建筑格局与风貌特色大体未动，为研究中国政治、经济、文化、军事、建筑、艺术等方面历史发展的活标本。1997 年 12 月 3 日，联合国教科文组织世界遗产委员会把平遥古城列入《世界遗产名录》。

7. 乔家大院

乔家大院地处美丽而富饶的山西晋中盆地，始建于清乾隆年间，后又在清同治、光绪年间及民国初年多次增修，时间虽跨越了两个世纪，却保持了建筑风格的浑然天成。乔家大院占地 8724.8 平方米，由 6 幢大院 19 个小院共 313 间房屋组成。从高处俯瞰，整体为双喜字型布局，城堡式建筑。全院以一条平直甬道将 6 幢大院分隔两旁，院中有院，院内有园。四合院、穿心院、偏心院、角道院、套院，其门窗、椽檐、阶石、栏杆等，无不造型精巧，匠心独具。院内砖雕，俯仰可观，脊雕、壁雕、屏雕、栏雕……以人物典故、花卉鸟兽、琴棋书画为题材，各具风采。由张艺谋执导、巩俐主演、红极一时的《大红灯笼高高挂》就是在乔家大院拍摄的。

（二）自然景观

1. 北岳恒山

位于大同南 62 千米的大同浑源县，可登临雄伟壮丽的恒山。史书载述，四千多年前，舜帝北巡，见恒山奇峰耸立，山势巍峨，遂封为北岳，为北国万山之宗主。与泰山、华山、衡山、嵩山并称为五岳，齐名天下。它西衔雁门关，东跨河北省，南屏三晋，北临燕云，一百零八峰，延绵数百里，奔腾起伏，横亘塞上。其怪石幽洞素有十八胜景之称，有传说神石东飞后留下的遗迹飞石窟；有流传着姑嫂投崖成仙化鸟的舍身崖；有两井相距一米而水味一甘一苦的苦甜井；有暗生灵芝而又不轻易露形的紫芝峪；大字湾刻的“恒宗”二字高达十三米；会仙崖的摩崖题句琳琅满目；琴棋台畔，松风奏乐；出云洞顶，云雾缥缈；果老岭上仙驴蹄印传为美谈。另外，“金鸡报晓”、“玉羊游云”、“岳顶松风”、“夕阳返照”等天然奇观也名震遐迩。山上现存古代寺庙建筑三十多处，雄视南天的恒宗朝殿，负崖高耸；隐入幽处的北岳寝宫，嵌入石窟；上应北斗的魁星阁，独立险峰；下临深渊的三清殿，巧建绝壁。

恒山上还有被徐霞客称为“天下巨观”的悬空寺，为恒山十八景之冠。始建于北魏后期（约公元六世纪），距今已有 1400 多年的历史，为中国最著名的悬空寺。古代诗人形象地赞叹道：“飞阁丹崖上，白云几度封”，“蜃楼疑海上，鸟道没云中”。全寺共有坐西朝东的楼阁 40 间，在陡崖上凿洞穴插悬梁为基，楼阁之间有栈道相通。登楼俯视，如临深渊；谷底仰望，悬崖若虹。千百年来，此寺临风沐雨，历经数次大地震，却安然如初，是建筑史上的奇迹。

2. 五台山

五台山位于山西省的东北部，属太行山系的北端，跨忻州市繁峙县、代县、原平市、定襄县、五台县，周五百余里。中心地区台怀镇，距五台县城 78 千米。

五台山由古老结晶岩构成，北部切割深峻，五峰耸立，峰顶平坦如台，故称五台：东

台望海峰、西台挂月峰、南台锦绣峰、北台叶斗峰、中台翠岩峰。五峰之外称台外，五峰之内称台内，台内以台怀镇为中心。五台周长约 250 千米，总面积 2837 平方千米。五台之中以北台最高，北台顶海拔 3058 米，有“华北屋脊”之称。山中气候寒冷，台顶终年有冰，盛夏天气凉爽，故又称清凉山，为避暑胜地。五台山自然植被以草地为主，由草甸、草原、灌丛构成，是优良的夏季牧场。五台山是驰名中外的佛教圣地，是大智文殊师利菩萨的道场，而五台山又以建寺历史悠久和规模宏大，而居佛教四大名山之首——故有金五台之称，在日本、印度、斯里兰卡、缅甸、尼泊尔等国享有盛名。

3. 黄河壶口瀑布

壶口瀑布在山西吉县城西南 25 千米黄河之中。此地两岸夹山，河底石岩上冲刷成一巨沟，宽达 30 米，深约 50 米，滚滚黄水奔流至此，倒悬倾注，若奔马直入河沟，波浪翻滚，惊涛怒吼，震声数里可闻。其形如巨壶沸腾，故名。春秋季节水清之时，阳光直射，彩虹随波涛飞舞，景色奇丽。明陈维藩《壶口秋风》诗有“秋风卷起千层浪，晚日迎来万丈红”句，可谓真实写照。

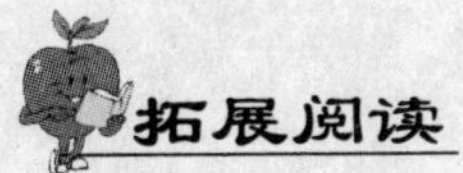


## 梁思成、林徽因：骑着毛驴寻觅佛光寺

20 世纪二三十年代，中国关于古建筑的研究及发现几乎是一片空白。曾有日本学者断言：中国已不存在唐以前的木构建筑，要看唐代木构建筑，只能到日本的奈良去。然而建筑学家梁思成却不相信这一点。一次偶然的机会，梁思成看到了法国汉学家伯希和在敦煌石窟按实物拍摄的《敦煌石窟图录》，其中 117 号洞窟的唐代壁画让梁思成怦然心动，这张“五台山图”不是绘制了佛教圣地五台山的全景吗？其中一座名为“大佛光之寺”的古寺不就是他梦寐以求的唐代木构建筑吗？

1937 年 6 月 26 日，梁思成、林徽因骑着毛驴来到山西五台山脚下的豆村。黄昏时分，这个偏僻村落背面山坡上的一座外形奇特的大殿映入他们的眼帘。巨大、坚固和简洁的斗拱、超长的屋檐，显示其年代之久远，梁思成惊喜万分，“它能比我们此前所发现的最老的木建筑还要老吗?”

繁复的测量与艰难的考据开始了。他们看到殿内的 22 根檐柱和 14 根内柱围成一个“回”字形，在宋人李诫所著《营造法式》中，这种形构被称为“金厢底槽”，这正是中国古代早期木结构建筑特有的形制。梁思成又发现，这大殿的屋顶架构，只在唐代绘画里才有。而塑像、梁架、斗拱、藻井甚至壁画、墨迹都明白无误地传达出晚唐遗风。在手电筒的帮助下，他们还看见梁架上有古法“叉手”的做法，是国内木构中的孤例，这种做法只有在唐代绘画中才有。但建筑的确切年代依然不详。

两天后，远视眼的林徽因在一根顶梁下发现有墨写的淡淡的字迹，这些字迹需用布蘸水慢慢擦拭才可显露，水干字迹又会模糊，为了看清字迹，林徽因和梁思成足足花了 3 天时间。在这根顶梁下依稀可辨出“佛殿主女弟子宁公遇”几个字。她猛然想起，大殿前耸立的经幢上有同样的字迹，柱上刻的年代是：唐大中十一年，相当于857年。横梁和经幢上的字迹吻合。原来，那个谦恭地坐在平台一端，被巨大的天王像挡住的女性雕像，并不是僧人所说的“武则天”，而正是出资建殿的施主宁公遇本人。

梁思成先生说，“这是我们这些年的搜寻中所遇到的唯一唐代木构建筑。不仅如此，在这同一座大殿里，我们找到了唐朝的绘画、唐朝的书法、唐朝的雕塑和唐朝的建筑。个别地说，它们是稀世之珍，加在一起它们更是独一无二的。”至此，中国不存在唐代木构建筑的说法被否定。佛光寺这座被忘却千年的奇珍惊动了世界。后来梁思成在五台山发现了另一处更早的唐朝建筑南禅寺。寻觅古代建筑之旅，困难重重。为了拍摄应县古塔的照片，梁思成和他的助手莫宗江差点从六七十米高的塔檐摔下去。

就在佛光寺发现后不久，“卢沟桥事变”爆发。国难当前，这一中国建筑史上最伟大的发现，顿时显得无足轻重。直到1961年，佛光寺才和敦煌千佛洞、北京天安门、故宫等一起被列为首批国家重点文物保护单位。1972年1月，梁思成先生因病去世。直到去世前，他也没有机会再去一次佛光寺。

## 任务实施

综合考虑央美建筑设计研修班的需求，重点为其推荐宗教建筑代表，如：南禅寺和佛光寺；民居建筑，如：王家大院，乔家大院；古城建筑，如：平遥。

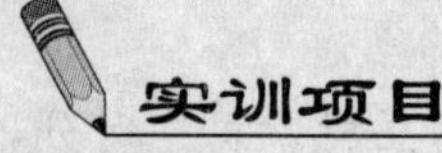

## 任务总结

在全面了解山西主要景点基础之上，分析大学教师们的需求，为游客推荐符合旅游者需求的旅游景点。

## 实训项目

### 壶口瀑布、王家大院、尧庙、洪洞大槐树两日游

**实训内容**

清华大学古建系学生，对山西非常着迷，山西某旅行社为他们设计了一条山西两日游旅游线路。但是并不完整，请你将其中的景区介绍部分补充完整。

壶口瀑布、王家大院、尧庙、洪洞大槐树两日游

• 参考行程：

D1：早6：30在酒店门口集合乘车出发赴洪洞，在洪洞大槐树（门票上涨为80元/人；游览2小时）寻根祭祖，感受“问我祖先在何处，山西洪洞大槐树”的内在含义。洪洞午餐后赴壶口参观中国最大的黄色瀑布——黄河壶口瀑布（游览2小时），一览黄河的

壮观和雄伟。

D2：早餐后乘车返回临汾，游览尧庙（游览 1 小时），参观美丽的尧都广场，午餐后游览华夏民居第一宅——王家大院（游览 2 小时）（门票自理 66 元），后返回太原送团，结束快乐之旅。

• 服务标准：

| 交通：旅游巴士（全程高速） | 住宿：宾馆 2～3 人间，独卫、彩电 |
|---|---|
| 门票：景点首道门票（自理景点和小门票除外） | 导服：全程导游服务 |
| 保险：旅行社责任险、旅游意外险 | 用餐：自理，赠送早餐 |

• 景区介绍：

（1）壶口瀑布

（2）王家大院

（3）尧庙

（4）洪洞大槐树

• 温馨提示：

（1）外出旅游请备好运动鞋、干粮和水。随时注意天气情况。在夏季，一定要带足水，因为登山时会出汗，如果不补充足够的水分，容易发生虚脱、中暑。背包不要手提，要背在双肩，以便于双手抓攀。走路不观景，观景不走路，大景不放过，小景不留恋。千万不要在危险的景观及悬崖边照相，以防发生意外。

（2）外出旅行请备好雨具。在旅游途中入住酒店后您的贵重物品，请妥善保管（如条件允许可寄存酒店前台）。

（3）旅游旺季在旅游餐厅用餐时由于游客众多请保管好个人的随身物品，注意随身安全。

**实训建议**

各项目团队提交 PPT 文件，展示壶口瀑布、王家大院、尧庙、洪洞大槐树四个景区的详细情况；可以通过网络等多种方式搜集资料；由教师和其他团队成员进行现场点评，教师点评以鼓励为主。

## 复习思考题

1. 寻根觅祖游线路中不能缺少的景点是哪个？

2. 我国有哪三大九龙壁？山西九龙壁的特点是什么？

3. 山西旅游景点的特点是什么？

# 项目五　塞外风情——西北景点赏析

**知识目标**

1. 了解西北地区旅游景点概况；熟悉西北地区宁夏、甘肃主要旅游景点；
2. 掌握暑假、自驾游、自助游的方式及特点。

**能力目标**

1. 能够对游客进行基本分析；
2. 能够根据游客要求，为游客推荐西北旅游区景点。

## 任务一　宁夏景点赏析

暑假是孩子们的快乐时光，城里的孩子在家人的带领下纷纷出游，留守儿童的父母不在身边，家里经济条件又有限，他们的暑假该如何度过？宁夏隆德县陈靳乡中心小学有多名留守儿童，宁夏中国国际旅行社打算为这些孩子举行“情暖童心——关注留守儿童”暑期夏令营公益行动。宁夏中国国际旅行社专程把这些留守儿童接到银川，并联系他们在银川打工的父母，让他们在银川团聚，然后打算带领可爱的孩子们在宁夏好好玩玩，你能为留守儿童推荐好看好玩的景点吗？

**任务分析**

从20世纪90年代开始夏令营在中国大陆蓬勃发展；传入中国的夏令营在某种意义上发生了一些变化，一些夏令营由旅行社举办，教育意义不明显，成为单纯的旅游活动；而在西方发达国家，旅行社是没有资质组织青少年夏令营活动的，此类活动均由教育机构组织，目的是在活动当中培养学生的综合素质。其实，夏令营的活动组织安排，要带有一定策划主题指向，目的是使参加夏令营的营员在体验中获得身心的成长，寓教于乐；夏令营行程需要突出活动内容和主题，一般结合游玩和成长训练等学习内容，具有互动性和教育意义。如果，举行夏令营的旅行社能关照旅游中的教育内涵，并向教育性倾斜，相信旅行

社举办的夏令营也会发挥巨大的意义。

## 知识准备

宁夏位于我国西北腹地，黄河上游中段，有“塞上江南”之称。是中华远古文明和悠久历史文化传承的文明发祥地之一。以著名的“水洞沟”遗址文化为代表，早在3万年前就有人类在这里生息繁衍。成吉思汗发誓灭掉西夏，得手后，设宁夏路，始有宁夏之名。1958年10月25日成立宁夏回族自治区，是全国五个少数民族自治区之一，面积6.64万平方千米，现辖银川、石嘴山、吴忠、固原、中卫5个地级市，总人口约640万。

宁夏是一片神奇的土地，北有因民族英雄岳飞名作《满江红》而闻名天下的贺兰山，绵亘250千米，成为宁夏平原的天然屏障，南有六盘山，还有众星捧月的湖泊湿地，驰名中外的三个五星级景区：沙湖、沙坡头、镇北堡西部影视城，除此之外还有“东方金字塔”之称的西夏王陵，来自远古时代的贺兰山岩画等，这些自然景观和人文景观形成了宁夏的独特魅力。

图5-1　宁夏旅游景点图

## 一、人文景观

1. 水洞沟遗址

水洞沟古人类文化遗址位于宁夏灵武市临河镇水洞沟村，南距灵武市 30 千米，西距银川市 19 千米，距离河东机场 11 千米，北与内蒙古鄂前旗相接，占地面积 7.8 平方千米。水洞沟地区是三万年前人类繁衍生息的圣地。1923 年，法国古生物学家德日进、桑志华在这里发现了史前文化遗址，通过发掘，出土了大量石器和动物化石，水洞沟因此而成为我国最早发现旧石器时代的古人类文化遗址，1988 年被国务院公布为“全国重点文物保护单位”，被誉为“中国史前考古的发祥地”。

水洞沟是中国最早发掘的旧石器时代文化遗址，记录了远古人类繁衍生息，同大自然搏斗的历史见证，蕴藏着丰富而珍贵的史前资料。它向人们展示了距今三万年前古人类的生存画卷，是迄今为止我国在黄河地区唯一经过正式发掘的旧石器时代遗址。有首诗这样赞誉它：“长城脚下水洞沟，一泓清泉入黄流。崖前断壁观古址，石器文化遗千秋。山岭遍是沙丘布，鸦鹊牛羊堡上走。若非地下藏物证，焉知史前山河秀。”水洞沟遗址是全国重点文物保护单位，国家 4A 级旅游景区，国家地质公园。被国家列为全国文物保护的 100 处大遗址之一、“最具中华文明意义的百项考古发现”之一。荣获“中国最值得外国人去的 50 个地方”银奖。

2. 镇北堡影视城

在银川市城区西北郊空旷的荒野上，距银川市 35 千米贺兰山脚下，有两座古代城堡遗址，这就是闻名国内的镇北堡古城。该城堡是银川市文物保护单位，现为镇北堡西部影视城所在地。

“中国电影从这里走向世界。”镇北堡华夏西部影视城给昔日凋败衰落的古堡，带来了新的生命力。漫步在这些影视场景之中，流连于真假难分的道具中时，仿佛来到了梦幻般的电影世界，令人神往惊奇，耳目一新。

现在镇北堡两座古城内，还保留和复原了拍摄过部分影片的原景和道具，供游人观赏。老堡展出场景有《黄河谣》中的“铁匠营”实景，影片《红高粱》中的月亮门、酿酒作坊、九儿居室和九儿出嫁时乘坐的轿子、盛酒的大缸、碗具以及影片《冥王星行动》中的“匪巢楼”。新堡内有土房街景，影片《五魁》中柳家深宅大院实景，还建有电影资料馆、放映厅等影视服务设施。

3. 贺兰山岩画

距银川市区 56 千米的贺兰山岩画风景名胜区，是贺兰山岩画的荟萃之地。在山口内外分布着 5000 多幅岩画，其中人面像岩画就有 700 多幅。它以其表现形式丰富、分布区域集中、文化内涵深厚、距离中心城市近而名冠世界岩画之首，吸引了大批中外游客。贺兰山岩画是全国重点文物保护单位，1997 年被联合国教科文组织国际岩画委员会列为非正式世界文化遗产名录，2004 年 4 月，正式申报世界文化遗产。2006 年 1 月，被建设部列入首批中国国家自然与文化双遗产预备名录。

贺兰山绵延 250 千米，在贺兰山东麓发现了数以万计的古代岩画，它记录了远古人类

在3000年前至10000年前放牧、狩猎、祭祀、争战、娱舞、交媾等生活场景，以及羊、牛、马、驼、虎、豹等多种动物图案和抽象符号。唐代诗人韦蟾有诗云："贺兰山下果园成，塞北江南旧有名"，揭示了原始氏族部落自然崇拜、生殖崇拜、图腾崇拜、祖先崇拜的文化内涵，是研究中国人类文化史、宗教史、原始艺术史的文化宝库。

4. 西夏王陵

西夏王陵位于宁夏回族自治区银川市西约30千米的贺兰山东麓。是西夏王朝的皇家陵寝，在方圆53平方千米的陵区内，分布着九座帝陵，253座陪葬墓，是中国现存规模最大、地面遗址最完整的帝王陵园之一。1988年被国务院公布为全国重点文物保护单位、国家重点风景名胜区。国家5A级景区，被世人誉为"神秘的奇迹"、"东方金字塔"。

西夏王陵是我国现存规模最大、地面遗迹保存最为完整的帝王陵园之一，是我国最大的西夏文化遗址，也是宁夏最重要的一处历史遗产和最具神秘色彩的文化景观。西夏王陵受到佛教建筑的影响，使汉族文化、佛教文化、党项族文化有机结合，构成了我国陵园建筑中别具一格的形式。在我国119处国家重点风景名胜区中，西夏王陵是唯一的以单一的帝王陵墓构成的景区。1988年中华人民共和国国务院将西夏王陵列为全国重点文物保护单位。

5. 中华回乡文化园

中华回乡文化园位于宁夏回族自治区银川市永宁高速路出口，距离银川25千米。是国家发改委批准建设的全国唯一以展示、弘扬回族、伊斯兰先进文化为主题的文化旅游综合景区。中华回乡文化园在坐西面东的中轴线上建有大团结广场、主体大门、圣洁广场、回族博物馆、回族民俗村，轴线南北两侧建有景观湖、金色礼仪大殿、演艺大厅、曼苏尔宫清真餐厅、中华回族第一街、纳家大院。这些建筑，映衬在绿地水系之间，回族文化特色突出，被国家民委评为"中国民族优秀建筑"，成为宁夏发展回乡风情旅游的"名片"。

国家4A级旅游景区、国家文化产业示范基地——中华回乡文化园的建设，显著增强了宁夏回乡风情旅游的文化内涵，为挖掘、抢救、保护、传承回族文化遗产和非物质文化遗产做出了重要贡献。更加重要的是，通过参加回族历史文化和民风民俗的陈列展示，鉴赏具有回族特色的各种文物、了解回族与各民族融合的过程，可以感悟到中华民俗所具有的强大凝聚力，领略到根植在中华文化的和谐传统，体会到民族团结进步的精神之义。

6. 须弥山石窟

在宁夏固原市须弥山南麓，有一百多处石窟，总称"须弥山石窟"，"须弥"是梵文音译，意为宝山。这里峰峦叠嶂，岩石嶙峋。夏秋之际苍松挺拔，桃李郁然，景色异常秀丽，是中国西北黄土高原上少有的风景区。具有重要艺术价值的北朝、隋唐时期的须弥山大型石窟艺术造像，就开凿在"宝山"诸峰的峭壁上。它和名震中外的敦煌、云冈、龙门石窟一样，都是我国古代文化遗产瑰宝。1982年被国务院列为"国家重点文物保护单位"。

须弥山石窟是丝绸之路上著名的佛教石窟寺。为中国十大著名石窟之一。它始建于北魏，西魏、北周、隋、唐、宋、明等朝代继续营造修缮，长期以来是自长安西行之路上第一个规模最大的佛寺遗址，被誉为"宁夏敦煌"。

7. 银川南关清真寺

南关清真寺是宁夏最大的清真寺之一，该寺位于银川市南关南环东路。明末清初始建于南门外，1915年迁至城区，1981年重建，改为阿拉伯式建筑风格。现南关清真大寺占地3亩多，建筑面积为2074平方米。主体建筑分上下两层，建筑面积1300多平方米。大殿呈正方形，边长各21米，窑殿用汉白玉做成圆心复叶型壁龛形式，上刻《古兰经》。礼拜大殿下层为小礼拜殿、阿訇住房、会客室等，以回廊相连接。该寺在大殿前又添建了两座方柱形的“邦克楼”和两侧长廊，使整个清真寺的风格浑然一体。银川南关大寺建筑新颖，一度成为宁夏回族自治区的标志性建筑物，加之该寺位于城区，交通方便，因而成为宁夏境内吸引国内外旅游观光客人最多的人文景点之一。

8. 同心清真大寺

同心清真大寺是宁夏回族自治区境内年代最久、规模最大的清真寺。它在宁夏南部山区的穆斯林中影响极大，经堂教育很发达，历史上曾是该地区宗教学术活动的中心，曾有不少知名的穆斯林学者在这里求学讲道。相传同心清真大寺始建于明朝初期，是在一座倾塌的喇嘛庙的基础上改建而成的，距今约600年的历史。在明清两代曾经重修过三次，1936年红军西征时曾经在这里成立了陕甘宁省豫海县回民自治政府。同心清真大寺以汉式建筑为主体，又兼纳了伊斯兰风格的装饰，气势雄伟，装饰精美，是回汉文化交融的重要见证之一。同心清真大寺以其浓厚的民族宗教特色和其特殊的革命历史地位被列为宁夏回族自治区第一批重点文物保护单位和国务院重点文物保护单位，是重要的观光景点之一。

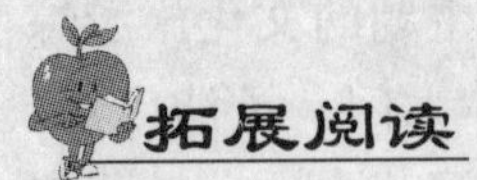
**拓展阅读**

## 留守儿童也有了夏令营

“加油……加油……”7月13日上午，成都52中操场上气氛热烈，阳光下的孩子们数人一组，绑着腿，向着同一个前方目标奋力奔跑。旁边的孩子们则为队友们放声鼓劲儿。

7月10日至15日，以“心手相牵结伴成长”为主题的成都教育系统第二届留守儿童夏令营活动在52中举行。由来自成都市14个区（市）县的89名留守儿童组成。在这一周的集体生活中，小营员们参加的一项重要活动，就是在专业老师的组织下参加丰富的素质拓展活动。

多人绑腿跑、西瓜蹲、记名字、齐眉棍、坐地起身、无敌风火轮、心心相印……据了解，虽说每项活动都有各自侧重点，但培养团队合作精神则是根本原则。

“我们能够很清晰地感受到孩子们的心理变化。”夏令营总指挥李可心告诉记者，刚来第一天，很多孩子都哭了，因为想家，觉得这里很无聊。第二天，只有一个10岁的小女孩还在哭。但到第三天，孩子们都基本进入了状态。

在孩子们宿舍外的“心情黑板”上，每一天一块黑板，每块黑板上孩子们都贴上一张张小纸片，记录着这一天的心情日记，上面没有署名，却真实的记录下他们的心路历程：“第一天，呜呜，心情低沉……”“开始感觉很无聊，玩游戏就觉得很有趣了。”“悲哀失望，有些无聊，想家”“腰酸背痛，好累!”“认识好多新朋友，开心，高兴。”

今年12岁的何泓仪现跟舅舅住在郫县犀浦，父母常年不在身边，小何很腼腆，接受

采访时，他告诉记者，平时课余时间大多一个人待着，看书玩耍都是一个人，虽说有些孤独，但也习惯了。他说，来夏令营跟3个新伙伴住一间屋，开始很不习惯，“现在渐渐熟悉了，没有刚来时那么无聊了，夏令营真好呀！”

（资料来源：搜狐网）

## 二、自然景观

1. 沙湖

沙湖位于宁夏回族自治区银川平原以北，距银川市56千米，总面积8.2平方千米，沙漠面积12.7平方千米。湖水如海，柔沙似绸，天水一色，苇丛若画的沙湖，犹如一颗璀璨的明珠，镶嵌在美丽富饶的宁夏平原上。

沙湖以自然景观为主体，资源蕴藏量丰富，“沙、水、苇、鸟、山、荷”六大景源有机结合，构成独具特色的秀丽景观。沙湖自然保护区地处内陆，属典型的大陆性气候，属中湿带，沙湖独特秀美的自然景观和得天独厚的旅游资源，是西部丝绸之路上埋藏的宝藏，静静地等待人们的发掘。

2. 黄沙古渡

黄沙古渡原生态旅游景区位于银川市兴庆区月牙湖，距银川市52千米。景区规划面积32.3平方千米，由一个服务区和三大景点构成，分别是功能服务区，黄河湿地公园、黄河古渡、月牙湖。景区深入挖掘了黄沙古渡历史文化，恢复建设了黄河祭台、观日台、禹王井、黄龙镇河、古渡口、黄河古镇、烽火台、康熙渡黄河、昭君出塞等古迹景观。

黄沙古渡是一处古老的黄河渡口，旧称横城古渡，是国家4A级旅游景区、国家级湿地公园、是中国最佳生态休闲旅游胜地、明清宁夏八景之一。在这里可以亲临康熙大帝渡黄河的古渡口、昭君出塞和亲留在大漠的月牙湖。惊险的沙漠欢乐谷、古老的羊皮筏子、现代的黄河飞索、舒适的横城古渡农家乐，是原生态自助游的好去处。朱元璋第十六子庆靖王朱梅曾作《黄沙古渡》，“黄沙漠漠浩无垠，古渡年来客问津。万里边夷朝帝阙，一方冠盖接咸秦。风生滩渚波光渺，雨打汀洲草色新。西望河源天际远，浊流滚滚自昆仑。”以此描述黄沙古渡在交通上的重要地位。

3. 六盘山国家森林公园

六盘山历来有“春去秋来无盛夏”之说，登上主峰米缸山远眺，朝雾迷漫，云海苍茫。日出云开，只见重峦叠嶂，层出不穷。1935年毛泽东同志曾率领中国工农红军长征到达此地，写下了光辉诗篇《清平乐·六盘山》。六盘山国家森林公园的主要景点有野荷谷、小南川、凉殿峡、植物园、二龙河等。

（1）野荷谷

又名荷花苑，是条南北走向的峡谷，这里景色奇异，风光佳秀。幽幽曲谷，峰峰对峙，苍松蔽天，野荷掩道。丛丛松柏贴身窜于绝壁，红白桦木裸体悬于山崖。谷底水面清泓，绿叶黄花，苍翠芳菲。崎岖小道在野荷中延伸。长长峡谷犹如碧翠长廊，彩色画屏，满峡的陶醉，满峡的清香。

（2）小南川

被誉为小九寨，景色秀美迷人，不是江南，胜似江南。二龙河，传说老龙王盘踞龙潭时，派他的两个儿子在这里的河边安营扎寨、镇扼咽喉，故名二龙河。两侧奇峰幽谷，间有松林华盖，绿草如茵，鸟语花香，流水潺潺。

（3）凉殿峡

为六盘山腹地，气候湿润，环境幽雅，景色优美，自古就是避暑胜地。史载元太祖成吉思汗西征时曾在此避暑蓄锐，并建有亭台楼阁。

4. 沙坡头

沙坡头旅游区位于宁夏中卫市城区以西 20 千米腾格里沙漠东南边缘处。这里集大漠、黄河、高山、绿洲为一处，既具西北风光之雄奇，又兼江南景色之秀美。自然景观独特，人文景观丰厚，被旅游界专家誉为世界垄断性旅游资源。这里有中国最大的天然滑沙场，有总长 800 米、横跨黄河的“天下黄河第一索”沙坡头黄河滑索，有黄河文化的代表——古老水车，有中国第一条沙漠铁路，有黄河上最古老的运输工具——羊皮筏子；有沙漠中难得一见的海市蜃楼。可以骑骆驼穿越腾格里沙漠，可以乘坐越野车沙海冲浪，咫尺之间可以领略大漠孤烟、长河落日的奇观。黄河南岸是一块三面环沙，一面靠山的“U”形半岛，这里地形优越，景观奇特，民俗淳朴，资源丰富，可以在演绎中心观看具有异域风情的、民族特色的歌舞表演；滨河浴场可以体验母亲河的沐浴，秦代长城和陶窑在这里留下了千古不朽的遗址。

5. 鸣翠湖国家湿地公园

鸣翠湖生态旅游区位于银川市兴庆区东侧，西距市区 9 千米，东临黄河 3 千米，总规划面积 6.67 平方千米，是银川市东部面积最大的自然湿地保护区。鸣翠湖是黄河古道东移鄂尔多斯台地西缘的历史遗存，是明代长湖的腹地。这里湖光戏柳，草树烟绵，百鸟翔集，鱼跃其间，远望水鹭双飞起，近看风荷一向翻，塞上雄浑，江南秀色，豁豁然集于苇浪水波间。湖中有自然植物 109 种，鸟类 97 种，最著名的有黑鹳、中华秋沙鸭。每逢春夏，成千上万只鸟在这里繁衍栖息。鸣翠湖、阅海分别位于银川的东侧和北侧，被称之为银川的“前厅”和“后花园”。鸣翠湖和阅海湿地承载了古老的黄灌文化，体现了塞上江南水乡文明的特色；既有显著的湿地生态特征和生态过程，湿地景观完整，生物多样性丰富，又是我国西部地区鸟类迁徙的中转站之一，作为干旱地区存在的湿地景观，具有长期稳定的补水来源；独特而丰富的湿地人文旅游资源，奠定了建设湿地公园的基础。

## 任务实施

考虑到夏令营有相对固定的参与人群，多为在校学生，多有专门的基地；夏令营带团人员多为辅导和教育而设，一般为在校大学生和老师，有着很高的素质，能对参加者的发展起到很好的示范作用；所以重点推荐如下景点：沙湖、沙坡头、影视城等。

## 任务总结

为留守儿童推荐的景点为宁夏最有代表性的景观。沙湖、沙坡头、影视城等景观为宁

夏5A级景区，享誉国内外，自然景观和独特的人文景观可以开阔孩子们的视野，增加知识面。

## 实训项目

### 常州一中教师团行程安排

**实训内容**

常州一中是当地名校，学校每年在高考过后组织教师去往全国各地旅游，作为对高三老师三年教书育人的答谢。请你为老师们推荐一条宁夏旅游线路。

**实训建议**

各项目团队提交纸质行程安排，每组选派一名代表用PPT向全班展示设计的旅游线路，要求图文并茂；由教师和其他团队成员对本团队展示的旅游线路做出现场点评。

## 复习思考题

1. 简述沙坡头景观特色。
2. 简述西夏王陵人文景观特色。
3. 简述六盘山国家森林公园内主要景点。

# 任务二　甘肃景点赏析

## 任务导入

为了让世人了解真实的甘肃，向世界传达黄河流域文明的伟大，向世人展现甘肃在华夏历史发展上的重要地位和卓越贡献，中国当代著名影视导演黄群学邀请著名歌唱家阎维文、王宏伟和年轻歌手闫羽如来兰州，以兰州和青城为拍摄重点，以整个甘肃的历史文化为背景，拍摄两首充满甘肃元素的歌曲——《黄河魂》、《青城梦》。剧组不仅邀请了顶级词曲作者，还组建了专业的70人的电影团队来完成MTV的拍摄。请你为剧组推荐最能代表甘肃的景点。

## 任务分析

美食纪录片《舌尖上的中国》受到“吃货”们的热烈追捧。在充斥着谍战剧、偶像剧和宫斗剧的电视屏幕上，一部满怀情感、文化底蕴的美食纪录片，无疑成为一缕清风，打

开了观众的心门。人们开始疯狂地搜寻这些远离都市的美食，诺邓火腿、内蒙古奶豆腐、云南松茸……这部纪录片引发的蝴蝶效应还在继续。同样，好的 MTV，势必会带动当地旅游宣传，为甘肃旅游带来一定影响。但为剧组推荐景点，却存在难度，他们走南闯北，视野开阔，见多识广。

## 知识准备

甘肃省地处黄河上游，东接陕西，南控巴蜀、青海，西倚新疆，北扼内蒙古、宁夏。甘肃省因甘州（今张掖）与肃州（今酒泉）而得名，又因省境大部分在陇山（六盘山）以西，唐代曾在此设置陇右道，故又简称甘或陇。辖 12 个地级市和 2 个自治州，省会兰州。古属雍州，是丝绸之路的锁钥之地和黄金路段，与蒙古接壤，像一块瑰丽的宝玉，镶嵌在中国中部的黄土高原、青藏高原和内蒙古高原上，东西蜿蜒 1600 多千米，纵横 45.37 万平方千米，占全国总面积的 4.72%。

图 5－2　甘肃景点分布图

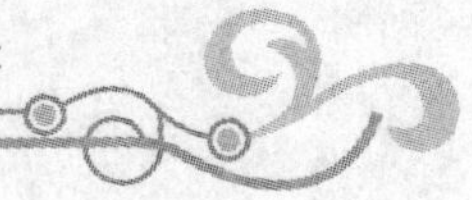

## 一、人文景观

1. 敦煌石窟

敦煌石窟，又名莫高窟，俗称千佛洞，被誉为20世纪最有价值的文化发现、“东方卢浮宫”，坐落在河西走廊西端的敦煌，以精美的壁画和塑像闻名于世。始建于十六国的前秦时期，历经十六国、北朝、隋、唐、五代、西夏、元等历代的兴建，形成巨大的规模，现有洞窟735个，壁画4.5万平方米、泥质彩塑2415尊，是世界上现存规模最大、内容最丰富的佛教艺术圣地。近代发现的藏经洞，内有5万多件古代文物，由此衍生专门研究藏经洞典籍和敦煌艺术的学科——敦煌学。1961年，被公布为第一批全国重点文物保护单位之一。1987年，被列为世界文化遗产。世界上现存最大的佛教艺术宝库。

莫高窟开凿于前秦建元二年（366年），后经北凉、北魏、西魏、北周、隋、唐、五代、宋、回鹘、西夏、元等时代连续修凿，历时千年，延续时间最长；现存石窟700余个，规模最大；雕塑3000余身，壁画4500余平方米，内容最丰富。窟内绘、塑佛像及佛典内容，为佛徒修行、观像、礼拜处所。敦煌石窟是融建筑、雕塑、壁画三者于一体的立体艺术，是中国古代艺术史的百科全书。

2. 敦煌壁画

敦煌壁画包括敦煌莫高窟、西千佛洞、安西榆林窟共有石窟552个，有历代壁画五万多平方米，是我国也是世界壁画最多的石窟群，内容非常丰富。敦煌壁画是敦煌艺术的主要组成部分，规模巨大，技艺精湛。敦煌壁画的内容丰富多彩，它和别的宗教艺术一样，是描写神的形象、神的活动、神与神的关系、神与人的关系以寄托人们善良的愿望，安抚人们心灵的艺术。因此，壁画的风格，具有与世俗绘画不同的特征。但是，任何艺术都源于现实生活，任何艺术都有它的民族传统；因而它们的形式多出于共同的艺术语言和表现技巧，具有共同的民族风格。

3. 张掖肃南马蹄寺

马蹄寺位于肃南裕固族自治县境内；北距张掖市65千米，始建于北凉，是集石窟艺术、祁连山风光和裕固族风情于一体的旅游区。马蹄寺因传说中的天马在此落有马蹄印而得名。传说中的马蹄印迹现存于普光寺马蹄殿内，成为镇寺之宝。马蹄寺石窟的独特之处在于千佛洞有500多个摩崖佛塔窟龛，规模宏大；金塔寺中的大型飞天古朴稚雅，为国内仅有；普光寺的三十三洞天，上下五层二十一窟，宝塔形排列，内有佛殿，外有回廊，共开内外窟龛达49孔之多，造型奇特。

马蹄寺环境秀丽，山清、水秀、峰奇、洞异堪称四绝。游客在这里旅游还可以住裕固族帐篷，喝青稞酒，吃手抓肉，体验草原游牧民族独特的生活方式和文化特色。这里有数不清的石塔和凿于峭壁上的千佛洞，三十三天、藏佛殿、马蹄殿、药王殿、格萨尔王殿等，堪称中国石窟艺术的杰作。此外，开阔宽敞的兰花坪，如五朵莲花盛开的莲花峰，飞流直下的临松瀑布，葱茏的原始森林和可一试骑姿的草原，更是叫人流连忘返。

4. 嘉峪关

嘉峪关位于甘肃嘉峪关市向西5千米处，是明长城西端的第一重关，也是古代“丝绸之路”的交通要冲。始建于明洪武五年（1372年），先后经过168年时间的修建，成为万里长城沿线最为壮观的关城。1987年被联合国教科文组织列入《世界文化遗产地名录》，1961年被国务院公布为第一批全国重点文物保护单位。嘉峪关是明代万里长城沿线保存最为完好、规模最为壮观的古代军事城堡，有“雄关”之美誉。

5. 拉卜楞寺

拉卜楞寺位于甘肃省夏河县城西1千米大夏河滨的桑科草原上，旧称扎西奇寺，是中国著名的藏传佛教格鲁派（黄教）六大寺院之一，曾经是甘、青、川毗邻地区藏族的政治、宗教、文化中心。“拉卜楞”是藏语之译音，意为佛宫所在之地。拉卜楞寺占地8.2公顷，建筑面积82.3万平方米，始建于清康熙四十八年（1709年）。主要建筑有闻思院（又称大经堂）、续部下院、续部上院、时轮院、医药院、喜金刚院等六大扎仓（学院）和十八囊欠（活佛公署）、十八拉康（佛寺）。还有经塔、辩经坛、藏经楼、印经院等建筑。

整个建筑布局周密，造型宏丽，富丽堂皇，风格独具。寿禧寺是全寺最高建筑，为六层宫殿式。寺内有许多铜质佛塔，其中有的来自印度、尼泊尔等国。寺内还有一尊鎏金佛像，高达10米，是尼泊尔工匠的杰作。这里还珍藏一部用金银汁书写的《甘珠经》，为稀世之宝。寺内珍藏文物数万件，藏文经典、书籍6万余册，在中国喇嘛寺中很有影响。

## 二、自然景观

1. 兴隆山

位于兰州市榆中县城西南五千米处，距兰州市60千米，海拔2400米。古因“常有白云浩渺无际”而取名“栖云山”，向有“陇上名胜”之称，被誉为“陇右第一名山”，早在西周时已成为道人凿洞修行之地。

兴隆山是距兰州市最近的国家级自然森林保护区。主峰由东西二峰组成，东峰“兴隆”海拔2400米，西峰“栖云”海拔2500米，二峰间为兴隆峡，有云龙桥横空飞架峡谷。现栖云峰有混元阁、朝云观、雷祖殿等殿阁；兴隆峰有二仙台、太白泉、大佛殿、喜松亭、滴泪亭等景点。史载，公元1227年，成吉思汗的灵柩运至兴隆山，密藏于大佛殿内；1949年8月才迁往青海塔尔寺；1954年，由内蒙古自治区人民政府迎回，安放在鄂尔多斯伊金霍洛旗新建的成吉思汗寝室。兴隆山因这段历史而更加著名。

2. 吐鲁沟国家森林公园

吐鲁沟国家森林公园地处甘肃永登县连城林区腹地，距省城兰州市、青海省西宁市均为160千米，属祁连山脉的东麓，总面积5848.4公顷，海拔1998～3165米。吐鲁沟因峰奇石怪，林木青翠，终年常绿而又名“吐绿沟”。公园内生物种类繁多，可谓天然生物园，是学者、专家、学生考察、科研、实习和实践的理想场所。园内有种子植物122科，1614种。其中乔木103种，灌木261种，草本1250种，盛产柳花，羊壮菌、鹿角菜、蘑菇、

蕨菜等山珍。林内栖息着马鹿、林麝、狍鹿、石羊、猞猁、鼯鼠和兰马鸡等多种珍禽异兽，也是部分尺蛾昆虫世界新种的模式标本产地。这里地貌奇特，风光秀丽，植被垂直分布极为明显，顶部是丰富的草场，辽阔的牧场，山腰林木矗立，山脚农田覆盖。园内地貌起伏剧烈，山势嶙峋，可充分欣赏自然风光，被誉为“神话般的绿色山谷”。

3. 张掖国家湿地公园

位于张掖市，以黑河水和广袤湿地为代表性的生态资源，是张掖生存发展的生态屏障，也成就了旧时张掖“塞上江南”的美誉。旧地方志称：“一城山光、半城塔影、连片苇溪、遍地古刹。”民间流传着“甘州不干水池塘”的谚语。据志书记载，旧时张掖城内外举步见塘，抬头见苇，家家泉水，户户垂柳，特别是城区北郊的沼泽湖滩，旧称“北湖”，芦苇蒲草成片相连，山泉湖水碧波荡漾，水鸟云集，鱼翔浅底，草木繁茂，荡舟水草之中，尽赏四时美景。

4. 张掖丹霞地貌

张掖丹霞地貌位于临泽倪家营南台子村，距张掖市 40 千米。在方圆一百平方山地丘陵地带，有造型奇特，色彩斑斓，气势磅礴的丹霞地貌。丹霞是指红色沙砾岩经长期风化剥离和流水侵蚀，形成的孤立的山峰和陡峭的奇岩怪石。这里的丹霞地貌发育于距今约 200 万年的前侏罗纪至第三纪。

张掖丹霞地貌，以层级错落交替、岩壁陡峭、气势磅礴、形态丰富、色彩斑斓而称奇，有七彩峡、七彩塔、七彩屏、七彩练、七彩湖、七彩大扇贝、火海、刀山等奇妙景观。张掖丹霞地貌被《图说天下·国家地理》编委会评为“奇险灵秀美如画——中国最美的六处奇异地貌”之一。入围“中国最美六处奇异地貌”的其他五处为：九寨沟、黄龙、野柳、澎湖列岛、天山托木尔冰川。

5. 桑科草原

桑科草原位于夏河县城西南 1 千米处，是桑科乡达久滩（“跑马滩”之意）草原的一部分，为四周群山环抱，中间开阔平坦的高山草原。是传说中格萨尔王祭奠神灵的地方，有清澈的蓝天和遍地花开的草原。桑科草原属于草甸草原，平均海拔超过 3000 米，草场面积达 70 平方千米，地形起伏缓和，宽广无垠，水草丰美，牛羊肥壮，是甘南州的主要畜产品基地。

桑科草原历来为藏族人民的天然牧场。每到夏季，草场碧绿如毯，各色花卉争奇斗艳，绚丽多彩，天高气爽，是草原旅游、避暑和体验藏族游牧生活、回归自然的理想旅游场所。桑科草原有大夏河水从南到北徐徐流过，水草丰茂，风景优雅，蓝天白云下牛羊成群，一派自然田园风光。

6. 尕海湖

尕海湖距碌曲县城 49 千米，在国道 213 线 400 千米处，海拔 3480 米，候鸟自然保护区面积为 16.2 万亩，大小湖水面积为 15000 亩，平均水深为 1.5 米，是甘南第一大淡水湖，是青藏高原东部的一块重要湿地，被誉为高原上的一颗明珠。1982 年被评为省级候鸟自然保护区，1998 年尕海湖与则岔石林一起被批准为国家级自然保护区。甘南第一大淡水湖，是青藏高原东部的一块重要湿地，被誉为高原上的一颗明珠，1982 年被评为省级候鸟自然保护区。

尕海湖所在的地域，藏胞称之为“措宁”就是“牦牛走来走去的地方”。尕海湖水草丰茂，许多南迁北返的珍稀鸟类在此落脚和繁殖，黑颈鹤，灰鹤，天鹅等珍禽遍布湖边草滩。这里是雪域高原真正的香巴拉，是甘南碌曲境内的高原明镜。尕海草原的天空深邃如井，云如裙裾。镶嵌于草原之中的圣湖像一面明净的镜子，倒映着蓝色的天，白色的云。近处的湖面上，鸟飞鱼跃，波澜壮阔。8 月是草原最好的季节，柔风夹杂着湖畔的花香扑面而来，顿感心旷神怡。湖边成群飞起的水鸟吸引了游者的目光。这种水鸟黑羽白腹，秀美的双腿及长长的嘴巴红得鲜艳，它们时而在空中盘桓，时而掠过水面，轻落于草甸，一起一落间，身姿舒展优美。

7. 黄河首曲自然保护区

黄河首曲自然保护区位于甘肃省玛曲县境内，面积 3750 平方千米。本区地势高亢，海拔均在 3300 米以上，最高峰乔木格日峰海拔 4806 米，属高寒湿润气候。主要保护对象为黑颈鹤等候鸟及其栖息环境。区内有丰富的野生动物资源，已知兽类有 42 种，鸟类 70 种，两栖类 3 种，鱼类 10 余种。本区地处青藏高原边缘，沼泽湿地，水草丰富，黄河两岸天然的高山草甸草原，原始植被保存完整，既是黑颈鹤等众多候鸟前来栖息繁衍的良好场所，也是一些高原特有动物的栖息地。

夏季是黄河首曲最美丽的季节。届时，整个滩、坡、沼泽上满是盛开的野花，千姿百态，异彩纷呈，使草原成为一个天然大花园。最令人称奇叫绝的是，位于玛曲县城以西 120 千米处有一个叫西梅朵合塘的地方，每到七月中旬，整个草滩上遍开一种叫金莲的黄色小花，放眼望去，绵延数十千米一片金光灿灿，耀人眼目。到八月间，金莲花悄然隐退，代之天蓝色的龙胆花又铺天盖地绽放，整个草滩一片蔚蓝色，如诗如画，人间少有。

## 丝路精品线路

【线路精彩体验】 游客在这条旅游线上，不仅可以参观到世界文化遗产——莫高窟、鸣沙山月牙泉、嘉峪关关城，阳关、玉门关、西汉胜迹泉湖公园、麦积山等一批世界级的旅游景点，也可观赏到巍峨连绵的祁连山雪峰、荒凉浩瀚的大漠戈壁、神奇怪异的雅丹地貌、夕阳西下的沙漠驼队、沙漠中永不干涸的一弯碧泉；可以在敦煌莫高窟、天水麦积山石窟欣赏到世界上最精美、最珍贵的古代壁画和雕塑；可以登上万里长城最西端雄伟的嘉峪关，可以在古战场、古遗址中追寻历史的记忆……

行程安排：

D1：接机/接站。市内自由活动。宿敦煌。

D2：游览敦煌。宿敦煌。敦煌历经沧桑，几度盛衰，步履蹒跚地走过了近五千年漫长曲折的里程。悠久历史孕育的敦煌灿烂的古代文化，使敦煌依然辉煌；那遍地的文物遗迹、浩繁的典籍文献、精美的石窟艺术、神秘的奇山异水……使这座古城流光溢彩，使戈壁绿洲越发郁郁葱葱、生机勃勃，就像一块青翠欲滴的翡翠镶嵌在金黄色的大漠上，更加美丽，更加辉煌。参观东方艺术明珠——敦煌莫高窟。莫高窟，东方艺术明珠，保存着从北魏到元朝各代壁画塑像洞窟500多个，是我国现存规模最大，内容最丰富的石窟艺术宝库。游览神奇的鸣沙山及月牙泉，鸣沙山，由红、黄、绿、黑、白五色沙粒组成，山左，有如刀削，山右沙山连绵起伏，游人上山下滑，沙山会发出嗡嗡隆隆的声音，犹如鼓鸣、雷声。沙海中一弯如月牙形的泉水。市内参观。

D3：敦煌—海晏—刚察。宿德令哈。沿环湖公路向中国第一个核武器研制基地进发，途中经青海湖东的淡水湖尕海，曾经是青海湖的一部分。清代祭祀青海湖神的祭海亭，湖东沙漠的金沙湾，小泊湖，青海湖的“花湖”洱海，自费参加沙漠摩托车，乘马车，悠波球，藏族家访等活动。中国第一核武器研制基地纪念碑位于西海镇，原二二一厂。西部歌王王洛宾先生也就是在这片美丽的金银滩草原上创作了闻名于世的民歌《在那遥远的地方》。

D4：德令哈。宿德令哈。德令哈市是青海省海西蒙古族藏族自治州首府所在地，是全州政治、经济、文化的中心，也是青海西部重要的交通枢纽和商品集散地，东距省会西宁514千米，西南距格尔木市387千米。青藏铁路、青新公路横穿全境，东西南北，经纬如网，可东进省会西宁，西上新疆，北连河西走廊，南下西藏，交通便利。境内山川湖盆兼有、草场农田密布。据记载，早在商周时期，古羌人就在这块风水宝地上辛勤耕作、繁衍生息，之后又成为蒙古族、藏族先民们农牧兼营、放牧耕作的美丽家园。

D5：日月山—青海湖—原子城。宿西宁。早乘车赴青海湖，途经青藏咽喉——湟源峡谷，翻越黄土高原与青藏高原的分界线——日月山（海拔3520米，从古到今许多过往行人都愿登上日月山去追寻当年文成公主路过日月山时留下的踪影），唐朝文成公主与吐蕃赞普松赞干布联姻，正是由此向南经唐蕃古道进入西藏的。经过“天下河水皆向东，唯有此溪向西流”的倒淌河。赏中国最大最美的湖泊青海湖。参观中国原子城纪念碑；金银滩大草原（这里很美，美得足以让你震颤；浮云般的羊群，棕黑相间的牦牛，星星点点地徜徉在青草和野花丛中。远处，山峦起伏，莲花般的蒙古包散落在白云深处）。

D6：西宁—门源—张掖。宿西宁。门源西起青石嘴，东到玉隆滩，北到与甘肃交界的冷龙岭，南到大坂山，油菜花绵延几十千米，宛如金黄的大海。7月的门源是人间天堂。60万亩油菜花形成的百里油菜花海成就了博大壮阔的特有奇观。油菜花相依祁连山，每年的7月是花开季节，西起青石嘴，东到玉隆滩，北到与甘肃交界的冷龙岭，南到大坂山，油菜花绵延几十千米，宛如金黄的大海。由于田地多向着河道方向倾斜，所以站在河岸上向两边看，铺天盖地的都是金黄色，大通河在中间流淌，这种景色就像镶了两道金边的银丝带蜿蜒飘舞，与祁连山遥相辉映。

D7：张掖—嘉峪关。宿嘉峪关或者送飞机。沿途绿洲点点，河西走廊风光，嘉峪关、悬壁长城。嘉峪关是古丝绸之路上的重要一站，留下了许多古迹和珍贵的文物：古拙粗犷的黑山石刻画像、反映魏晋时劳动人民的生产活动的新城魏晋壁画砖画墓，以及我国第一座全面、系统展示长城文化的专题性博物馆——长城博物馆等。古老的丝路文化、皑皑冰川和茫茫戈壁共同构成了当地丰富多彩的旅游资源。

## 任务实施

综合考虑剧组的拍摄目的和要求，为剧组推荐的景点集中在两个方面，一方面是最有甘肃特色的景点，例如敦煌石窟和甘肃境内黄河段；另一方面是原生态景点，例如张掖丹霞。

## 任务总结

为剧组推荐景点，要综合考虑，推荐具有最有代表性的常规景点，对于没有来过甘肃的旅游者来说，能产生强烈的吸引力；推荐新视角下的原生态景点，对于来过甘肃的旅游者来说，能产生新的刺激，引发深度旅游。因此为剧组推荐景点应该兼具以上两个方面。

## 实训项目

### 散客拼团行程安排

**实训内容**

小王是个背包族，时间充裕但经济条件有限。请根据小王的实际情况，模拟为其设计散客路线。

**实训建议**

各项目团队提交纸质行程安排，每组选派一名代表用 PPT 向全班展示设计的旅游线路，要求图文并茂；由教师和其他团队成员对本团队展示的旅游线路做出现场点评。小组内对个人表现进行总结，以鼓励为主。

## 复习思考题

1. 简介甘肃省著名的5A级景区。
2. 简介敦煌石窟的旅游价值。
3. 简介张掖丹霞地貌的旅游价值。

# 任务三　内蒙古景点赏析

## 任务导入

某汽车品牌俱乐部准备利用十一长假举行一次“西北草原·大漠风情”的自驾车主题旅游活动，此次活动主要针对俱乐部会员，给大家提供一次共同交流和畅游的机会，体验宁夏回族风情文化和内蒙古草原民俗宗教文化，线路安排要求既能欣赏到内蒙古希拉穆仁的茫茫草原，又能感受到浩瀚的库布奇大漠风情。现已有 50 名会员报名参加此次主题活动，本次活动参加者的年龄多在 25～40 岁，自驾车经验丰富，在专业配备上也较为完备。请为该俱乐部设计一条自驾游线路。

## 任务分析

自驾车旅游是指旅游者以私有或租借汽车为主要交通工具，以休闲体验为主要目的，有组织、有计划，以自驾车为主要交通手段的旅游形式。自驾游符合年轻一代的心理，他们不愿意受拘束，追求人格的独立和心性的自由。自驾游具有自主性、休闲性、地域广泛性、消费习惯的多样性的特点。自驾车旅游者一般来说都是属于中上等收入的阶层，从经济水平上看，普遍拥有较好的生活条件；从文化程度上看，绝大部分具有较高的受教育程度，拥有较强的旅游意识和旅游素养；从年龄比例上看，中青年占主体部分。自驾车旅游者外出旅游主要在于追求一种自由化、个性化的旅游空间，观光与休闲度假游是自驾车旅游的主要动机，其他动机还包括探亲访友、娱乐和探险摄影等。

## 知识准备

内蒙古旅游资源区地处我国北部边疆，幅员辽阔，横跨“三北”（东北、华北、西北），靠近京津，与蒙古国、俄罗斯接壤，边境线长 4200 千米，全区总面积 118.3 万平方千米，约占全国总面积的 1/8，是我国北疆一块神奇壮丽的土地。本区大部分属地势高而平坦的蒙古高原，为蒙古族的主要聚居区。就旅游而言每年 6～9 月最适合旅游，内蒙古草原、古迹、沙漠、湖泊、森林、民俗“六大奇观”构成独特的旅游胜景。内蒙古辽阔的大草原，富饶美丽；大兴安岭的莽林风光，吸引着无数国内外游客。蒙古族歌舞是世界文化艺术宝库中的灿烂明珠，赛马、摔跤、射箭被视为蒙古族的“男儿三艺”，蜚声中外。传统的那达慕常常把中外游客带进浓烈的兴趣之中。名胜古迹如呼和浩特市的五塔寺、大召、昭君墓、席力图召、乌素图召、白塔，包头市的五当召、美岱召，伊金霍洛旗的成吉思汗陵园，阿拉善左旗的延福寺，赤峰市的辽上京、辽中京、大明塔，鄂伦春自治旗的嘎仙洞等，星罗棋布。

**图 5-3　内蒙古主要旅游景点图**

## 一、自然景观

内蒙古旅游资源大部分地区属于内蒙古高原，气候为温带大陆性气候，它东起茫茫的大兴安岭，西至阿拉善戈壁，东西蜿蜒 2400 多千米，是我国跨经度最大的省区。内蒙古地处温带气候带，特殊的地理位置和地势变化造就了区内温带、温带半湿润、寒温带湿润、温带半干旱和干旱等多样的大陆性季风气候，形成了草原、森林、沙漠、湖泊等多样的生态系统。目前该区有自然保护区 184 处，其中国家级 18 处，自治区级 50 处。

1. 希拉穆仁草原

希拉穆仁，蒙语意为“黄色的河”，位于呼和浩特以北 100 千米。希拉穆仁草原，俗称“召河”，因在希拉穆仁河边有清代喇嘛庙“普会寺”而得名。普会寺为呼和浩特席力图召六世活佛的避暑行宫，建于乾隆三十四年（1769 年），它是草原上众多庙宇殿堂古迹之一。普会寺坐北朝南，长方形院落，院中排列着三重殿阁，为汉藏混合结构。普会寺背后环绕着希拉穆仁河，跨过河上大桥可达阿勒宾敖包山上观赏草原风光。希拉穆仁草原是典型的高原草场，每当夏秋时节绿草如茵，鲜花遍地。在希拉穆仁草原，每年都要举行盛大的草原那达慕活动，其中的赛马、摔跤和射箭三项竞技是蒙古族“男儿三艺”。在这里可以参与骑马、骑骆驼、赛马、赛骆驼、摔跤表演、登敖包山、游喇嘛庙等旅游活动。

2. 辉腾锡勒草原

辉腾锡勒，蒙语意为“寒冷的高原”。位于乌兰察布盟察右中旗中南部辉腾锡勒草原上，距呼和浩特 135 千米。这里位于阴山山脉东段，海拔 1800 多米，平均最高温度为 18℃。每到五月至九月间，鲜花遍地，成为花的海洋。旅游景区主要分神葱沟和黄花滩两大去处，共有 15 大景观。这里有 90 多个天然湖泊，点缀在碧绿的草原上，既有牧区草原苍茫雄浑的格调，又有江南水乡明媚清秀的色彩。整个旅游区规模庞大，设施完善，蒙古包、木屋等等供

游客住宿。草原活动丰富，其项目有：骑马、乘驼、射箭、摔跤、登敖包山、篝火歌舞晚会、到牧民家做客，品尝民族风味的奶食和奶茶、吃手扒肉、喝马奶酒等。

3. 呼伦贝尔草原

呼伦贝尔草原位于大兴安岭以西，由呼伦湖、贝尔湖而得名。地势东高西低，海拔在650～700米，总面积约9.3万平方千米，天然草场面积占80%，是世界著名的三大草原之一。这里地域辽阔，风光旖旎，水草丰美，3000多条纵横交错的河流，500多个星罗棋布的湖泊，组成了一幅绚丽的画卷，一直延伸至松涛激荡的大兴安岭。呼伦贝尔草原是中国目前保存最完好的草原，有120多种营养丰富的牧草，有"牧草王国"之称。呼伦贝尔大草原也是一片没有污染的绿色净土，呼伦贝尔的那份广袤，那份茂盛是众多草原无可比拟的。每逢盛夏，草原上鸟语花香、空气清新；星星点点的蒙古包上升起缕缕炊烟；微风吹来，牧草飘动，处处"风吹草低见牛羊"；蓝天白云之下，一望无际的草原、成群的牛羊、奔腾的骏马和牧民挥动马鞭、策马驰骋的英姿尽收眼底。

4. 呼伦湖

呼伦湖位于呼伦贝尔市，面积2339平方千米，是内蒙古第一大湖、中国第四大淡水湖。呼伦湖是中国北方数千里之内唯一的大泽，水域宽广，沼泽湿地连绵。湖中共有鱼类30多种，也是中国北方地区重要的鸟类栖息地和东部内陆鸟类迁徙的重要通道。春秋两季，南来北往的候鸟种类繁多，共有鸟类17目41科241种，占中国鸟类总数的1/5，主要有天鹅、雁、鸭、鹭等，这里是内蒙古鸟类资源宝库。呼伦湖有八个著名景区分别为水上日出、湖天蜃楼、石桩恋马、玉滩淘浪、虎啸呼伦、象山望月、芦荡栖鸟、鸥岛听琴。

5. 大青沟国家级自然保护区

在辽阔的科尔沁草原西部沙海里，有一条长达24千米的沙漠大沟。沟上沟下树木葱郁，鲜花盛开；沟底处千万条淙淙泉水汇成一条长长的溪流，清澈透明。沟的两岸树草丛生，常绿树与落叶树并存，乔木与灌木掺杂，绿色中鲜花与绿草相间，溪流与明沙相依。这就是被称之为科尔沁沙地绿色明珠的大漠奇观——大青沟国家级自然保护区。它位于科左后旗境内，距沈阳200千米，距通辽市区80千米，总面积12.5万亩。区内大小青沟纵贯南北，呈"Y"型分布，沟长24千米，深约100米，宽200—300米。现已查明的植物有700多种，动物170多种，是天然的动植物宝库。这里沟深林密，风景独特，素有"沙漠绿洲"之美誉。现已开发的旅游项目有漂流探险、大漠漫游、草原赛马、民俗风情等项目。

6. 库布其沙漠

库布其为蒙古语，意思是弓上的弦。西、北、东三面均以黄河为界，地势南部高，北部低。位于鄂尔多斯高原脊线的北部，内蒙古自治区鄂尔多斯市杭锦旗、达拉特旗和准格尔旗的部分地区。南部为构造台地，中部为风成沙丘，北部为河漫滩地，总面积约145万公顷，流动沙丘约占61%，长400千米，宽50千米，沙丘高10～60米，像一条黄龙横卧在鄂尔多斯高原北部，横跨内蒙古三旗。形态以沙丘链和格状沙丘为主。库布其沙漠的植物种类多样，植被差异较大。东部为草原植被，西部为荒漠草原植被，西北部为草原化荒漠植被。在北部的黄河成阶地地区，多系泥沙淤积土壤，土质肥沃。

7. 响沙湾

内蒙古鄂尔多斯境内，有一处远近闻名的旅游胜地，这就是“世界罕见，中国之最”的银肯响沙，俗称响沙湾。它位于达拉特旗南部，库布其沙漠的东端，北距草原钢城包头市 50 千米，周边延绵的沙山层层叠叠，形成一幅壮观的沙海奇景。如果我们把库布其沙漠比喻为一张弯弓，那么银肯响沙（即响沙湾）就是这“弓上之弦”。响沙湾沙高 110 米，宽 400 米，依着滚滚沙丘，面临大川，背风向阳坡，地形呈月牙形分布，坡度为 45 度角倾斜，形成一个巨大的沙丘回音壁。沙子干燥时，游客攀着软梯，或乘坐缆车登上“银肯”沙丘顶，往下滑溜，沙丘会发出轰隆声，人们不禁惊叹：这里的沙子会唱歌。

8. 马鞍山国家森林公园

马鞍山国家森林公园位于内蒙古赤峰市喀喇沁旗锦山镇东南 5 千米处，属喀喇沁王府的家庙，距赤峰市区 50 千米，总面积 24 平方千米。辽代称此山为“马盂山”，因马盂（鸡冠壶）与马鞍山形似，又称“马鞍山”又有“塞北小黄山”之美称。1993 年被国家林业部批准为国家森林公园。马鞍山环境幽雅，森林茂密，古松、奇峰、云海、清泉堪称“四绝”。山峦叠翠，松涛阵阵，千年古松，挂于悬崖，立于谷中。夏日晨雾晚霞，展现奇观；冬季“雾凇”，银镶玉砌。峰谷之中，泉水清澈，山涧溪流，淙淙有声。

9. 黑里河森林自然保护区

黑里河森林自然保护区位于宁城县黑里河川。区内峰峦叠翠，森林茂密，有松、柏、桦等几十个树种；有山葡萄、蕨菜、蘑菇、黄花、山核桃等野菜野果。每当春夏之季，各种山花竞相开放，争奇斗艳。此处还是飞禽走兽的乐园。山鸡、黄莺、山鹰、百灵等飞舞鸣叫，狍子、狐狸出没山林。很久以前这里就是很多文人墨客、帝王将相游玩狩猎的场所。清康熙帝曾在此围猎。今在打鹿沟门隔河的石壁上仍留有清乾隆帝的御笔题词。旅游区内还有兰花山、仙人桥、一线天、北凉亭等景观。

10. 黄河滩岛

黄河流经乌海 75.5 千米，这一区段既有北国的雄浑，又有南国的旖旎，沿途散落着十多个大大小小的岛屿和夹心滩，犹如黄河锦带上点缀着的粒粒翡翠。岛滩上绿草如茵，树木参天，自然风景十分秀丽，是乌海发展旅游业得天独厚的资源优势。主要景点有：大中滩景区，总面积 7000 多亩，四面环水，现已部分开发，栽植了大量的花树、果树以及风景树，每当春夏时节，繁花似锦，整个岛屿仿佛变成了花的海洋；李华中滩景区，总面积 3000 多亩，岛上树木成林，花草茂密，绿树环抱，苇草连片，一派自然风貌；五小滩景区（即胡杨岛），由 5 个小岛组成，总面积约 1500 亩，四面环水，树木葱茏、尤以滩上高大茂密的胡杨树盛名。

11. 科尔沁草原

科尔沁，蒙语意为著名射手。在元代，是成吉思汗二弟哈布图哈撒尔管辖的游牧区之一，位于内蒙古东部，在松辽平原西北端，包括整个兴安盟和通辽市的一部分地方。科尔沁草原北与锡林郭勒草原相接，东邻呼伦贝尔草原，地域辽阔，资源丰富。科尔沁草原有较大面积的天然牧场和近 2000 万头的科尔沁红牛、兴安细毛羊和蒙古牛羊。科尔沁草原水利资源非常丰富，有绰尔河、洮尔河、归流河、霍林河等 240 条大小河流和莫力庙、翰

嘎利、察尔森等20多座大中型水库。科尔沁淡水鱼种类多、肉质好，无污染，水里繁殖，年出鱼量达到3000吨。科尔沁草原历史悠久，文化源远流长。目前尚存的名胜古迹有辽代古城、金代界壕、科尔沁十旗会盟地旧址和庙宇、佛塔多座。在科尔沁草原上已有大青沟、汗山、科尔沁草原湿地自然保护区等国家和地区保护区。

12. 贺兰山原始森林

贺兰山具有独特的生态系统、自然风光和人文景观，地处蒙古高原中部南缘，华北黄土高原西北侧，西南邻近青藏高原东北部，是我国西北第一大南北走向的山脉，根属阴山山系，海拔3656.1米。属于典型的大陆性气候，具有温带干旱半干旱山地森林的典型特点。系草原至荒漠的过渡地带，有复杂多样的动植物区和比较完整的山地生态系统，具有色调分明的垂直景观，呈现梯度分布。其中生存着许多属于国家稀有、珍贵、濒危的动植物，也包括许多属于贺兰山独有的植物。这里是生态、地理、林业、中药等学科的理想研究和实验基地，也是向广大群众，青少年普及自然科学知识、进行生态保护教育的大课堂。1995年列入人与生物圈自然保护区网。

## 二、人文景观

1. 大召寺

位于呼和浩特旧城南部。1580年建成，是呼和浩特最早兴建的喇嘛教寺院，属于格鲁派（黄教）。明廷赐名“弘慈寺”。清代后改称“无量寺”。因寺内供奉有一尊高2.5米的纯银佛像，故又有“银佛寺”之称。西藏的三世达赖喇嘛曾亲临大召为银佛主持了开光法会。大召的宗教文物众多，其中银佛、龙雕、壁画堪称“大召三绝”。清代康熙年间，康熙皇帝亲自来过大召寺，并因住在寺中，所以大召寺是康熙皇帝的家庙。大召是明清时期内蒙古地区最早建立的喇嘛教寺庙。大召采用汉庙形式，占地面积3万余平方米，其中建筑面积为八千多平方米，主要建筑有山门、天王殿、菩提过殿、九间楼、经堂、佛殿等，大殿是整个寺庙中唯一一座汉、藏结合风格的喇嘛庙。

2. 五塔寺

金刚座舍利宝塔位于呼市旧城东南部。始建于清雍正五年（1727年），是一个在金刚座上建有5个玲珑舍利小塔的建筑，人们通称为五塔。五塔，不仅是建筑物，而且还是一件巨大的艺术品。整个塔体，从上之下，布满了雕刻，有佛教的经文、咒语、法器、珍品、异兽等。最多的还是佛像，共有1500多尊。塔后的墙壁上还有三幅石刻图，东边的尤为突出，叫“天文图”，刻有1500多颗星。组成270个星座，还有太阳运行的轨道和农历24个节气等。这幅图是我国唯一用蒙古文记载的天文图，具有极高的学术价值。

3. 五当召

在包头市连绵起伏的大青山深处，有一座气势磅礴，规模宏大的藏式喇嘛庙，这就是国家重点文物保护单位、4A级旅游景区、闻名遐迩的五当召。它与西藏的布达拉宫、青海的塔尔寺和甘肃的拉卜楞寺齐名，是我国喇嘛教的四大名寺之一。五当召，原名巴达格尔召（藏名）。清乾隆皇帝赐名为“广觉寺”。因召前峡谷名五当沟，故通称五当召。始建于乾隆十四年，即公元1749年。五当召是一座政教合一的喇嘛教（黄教派）寺庙，活佛传世七代，喇嘛最多时达一千二百余人。主体由六个大殿，三座活佛府和一幢安放历代活佛骨灰的灵堂组成，庙宇建筑气势雄伟，富丽堂皇。

4. 昭君墓

昭君墓，又称“青冢”，蒙古语称特木尔乌尔琥，意为“铁垒”，位于内蒙古呼和浩特市南呼清公路 9 千米处的大黑河畔，是史籍记载和民间传说中汉朝明妃王昭君的墓地。始建于公元前的西汉时期，距今已有 2000 余年的悠久历史，现为内蒙古自治区的重点文物保护单位。是由汉代人工积土，夯筑而成。墓体状如覆斗，高达 33 米，底面积约 13000 平方米，是中国最大的汉墓之一，因被覆芳草，碧绿如茵，故有“青冢”之称。青冢兀立、巍峨壮观，远远望去，显出一幅黛色朦胧、若泼浓墨的迷人景色，历史上被文人誉为“青冢拥黛”，成为呼和浩特的八景之一。现在的昭君墓是 20 世纪 70 年代重新修筑的，占地面积 3.3 公顷，墓高 33 米，墓身呈台体状，墓顶建有一座凉亭，是一座人工夯筑的大王丘，是昭君的衣裳冠墓。墓地东侧是历代名人为昭君墓题写的碑文，西侧是文物陈列室。登上墓顶，我们会看到连绵不断的阴山山脉横贯东西，也会欣赏到呼和浩特市全景。

5. 美岱召

美岱召原名灵觉寺，后改寿灵寺。在呼和浩特至包头公路的北侧，东距包头市东河区约 50 千米的土默特右旗美岱召村。明隆庆年间（1567—1572 年），土默特蒙古部主阿勒坦汗受封顺义王，在土默川上始建城寺。万历三年（1575 年）建成的第一座城寺，朝廷赐名福化城。西藏迈达里胡图克图于万历三十四年来此传教，所以又叫做迈达里庙、迈大力庙或美岱召。寺周围筑有围墙，土筑石块包砌，平面呈长方形，周长 681 米，总面积约 4000 平方米。进入泰和门，迎面就是“大雄宝殿”，佛殿的墙壁上，有色彩斑斓的壁画，生动逼真，有很高的艺术价值。城内有顺义王家族世代居住的楼院，还有供奉传为储藏三娘子骨灰的太后殿，骨灰储藏在殿内的檀香木塔中。殿内有明代绘制的壁画，画面上蒙古服饰的人物像中，有传为阿勒坦汗及夫人三娘子的画像，为内蒙古召庙壁画中独有的一处。

6. 和林格尔汉墓壁画

和林格尔汉墓壁画位于乌兰察布盟和林格尔县新店子乡境内的一座土山上。墓分前、中、后三主室和三耳室，全长约 20 米。墓壁、墓顶及甬道两侧有壁画 50 多幅，榜题 250 多顶。这是我国考古发掘迄今所见榜题最多的汉代壁画。这些壁画形象地反映出东汉时期我国北方多民族居住地区的阶级关系、民族关系和社会生活面貌。从壁画内容及榜题得知，墓主为东汉王朝派到北方民族杂居地区的最高官员——使持节护乌桓校尉。壁画内容有反映死者的仕途经历，以及升迁各任时的车马出行图；有死者历任官职所在城市和府舍的官府图；有反映统治阶级生活的饮宴、舞乐、百戏等描绘；有反映东汉时社会生产活动的场面，如农耕、庄园、牧马、放牛等图；有当时社会生活的写照，如少数民族的装束、发式、相貌，以及祥瑞图和一些圣贤、忠臣、孝子、烈女的故事图等。

7. 成吉思汗陵

成吉思汗陵坐落在内蒙古鄂尔多斯草原中部的伊金霍洛旗甘德利草原上，距包头市 185 千米。成吉思汗即元太祖铁木真，他曾经是一位叱咤风云、显赫一世的蒙古族英雄，他的业绩对于我国各民族的融合和现今版图的格局具有重要意义。三座蒙古包式的大殿肃

然伫立，明黄的墙壁、朱红的门窗、辉煌夺目的金黄琉璃宝顶，使这座帝陵显得格外庄严。陵园占地面积5万多平方米，主体建筑由三座蒙古包式的大殿和与之相连的廊房组成。陵园分作正殿、寝宫、东殿、西殿、东廊、西廊六个部分。整个陵园的造型，犹如展翅欲飞的雄鹰，极富浓厚的蒙古民族独特的艺术风格。

8. 金帐汗蒙古部落

金帐汗蒙古部落是呼伦贝尔唯一以游牧部落为景观的旅游景点，位于呼伦贝尔草原“中国第一曲水”的莫尔格勒河畔。这里是中外驰名的天然牧场。中国历史上许多北方旅游牧民族都曾在这里游牧，繁衍生息。十二世纪末至十三世纪初，一代天骄成吉思汗曾在这里秣马厉兵，与各部落争雄，最终占据了呼伦贝尔草原。金帐汗景点的布局，就是当年成吉思汗行帐的缩影和再现。每逢夏季，陈巴尔虎旗走“敖特尔”的蒙古族、鄂温克族的牧民们便在这里举行活动。金帐汗蒙古部落的篝火狂欢晚会，精彩的套马、驯马表演，蒙古式博克、角力擂台赛、祭敖包、萨满宗教文化表演及丰富多彩的餐饮文化，将给每位来宾带来返璞归真的感受。

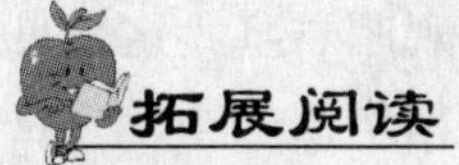


## 那达慕大会与祭敖包

那达慕是中国蒙古族人民具有鲜明民族特色的传统活动，也是蒙古族人民喜爱的一种传统体育活动形式。锡林郭勒盟的那达慕最具代表性，“那达慕”是蒙古语的译音，意为“娱乐、游戏”，以表示丰收的喜悦之情。每年农历六月初四（阳历七、八月）开始的那达慕，是草原上一年一度的传统盛会。那达慕的内容主要有摔跤、赛马、射箭、赛布鲁、套马、下蒙古棋等民族传统项目，有的地方还有田径、拔河、排球、篮球等体育竞赛项目。此外，那达慕上还有武术、马球、骑马、射箭、乘马斩劈、马竞走、乘马技巧运动、摩托车等精彩表演。夜幕降临，草原上飘荡着悠扬激昂的马头琴声，篝火旁男女青年轻歌曼舞，人们沉浸在节日的欢乐之中。

祭敖包是蒙古族最隆重的祭祀。敖包亦作“鄂博”，是土堆子的意思，即用人工堆积起来的石堆、土堆。早先蒙古族以为天地是人类赖以生存的源泉，特别加以崇拜。由于天地神没有偶像，人们就堆敖包以象征，从而敖包就成了人们的崇拜物。人们通过祭敖包祈求天地神保佑人间风调雨顺，牛羊兴旺，国泰民安。祭敖包的时间不固定。蒙古贞地区多在农历七月十三日。祭祀时，先在敖包上插一树枝或纸旗，树枝上挂五颜六色的布条，旗上写经文。仪式大致有四种：血祭、酒祭、火祭、玉祭。血祭是把宰杀的牛、羊，供在敖包之前祭祀。以为牛、羊是天地所赐，只有用牛、羊祭祀才能报答天地之恩。酒祭是把鲜奶、奶油、奶酒洒在敖包上祭祀。火祭是在敖包前笼一堆火，将煮熟的牛、羊肉丸子、肉块投入其中，人们向火叩拜。玉祭是古代人们以最心爱的玉器当供品祭祀。这些祭祀方式，都是表示对天地的虔诚，祈求天地给人们以平安和幸福。

## 任务实施

根据俱乐部的要求和自驾游旅游者的特征，旅行社为他们安排了一条兼有蒙古草原风情与宁夏大漠风光的自驾游线路，该线路从北京出发，上京藏高速，直达呼和浩特，线路安排：呼和浩特—希拉穆仁草原—库布奇沙漠—鄂尔多斯—成吉思汗—银川沙湖景区—中卫沙坡头—青铜峡—永宁回族风情园—银川；返回路线：银川—定边—太原—石家庄—北京。此线路展示了内蒙古草原的无限美景，在内蒙古希拉穆仁草原喝下马酒、祭敖包、体验摔跤和骑马，品尝烤全羊，感受内蒙古草原民俗文化和当地人民的热情好客；在这条线路上又能顺道欣赏神秘的沙漠戈壁风光，库布奇沙漠、沙湖、沙坡头，让你感受大漠无边的空旷。针对自驾车友提供行程千米数和路况说明，更有助于驾车者的需要；因为路程较为遥远，一路驾车很辛苦，车友之间应该交换开车，劳逸结合；随时的检查路况和车况，车队前后呼应，团员之间要有团队精神；准备必要的干粮和水，以备不时之需。

D1：到达内蒙古自治区的首府呼和浩特，在市内参观：大召是呼和浩特市内最大的黄教寺庙，也是康熙皇帝的家庙，大召常年香火旺盛，信徒络绎不绝；参观昭君墓，这是见证匈奴与汉和亲的标志；游览五塔寺，此类塔中国现存5座，它是凝聚精华的一座，并且有中国唯一用少数民族文字篆刻的蒙文石刻天文图。

D2：早餐后驱车前往希拉穆仁草原，沿途感受北国风光，抵达后接受蒙古族传统仪式下马酒，参加草原活动：骑马漫游草原，访问牧户，祭祀神秘古老的敖包，许下美好的心愿，观看草原牧民组织的赛马跤表演，可以自己上场和搏克手决一高下，并观看刺激的马上表演。晚餐可以品尝正宗的手扒肉，并接受蒙古族最尊贵的礼节——银碗哈达敬酒仪式，并欣赏歌曲。晚餐可以自费品尝蒙古族尊贵的宴席——烤全羊，之后欣赏草原篝火晚会，自由狂欢，欣赏美丽的草原星空。

D3：早餐后赴包头北部的五当召景区，五当召是中国三大黄教寺庙之一，和布达拉宫、塔尔寺齐名；继续驱车到中国三大响沙之一的库布奇沙漠，开越野车感受沙漠跌宕起伏，沙海漫步，骑骆驼，滑沙，自由活动。

D4：早餐后驱车到成吉思汗陵，1227年成吉思汗坠马身亡，其遗体被运到这里安葬，从此这里被称为“伊金霍洛”，意思为“主人的陵园”，每年农历3月21日，这里都要举行春祭仪式，献哈达、供祭品、场面隆重，祭祀结束后还要举行赛马、摔跤、射箭等传统仪式。在这里可以了解成吉思汗生平，蒙古族历史和神秘的达尔扈特守陵人。

D5：驱车赴银川沙湖景区观光，沿途欣赏西域风情，沙湖以自然景观为主体，是一处融江南水乡与大漠风光为一体的生态旅游景区。“金沙、碧水、翠苇、飞鸟、游鱼、远山、彩荷”几大景源有机结合，构成独具特色的秀丽景观，在这里可以围湖观鸟、快艇游湖、沙滩嬉戏。晚餐品尝沙湖鱼宴。

D6：从银川驱车2.5小时左右抵达中卫市，之后行车20分钟到达被誉为“世界垄断性旅游”资源的世界闻名的治沙工程——沙坡头旅游景区（金沙鸣钟、毛主席诗词纪念碑、泪泉、黄河悬索大桥治沙博物馆），沙坡头景区被联合国评为“全球环境保护500佳单位”，被国家新闻媒体评为“中国十大最好玩的地方”之一，被国内专家学者评为“中

国最美丽的五大沙漠”之一，这里集自然风光、人文景观及科技创造为一体，具有世界垄断性旅游资源，这里展示的是世界一流的治沙成果和雄奇的腾格里大漠奇葩。在景区内滑沙、乘羊皮筏子漂流黄河，骑骆驼等，步行到沙坡头南区，欣赏沙生植物及举世闻名的治沙工程展，中餐后乘车 40 分钟游览沙漠中的伊甸园——内蒙通湖草原水稍子景区，这里群沙环抱，沙峰林立、起伏错落、一望无垠，金灿灿、亮闪闪，如大海波涛从四周漫卷而来，却突然如着了魔法一般被茵茵绿草、汪汪湖泊锁定，形成了方圆近百里的沙漠湿地草原，被外国游人称为“沙漠中的伊甸园”。

D7：早餐后驾车 2.5 小时左右赴青铜峡，游览现今最大的藏传佛教塔群之一的青铜峡 108 塔（含黄河游船），远观中国最后一个墩闸式黄河水坝。中餐后驾车 1 小时左右赴永宁县，参观具有浓郁伊斯兰风情的中华回乡风情园，该文化园主要建筑包括主体大门、回族文化博物馆、回族礼仪大殿、回族民俗文化园、回族商贸饮食街、国内著名清真寺微缩景观等，是一个浓缩了我国回族历史文化、建筑艺术、工艺美术、民俗风情的大型民族民俗文化景点，之后驾车 30 分钟赴银川。

D8：从银川返回北京：银川—定边—靖边—吕梁—太原—石家庄—北京，全程约 1190.8 千米。

自驾游属于自助旅游的一种类型，是有别于传统的团体旅游的一种新的旅游形态。自驾车旅游在选择对象、参与程序和体验自由等方面给旅游者提供了自由的空间，其本身具有自由化与个性化、灵活性与舒适性、选择性与季节性等特点，在线路设计上要符合其特点，灵活的整合旅游产品，为旅游者提供多元化的线路设计。

## 暑假退休教师团

**实训内容**

暑假，某中学组织全校退休教职员工到内蒙古旅游，教师的年龄在 60～75 岁之间，请为他们设计一条 4～5 天的旅游线路。分析旅游团成员的旅游动机及特征，尝试为其编制旅游路线。

**实训建议**

各项目团队提交纸质行程安排，每组选派一名代表用 PPT 向全班展示设计的旅游线路，要求图文并茂；由教师和其他团队成员对本团队展示的旅游线路做出现场点评。小组内对个人表现进行总结，以鼓励为主。

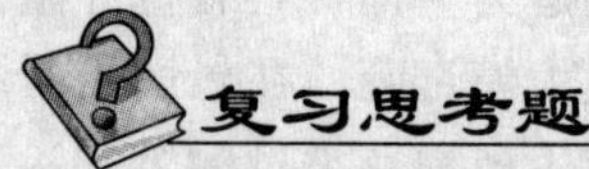

## 复习思考题

1. 请设计一条贯穿内蒙古、甘肃、宁夏的大西北旅游线路。
2. 简述内蒙古的特色美食。
3. 浅谈沙漠和草原的不同旅游价值。

# 项目六　秀山丽水——华东景点赏析

**知识目标**

1. 了解华东地区自然、人文旅游资源概况；
2. 熟悉华东地区各省市主要旅游景点。

**能力目标**

1. 学会根据游客特征、旅游动机等进行游客分析；
2. 能够根据游客要求，为不同类型的游客推荐华东旅游景点并帮助游客欣赏美、感受美。

## 任务一　苏—浙—沪旅游板块游览景点赏析

2013 年 12 月，老张夫妇俩即将迎来他们的金婚纪念日，孝顺的孩子们商议要为老人好好庆祝一下。老张夫妇兴趣广泛，爱好书画、音乐，对中国传统文化很感兴趣。虽已是 70 多岁，但身体健康，精神矍铄。孩子们商量安排老人去华东旅游。请为老张夫妇推荐合适的旅游景点，使他们能充分领略春暖花开的江南美景。

这是典型的“夕阳红”旅游，进行景点推荐时不但要考虑老人的兴趣，还要充分考虑景点的路途、环境、设施等因素，确保安全。华东旅游景点独具特色，以私家园林和江南水乡为特色。可根据老人的爱好推荐特色景点。

### 一、江苏省主要旅游景点

#### （一）江苏旅游资源概况

江苏，简称“苏”，得名于清朝江宁府和苏州府二府之首字。它地处美丽富饶的长江三角洲，是中国人口密度最高的省份之一，总面积 10.67 万平方千米。江苏傍江临海，东濒黄海，北接山东、西连安徽，东南与上海、浙江接壤，省会城市为南京。全省气候具有明显的季风特征，气候温和，雨量适中，四季分明。江苏境内平原辽阔，土地肥沃，物产丰富，江河湖泊密布，五大淡水湖中的太湖、洪泽湖在此横卧，历史上素有“鱼米之乡”的美誉。

江苏旅游资源丰富，境内山明水秀，名胜众多，南京、苏州、扬州、镇江、常熟、徐州、淮安均是中国的历史文化名城。目前全省共有 3 个国家级森林公园，5 个省级森林生态自然保护区，2 个国家级野生动物自然保护区，4 个国家级风景名胜区，9 个省级名胜区和 29 个全国重点保护单位。以长江、大运河、海滨为主的美丽的自然风光和灿烂悠久的文化造就了江苏独特的旅游魅力，构成了江苏独具风格的旅游景点：六朝古都南京，烟波浩瀚的太湖，碧波万顷的洪泽湖，纵贯南北的京杭大运河，气势恢弘的西汉楚王陵，庄严肃穆的中山陵，小巧精致的苏州园林，“中国第一水乡”周庄等都是闻名遐迩的旅游胜地，吸引着来自全世界的游客们流连忘返。

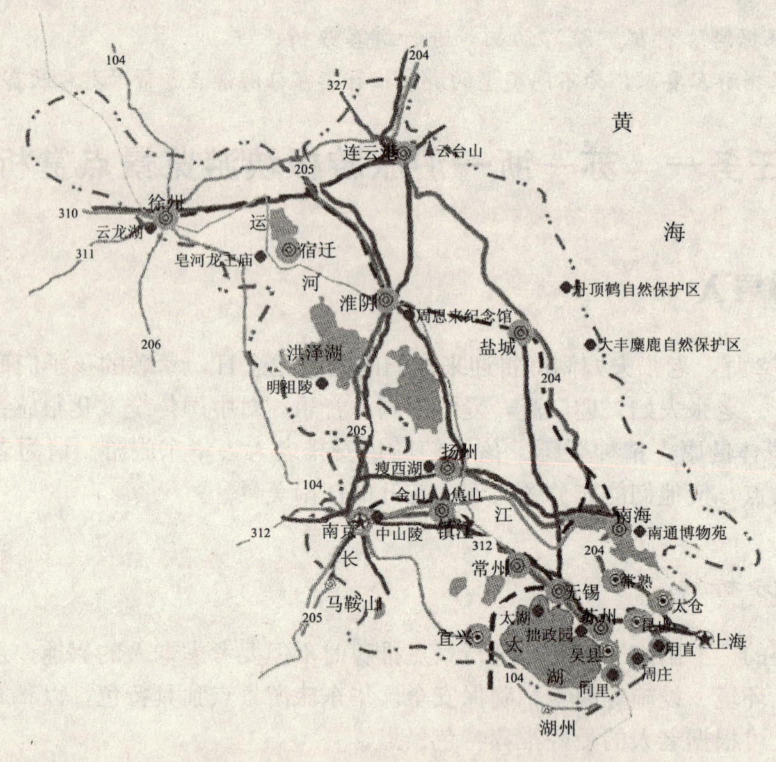


**图 6-1　江苏省主要旅游景点分布图**

（二）主要景点介绍

1. 典雅园林

（1）拙政园

拙政园位于苏州市东北街 178 号，始建于明朝正德年间，是苏州园林中面积最大的古

典山水园林，全国重点文物保护单位，国家5A级旅游景区。全园分为东园、西园和中区三大区域，东园面积约31亩，其规模大致以明朝王心一所设计的“归园田居”为主，中为涵青池，池北为主要建筑兰雪堂，周围以桂、梅、竹屏之；西园面积约为12.5亩，以池水为中心，有塔影亭、留听阁、浮翠阁、笠亭、与谁同坐轩、宜两亭等景观，建筑以南侧的鸳鸯厅为最大。中部部分为全园精华之所在，现有面积约为18.5亩，其中水面占1/3。主厅远香堂为原园主宴饮宾客之所，四面长窗通透，可环览园中景色。

拙政园是中国四大名园之一，江南园林的代表，1997年被联合国教科文组织列为世界文化遗产。拙政园的特点是以水为主。它以池水为中心，楼阁轩榭建在池的周围，其间有漏窗、回廊相连，园内的山石、古木、绿竹、花卉，构成了一幅幽远宁静的画面，代表了明代园林建筑风格。它把风景诗、山水画的意境和自然环境的实境再现于园中，富有诗情画意。整个园林建筑仿佛浮于水面，加上木映花承，在不同境界中产生不同的艺术情趣，如春日繁花丽日，夏日蕉廊，秋日红蓼芦塘，冬日梅影雪月，无不四时宜人，创造出处处有情，面面生诗，含蓄曲折，余味无尽的意境。

(2) 留园

留园位于苏州市阊门外，占地30余亩。园内亭馆楼榭高低参差，曲廊贯穿，依势曲折，蜿蜒相续700米之多，廊壁嵌有历代著名书法石刻三百多方，颇有步移景换之妙。全园用建筑来划分空间，可分中、东、西、北四个景区。留园的特色景观有楠木殿、涵碧山房、小蓬莱、曲溪楼、五峰仙馆、林泉耆硕之馆、待云庵、冠云楼、盛家祠堂等，特色看点为冠云峰、鱼化石。

留园号称“吴中第一名园”，整体讲究亭台轩榭的布局、假山池沼的配合、花草树木的映衬、近景远景的层次，处处显示了咫尺山林、小中见大的造园艺术手法。中部景区以山水见长，池水明洁清幽，峰峦环抱，古木参天；东部景区以建筑为主，重檐迭楼，曲院回廊，疏密相宜，奇峰秀石，引人入胜；西部环境僻静，富有山林野趣；北部竹篱小屋，颇有乡村田园风味。游览者无论站在哪个点上，眼前总是一幅完美的图画。

(3) 狮子林

狮子林为苏州四大名园之一，至今已有650多年的历史。位于苏州市市城东北园林路。因园内“林有竹万，竹下多怪石，状如狻猊（狮子）者”，又因天如禅师维则得法于浙江天目山狮子岩普应国师中峰，为纪念佛徒衣钵、师承关系，取佛经中狮子座之意，故名“狮子林”。长廊的墙壁中嵌有宋代四大名家苏轼、米芾、黄庭坚、蔡襄的书法碑及南宋文天祥《梅花诗》的碑刻作品。

狮子林的古建筑大都保留了元代风格，为元代园林代表作。东南多山，西北多水，四周高墙深宅，曲廊环抱。以中部水池为中心，叠山造屋，移花栽木，架桥设亭，使得全园布局紧凑，富有“咫足山林”的意境。狮子林以叠石取胜，洞壑婉转，怪石林立，水池萦绕。园内假山遍布，长廊环绕，楼台隐现，曲径通幽，有迷阵一般的感觉。堆山与理水、植物配置成为狮子林的特色看点。

(4) 沧浪亭

沧浪亭位于苏州城南沧浪亭街，面积约16.5亩。园中最大的主体建筑是假山东南部

面阔三间的“明道堂”。明道堂取“观听无邪，则道以明”意为堂名。为明、清两代文人讲学之所。与明道堂东西相对的是五百名贤祠。园中最南部的是建在假山洞屋之上的看山楼，看山楼北面是翠玲珑馆，再折而向北到仰止亭，出仰止亭可到御碑亭。

沧浪亭是现存苏州最古老的园林，具有宋代造园风格，是写意山水园的范例。其造园艺术与众不同，未进园门便见一泓绿水绕于园外，漫步过桥，始得入内。沧浪亭主要景区以山林为核心，四周环列建筑，亭及依山起伏的长廊又利用园外的水画，通过复廊上的漏窗渗透作用，沟通园内、外的山、水，使水面、池岸、假山、亭榭融成一体。沧浪亭以清幽古朴见长，富有山林野趣。池水萦回，古亭翼然，轩榭复廊，古树名木，内外融为一体，在苏州众多园林中独树一帜。

（5）网师园

网师园始建于宋淳熙初年（1174 年），始称“渔隐”，几经沧桑变更，至清乾隆年间（公元 1765 年前后），定名为“网师园”，并形成现状布局。网师园为典型的宅园合一的私家园林。住宅部分共三进，自大门至轿厅、万卷堂、撷秀楼，沿中轴线依次展开，主厅“万卷堂”屋宇高敞，装饰雅致。全园布局外形整齐均衡，内部又因景划区，境界各异。园中部山水景物区，突出以水为中心的主题。水面聚而不分，池西北石板曲桥，低矮贴水，东南引静桥微微拱露。环池一周叠筑黄石假山高下参差，曲折多变，使池面有水广波延和源头不尽之意。

网师园为苏州四大名园之一，是苏州古典园林中极具艺术特色和文化价值的代表作品。网师园意谓“渔父钓叟之园”，园内的山水布置和景点题名蕴含着浓郁的隐逸气息。园内建筑以造型秀丽、精致小巧见长，尤其是池周的亭阁，有小、低、透的特点。全园面积仅 8 亩多，做到了感觉宽绰而不显局促，主题突出，布局紧凑，小巧玲珑，清秀典雅，成功地运用比例陪称关系和对比手法，获得较好的艺术效果。

（6）瘦西湖

瘦西湖位于扬州市北郊，园林群景色怡人，融南秀北雄为一体，在清代康乾时期即已形成基本格局。瘦西湖 2010 年被评为全国 5A 级景区，成为扬州首家国家 5A 级旅游景区。特色景观有虹桥、五亭桥、钓鱼台、望春楼、熙春台、白塔、徐园等。

“天下西湖，三十有六”，惟扬州的瘦西湖，以其清秀婉丽的风姿独异诸湖。清代钱塘诗人汪沆有诗云：“垂杨不断接残芜，雁齿虹桥俨画图。也是销金一锅子，故应唤作瘦西湖。”瘦西湖由此得名，并蜚声中外。瘦西湖有“园林之盛，甲于天下”之誉，所谓“两岸花柳全依水，一路楼台直到山”，其名园胜迹，散布在窈窕曲折的一湖碧水两岸。它的美占得一个恰如其分的“瘦”字，窈窕曲折的湖道，串以长堤春柳、荷蒲熏风、四桥烟雨、徐园、小金山、吹台、水云胜概、五亭桥、白塔晴云、二十四桥景区，石壁流淙、春流画舫、万松叠翠、二十四桥景区等景点，俨然一幅天然而成的国画长卷。

2. 魅力古镇

（1）周庄

古镇周庄，位于上海、苏州、杭州之间，四面环水，咫尺往来，皆须舟楫。周庄是国家首批 5A 级旅游景区，特色旅游景观有天孝德民间收藏馆、沈万山故居、周庄欢乐世界、

全福晓钟、指归春望、永庆庵、蚬江渔唱、南湖秋月、庄田落雁、急水扬帆、东庄积雪等。特色旅游项目有打田财、摇快船、吃“阿婆茶”等。此外，独具水乡风采的当地农村妇女的传统服饰也是吸引旅游者的特色之一。

千年历史沧桑和浓郁吴地文化的孕育，使周庄获得“中国第一水乡”、“中国历史文化名镇”、“最受外国人喜欢的50个地方”等美誉。全镇依河成街，桥街相连，深宅大院，重脊高檐，河埠廊坊，过街骑楼，穿竹石栏，临河水阁，一派古朴幽静，是江南典型的小桥流水人家。以其灵秀的水乡风貌，独特的人文景观，质朴的民俗风情，成为东方文化的瑰宝。

（2）锦溪

锦溪古镇位于昆山市西南隅，距古镇周庄8千米，锦溪古镇东临淀山湖，西依澄湖，南靠五保湖，北有矾清湖、白莲湖。古镇原有一溪，夹岸桃李纷披。晨霞夕辉，尽洒江面，满溪跃金，灿烂若锦带，所以得名锦溪。特色景观有十眼长桥、古董馆、鸳鸯滩、水上一线天、海归石、中国古砖瓦博物馆等。

锦溪被誉为苏南的“四颗明珠”之一，沈从文喻它为“睡梦中的少女”，刘海粟大师更赞誉她为“江南之最”。“东迎薛淀金波远，西接陈湖玉浪平”，故锦溪历来有“金波玉浪”之称。今天的锦溪古镇早已金剑沉埋，皇妃香销玉殒之地亦无迹可寻，但爬满青苔的石桥，幽深的沿河小巷古韵犹存。若隐若现的陈妃水冢，风铃悦耳的文昌古阁，蛟龙卧波的十眼长桥，以及“三十六座桥，七十二只窑”的传说，都令中外游客流连忘返。

（3）同里

同里镇隶属于江苏省吴江市，位于太湖之畔，自宋代建镇距今已有一千多年历史。2010年4月晋升成为全国5A级旅游区。清丽古朴的同里小镇，水田肥沃，物丰富庶，人杰地灵。同里古镇的特色看点为砖雕，特色景观有思本桥、独步桥、富观桥、明清街、南园茶社、退思园、罗星洲、三桥（长庆、吉利、太平）等。特色旅游项目有端午竞龙舟、廿三闸水龙、烧地香、放水灯、铜铜鼓等。

同里古镇素有“东方小威尼斯”之誉，也曾被中央电视台评为“中国魅力名镇前10佳”，镇区内始建于明清两代的花园、寺观、宅第和名人故居有数百处，“川”字形的15条小河将全镇分隔成七个小岛，而49座古桥又将其连成一体，历来以“小桥、流水、人家”著称，具有浓厚的自然和人文气息。同里就像一颗珍珠镶嵌在五湖之中，镇内街巷逶迤，河道纵横，形成了“水巷小桥多，人家尽枕河，柳桥通水市，河港入湖田”的独特景观。

（4）甪直

甪直位于江苏省昆山市，整个镇呈“上”字形，占地面积约1平方千米。历史景观：鸭沼清风、分署清泉、吴淞雪浪、海芷钟声、浮图夕照、渔莲灯阜、西汇晓市等被先人们概括的“甫里八景”，虽然历经历史的磨难，大部分已经被拆除，但仍能找出它们当年恢弘的风采。特色景观有王韬纪念馆、万成恒米行、沈宅、萧宅等。特色看点一为水多桥多，二为古银杏，三为甪直农村妇女传统服饰。

甪直被誉为“神州水乡第一镇”，历来享有江南“桥都”的美称，这里河水清清，环

境幽雅，名胜古迹星罗棋布。古老文化、名胜古迹、古桥、古街、古民宅以及具有1300多年历史的古银杏树令人赞叹不已。一平方千米的古镇区原有宋、元、明、清时代的石拱桥72座半，现存41座，造型各异、各具特色，古色古香。有人感慨说，看了角直，实际就等于参观了一个古代桥梁的博物馆。漫步古镇，一种古镇特有的舒适感迎面扑来。在这里领略小镇风光，观赏古桥驳岸，看看渔船人家，别有风韵，情趣无穷。

（5）木椟

木椟古镇位于苏州西郊灵岩山麓，苏州城西南15千米处。特色景观有古松园、明月寺、灵岩山、严家花园、虹饮山房、榜眼府第、灵岩牡丹园、明清古瓷馆等。特色旅游项目有欢乐木椟年、踏青文化节、快乐童玩节、园林古镇木椟旅游节。

木椟有"吴中第一镇"、"秀绝冠江南"的美誉，是江南唯一的中国园林古镇，明清时有私家园林30多处，现已修复严家花园，虹饮山房、灵岩山馆、古松园、榜眼府第，盘隐草堂等，其中严家花园为江南名园，为台湾政要严家淦先生故居；虹饮山房是乾隆民间行宫，内有二十道清代圣旨，弥足珍贵。木椟以特有的自然景观与人文景观和谐统一，被誉为太湖风景区的一颗明珠，被评为"中国最好玩的地方"、"最受欢迎旅游目的地"，以其深厚的文化蕴积，幽雅的园林环境，脍炙人口的历史传说，为现代都市人提供了一个放松身心、陶冶情操的旅游休闲的好去处。

3. 古都风貌

（1）中山陵

中山陵位于南京市东郊钟山风景名胜区内，紫金山东峰茅山的南麓，是中国近代伟大的政治家、伟大的革命先行者孙中山先生（1866—1925年）的陵墓及其附属纪念建筑群。中山陵依山而筑，坐北朝南，西邻明孝陵，东毗灵谷寺。音乐台、光化亭、流徽榭、仰止亭、藏经楼、行健亭、永丰社、仰止亭、中山书院众星捧月般环绕在陵墓周围，构成中山陵景区的主要景观。特色景观有祭堂、碑亭、孙中山纪念馆、中山书院、流徽榭等。

中山陵被誉为"中国近代建筑史上的第一陵"，岗峦前列，屏障后峙，气势磅礴，雄伟壮观。从空中往下看，中山陵就像一座平卧在绿绒毯上的"自由钟"，山下中山先生铜像是钟的尖顶，半月形广场是钟顶圆弧，而陵墓顶端墓室的穹隆顶，就像一个溜圆的钟摆锤。陵区内青松翠柏汇成浩瀚林海，其间掩映着两百多处名胜古迹。音乐台等纪念性建筑，不仅寄托了海内外捐赠者对孙中山先生的崇高敬意和缅怀之情，而且都是建筑名家之杰作，具有极高的艺术价值。

（2）夫子庙—秦淮河景区

夫子庙—秦淮河景区以夫子庙为中心，秦淮河为纽带，包括瞻园、夫子庙古建筑群、白鹭洲、中华门城堡，以及从桃叶渡至镇淮桥一带的秦淮水上游船和沿河景观。夫子庙始建于宋，位于南京市中心偏南，秦淮河北岸的贡院街旁，是供奉和祭祀中国古代著名的大思想家、教育家孔子的庙宇。夫子庙的建筑富有明清色彩。它以大成殿为中心，从照壁至卫山南北呈一条中轴线，左右建筑对称配列，占地广约26300平方米。四周围以高墙，配以门坊、角楼。秦淮河南岸的照壁，建于明万历三年（1575年），高大雄伟，全长110米，为全国照壁之最。

一千八百年以来，这里始终是南京最繁华的地方之一，美称“十里珠帘”。夫子庙作为古城南京秦淮名胜蜚声中外，成为名闻遐迩的游览胜地。它集古迹、园林、画舫、市街、楼阁和民俗民风于一体，是秦淮风光的精华。诱人的秦淮夜市和金陵灯会、民俗名胜、地方风味小吃等，使中外游客为之陶醉。特色景观有照壁、石栏、大成门、中心庙院、大成殿等。

(3) 明孝陵

明孝陵，明代开国皇帝朱元璋和皇后马氏的合葬陵墓。因皇后谥“孝慈”，故名孝陵。坐落在南京市东郊紫金山南麓独龙阜玩珠峰下，茅山西侧，东毗中山陵，南临梅花山，至今已有 600 多年历史。经历了 600 多年的沧桑，陵内许多建筑物的木结构已不存在，但陵寝的格局仍保留了原恢弘的气派，地下墓宫完好如初。陵区内的主体建筑和石刻，方城、明楼、宝城、宝顶，包括下马坊、大金门、神功圣德碑、神道、石像路石刻等，都是明代建筑遗存，保持了陵墓原有建筑的真实性和空间布局的完整性。

明孝陵的陵寝制度既继承了唐宋及之前帝陵“依山为陵”的制度，又通过改方坟为圜丘，开创了陵寝建筑“前方后圆”的基本格局。是南京最大的帝王陵墓，也是中国古代最大的帝王陵寝之一。特色景观有四方城、下马坊、神烈山碑、大金门、神道石刻、文武方门、享殿、方城等。特色看点有蹲狮、治隆唐宋碑和石象生等。

(4) 雨花台

雨花台位于南京市中华门城堡南，从公元前 1147 年泰伯到这一带传礼授农算起，已有 3000 多年的历史。南朝梁武帝时期，佛教盛行，有位高僧云光法师在此设坛讲经，感动上苍，落花如雨，雨花台由此得名。雨花台是一座松柏环抱的秀丽山冈，高约 100 米、长约 3.5 千米，顶部呈平台状，由 3 个山冈组成。东冈又称梅冈，中冈也称凤台冈，西冈延伸至安德门外，无别名。

雨花台是中国新民主主义革命的纪念圣地，全国重点文物保护单位、全国爱国主义教育示范基地、国家首批 4A 级旅游区和百家红色旅游经典景区，是一个集教育、旅游、休闲、娱乐为一体的纪念性风景名胜区。区内的“雨花说法”和“木末风高”分别被列为“金陵十八景”之一。

4. 江南览胜

(1) 虎丘

虎丘山，位于苏州城西 7 千米，海拔 34.3 米，面积 282.3 亩。“虎丘”一名来历已近 2500 年，公元前 496 年吴王阖闾犯破伤风死，葬于此山，入穴三日后有白虎蹲踞墓上，故名虎丘山。虎丘山古树参天，山小景多，千年虎丘塔矗立山上。虎丘山特色景观有云岩寺、云岩塔、石观音殿等。

千年以来，虎丘山依托着秀美的景色，悠久的历史文化景观，享有“吴中第一名胜”的美誉。连宋代大文豪苏东坡都感慨道“到苏州而不游虎丘乃是憾事”。入虎丘，过海涌桥，沿山路而上，一路可见断梁殿、憨憨泉、试剑石、枕头石、真娘墓、千人石、剑池、第三泉、孙武亭、望苏台等著名的虎丘十八景，每一胜景古迹都有引人入胜的历史传说和神话故事。2005 年苏州市政府完成了虎丘山灯光亮化一期工程，千年斜塔在夜色的映衬下熠熠生辉，成为苏州古城夜景的新亮点。

（2）寒山寺

寒山寺在苏州城西阊门外 5 千米外的枫桥镇，建于六朝时期的梁代天监年间（公元 502—519 年），距今已有 1400 多年。原名“妙利普明塔院”。唐代贞观年间，传说当时的名僧寒山和拾得曾由天台山来此住持，改名寒山寺。寺内古迹甚多，有张继诗的石刻碑文，寒山、拾得的石刻像，文徵明、唐寅所书碑文残片等。寺内主要建筑有大雄宝殿、庑殿（偏殿）、藏经楼、碑廊、钟楼、枫江楼等。

“姑苏城外寒山寺，夜半钟声到客船”，因唐代诗人张继的《枫桥夜泊》而声名远扬的寒山寺，诗韵钟声，千载流传。寒山寺特色景观有藏经楼、钟楼、大雄宝殿，特色看点为寒山诗碑。

（3）鼋头渚风景区

鼋头渚是横卧太湖西北岸的一个半岛，因巨石突入湖中形状酷似神龟昂首而得名。太湖，位于江苏、浙江两省交界处，长江三角洲的南部，是中国东部近海区域最大的湖泊，山水相连，风景秀丽，为著名游览区。1982 年，太湖以江苏太湖风景名胜区的名义，被国务院批准列入第一批国家级风景名胜区名单。区内有充山隐秀、鹿顶迎晖、鼋渚春涛、横云山庄、广福寺、太湖仙岛、江南兰苑、中日樱花友谊林等众多景观，各具风貌。

来无锡必游太湖，游太湖必至鼋头。鼋头风光，山清水秀，浑然天成，为太湖风景的精华所在，故有“太湖第一名胜”之称。当代大诗人郭沫若“太湖佳绝处，毕竟在鼋头”的诗句赞誉，更使鼋头渚风韵流扬境内海外。

（4）灵山景区

灵山景区位于无锡马山的太湖之滨，占地面积约 30 公顷，临太湖，倚灵山，挽青龙（山），牵白虎（山），地灵形胜，风水绝佳，为难得之佛国宝地。灵山景区包括著名的灵山大佛、祥符禅寺、小灵山、灵山文化园等景点。

古人有云：“佛在灵山莫求远，灵山只在我心头。”步入灵山，安详的佛像宛如潺潺细流冲散了世俗的忧虑，令人心如止水，物我两忘。

（5）无锡影视基地景区

中央电视台无锡影视基地景区坐落在葱茏苍翠的军嶂山麓、风景秀丽的太湖之滨，是无锡兴建的大型影视文化景区，《三国演义》、《水浒传》等著名影视剧曾在此拍摄。城内建造有具有浓郁汉代风格的“吴王宫”“甘露寺”“曹营水旱寨”“吴营”“七星坛”“跑马场”“点将台”“桃园”“九宫八卦阵”“火烧赤壁特技场”“竞技场”“赤壁古栈道”等几十处大型景点，场景非常宏大。

无锡影视基地是国内公认的最早最成功的影视基地，被誉为“东方好莱坞”。每天有二十多个马战、歌舞、影视特技类精彩节目表演，有气势磅礴、扣人心弦的“三英战吕布”，有古典华丽、美女如云的“华夏古韵”，近年推出的国内第一个现场连贯表演的“影视特技探索”节目更是令人叹为观止。

## 二、浙江省主要旅游景点

### （一）浙江省旅游资源概况

浙江省地处中国东南沿海长江三角洲南翼，东临东海，南接福建，西与江西、安徽相连，北与上海、江苏接壤，省会为杭州市。浙江属亚热带季风气候，四季分明，光照充足，降水充沛，年平均气温15～18℃。浙江地形复杂，有“七山一水两分田”之说。浙江省陆域面积10.18万平方千米。大陆海岸线和海岛岸线长达6500千米，占全国海岸线总长的20.3%，居中国第一。有面积500平方米以上岛屿3061个，是中国岛屿最多的一个省份。

浙江山川秀丽，人文荟萃，自然风光与人文景观交相辉映，是名副其实的旅游胜地。全省现有西湖，两江一湖（富春江—新安江—千岛湖），温州雁荡山、永嘉楠溪江、文成百丈，舟山普陀山、嵊泗列岛，绍兴诸暨五泄，台州天台山、仙居，湖州德清莫干山，宁波奉化雪窦山，衢州江郎山，金华双龙洞、永康方岩，丽水仙都等16处国家级风景名胜区；东钱湖、大佛寺、方岩、烂柯山等省级风景名胜区42个；杭州、宁波、绍兴、衢州、金华、临海6座国家级历史文化名城，省级历史文化名城12座；此外，还有全国重点文物保护单位134处，省级重点文物保护单位279个，国家级自然保护区7个，国家森林公园20个。

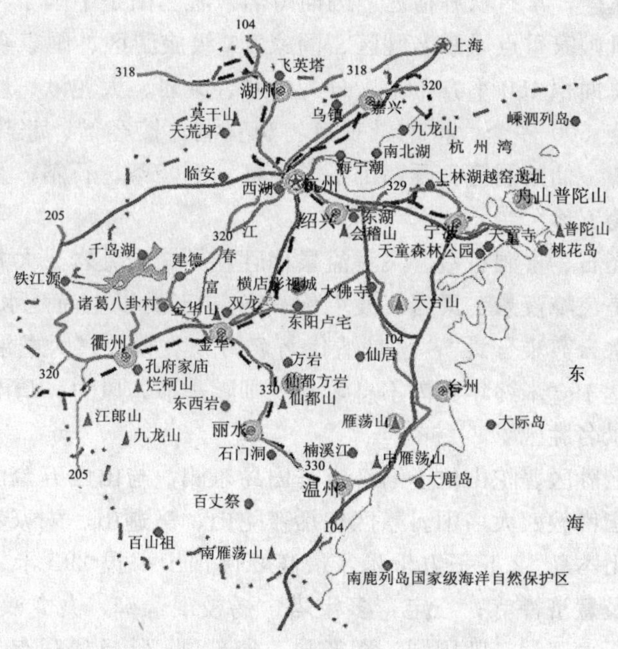


图6-2　浙江省主要旅游景点分布图

（二）主要景点介绍

1. 山水览胜

（1）西湖风景区

西湖位于杭州市龙井路1号，旧名金牛湖、明圣湖、钱塘湖，也称西子湖。风景区以西湖为中心，分为湖滨区、湖心区、北山区、南山区和钱塘区五个地区，总面积60平方千米，其中湖面面积6.5平方千米。苏堤和白堤将湖面分成里湖、外湖、岳湖、西里湖和小南湖五个部分。1982年，西湖被确定为国家风景名胜区，1985年被选为“全国十大风景名胜”，也是全国首批十大文明风景旅游区和国家5A级旅游景区。

西湖，她拥有三面云山，一水抱城的山光水色，它以“欲把西湖比西子，浓妆淡抹总相宜”的自然风光情系天下众生，被誉为人间天堂。杭州人将“孤山不孤”“寡人孤”，与“断桥不断”“情谊断”、“长桥不长”“情意长”并称西湖三怪。诗人刘康毅《西湖传说》道：“金凤玉龙聚仙浆，明珠凡落碧水徉。三罈镇服黑鱼怪，六和托出红太阳。双虎跑穴涌清泉，一峰飞峙护佛堂。尽说九天美如画，怎比人间有钱塘。”西湖十景：苏堤春晓、柳浪闻莺、花港观鱼、三潭印月、断桥残雪、曲院风荷、平湖秋月、雷峰夕照、双峰插云、南屏晚钟；“新西湖十景”为：灵隐禅踪、岳墓栖霞、六和听涛、湖滨晴雨、钱祠表忠、万松书缘、杨堤景行、三台云水、梅坞春早、北街梦寻。

（2）雁荡山风景名胜区

雁荡山位于浙江省乐清市东西25千米，南北18千米，有景点三百多处。因南北雁荡均山顶有湖，芦苇丛生，常有秋雁宿之，因而得名。雁荡山是中国十大名山之一，也是集世界地质公园、首批国家重点风景名胜区、国家5A级旅游区、国家森林公园等名誉为一身的名山。雁荡山总面积450平方千米，分为灵峰、灵岩、大龙湫、雁湖、显圣等八个风景区，共有大小景点500多个。特色景观有：观音洞、接客僧、北斗洞、石门潭、三折瀑、万象嶂、紫庭嶂、仙姑洞等。雁荡山土产丰富，毛峰茶、石斛、香鱼、雪梨、观音竹是久负盛名的“雁荡五珍”。

雁荡山以奇峰怪石、古洞石室、飞瀑流泉称胜，灵峰、灵岩、大龙湫三个景区被称为“雁荡三绝”，特别是灵峰夜景、灵岩飞渡堪称一绝。“五丈以上尚是水，十丈以下全是烟。况复百丈至千丈，水云雾难分焉”，这是清代著名诗人袁枚在《大龙湫》中对大龙湫瀑布的描述。大龙湫高达190米终年奔泻不息，景色则随季节、风力、晴雨的变化而不同。

（3）普陀山风景名胜区

国家重点风景名胜区普陀山位于浙江省舟山岛东侧，与山西五台山、四川峨眉山、安徽九华山并称为中国佛教四大名山。景区包括普陀山、洛迦山、朱家尖，总面积41.95平方千米。其中普陀山本岛12.5平方千米，最高峰佛顶山海拔292米。普陀山三大寺：普济禅寺、法雨禅寺及慧济禅寺；三宝：多宝塔、杨枝观音碑、九龙藻井；三石：磐陀石、心字石、二龟听法石；三洞：朝阳洞、潮音洞、梵音洞。特色景观有：莲洋午渡、短姑圣迹、磐陀夕照、莲池夜月、法华灵洞、古洞潮声、朝阳涌日、千步金沙、茶山夙雾、天门清梵等。

普陀山大海怀抱，金沙绵亘，景色优美，气候宜人。既有悠久的佛教文化，又有丰富

的海岛风光，素有“海天佛国”、“南海圣境”“人间第一清静境”之称。“海上有仙山，山在虚无缥缈间”，普陀山以其神奇、神圣、神秘，成为驰誉中外的旅游胜地。

（4）千岛湖风景名胜区

千岛湖即新安江水库，位于杭州淳安境内，系1959年新安江水电站建成后所形成的巨型人工湖泊。千岛湖东距杭州129千米、西距黄山140千米，因湖内拥有1078座翠岛而得名。千岛湖是中国首批国家级风景名胜区之一，也是中国面积最大的森林公园，是“杭州——千岛湖——黄山”名山名水名城黄金旅游线上的一颗璀璨明珠。主要岛屿有霭云洞、梅峰观岛、猴岛、孔雀岛、清心岛、锁岛、鸟岛、奇石岛、三潭岛，特色景观有千岛湖石林和千岛湖森林氧吧等。千岛湖美食以烹调湖鲜为主，色味俱佳。清蒸桂鱼、葱油白花、清汤鱼圆、椒盐野猪排、千岛玉鳖、银鱼羹等为当地特色。

千岛湖以千岛、秀水、金腰带（岛屿与湖水相接处环绕着有一层金黄色的土带，称之为“金腰带”）为主要特色景观。景区内碧水呈奇，千岛百姿，自然风光旖旎，生态环境佳绝，被誉为长江三角洲地区的后花园。

（5）钱塘观潮

钱塘江是浙江省第一大河，发源于安徽省黄山，流经安徽、浙江二省，古名“浙江”，亦名“折江”或“之江”。受天体引力、地球自转离心作用的影响，加上杭州湾喇叭口的特殊地形，形成了壮观的特大涌潮。

钱江涌潮有“天下第一潮”之称。每年农历八月十五，钱江涌潮最大，潮头可达数米。潮头最高时达3.5米，潮差可达8.9米，奔腾澎湃，势不可当，一线潮、回头潮等自然奇观如同气势磅礴的千军万马。在大缺口观交叉潮、在盐官观一线潮、在老盐仓观回头潮是特色景观。

（6）嘉兴南湖

嘉兴南湖风景名胜区位于嘉兴市区，规划区域总面积276.3公顷，其中水域面积98公顷。1921年7月底，中国共产党第一次全国代表大会在南湖的一艘画舫上完成了最后的议程，庄严宣告中国共产党成立。从此，南湖也就成为了党的诞生地、全国人民向往的革命圣地以及中国红色旅游之源。南湖风景区内自然景观与人文景观交相辉映，分布着风景名胜十多处，文物保护单位六处，主要有会景园、湖心岛、南湖革命纪念馆、四季园、英雄园、览秀园、壕股塔、小瀛洲、放鹤洲、鸳湖生态绿洲等主要景观。

嘉兴南湖与西南湖合称鸳鸯湖，它与杭州西湖、绍兴东湖齐名，是浙江三大名湖之一，素来以“轻烟拂渚，微风欲来”的迷人景色著称于世，也是我国近代史上重要的革命纪念地。

（7）西溪国家湿地公园

杭州西溪国家湿地公园位于杭州市区西部，离杭州主城区武林门只有6千米，距西湖仅5千米，是中国首个集城市湿地、农耕湿地、文化湿地于一体的国家湿地公园。历史上的西溪占地约60平方千米，现实施保护的西溪湿地总面积约为11.7平方千米。其中五常港以东为东区，面积8.35平方千米，五常港以西为西区，面积3.35平方千米。

在西溪或泛舟湖漾，或独钓塘边，春日踏青，夏日采菱，秋日管芦，冬日探梅，船茶船餐，渔夫之旅，各种各样令人愉悦的游憩活动全凭游人兴致，尽情享受西溪带来的自然、生态、野趣及深厚而淳朴的文化底蕴。西溪十景：萩芦飞雪；龙舟胜会；洪园余韵；火饰映波；莲滩鹭影；蒹葭泛月；高庄宸迹；河渚听曲；渔村烟雨；曲水寻梅。

(8) 楠溪江风景名胜区

楠溪江位于浙江省温州市北部永嘉县境内，是国家级重点风景名胜区，东临雁荡，南距温州，西连仙都，北接仙居。景区面积达625平方千米，是融自然景观、人文景观于一体的山水田园名胜区。楠溪江分七大景区，即楠溪江及沿江农村文化景区（简称楠溪江岩头中心景区）、大箬岩景区、石桅岩景区、北坑景区、水岩景区、陡门景区、四海山景区等，七大景区总计有800多处景点。楠溪江盛产猕猴桃、荆州板栗、碧莲香柚、岩头西瓜、湾里葡萄、澄田杨梅、沙冈粉干、乌牛早茶等著名土特产，并有黄杨木雕，竹丝盆景、竹丝画帘等特色工艺品。特色旅游项目为楠溪江漂流。

楠溪江素有“天下第一水”之称，以“水秀、岩奇、瀑多、村古、滩林美”的独有特色而闻名遐迩。其江水清澈见底，秀丽多姿，游鱼碎石，历历在目。日间泛舟坐筏漂游江上，远眺青山，近看滩林，俯赏江水，溪光山色令人心旷神怡；夜间游江，渔火点点，渔舟晚唱，江风柔拂，尽抒幽情逸致。楠溪江因其江美、涧曲、瀑多、潭碧、峰奇、岩秀、石怪、洞幽、树珍、村古著称，有“千岩竞秀，万壑争流”之说，被誉为“中国山水画摇篮”。

(9) 瑶琳仙境

瑶琳仙境位于浙江西部桐庐县瑶琳镇，总面积28000平方米，距杭州80千米。是“中国旅游胜地四十佳”、“浙江省十大旅游胜地”之一。瑶琳仙境属于典型的喀斯特地貌，是华东沿海中部亚热带湿润区喀斯特洞穴的典型代表。洞中钟乳累累，石笋遍地，石瀑布、石幔、石帷幕、石梯田、石坝等景观应有尽有。

瑶琳仙境以其“幽、深、奇、秀”的瑰丽景观和优美的生态环境，赢得了中外游客的热烈赞赏。钟乳石造型优美，千姿百态，琳琅满目，让人有虚无缥缈、恍若天宫的感觉。它以曲折有致的洞势地貌，瑰丽多姿的群石景观，被誉为“全国诸洞之冠”。画家叶浅予夸它是“中国少有，世界罕见”。

(10) 天台山

浙江天台山坐落于浙江省东中部，东连宁海、三门，西接磐安，南邻仙居、临海，北界新昌。是驰誉海内外的国家级风景名胜区，以佛教天台宗的发祥地和济公“活佛”的故乡而闻名于世。1988年被国务院批准为国家重点风景名胜区，1992年又被列为“浙江省十大旅游胜地”。风景区总面积达187.1平方千米，风景旅游资源十分丰富，自古以来有“大八景，小八景，有名有胜三十景，究竟共有多少景，数来数去数不清”之说。

天台山集诸山之美，其最大的特点是古、幽、青、奇。东晋文学家孙绰在《游天台山赋序》中描写道：“天台山者，盖山岳之神秀者也……夫其峻极之状，嘉祥之美，穷山海之瑰富，尽人神之壮丽矣。”明代大旅行家徐霞客足迹遍天下，三上天台山，写下二篇游记，并将《游天台山日记》赫然标于《徐霞客游记》篇首。清代著名学者潘耒在游览天台

山后发出了浩叹："吾足迹半天下，所见名山岳镇多矣，大率山自为格，不能变换。掩众美、罗诸长、出奇无穷、探索不尽者，其惟天台乎！……台山能有诸山之美，诸山不能尽台山之奇，故游台山不游诸山可也，游诸山不游台山不可也。"对天台山的自然景观作了高度的评价。

2. 水乡古镇

(1) 乌镇

乌镇位于浙江省嘉兴桐乡市，西临湖州市，北界江苏吴江县。整个乌镇分为东栅景区和西栅景区。东栅景区包括汇源当铺、访庐阁、皮影戏、翰林第、修真观、古戏台、茅盾故居、余榴梁钱币馆、木雕馆、蓝印花布染坊、公生糟坊、乌镇民俗风情馆、江南百床馆、传统作坊区、香山堂、拳船表演、逢源双桥（通济桥、仁济桥）等 17 处旅游景点；西栅景区包括昭明书院、草木本色染坊、水阁、公埠石碑、水上戏台、评书场、桥里桥、定升桥、乌将军庙、月老庙、北湿地、京杭大运河、龙形田、元宝湖等景点。乌镇的传统习俗很多，如贺岁拜年、元宵走桥、清明踏青、立夏称人、端午吃粽、农历五月二十五的"分龙节"、农历六月初六的天贶晒虫、中元河灯等等。乌镇的著名土特产有乌锦（丝织锦缎）、丝绵、布鞋、篦梳、湖笔、白水鱼、手工酱品、三白酒、姑嫂饼、杭白菊、桐乡橘李、蓝印花布、木雕竹刻、臭豆干、三珍酱鸡、红烧羊肉等。

千百年来，古镇民居临河而建、傍桥而市，镇内民风淳朴，是江南水乡"小桥、流水、人家"的典范。全镇以河成街，桥街相连，依河筑屋，临河水阁，古色古香。虽历经 2000 多年沧桑，乌镇仍完整地保存着原有水乡古镇的风貌和格局，梁、柱、门、窗上的木雕和石雕工艺精湛，被称为"中国最后的枕水人家"。乌镇完整地保存着原有晚清和民国时期水乡古镇的风貌和格局。当代诗人陈运和的《乌镇剪影》中赞到："一个现代文明影响不大的世界，一张古老色彩依然浓重的史页"。乌镇以河成街，街桥相连，依河筑屋，水镇一体，组织起水阁、桥梁、石板巷、茅盾故居等独具江南韵味的建筑因素，体现了中国古典民居"以和为美"的人文思想，以其自然环境和人文环境和谐相处的整体美，呈现江南水乡古镇的空间魅力。

(2) 西塘

西塘是江南六大古镇之一，位于浙江省嘉兴市嘉善县，古称胥塘、斜塘，又名平川，这里离上海、苏州、杭州都在 100 千米以内，交通方便。走进西塘，临河而建的沿街廊棚最为吸引人，它具有很强的实用价值——既连接河道与店铺，又可遮阳避雨，还可驻足观景。西塘的特色景观有西园、醉园、廊棚、石皮弄、尊闻堂、方宅等。特色活动为每年的农历四月初三为七老爷庆祝生日。西塘特产有黄酒、荷叶粉蒸肉、八珍糕、臭豆腐、汾湖蟹、粽子、麦芽塌饼、鲜肉烧卖、熏青豆、蜜汁大头菜、白水鱼、蝉衣包肉、一口粽、芡实糕、橘红糕等。

西塘被人们称为"活着的千年古镇"，素以桥多、弄多、廊棚多而闻名。西塘民风淳厚，橹声悠扬，到处洋溢着中国古代传统文化特有的人文积淀。西塘古镇很好地保护了人与自然的和谐关系，是一个专家们研究"江南水乡民俗文化"的圣地；艺术家们描绘"江南水乡民俗文化"的基地；游客们品味"江南水乡民俗文化"的净地。西塘地势平坦，河

流密布，自然环境十分幽静。9条河道在镇区交汇，众多的桥梁又把水乡连成一体，古称“九龙捧珠”、“八面来风”。古镇区内有保存完好的明清建筑群多处，具有较高的艺术性和研究价值。西塘古镇以特有的文化气质，吸引着世界各地的人们。

（3）南浔

南浔古镇位于浙江和江苏的交界处，北毗太湖，南望杭州，东达上海，现总面积34.27平方千米。特色景观有百间楼、小莲庄、广惠宫、崇德堂、南浔史馆、求恕里、张石铭旧居等。南浔旅游的首选特产是楫里湖丝，另外还有湖笔、刺绣、针织和竹编工艺品等地方特产。特色食点有橘红糕、香大头菜、臭豆腐干、双交面、绣花锦菜、风枵、熏豆茶、双林姑嫂饼和定胜糕等。

南浔与其他古镇有所不同，这里少有老屋长廊、石桥深巷，取而代之是有众多的江南名园，并且这些园子多是中西合璧，历史上最盛时期有大小园林27座，其中最著名的是小莲庄和嘉业藏书楼。南浔是中国近代史上罕见的一个巨富之镇，更是一座外美内秀的著名古镇。无论在从前还是今日，南浔古镇都堪称是中国一幅“最江南”的水墨画。

## 三、上海主要旅游景点

### （一）上海旅游资源概况

上海地处长江三角洲前沿，东濒东海，南临杭州湾，西接江苏、浙江两省，北靠长江入海口，交通便利，腹地广阔，地理位置优越，是一个良好的江海港口。上海属北亚热带季风性气候，雨热同期，日照充分，雨量充沛，气候温和湿润。上海全市共辖17个区、1个县，是中国最大的经济中心和贸易港口，是全国最大的综合性工业城市，也是全国重要的科技中心、贸易中心、金融和信息中心。

作为一个现代与历史并存的国际化大都市，上海既有繁华、时尚的现代化景观，也有充满历史遗迹的古园林、古镇。上海的著名景点有外滩、豫园、人民广场、上海博物馆、上海大剧院、多伦路文化名人街；人文古迹有枫泾古镇、朱家角镇、老城隍庙、玉佛寺、大观园、七宝古镇、陈云故居、上海文庙、上海老街、静安寺、下海庙、鲁迅故居、方塔园、古城公园、宋庆龄故居纪念馆、玉佛禅寺、韬奋纪念馆、大韩民国临时政府旧址、中国共产党第一次全国代表大会会址纪念馆、长宁区革命文物陈列馆、刘海粟美术馆、中华人民共和国名誉主席宋庆龄陵、李白烈士故居、德艺陶瓷陈列馆、鲁迅墓、陶行知纪念馆、宝山烈士陵园、黄炎培故居、周恩来故居、张闻天故居、叶家花园等。外滩晨钟、豫园雅韵、摩天览胜、旧里新辉、十里霓虹、佘山拾翠、枫泾寻画、淀湖环秀被誉为沪上八景之称。新世纪的上海是现代化、国际化、时尚化的标本，繁荣与开放在这里播种，光荣与梦想在这里汇合。

图 6-3　上海主要旅游景点分布图

（二）主要景点介绍

1. 历史遗迹

（1）城隍庙

上海城隍庙，始建于宋代，原称淡井庙，因供奉华亭城隍，故又称华亭城隍行殿。明代永乐年间（1403—1424 年），移建于今址，至今已有 800 余年的历史。城隍庙历史悠久，名扬天下，是上海道教正一派主要道观之一。它由大殿、中殿、寝宫、星宿殿、阎王殿、财神殿、文昌殿、许真君殿、玉清宫等许多殿堂组成，在这一万多平方米中，还包括城隍庙的两座园林，西园（即现在的豫园）和东园。城隍庙内有豫园商城。整个商城内小商店鳞次栉比，商品琳琅满目，各具特色，顾客熙熙攘攘，保持着中国古老的城镇街市风貌。

“到上海不去城隍庙，等于没到过大上海。”每年的“三巡日”，即城隍神出巡的日子，城隍庙内包括庙附近的商家全部张灯结彩，为城隍神欢庆圣诞，庙内香火旺盛，煞是热闹。“城隍庙内去烧香，百戏纷陈在西廊。礼拜回头多买物，此来彼往掷钱忙”。上海城隍庙，成了上海都市人心灵休憩的一方净土。

（2）豫园

豫园是上海市区唯一留存完好的江南古典园林，全国重点文物保护单位。位于上海老城厢东北部，北靠福佑路，东临安仁街，西南与老城隍庙、豫园商城相连。豫园始建于明嘉靖年间，原系潘氏私园，占地三十余亩。园内遍布亭台楼阁以及假山、池塘等四十余处古代建筑。特色景观有三穗堂、大假山、萃秀堂、点春堂、玉玲珑、积玉水廊、织亭、浣云假山、静观大厅、观涛楼、古戏台等。特色旅游项目有花展和灯会。

豫园是老城厢仅存的明代园林，内楼阁参差，山石峥嵘，湖光潋滟，素有“奇秀甲江南”之誉。它设计精巧、布局细腻，以清幽秀丽、玲珑剔透见长，具有小中见大的特点，体现明清两代南方园林建筑艺术的风格，是江南古典园林中的一颗明珠。

（3）外滩

外滩，又名中山东一路，位于上海市中心区的黄浦江畔。外滩是上海这座东方大都会最著名的景观，它东起中山一路，北起外白渡桥，南至金陵东路，全长约 1.5 千米，东临黄浦江，西面为哥特式、罗马式、巴罗克式、中西合璧式等 52 幢风格各异的大楼。特色景观有外白渡桥、十六铺、外滩城市雕塑群、陈毅广场、外滩观光隧道、红石纪念碑、常胜军纪念碑、赫德铜像、欧战纪念碑等。

外滩堪称“万国建筑博览”，是近代上海历史的缩影。由于其独特的地理位置及近百年来在经济活动领域对上海乃至中国的影响，使其具有十分丰富的文化内涵，是最具有特征的上海景观。

（4）朱家角

朱家角镇位于上海市青浦区中南部，紧靠淀山湖风景区。东临西大盈与环城分界，西濒淀山湖与大观园风景区隔湖相望，南与沈巷镇为邻（2001 年与之合并），北与江苏省昆山市淀山湖镇接壤。特色景观包括一桥——沪上第一石拱放生桥；一街——沪上第一明清街北大街；一寺——报国寺；一庙——城隍庙；一厅——席氏厅堂；一馆——王昶纪念馆；二园——课植园和珠溪园；三湾——三阳湾、轿子湾、弥陀湾；还有曲曲折折的二十六弄。特色旅游项目有京剧角、歌唱角、书画角、早茶角等。

朱家角历史悠久，民风淳朴，文化积淀深厚。古色古香的明清时期街市、建筑和水乡泽国古朴的风土民情，处处散发着浓郁的文化韵味。行走其间，“人在画中游”之感油然而生。被誉为“上海威尼斯”、“沪郊好莱坞”，是上海后花园中一朵绚丽的奇葩。

（5）七宝古镇

七宝古镇位于上海闵行区，是离上海市区最近的古镇。七宝因七宝教寺得名，寺居七宝蒲汇塘之北，传有飞来佛，汆来钟，金鸡，玉筷，玉斧，梓树，金字莲花经七件宝物而名。特色景观有七宝酒坊、棉纺织馆、张充仁纪念馆、蟋蟀草堂、七宝当铺、老行当、周氏微雕馆、斗姆阁等。

“十年上海看浦东、百年上海看外滩、千年上海看七宝”。七宝古镇这座千年古镇风景如画，小桥人家，是典型的城中之镇，反映了上海的历史变迁。

（6）上海新天地

上海新天地是由石库门建筑与现代建筑组成的时尚休闲步行街，占地三万平方米，建筑面积为六万平方米。新天地分为南里和北里两个部分，南里以现代建筑为主，石库门旧建筑为辅。北部地块以保留石库门旧建筑为主，新旧对话，交相辉映。

上海新天地是一个具有上海历史文化风貌的都市旅游景点。这片石库门建筑群的外表保留了当年的砖墙、屋瓦、石库门，漫步其间，一幢幢老房子矗立在眼前，仿佛时光倒流，有如置身于 20 世纪二三十年代的上海，依旧是青砖步行道，红青相间的清水砖墙，厚重的乌漆大门，雕着巴罗克风格卷涡状山花的门楣。但跨进每个建筑内部，则非常现代

和时尚，让人体会到新天地那种独特的理念：昨天、明天，相会在今天。

2. 现代景观

(1) 东方明珠

东方明珠塔位于上海黄浦江畔、浦东陆家嘴嘴尖上。263 米高的上体观光层和 350 米处太空舱是游人 360 度鸟瞰全市景色的最佳处所。267 米处是亚洲最高的旋转餐厅，可容纳 350 位来宾用餐。餐厅同时提供多款豪华套餐和中西结合自助餐，百余种美味佳肴不间断供应，让游客美食与美景共享。底层的上海城市历史发展陈列馆再现了老上海的生活场景，浓缩了上海从开埠以来的历史。东方明珠塔集观光餐饮、购物娱乐、浦江游览、会务会展、历史陈列、旅行代理等服务功能于一身，当之无愧地成为上海标志性建筑和旅游热点之一。

东方明珠塔上十一个大小不一、错落有致的球体晶莹夺目，从蔚蓝的天空串联到如茵的草地，犹如一串从天而降的明珠，散落在上海浦东这块玉盘之上。在阳光的照射下，它闪烁着耀人的光芒，描绘出一幅“大珠小珠落玉盘”的如梦画卷。

(2) 世博园

上海世博园位于南浦大桥和卢浦大桥之间，沿着上海城区黄浦江两岸进行布局。世博园区规划用地范围为 5.28 平方千米，其中浦东部分为 3.93 平方千米，浦西部分为 1.35 平方千米。从空中鸟瞰，5.28 平方千米的世博园内，中国馆、主题馆、世博中心、演艺中心、世博轴等永久性建筑星罗棋布。它们或高或矮、或圆或方，犹如天外来客，勾勒着城市的未来。它们是上海风景秀美独特的点缀，让上海这座城市生态空间更显得自然与多元。特色景观有中国馆等永久建筑。

(3) 金茂大厦

金茂大厦，又称金茂大楼，位于上海浦东新区黄浦江畔的陆家嘴金融贸易区，楼高 420.5 米。大厦于 1994 年开工，1998 年建成，有地上 88 层，若再加上尖塔的楼层共有 93 层，地下 3 层，由著名的美国芝加哥 SOM 设计事务所的设计师 Adrian Smith 设计。第 87 层为空中餐厅，第 88 层为国内第二高的观光层（仅次于环球金融中心），可容纳 1000 多名游客。特色景观包括观光厅、金茂音乐厅、裙房、君悦大酒店。53 层的钢琴吧和玲珑吧舒适休闲，可供 108 位客人饮酒、观光和娱乐。位于 56 层的“食在 56”，提供正宗的意大利比萨饼、意式西菜、美洲烧烤和日本料理，同时供给 275 位宾客用餐。位于 57 层的健身中心，拥有室内温控游泳池，为男女老少分设了水浴设施、健身器材、健美、舞蹈以及按摩美容、理发、医务室等。

金茂大厦已成为上海的一座地标，是集现代化办公楼、五星级酒店、会展中心、娱乐、商场等设施于一体，融会中国塔型风格与西方建筑技术的多功能型摩天大楼。

(4) 上海大观园

上海大观园坐落于淀山湖西侧，距离上海市区 65 千米，占地 135 亩，建筑面积约 8000 平方米。上海大观园是根据中国清代名著《红楼梦》的描写设计而成的大型仿古园林建筑群。它背山面水，以大湖为中心，以池塘、沁芳溪沟通各景点，构成有主有支、有动有静的水系。湖边设亭、榭，湖中设曲桥、石舫、石灯，溪上设桥亭，形成山重水复、流水人家的江南园林风光。特色景观包括曲径通幽、体仁沐德、大观楼、怡红院、拢翠庵、潇湘馆、青云塔院、梅坞春浓、群芳争艳、柳堤春晓等。

（5）上海博物馆

上海博物馆创建于1952年，1959年10月迁入河南中路16号旧中汇大楼。上海博物馆是一座大型的中国古代艺术博物馆，藏品之丰富、质量之精湛，在国内外享有盛誉。该馆陈列面积2800平方米，建筑高度29.5米，象征“天圆地方”的圆顶方体基座构成了新馆不同凡响的视觉效果。

上海博物馆把传统文化和时代精神巧妙地融为一体，在世界博物馆之林独树一帜。馆内设有中国青铜器陈列室、中国陶瓷器陈列室、中国绘画陈列室、古代雕刻陈列室。馆藏珍贵文物12万件，其中尤以青铜器、陶瓷器、书法、绘画为特色。其明清流派篆刻印章的收藏，居全国博物馆首位。

（6）野生动物园

上海野生动物园位于上海浦东南汇区南六公路，占地153公顷（2300亩），距上海市中心约35千米，为国家5A级旅游景区。上海野生动物园是我国最大的国家级野生动物园。园内汇集了世界各地具有代表性的珍稀动物200余种、上万余头（只），其中有来自国外的长颈鹿、斑马、羚羊、犀牛等，也有我国的一级保护动物大熊猫、金丝猴、华南虎、亚洲象等。游客游园时分车入和步入两大参观区。整个园区分为食草动物放养区、食肉动物放养区、火烈鸟区、散养动物区、水禽湖和珍稀动物圈养区、百鸟园、蝴蝶园及儿童宠物园，并设有动物表演等许多特色节目。

（7）锦江乐园

锦江乐园地处上海市西南部虹梅路201号，是上海第一家大型现代化游乐园，占地面积170亩，共有40项游乐项目。它是一座集室内外娱乐、良乐、餐饮、休闲为一体的全天候大型游乐城，是上海市西南部的一颗“夜明珠”。现代化的游乐项目将娱乐、情趣、艺术造型和自然风光奇妙地融于一体，给游客带来休闲的乐趣。特色项目有云霄飞车、急流勇进、上海大转盘、探空飞梭、峡谷漂流、豪华双层旋转木马、欢乐世界等。

（8）上海海洋水族馆

上海海洋水族馆是亚洲规模最大的现代化海洋水族馆，毗邻东方明珠电视塔、金茂大厦，是浦东的又一标志性文化旅游景点。水族馆占地面积约1.3万平方米，总建筑面积超过2万多平方米，是号称“世界第二、亚洲第一”的水族馆。馆内有28个大型主题生物展示区，分亚洲、南美洲（亚马逊）、澳洲、非洲、冷水、极地、海水、大洋深处八大展区。展出了来自五大洲、四大洋的300多个品种、1万余条珍稀鱼类及濒临绝种的稀有生物。其中最有特色的是毒箭蛙、水母、翻车鱼、叶海龙、帝王企鹅、白化尖吻鲈等。

“通过水的世界跨越五大洲”，这是上海海洋水族馆的展示主题。水族馆中有4条堪称世界之最的海底隧道，总长达168米。特有的自动步行海底隧道、180度和270度的全方位景观视窗，让游客有身临其境之感。

(9) 南京路

南京路步行街位于上海市黄浦区，西起西藏中路，东至河南中路，步行街景观环境设计坚持“以人为本”的原则，各种小品、街道家具、灯杆的尺度与人、建筑的尺度相协调，为游人创造一个舒适、悠闲的购物环境。

如果说北京的胡同是古老和现代的结合，那么上海市南京路就处处显示着新时代、洋玩意的气息。有人曾经说过，即使在夜幕中，南京路上的霓虹灯牌都能成为一景。在这里，到处都是现代化商业气息的符号诱惑，令人顿觉被物包围，目不暇接，欲醉欲仙。

(10) 上海杜莎夫人蜡像馆

上海杜莎夫人蜡像馆位于上海南京路，新世界的上海杜莎夫人蜡像馆 2006 年 5 月 1 日正式开幕。这也是继伦敦、阿姆斯特丹、拉斯维加斯、纽约、香港之后的全球第 6 座杜莎夫人蜡像馆。杜莎夫人蜡像馆以制造惟妙惟肖的名人蜡像而闻名全球。上海杜莎夫人蜡像馆分为七个主题展区：“在幕后”、“上海魅力”、“历史名人”、“电影”、“音乐”、“运动”和“速度”。共展出包括姚明、刘翔、贝克汉姆、乔丹、邓丽君、梅艳芳、成龙、汤姆·克鲁斯、玛丽莲·梦露、爱因斯坦、戴安娜王妃、比尔·盖茨、比尔·克林顿等 70 多座栩栩如生的名人蜡像。

与其他几个展馆相比，上海杜莎夫人蜡像馆的高科技元素可谓是最先进的，也是全球拥有最丰富互动体验的展馆。展馆还开设有体验区，可以为自己做一个手模带回家，作为永久的纪念珍藏。

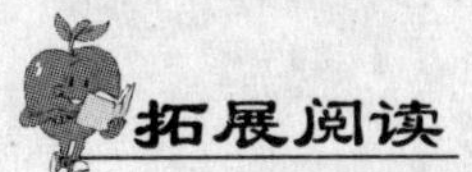


## 枕水姑苏的日与夜　细品江南韵味

“君到姑苏见，人家尽枕河。古宫闲地少，水巷小桥多。”江南姑苏城，一个小桥流水人家的秀气地儿，粉墙黛瓦，柳丝弄碧透斜晖。尤其是在四月的时候，游人较往常少，出游价格可说颇为便宜。

不过事前功课当然要做足，毕竟这江南佳丽地儿，人文沉积极厚，几乎到了街街有典故的程度。尤其是园林和古巷，其中的精致曲折之处，如果不能沉下心来细细去看，刹那就会错过。要想仔细触摸到苏州地气，建议起早，睡晚，在游客高峰时段来个懒洋洋的午睡，这才叫悠闲游姑苏呢。

来到苏州，铁定绕不过去的是素以精巧绝伦闻名的园林。春秋时期，苏州园林已有基础，吴国的梧桐园、晋时的顾辟疆园，就是姑苏园林的原型。隋炀帝开运河后，苏州更是繁荣，加上江南地区不受中原战火影响，园林兴建之风长盛不衰。两宋时就有沧浪亭、五亩园、乐园和同乐园。即使到了元朝，苏州园林的构筑也未曾停步过，狮子林就是在这时建立起来的。不过对于多数游人来说，苏州园林虽然精致，但身在其中，往往不知道该从

何处看起，举目都是似曾相识的亭台楼阁假山，道道在何处？

看水要去拙政园，它分成中、西、东三部分。要想一窥全园轮廓，就要先上中部的远香堂，它是单檐歇山面阔三间的四面厅，恰好是在园中的南北轴线上，东望绣绮亭，西接倚玉轩，北临荷池。

要想看叠石，就得去环秀山庄，它在景德路上，一般游客通常会忽略。它本是五代广陵王钱氏金谷园旧址，仿照苏州阳山大石山而建。入园即觉山重水复，移步换景，变化万端。山中空而雄浑，谷曲折而幽深，洞、屋隐藏其间，配合步石、崖道，宛若天开。环秀山庄的假山，据说是出自乾嘉间常州戈裕良手笔，假山体形大，腹中空，内设洞壑、涧谷，山顶和山壁连成一气，以少量之石，叠大型之山，可说是乾嘉时期叠山法的总结者。仔细看他所叠的山石，山有脉，水有源，以大块竖石为骨，辅以挑、压、吊、叠、拼、挂、嵌、镶等手段，用小石佐之，纹理统一，宛若天成。

若是想领略老树拙石之趣，就得去沧浪亭。因为它是苏州现存最古老的园林。它的石径斜廊从修竹、蕉荫间蜿蜒而出，极是洗练大气，不像其他园林那样柔媚。它的漏窗款式之多，可说是苏州园林中的老大。它虽然是面水园林，偏偏却以山为主，全园以游廊围绕，廊间又用花墙分隔，然后通过漏窗使园外景色透入，令园内外景色似隔非隔，山水之间，欲断还连，这才是妙处所在。

如果是想看以少胜多的典范，那当然得去阔街头巷的网师园，它的蓝本是虎丘白莲池，也是少有的会在晚上开放的园林。网师园的妙处在于溪口、湾头、石矶构设得好，不仅不会分隔水面，还令人产生支流深远的感觉。而且不仅是驳岸有石阶，出水位见石矶，所有的亭、台、廊、榭都是面水而建，园林景色摇曳生姿，却也平易近人。

## 任务实施

根据游客特点，重点为他们推荐了以下景点：中山陵、夫子庙、南京大屠杀纪念馆、瘦西湖、个园、拙政园、寒山寺、乌镇、西湖、东方明珠塔、世博园、外滩、豫园、城隍庙。

## 任务总结

为游客推荐的这些景点既包含江南私家园林，又有水乡古镇；既有古代遗迹，又有现代景观，充分体现了华东旅游区悠久的历史文化和优美的自然风光特色。此外，为老人安排旅游活动还应考虑老人的身体状况，选择出行时间和旅游的景区。最好旅行前给老人身体做一次全面检查并给老人买一份医疗保险。出游前还要密切关注旅游目的地的天气状况。

## 暑假亲子游

**实训内容**

时值暑假，西安某旅行社组织了一个亲子游系列团，欲前往华东。孩子们的年龄为4～16岁不等，均由其父母带领。请分析旅游团成员的旅游动机及特征，尝试为其推荐适合的旅游景点。

**实训建议**

各项目团队根据实训内容互相进行交流、讨论，并点评；各项目团队提交实训报告，并根据报告进行评估。

1. 为什么西塘被称为“活着的千年古镇”?
2. 简述南浔古镇与其他古镇的不同之处。
3. 江苏省著名的水乡古镇有哪些？它们各自的特色景观是什么？

# 任务二　江西景点赏析

北京某机关工会欲安排离退休老干部30余人前往江西进行一次红色之旅。如何为他们安排推荐旅游景点?

这是一个典型的夕阳红旅游，成员们大都经历了新中国的成立、建设，对能代表新中国革命历程的人物、地点有着特殊的情结。他们的年龄大约介于60岁～80岁之间，身体状况不一，经济条件不错。针对他们的特点，选取旅游景点时应注意以下几点：

（1）选取最具代表性的红色旅游景点，补充其他当地特色景观。

（2）必须考虑老人的年龄和身体状况，注意所选景点的地理位置、交通情况。

## 知识准备

### 江西省主要景点概况

（一）江西省旅游资源概况

江西省，简称赣。因公元733年唐玄宗设江南西道而为省名，又因为江西省最大河流为赣江而得简称。自古以来江西人文荟萃、物产富饶，有“文章节义之邦，白鹤鱼米之国”的美誉。江西省地处中国东南长江中下游南岸，东邻浙江、福建，南连广东，西靠湖南，北毗湖北、安徽而共接长江。江西为长江三角洲、珠江三角洲和闽江三角洲地区的腹地，上通武汉三镇，下贯南京、上海，南仰梅关、岭南而达广州全省。全省土地总面积16.69万平方千米，设南昌、九江、景德镇、上饶、鹰潭、抚州、赣州、吉安、萍乡、宜春、新余11个设区市，省会南昌。

江西历史悠久，山川秀丽，人文荟萃，名胜古迹众多。全省有4处世界遗产、2处世界地质公园；11个国家级风景名胜区，25个省级风景名胜区；8个国家级自然保护区，22个省级自然保护区；39个国家级森林公园，60个省级森林公园。江西拥有全国最大的淡水湖鄱阳湖和风景如画的柘林湖、浓淡相宜的仙女湖，南昌、景德镇、赣州3座国家级历史文化名城等。著名的旅游景点有庐山、井冈山、三清山、婺源、龙虎山等，其中庐山作为“世界文化景观”列入“世界遗产名录”，三清山作为“世界自然景观”列入“世界遗产名录”。江西旅游被誉为“红色摇篮，绿色家园”。

图6-4　江西省主要旅游景点分布图

（二）主要景点介绍

1. 自然风光

（1）庐山风景名胜区

庐山，又称匡山或匡庐，位于九江市南 36 千米处。传说殷周时期有匡氏兄弟七人结庐隐居于此，后成仙而去，其所居之庐幻化为山，故而得名。庐山是我国著名的旅游风景区和避暑疗养胜地，5A 级旅游景点，于 1996 年被列入世界遗产名录。庐山景区可分为山上和山下两部分游览区，山上为庐山牯岭景区，山下游览区包括庐山山南景区和沙河景区。景区内气候宜人，植被葱茂，形成了瀑泉、山石、植物、地质、建筑等多类景观，共有景区 12 处、景点 37 处，各种景物景观 370 个，以仙人洞、九十九盘、三叠泉、白鹿洞、天池、庐山云海等景点景观最为出名。特色景观为庐山三绝：瀑布、云海、绝壁。

庐山以雄、奇、险、秀闻名于世，素有“匡庐奇秀甲天下”之美誉，与鸡公山、北戴河、莫干山并称四大避暑胜地。唐代诗人余邵诗云：“长江南岸鄱湖畔，拔地庐山风景妍；峭壁陡崖飞瀑布，奇峰秀岭绕云烟”，描写了庐山巍峨挺拔的青峰秀峦、喷雪鸣雷的银泉飞瀑、瞬息万变的云海奇观、俊奇巧秀的园林建筑。千百年来，无数名人墨客畅游庐山，留下了千古名句：李白的“飞流直下三千尺，疑是银河落九天”，苏轼的“不知庐山真面目，只缘身在此山中”，毛泽东的“天生一个仙人洞，无限风光在险峰”……均是对庐山瑰丽山水最佳写照，令无数人对庐山心驰神往。

（2）龙虎山风景名胜区

龙虎山原名云锦山，是国家重点风景名胜区、道教发祥地，2010 年被列入世界自然遗产。位于江西省鹰潭市郊西南 20 千米处。整个景区面积 220 平方千米，是我国典型的丹霞地貌风景。龙虎山景区有 99 峰、24 岩、108 处景物，明净秀美的泸溪河从山中流过，如一条玉带由南向北把上清宫、龙虎山、仙水岩等旅游景点串联在一线上。

龙虎山为道教正一派“祖庭”，被公认为“道教第一山”。源远流长的道教文化、独具特色的碧水丹山和规模宏大的崖墓群构成了龙虎山风景旅游区自然景观和人文景观的“三绝”。特色景观有上清宫、泸溪河、悬棺、无蚊村等。

（3）三清山风景名胜区

三清山位于上饶地区的玉山和德兴两县交界处，是国家重点风景名胜区，因玉京、玉虚、玉华三峰“如三清列坐其巅”而得名。三清山是历代道家修炼场所和隐士的世外桃源。据史书记载，东晋医药学家、炼丹术士葛洪到三清山结庐炼丹，至今山上遗有葛洪所掘的丹井和炼丹炉的遗迹。三清山旅游资源丰富，梯云岭、南清园、万寿园、西海岸、玉京峰、阳光海岸、三清宫、玉零观等十大景区引人入胜。

三清山享有“江南第一仙峰”的美誉，为云雾之乡，松石画廊，虬松丽鹃、日出晚霞。云雾使千山万壑浓淡明灭、变幻莫测，尤其在日出时分更是群峰竞秀、气象万千。三清山兼具“泰山之雄伟、黄山之奇秀、华山之险峻、衡山之烟云、青城之清幽”，被国际风景名家誉之为“世界精品、人类瑰宝、精神玉境”。特色景观有司春女神、巨蟒出山、猴王献宝、玉女开怀、老道拜月、观音赏曲、葛洪献丹、神龙戏松、三龙出海、蒲牢鸣天等。

(4) 井冈山风景名胜区

井冈山位于湘赣边界的罗霄山脉中段，这里山高林密，地势险峻。主要山峰海拔都在千米以上。井冈山地区包括宁冈、永新、莲花、遂川和湖南的炎陵县、茶陵等县，周围五百余里。这里有很多的革命人文景观，是土地革命初期中国工农红军革命遗址最集中的地方。保存完好的革命旧居旧址有几十处，其中国家级重点文物保护单位 10 处，省级重点文物保护单位 2 处，市级重点文物保护单位 17 处。井冈山风景名胜区有 60 多个景点，320 多处景观景物。景观分为八大类：峰峦、山石、瀑布、气象、溶洞、温泉、珍稀动植物及高山田园风光，具有雄、险、秀、幽、奇的特色。

井冈山集革命人文景观与旖旎的自然风光为一体，革命胜迹与壮丽河山交相辉映。当年郭沫若游览井冈山时曾感慨万千，挥毫留下了“井冈山下后，万岭不思游”的赞美诗句。特色景观有十里杜鹃长廊、十里台湾松、凌空看日出、观十里云海、水口彩虹瀑等。

(5) 武功山

武功山位于萍乡市东南边缘，罗霄山脉北段，绵亘起伏 120 千米，总面积 260 余平方千米，为萍乡、宜春、莲花、安福四地天然屏障。主峰白鹤峰海拔 1918.3 米，是华东地区第一高峰。武功山历史悠久，人文荟萃。自汉晋著名玄学家葛玄、葛洪修炼于此始，被佛道两教视为“洞天福地”，争相建观营刹，传道布经。文人雅士也接踵而至，留下了诸多吟诵佳作。

“千峰嵯峨碧玉簪，五岭堪比武功山”，这是明代大旅行家徐霞客登临后写下的千古绝句。武功山风光旖旎，景色秀丽，独具神韵，奇绝中华。神秘的“江南古祭坛群”距今已有 1700 多年的历史，被专家誉为“华夏一绝”。其资源类型与特色被专家概括为山景雄秀、瀑布独特、草甸奇观、生态优良、天象称奇、人文荟萃。特色景观有穿云石笋、武功山神、巨型灵芝、古祭坛群等。

(6) 鄱阳湖国家湿地公园

鄱阳湖位于长江南岸、江西省北部，是全国最大的淡水湖泊，是著名国家候鸟保护区、国际重要湿地之一。鄱阳湖地跨九江、南昌等多个地市，湖心湖岸景观遍布，主要景点有石钟山、大孤山、南山、老爷庙、落星湖等。鄱阳湖是我国著名的“鱼米之乡”，盛产多种淡水生物，尤以鄱阳湖银鱼最为名贵。

鄱阳湖拥有江南最密集的湖、最高贵的鸟、最多姿的水、最温柔的荻、最诗意的草。“鄱阳湖畔鸟天堂，鹬鹳低飞鹤鹭翔；野鸭寻鱼鸥击水，丛丛芦苇雁鸪藏。”鄱阳湖是亚洲最大的候鸟越冬地，被称为“白鹤世界”、“珍禽王国”，是白鹤的天堂，天鹅的故乡，每年有几十万只天鹅在此过冬，场面非常壮观。游客至此可观赏特色景观“枯水一线，洪水一片”，领略石钟山神韵，在鄱阳湖候鸟保护区观鸟等。

2. 人文景观

(1) 婺源

婺源位于江西省东北部，与安徽、浙江两省交界，处于黄山、庐山、三清山和景德镇旅游金三角区域。紫阳古街上保留着朱熹祖居；建于隋代的詹氏一世祖墓每年都吸引着上百万的台湾詹氏后裔前来观光、祭祖。婺源的物产中外驰名。“四色”（红、绿、白、黑）

是与“四古”（古村、古洞、古建筑、古文化）一样有着悠久历史和独特文化内涵的地方特色产品，红是“水中瑰宝”——荷包红鲤鱼，它肉嫩味美，具有食用、药用和观赏价值，被选入国宴；绿是婺源绿茶，它以“汤碧、香高、汁浓、味醇”等特色扬名天下，黑是“砚国名珠”龙尾砚，其“声如铜，色如铁，性坚滑，善凝墨”的特征广为世人所知；白是江湾雪梨，体大肉厚，松脆香甜，当属果中上品。此外还有甲路工艺伞、竹编、刺绣、木雕、根雕等民间工艺品，清华婺酒、赋春酒糟鱼、香菇、笋干、干蕨等特色山珍食品，均为馈赠亲友的上等佳品。

婺源被称为“中国最美丽的乡村”，这里有保存完整的明清古建筑，有田园牧歌式的氛围和景色。婺源是我国古建筑保存得最完整的地方之一，青林古木之间处处掩映着飞檐翘角的民居，其中汪口俞氏宗祠气势雄伟、工艺精巧，被专家誉为“艺术宝库”；婺源不仅自然风光秀美，还有着深厚的文化底蕴，自古有“书乡”的美称，从宋代以来，婺源出了文学家朱弁、理学家朱熹、篆刻家何震、铁路工程专家詹天佑等文化名人。特色景观有油菜花海、婺源四古（古建筑、古溶洞、古树、古文化）等。

（2）滕王阁

滕王阁坐落于赣江与抚河故道的汇合处，占地 4.3 公顷。滕王阁主体建筑净高 57.5 米，建筑面积 13000 平方米。其下部为象征古城墙的 12 米高台座，分为两级。台座以上的主阁取“明三暗七”格式，台座之下，有南北相通的两个瓢形人工湖，北湖之上建有九曲风雨桥。滕王阁是古代储藏经史典籍的地方，从某种意义上来说是古代的图书馆。而封建士大夫们迎送和宴请宾客也多喜欢在此，贵为天子的明代开国皇帝朱元璋在鄱阳湖之战大胜陈友谅后，曾设宴阁上，命诸大臣、文人赋诗填词，观看灯火。

滕王阁与黄鹤楼、岳阳楼和蓬莱阁并称为江南四大名楼，因初唐诗人王勃诗句“落霞与孤鹜齐飞，秋水共长天一色”而流芳后世。在古代，滕王阁被人们看作是吉祥风水建筑，被古人誉为“水笔”，有古人亦云：“求财万寿宫，求福滕王阁”。可见滕王阁在世人心目中占据的神圣地位，历朝历代无不备受重视和保护。

（3）景德镇陶瓷文化博览区

景德镇陶瓷历史博览区位于西市区风景秀丽的枫树山蟠龙冈，它由景德镇陶瓷历史博物馆和古窑组成。古建筑、古作坊、古工艺、古窑房、古瓷俗、古园林，成为景德镇悠久陶瓷历史文化的缩影。景区主要景观有古代制瓷作坊、镇窑、佑陶灵祠（风火仙师庙）、致美轩、宫廷御瓷、四大传统名瓷、瓷行、陶瓷民俗陈列、玉华堂、古窑群、天后宫、祖师庙、瓷碑长廊、瓷乐演奏、大夫第、明间等；主要节庆活动有“瓷都风情”大型文艺晚会、“祭窑神”、女子瓷乐队演奏、外国陶艺家表演以及拉坯、画坯等古代制瓷工序表演。

景德镇陶瓷文化博览区保存了中国乃至世界上最为丰富独特的、最为完整的陶瓷文物遗存，是景德镇最重要的陶瓷文化旅游景区之一，也被国内外专家和陶瓷爱好者称为“活的陶瓷博物馆”。

（4）浮梁古城

浮梁古城位于景德镇市郊，距离景德镇市区 8 千米。浮梁古城建于唐元和十二年

(817年)，历经唐、宋、元、明、清诸朝，是历代浮梁县治之所在。浮梁古城全城布局形似八卦，城墙全长20余里，高1.6丈，宽丈许。是江南唯一保存较完整的清代县衙，也是全国仅存的几处古县衙之一。

唐代诗人白居易曾叹“商人重利轻别离，前月浮梁买茶去”，充分体现了浮梁古城瓷茶文化源远流长。浮梁古城内有被誉为“江南第一衙”、全国唯一的五品古县衙和宋代佛塔——红塔，它以五品古县衙和千年红塔为核心，浓缩了千年古县悠久的人文历史和灿烂的茶瓷文化。特色旅游项目有古装照相、乘轿游、县官升堂审案、武士巡游、开城门等，同时每年有“祭坛”、“情驻千喜良缘”等活动。

(5) 瑶里风景名胜区

瑶里位于举世闻名的瓷都东北端，皖赣两省交界处，是江西省级风景名胜区、省级自然保护区和首批历史文化名镇之一。景区总面积192平方千米。瑶里历史上是景德镇制瓷原料的产地之一，又是皖、浙、赣边境大米、木柴、茶叶、茶油的集散地，还是景德镇通往浙江、安徽的古道。瑶里境内现开发有五大景区、数十处景点。五大景区为汪湖生态游览区、瓷茶古镇游览区、梅岭休闲度假区、高岭土矿遗址园区和绕南瓷器主题园区。特色景观有南山瀑布群、明清商业街、东埠古街等。

瑶里素有“瓷之源、茶之乡、林之海”的美称，境内峰岚逶迤，河谷交错，植被茂密，雨量充沛，气候宜人。始建于西汉末年的瑶里古镇，群峰环抱，如画如屏，南踞象山，北卧狮山，瑶河穿镇而过。数百幢明清古建筑依山傍水、错落有致地分布在瑶河两岸，一律的徽派建筑风格，飞檐翘角，粉墙黛瓦，掩映在青山绿水之中。这片古老而又神奇的地方，既有深厚的文化积淀，又是人们享受大自然的绿色仙境。它集自然与人文于一体，融历史与民俗为一身，是旅游休闲、访古修学、寻幽探奇的绝佳之地。

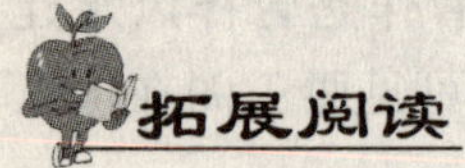


## 婺源油菜花

关于“婺源，油菜花”，是很多游客们最常提及的话题。“为什么是婺源？最出名的油菜花，还有罗平、汉中、门源，我们为什么要舍罗平去婺源?”游客常常会如此询问，然后最容易得出的结论是“因为罗平没有江南，没有江南就没有细雨绵密，雨中漫步，这样的花田显得有些寂寞，有些单调。”而乌镇、同里有江南的地方却没有遍野油菜花的金黄，漫山茶树的芬芳，青山碧水的柔美。

婺源，宛若一位水中的静女，恰似在水一方的伊人，超凡而脱俗。淡妆浓抹，不用丹青，也不用朱笔，谢绝了任何颜料，只是仅仅用了一泼水墨，泼泼洒洒，便把这属于江南的诗意表现得淋漓尽致了!

三月，刚好是江南最美的时节，是婺源油菜花开的时节。婺源油菜花主要分为田园油菜花和江岭十万梯田油菜花。油菜花遍布每个村庄，村庄与村庄间的石板路旁，

河边，山坡上，幽谷里，古宅旁，公路边。江岭的十万梯田式油菜花，从高处看更是壮观。

1. 十万梯田式油菜花：江岭（春天三四月必游之地）

江岭处于山谷之中，海拔千米；梯田如链似带，层层叠叠，高低错落，壮丽雄奇；水面映着蓝天和古树；梯田下面，山窝里藏着一小撮粉墙黛瓦，分外温柔可亲。这是婺源田园风光的代表。

油菜花期：3月中旬至4月中下旬。（山谷梯田原因，气温比田园低，花期相对要晚）

风景看点：层次感的梯田油菜花、云海、日出、日落、夜色中的油菜花。

2. 油菜花与村落徽派建筑：以思溪延村、李坑、庆源为代表

3月，棵棵粉红的桃花、洁白的梨花点缀在漫山遍野金黄色的油菜花中，掩映着白墙灰瓦的徽派建筑。人们都会心醉于这一片浑然天成的自然画卷之中。

油菜花期：3月初至3月中下旬。（田园油菜花开放期早）

风景看点：袅袅炊烟中的田园油菜花、古村落、徽派建筑。

3. 乡村田园式油菜花：以严田、乡村村落为代表

最美乡村看诗话般的田园风光，感受清新的泥土气息，一路上，在开满油菜花的乡村田野上，追逐、嬉戏、欢笑，躲进油菜花丛里，享受温柔的阳光，沁人心脾的清香。

油菜花期：2月底至3月中旬。（田园油菜花本地品种开放期很早）

风景看点：视野开阔的田园油菜花。

4. 河边油菜花：以月亮湾、江湾梨园河、汪口为代表

婺源一条条碧玉般的小河，自深黛色的崇山峻岭中奔腾而出，静静地流淌在绿色的旷野间、村落间。清澈见底的小河里，成片油菜花的倒影清晰可见。碧波映黄花，花在水中开，水在花中流，烟雨蒙蒙，影影绰绰，使婺源的灵秀中多了几分神奇和魅力。

风景看点：东线景区乡村公路边的月亮湾，汪口，江湾梨园河。

### 任务实施

考虑到老人团的特色和要求，为老人们选取庐山、南昌八一广场、井冈山、婺源等。

### 任务总结

旅游景点的选取突出了“红色”这一主题，这些在中国革命关键时刻起过重要作用的地方可使老人们回忆起战火纷飞的年代，引起老人们情感上的共鸣。游览中国最美的乡村让老人们放松心情，尽情休闲，领略保存完整的明清古建筑特色和大自然的美丽风光。

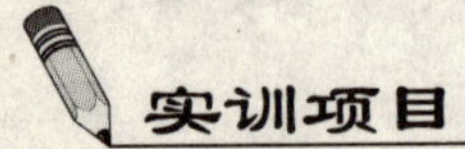


## 修学旅游行程安排

**实训内容**

北京某职业高中旅游服务与管理专业的学生准备进行教学实践活动，他们将进行江西—安徽—浙江连线游，请为他们推荐适合的江西省特色旅游景点。分析旅游团成员的旅游动机及特征，尝试为其选取适合的旅游景点。

**实训建议**

各项目团队根据实训内容互相进行交流、讨论，并点评；各项目团队提交实训报告，并根据报告进行评估。

1. 婺源“四古”与“四色”（红、绿、白、黑）分别指的是什么？
2. 庐山“三绝”指的是什么？
3. 三清山的景观具有什么特点？

# 任务三　安徽景点赏析

### 任务导入

小朱夫妇非常爱好旅游，十一黄金周期间，他们邀请好朋友小陈，打算两家人一起赴安徽旅游，领略徽州文化魅力。小朱和小陈夫妇俩都是教师，两家的孩子年龄相仿，一个9岁，一个10岁。他们打算坐火车到黄山市，然后租车自驾游。请为他们推荐合适的旅游景点。

### 任务分析

自驾游是现在很流行的一种旅游方式，具有自由度大、旅途方便的特点，能使旅游者根据自己的喜好充分领略景点魅力。为两家人推荐旅游景点时，首先要考虑游客的特征——教师具有较高的文化素养，对景点的文化内涵及质量要求较高；孩子正值好奇心强、活泼好动的年龄，也要考虑安排他们感兴趣的景点。

## 知识准备

**安徽省主要旅游景点**

（一）安徽省旅游资源概况

安徽省位于中国东南部，东连江苏、浙江，西接湖北、河南，南邻江西，北靠山东，省会为合肥。境内山河秀丽、物产丰富、稻香鱼肥、江河密布。五大淡水湖中的巢湖、洪泽湖在此横卧，素为长江下游、淮河两岸的“鱼米之乡”。以长江、淮河为界，形成了淮北、江淮、江南三大地域。

安徽旅游资源众多，有各类自然景观、人文景观、名胜古迹近200处。自然旅游资源包括闻名遐迩的游览胜地黄山、四大佛教圣地之一的九华山、古称“南岳”的天柱山、道教圣地之一的齐云山、蔚然深秀的琅琊山等名山。人文旅游景观有战国时期的古城寿春（即今寿县县城）、灵璧虞姬墓、乌江项羽祠、唐代诗人刘禹锡以《陋室铭》而闻名的“陋室”、以李白《赠汪伦》诗而闻名的泾县桃花潭、包公祠、包公墓园、明代开国皇帝朱元璋下旨于凤阳建造的中都城遗址和明皇陵及皇陵碑，另外安庆市有太平天国英王府，亳州有曹操宗族墓群和华佗庵，歙县有许国石坊和棠樾牌坊群等。

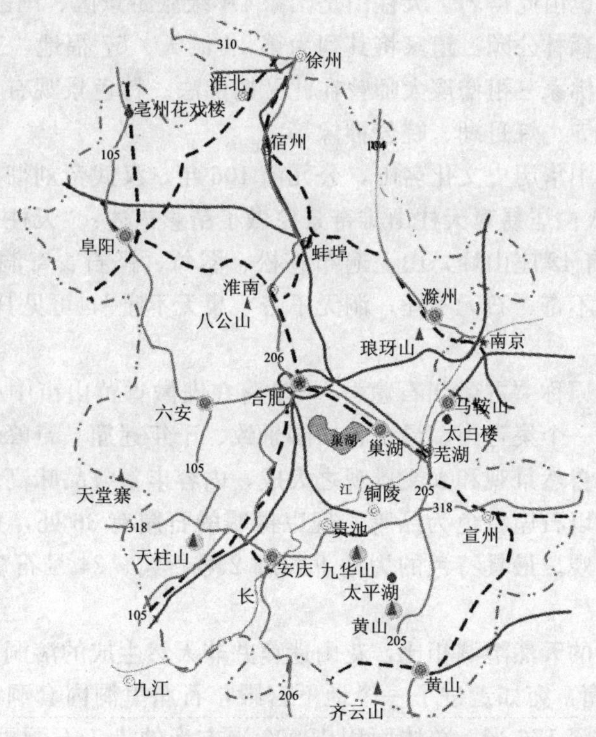


图6－5　安徽省主要旅游景点分布图

（二）主要景点介绍

1. 自然风光

（1）黄山风景区

黄山风景区位于安徽省南部黄山市，是国家5A级旅游景区、世界地质公园、世界文化与自然遗产、全国十大重点风景名胜区、国家森林公园、国家级自然保护区。黄山主峰莲花峰，海拔1864.7米，为华东地区第三高峰。黄山无山不峰，这里千峰称奇，各有特色。历史上先后命名的有三十六大峰、三十六小峰。特色景观有黄山五绝：奇松、怪石、云海、温泉和冬雪；著名的黄山松有迎客松、送客松、蒲团松、黑虎松、探海松、卧龙松、团结松、龙爪松、竖琴松、陪客松。黄山三瀑："人字瀑"、"百丈泉"和"九龙瀑"。

高耸的莲花峰、平旷的光明顶、险峻的天都峰、秀丽的始信峰，是黄山奇峰的杰出代表。泰山之雄伟，华山之险峻，衡山之烟云，庐山之瀑，雁荡山之巧石，峨眉山之秀丽，黄山无不兼而有之。明代旅行家、地理学家徐霞客两游黄山，赞叹说："登黄山天下无山，观止矣!"又留"五岳归来不看山，黄山归来不看岳"的美誉。

（2）天柱山风景区

天柱山风景区位于安庆市潜山县，其主峰海拔1489.8米，高耸挺立，如巨柱擎天，因而称为天柱峰，山也由此得名。天柱山是国家4A级旅游景区、国家级重点风景名胜区、国家地质公园、国家森林公园。道家将其列为第14洞天、57福地，三祖寺是佛教禅宗的发祥地之一，传说中佛家三祖僧璨大师曾在此弘扬佛法。特色景观有天柱峰、飞来峰、青龙背、神秘谷、三祖寺、炼丹湖、皖公神像等。

天柱山自古即为中华历史文化名山，公元前106年，汉武帝刘彻登临天柱山，授其封号"南岳"。唐代诗人白居易对天柱山雄奇景象做了精彩描述："天柱一峰擎日月，洞门千仞锁云雷。"天柱山有42座山峰，山上遍布苍松、翠竹、怪石、奇洞、飞瀑、深潭。《天柱山志》称其"峰无不奇，石无不怪，洞无不杳，泉无不吼"，可见其自然景色之奇丽。

（3）花山迷窟

花山迷窟风景区原称"古徽州石窟群"，坐落在安徽省黄山市中心城区（屯溪）篁墩至歙县雄村之间，是一个集青山、绿水、田园景致、千年迷窟、奇峰怪石、摩崖石刻、石窟、庙宇、古建筑等自然景观和人文景观之大成，内容丰富、品味高，适宜各层次游客观赏的综合景区。景区以石窟特色为品牌，现以探明的石窟有36处，是北纬三十度神秘线上唯一一处石窟群奇观。最具特色的为地下长廊2号石窟、24号石窟、35号石窟、33～34号石窟。

与国内许多著名的天然溶洞相比，花山迷窟并非天然生成的溶洞，而是古人巧夺天工而成。走进35号石窟，宛如走进了一个地下宫殿，石窟里洞内套洞，洞下有洞，结构怪异。奇怪的是，在这深176米、总体面积12000平方米的人工石洞里既无壁画又无佛像，石窟岩壁上当年的凿痕印迹至今依然清晰如初、整齐美观。洞内还能看见清澈见底的潭水，常年不枯。花山迷窟迷就迷在这些洞窟源于何时？是谁开掘？如何形成？数以百万方石料倒去了何处？如何开采和运输？处在新安文化的中心地带，为何在历史上没有任何信

息记录？这些不解之谜，等待着来自五湖四海的朋友们一探究竟。

(4) 巢湖

巢湖，又称焦湖，位于安徽省巢湖市，是安徽省内最大的湖泊，我国第五大淡水湖。巢湖水系发达，自古就号称“三百六十汊”。它烟波浩渺，白帆点点，宛如一只碗夹在长江和淮河之间。湖中央有姑山、姥山两个岛屿，湖四周有半汤、香泉、汤池、三大温泉和太湖山、鸡笼山、冶父山、天井山四个国家森林公园，还有仙人、紫薇、王乔、华阳、伯山五大溶洞，湖光、江涛、温泉、奇花，堪称“巢湖四绝”。巢湖地区物产丰富，为江北的“鱼米之乡”湖蟹、银鱼、虾米、珍珠是这里著名的“水上四珍”。特色景观有姥山岛、中庙、文峰塔等。

(5) 天堂寨景区

天堂寨位于安徽省金寨县西南部，集国家5A级旅游景区、国家森林公园、国家级自然保护区、国家地质公园于一体。天堂寨风景区还是省级爱国主义教育基地，红色文化底蕴深厚、当地民风民俗古朴淳厚。特色看点为瀑布群、龙井河溪、圣水的世界、奇峰怪石、大鲵故乡、古寨遗风。

天堂寨古称“吴楚东南第一关”，被誉为“华东最后一片原始森林”、“安徽省五个最美的地方”之一。这里不仅集结了“奇峰、飞瀑、林海、峡谷、云雾、幽潭、秀水”等众多自然景观，还蕴含着丰厚的历史文化和红色文化，淳朴厚重的民俗民风更与生态景观交相辉映，由此被誉为生态名山、资源名山、文化名山和历史名山。天堂寨古称“多云山”，景区内常年云雾缭绕、俊峰林立、群瀑飘逸。其108道接力式瀑布群景区，水量充沛、姿态各异，落差50米以上就达18米之多，为华东地区所绝有！

(6) 采石矶风景区

采石矶风景区位于马鞍山市区西南约5千米的采石公园里的翠螺山麓，古称牛渚矶。它和岳阳城陵矶、南京燕子矶，合称“长江三矶”。采石风景区是国家重点风景名胜区、国家4A级旅游区，由采石矶片区、濮塘片区、青山片区、横山片区组成，总面积64.85平方千米。特色景观有采石矶、翠螺山、太白楼、林散之艺术馆等。

采石矶以山势险峻，风光绮丽，古迹众多而列“长江三矶”之首，素有“千古一秀”之誉。唐代元和年间，这里就建起了太白楼。登楼远眺，千里长江，尽收眼底，素有“风月江天贮一楼”之称。“采石山水甲江南”，唐代伟大的浪漫主义诗人李白曾多次登临吟咏，在这里写下了《横江词》、《牛渚矶》、《望天门山》、《夜泊牛渚怀古》等脍炙人口的诗篇50余首，最终长眠于附近的青山。采石矶天造地设的自然景观和集秀、奇、险、文于一身的独特风貌作为一种得天独厚的旅游文化资源，在中华大地上是不多见的。对此天然胜境，一位名人曾发出感叹：“国中园林甚多，而借青山、借绝壁、借大江、借文化造园者，独采石矶矣！”

2. 徽派文化

(1) 宏村

宏村位于徽州（今黄山市）县城西北角，距屯溪65千米，距黟县县城11千米。该村始建于北宋，距今已近千年历史。1999年12月和同属黟县的西递一同被列入《世界遗产

名录》。著名景点有南湖风光、南湖书院、月沼春晓、牛肠水圳、双溪映碧、亭前大树、雷岗夕照、树人堂、明代祠堂乐叙堂等。村周有闻名遐迩的雉山木雕楼、奇墅湖、塔川秋色、木坑竹海、万村明祠“爱敬堂”等景观。

宏村最早称为“弘村”，据《汪氏族谱》记载，当时因“扩而成太乙象，故而美曰弘村”，清乾隆年间更名为宏村。古宏村人规划、建造的牛形村落和人工水系，堪称“中华一绝”，统看全村，就像一只昂首奋蹄的大水牛，成为当今建筑史上一大奇观。巍峨苍翠的雷岗为牛首，参天古木是牛角，由东而西错落有致的民居群宛如庞大的牛躯。引清泉为“牛肠”，经村流入被称为“牛胃”的月塘后，经过滤流向村外被称作是“牛肚”的南湖。人们还在绕村的河溪上先后架起了四座桥梁，作为牛腿。这种别出心裁的科学的村落水系设计，不仅为村民解决了消防用水，而且调节了气温，为居民生产、生活用水提供了方便，创造了一种“浣汲未防溪路远，家家门前有清泉”的良好环境。宏村现有保存完好的明清民居140余幢，承志堂“三雕”精湛，富丽堂皇，被誉为“民间故宫”、“中国画里乡村”。

（2）西递

西递位于黄山市黟县东南部的西递镇中心，乃取村中三条溪水东向西流之意；又因位于徽州府之西，曾设“铺递所”，故改名西递。目前整理开放有凌云阁、胡文光刺史牌坊、瑞玉庭、桃李园、东园、西园、大夫第、敬爱堂、履福堂、青云轩、膺福堂、笃敬堂、仰高堂、尚德堂、枕石小筑、仁堂、追慕堂等民居古建筑。特色景观有西递牌楼、走马楼、桃李园和西园、青云轩、天井、大夫第与绣楼等。

西递素有“桃花源里人家”之称。村中的富丽宅院、精巧的花园、砖雕的楼台亭阁、及精美的木雕、壁画等，都体现了中国古代艺术之精华。且“布局之工，结构之巧，装饰之美，营造之精，文化内涵之深”，为国内古民居建筑群所罕见，堪为徽派古民居建筑艺术之典范。

（3）徽州古城

徽州古城坐落在国家历史文化名城歙县县城，是国家4A级景区。徽州，位于新安江上游，古称新安，自秦朝置郡县以来，已有2200余年的历史。徽州是徽商的发祥地，明清时期徽商称雄中国商界300多年，有“无徽不成镇”、“徽商遍天下”之说。徽文化是中国三大地域文化之一。徽州地区是历史上中国经济文化重地，安徽省名中的“徽”字就是由徽州而来。

3. 宗教圣地

（1）九华山

九华山位于安徽省池州市青阳县境内，与山西五台山、浙江普陀山、四川峨眉山并称为中国佛教四大名山，是“地狱未空誓不成佛，众生度尽方证菩提”的大愿地藏王菩萨道场，国家5A级旅游景区。现存寺庙78座，佛像6000余尊。著名的寺庙有甘露寺、化城寺、只园寺、旃檀林、百岁宫、上禅堂、慧居寺等，收藏文物达千余件。山中还有金钱树、叮当鸟、娃娃鱼等珍稀动植物。特色景观有九华街、十王峰、天台等，特色旅游项目有九华河漂流。

九华山天开神奇，清丽脱俗，是大自然造化的精品，有“莲花佛国”之称。境内群峰

竞秀，怪石林立，古木参天，灵秀幽静，九大主峰如九朵莲花，千姿百态，各具神韵。连绵山峰形成的天然睡佛，成为自然景观与佛教文化有机融合的典范。景区内处处清溪幽潭、飞瀑流泉，构成了一幅幅清新自然的山水画卷。还有云海、日出、雾凇、佛光等自然奇观，气象万千，美不胜收，素有“秀甲江南”之誉。晋唐以来，陶渊明、李白、费冠卿、杜牧、苏东坡、王安石等文坛大儒游历于此，吟诵出一首首千古绝唱，黄宾虹、张大千、刘海粟、李可染等丹青巨匠挥毫泼墨，留下了一幅幅传世佳作。唐代大诗人李白三上九华，写下了数十首赞美九华山的不朽诗篇，尤其是“妙有分二气，灵山开九华”的诗句，成了九华山的“定名篇”。

(2) 齐云山

齐云山古称白岳，是中国四大道教名山之一，位于徽州（今黄山市）休宁县城西十五千米处。齐云山为国家重点风景名胜区，国家4A级旅游景区，景区面积110平方千米，共分月华街、云岩湖、楼上楼三个景区。境内有三十六奇峰、七十二怪崖。特色景观有洞天福地、真仙洞府、月华街、香炉峰、玉虚宫等。

齐云山因最高峰廊崖“一石插天，与云并齐”而得名，与江西龙虎山、湖北武当山、四川青城山并称中国四大道教圣地。因与武当山均供奉真武大帝，故有“江南小武当”之美称。齐云山以山奇、水秀、石怪、洞幽著称，历史上有“黄山白岳甲江南”之称，乾隆帝称之为“天下无双胜景，江南第一名山”。

## 领略徽州山水，尽享徽州美食

徽菜为全国八大菜系之一，发祥于南宋，起源于歙县（古徽州府），以烹制山珍野味而显其特色。徽菜在烹调方法上擅长烧、炖、蒸、熘，讲究佐料，重火功，提倡原汁原味。重油，以滋润肠胃和肌肤；重色，以增强审美效果，达到“色、香、味”统一的效果。在安徽省的省会合肥，人们能品尝到正宗的徽菜。曹操鸡、包公鱼、庐州烤鸭、李鸿章杂烩、怀胎鱼、油爆虾、油淋鸡、御笔鳝丝都是合肥的名菜，不可不尝。

黄山的美食充分利用了当地的特产，并采用了独特的做法，所以黄山的小吃并不像川菜那样是在哪里都吃得到的大众美食，可以说具有徽菜风格、又独具风味的文化美食。黄山名菜有问政山笋、红烧划水、火腿炖甲鱼、虎皮毛豆腐、臭鳜鱼、馄饨鸭子、屯溪醉蟹、菊花锅等；著名的小吃名点有：毛豆腐、石头馃、蟹壳黄烧饼、五城豆腐干、葛粉圆子、芙蓉糕、徽州裹粽、绿豆兜、绩溪米粉等。到黄山，一定要品尝一下当地的特色菜“臭鳜鱼”。相传在200多年前，沿江一带的鱼贩每年入冬时将长江名贵水产——鳜鱼用木桶装运至徽州山区出售（当时有“桶鱼”之称），途中为防止鲜鱼变质，采用一层鱼洒一层淡盐水的办法，经常上下翻动。如此七八天抵达屯溪等地时，鱼鳃仍是红色、鳞不脱、质未变，只是表皮散发出一种似臭非臭的特殊气味，但是洗净后经热油稍煎，细火烹调后，非但无臭味，反而鲜香无比，成为脍炙人口的佳肴延续至今，盛誉不衰。如今烹制此菜已不再使用桶鱼，而是以新鲜的徽州自产桃花鳜（每年桃花盛开、春汛发水之时，此鱼长得最为肥嫩）用盐或浓鲜的肉卤腌制，再用传统的烹调方法烧制，故又称“腌鲜鳜”。此菜名为“臭”，其实香，滋味浓厚，令人垂涎。黄山市品尝美食最著名的地方就要数屯溪老街了，“老街第一楼”是旅游者品尝地道徽菜的好去处。

## 安徽美食文化之旅

线路特色：安徽地处江淮之间，悠久的历史文化、风土人情形成了各地风格独特的美食文化。此线路适合自驾游，可携家人好友，赏徽山皖水，品美食名吃，体会安徽人文自然之精粹。

D1：出发地赴黄山市屯溪区，品尝徽菜；宿屯溪。

D2：游屯溪老街，后至歙县，游花山迷窟；中餐后赴芜湖，晚餐品尝芜湖河鲜、土菜；宿芜湖。

D3：参观芜湖中山路步行街、鸠兹广场；乘车赴九华山，游化城寺、肉身宝殿、百岁宫等。晚餐品尝九华素宴；宿九华山。

D4：赴三河古镇，品三河土菜；后赴淮南，游览八公山，晚餐品尝淮南豆腐宴；宿淮南。

D5：赴颍上八里河，游览鸟语林、世界风光园等景点，品八里河鱼宴；下午赴亳州，晚餐品亳州药膳；宿亳州。

D6：游览药材大市场、花戏楼、曹操运兵道、华佗纪念馆，午吃亳州土菜；下午游览古井贡酒文化博物馆，观看古井贡酒生产流程，晚返回合肥；宿合肥。

D7：早餐后游览包公文化园、李鸿章故居，午餐后返程。

### 任务实施

根据游客的要求，为他们安排了屯溪老街、黄山、宏村、西递、花山迷窟、九华山。景点中包含两处世界遗产——黄山及西递、宏村，使游客既能领略大自然鬼斧神工之神奇，又能感受古徽州文化的博大精深与当地风土民情；花山迷窟能充分满足孩子的好奇心，独具风味的徽菜则能使所有人大快朵颐。

### 任务总结

安徽是一个灵秀之地，黄山、九华山等集瑰丽的自然风光和独特的人文气息于一身，而徽州文化——徽商、徽菜，白墙黑瓦、马头高墙的徽式建筑，更是吸引人们来此旅游的要素。这些旅游景点的选择既包括瑰丽的自然风光，又有充满着独特文化气息的人文旅游景点，且在景点还能品尝到地道的地方风味。

## 散客旅游（家庭）行程安排

**实训内容**

广州市某公司的小李准备休年假，为了犒劳劳累了一辈子的父母，他准备和妻子带双方父母到安徽旅游。他们对古徽州的文化和明清建筑非常感兴趣，而且小李的父母都信佛。哪些旅游景点最适合他们呢？分析旅游团成员的旅游动机及特征，尝试为其编制旅游路线。

**实训建议**

各项目团队根据实训内容互相进行交流、讨论，并点评；各项目团队提交实训报告，并根据报告进行评估。

1. 黄山“五绝”是什么？
2. 宏村的建筑规划有何特点？
3. 中国四大佛教名山有哪些？

# 项目七　山水峡谷——华中景点赏析

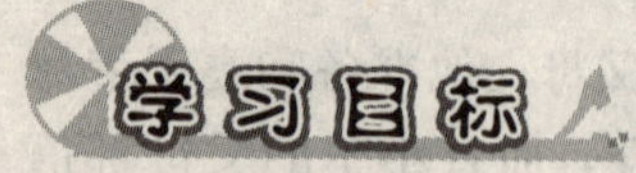

### 知识目标

1. 了解华中地区各省市旅游景点概况，熟悉华中地区各省市主要旅游景点；
2. 掌握春节黄金周、自驾游、自助游的方式及特点。

### 能力目标

1. 能够对景点进行赏析；
2. 能够根据大一新生、返乡省亲中年夫妻、海归人士要求，为游客推荐华中旅游区景点。

## 任务一　四川景点赏析

一直生活在东北的大一文科新生张兵，暑假想到四川去转一转，以此开拓眼界，了解南方文化，增加生活阅历。

对于大学生的旅游路线，首先考虑的应该是他们的经济承受能力，毕竟他们还没有在经济上独立。其次，要重点推荐他们去四川各地的历史文化名城，特别是那些具有蜀文化特色的景点去看一看，加深他们对祖国大好河山的自豪感和认同感。

四川位于中国西部，是西南、西北和中部地区的重要结合部，是承接华南华中、连接西南西北、沟通中亚南亚东南亚的重要交汇点和交通走廊。辖区面积 48.5 万平方千米，居中国第 5 位，辖 21 个市（州），181 个县（市、区），是我们国家的资源大省、人口大省、经济大省和旅游大省。

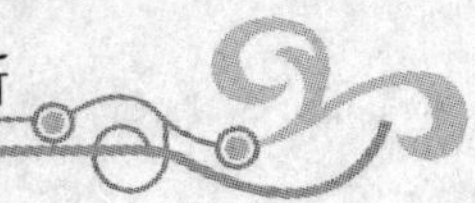

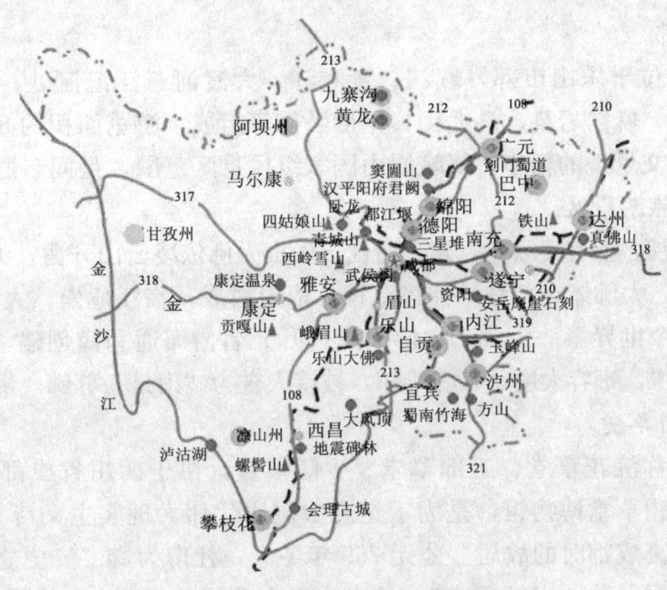


图 7-1　四川旅游景点图

## 一、人文景观

### (一) 都江堰

都江堰位于四川省成都市都江堰市灌口镇，是中国建设于古代并使用至今的大型水利工程，被誉为“世界水利文化的鼻祖”，是全国著名的旅游胜地。通常认为，都江堰水利工程是由秦国蜀郡太守李冰及其子率众于公元前 256 年左右修建的，是全世界迄今为止，年代最久、唯一留存、以无坝引水为特征的宏大水利工程，也是全国重点文物保护单位。

都江堰水利工程充分利用当地西北高、东南低的地理条件，根据江河出山口处特殊的地形、水脉、水势，乘势利导，无坝引水，自流灌溉，使堤防、分水、泄洪、排沙、控流相互依存，共为体系，保证了防洪、灌溉、水运和社会用水综合效益的充分发挥。它最伟大之处是建堰 2250 多年来经久不衰，而且发挥着愈来愈大的效益。都江堰建成后，成都平原沃野千里，“水旱从人，不知饥馑，时无荒年，谓之天府”。都江堰渠首枢纽主要由鱼嘴、飞沙堰、宝瓶口三大主体工程构成。三者有机配合，相互制约，协调运行，引水灌田，分洪减灾，具有“分四六，平潦旱”的功效。

### (二) 峨眉山

峨眉山位于四川峨眉山市境内，景区面积 154 平方千米，最高峰万佛顶海拔 3099 米。峨眉山以其“秀甲天下”的山水风光，源远流长的佛教文化和独具特色的人文景观享誉中外，是世界自然与文化遗产、国家级风景名胜区和中国四大佛教名山之一，素有“仙山佛国”、“植物王国”、“动物乐园”和“地质博物馆”之美誉，是国家 5A 级旅游景区。

大峨山为峨眉山的主峰，通常说的峨眉山就是指的大峨山。大峨、二峨两山相对，远远望去，双峰缥缈，犹如画眉，这种陡峭险峻、横空出世的雄伟气势，使唐代诗人李白发“峨眉高出西极天”、“蜀国多仙山，峨眉邈难匹”之赞叹。峨眉山以多雾著称，常年云雾缭绕，雨丝霏霏。弥漫山间的云雾，变化万千，把峨眉山装点得婀娜多姿。

（三）乐山大佛

乐山大佛景区位于乐山市郊，岷江、青衣江、大渡河三江汇流处，与乐山城隔江相望。景区由凌云山、麻浩岩墓、乌尤山、巨形卧佛等组成，游览面积约 8 平方千米。景区集聚了乐山山水人文景观的精华，属峨眉山国家级风景区范围，是闻名遐迩的风景旅游胜地，为国家 5A 级旅游景区。

凌云山紧傍岷江，上有凌云寺，建于唐代。乐山大佛依凌云山开凿，大佛头与山齐，足踏大江，双手抚膝，大佛体态匀称，神势肃穆，依山凿成，临江危坐。大佛通高 71 米，脚背宽 8.5 米，为当今世界第一大佛。大佛为唐代开元名僧海通和尚创建，历时 90 年完成。大佛为一尊弥勒座像，雍容大度，气魄雄伟，被诗人誉为“山是一尊佛，佛是一座山”。

（四）成都杜甫草堂

杜甫草堂，又称浣花草堂、工部草堂、少陵草堂，位于四川省成都市西郊的浣花溪畔，现今是成都杜甫草堂博物馆，是为了纪念中国唐代伟大现实主义诗人杜甫的博物馆。杜甫草堂是杜甫流寓成都时的故居。公元 759 年冬天，杜甫为避“安史之乱”，携家入蜀，在成都营建茅屋而居，称“成都草堂”。杜甫先后在此居住近四年，创作诗歌流传至今的有 240 余首。其中的《闻官军收河南河北》现已成为不少地区学生必学课。杜甫草堂为国家 4A 级景区，首批国家一级博物馆，全国古籍重点保护单位。

今天的草堂占地面积近 300 亩，仍完整保留着明弘治十三年（1500 年）和清嘉庆十六年（1811 年）修葺扩建时的建筑格局，建筑古朴典雅、园林清幽秀丽，是中国文学史上的一块圣地。草堂核心文物区内，照壁、正门、大廨、诗史堂、柴门、工部（杜甫又名杜工部）祠排列在一条中轴线上，两旁配以对称的回廊与其他附属建筑，显得既庄严肃穆又古朴典雅。“工部祠”东侧的“少陵草堂”碑亭，已成为杜甫草堂标志性景点和成都著名景观。“工部祠”后恢复重建的“茅屋故居”，重现了诗人故居的田园风貌。

（五）武侯祠

武侯祠位于四川成都南郊，占地 56 亩，是国内纪念蜀汉丞相诸葛亮的主要胜迹，也是成都市的标志性旅游景点。1961 年国务院公布为第一批全国重点文物保护单位，2008 年评为首批国家一级博物馆。

初与刘备昭烈庙相邻，明初武侯祠并入昭烈庙。1672 年重建，形成现存武侯祠君臣合庙。武侯祠建于唐，唐朝大诗人杜甫曾有诗写到它：“丞相祠堂何处寻，锦官城外柏森森。”现在的武侯祠是清康熙年间重建的。它同先主庙、刘备墓相毗连。武侯祠主体建筑分大门、二门、刘备殿、过厅、诸葛亮殿五重，严格排列在从南到北的一条中轴线上。

## 二、自然景观

（一）九寨沟

九寨沟位于四川省阿坝藏族羌族自治州九寨沟县漳扎镇，是白水沟上游白河的支沟，以有九个藏族村寨（又称何药九寨）而得名。九寨沟海拔在 2000 米以上，遍布原始森林，沟内分布 108 个湖泊，有“童话世界”之誉；九寨沟为全国重点风景名胜区，并被列入世界遗产名录。2007 年 5 月 8 日，阿坝藏族羌族自治州九寨沟旅游景区经国家旅游局正式批

准为国家5A级旅游景区。

九寨沟是大自然鬼斧神工之杰作。这里四周雪峰高耸，湖水清澈艳丽，飞瀑多姿多彩，急流汹涌澎湃，林木青葱婆娑。蓝蓝的天空，明媚的阳光，清新的空气和点缀其间的古老村寨、栈桥、磨坊，组成了一幅内涵丰富、和谐统一的优美画卷，历来被当地藏族同胞视为“神山圣水”。九寨沟景区开放后，东方人称之为“人间仙境”，西方人则将之誉为“童话世界”。

（二）黄龙风景名胜区

黄龙风景名胜区位于四川省阿坝藏族羌族自治州松潘县境内，为国家5A级景区，海拔在3000米以上，是中国最高的风景名胜区之一。风景区由黄龙景区和牟尼沟景区两部分组成。地表钙华是黄龙景观的最大特色。面积700平方千米。主要景观集中于长约3.6千米的黄龙沟，沟内遍布碳酸钙华沉积，并呈梯田状排列，仿佛是一条金色巨龙，并伴有雪山、瀑布、原始森林、峡谷等景观。

黄龙风景名胜区既以独特的岩溶景观著称于世，也以丰富的动植物资源享誉人间。从黄龙沟底部（海拔2000米）到山顶（海拔3800米）依次出现亚热带常绿与落叶阔叶混交林、针叶阔叶混交林、亚高山针叶林、高山灌丛草甸等。包括大熊猫、金丝猴在内的10余种珍贵动物徜徉其间，使黄龙景区的特殊岩溶地貌与珍稀动植物资源相互交织，浑然天成。以其雄、峻、奇、野风景特色，享有“世界奇观”、“人间瑶池”的美誉。

（三）四姑娘山

四姑娘山地处阿坝藏族羌族自治州小金县与汶川县交界处，由横断山脉中四座毗连的山峰组成，根据当地藏民的传说，为四个美丽的姑娘所化，因而得名。主峰幺妹峰海拔6250米，山体陡峭，直指蓝天，冰雪覆盖，银光照人。溪沟呈南北向穿行于峡谷之中，纵深十至数十千米。

四姑娘山有高原特有的洁净蓝天，皑皑白雪，并与奇峰异树、飞瀑流泉、草甸溪流交融成一幅奇异景观。其中双桥沟纵深30余千米，峡谷时宽时窄，宽阔处可达数千米，斜坡上覆以广阔的草坪，溪流蜿蜒其间，两岸沙棘树丛生，宛似一条绿色长龙，绵延长达数千米。而每当金秋，树叶转红，又是一番景色。位于长坪及海子两沟深处的四姑娘山，终年积雪，直插蓝天，蔚为壮观。四姑娘山以雄峻挺拔闻名，为各国登山家所瞩目，山麓森林茂密，绿草如茵，清澈溪流潺潺不绝，又是一派秀美的南欧风光，人称“中国的阿尔卑斯”。这里因气候条件特殊，垂直高差显著，动植物资源十分丰富，与以保护大熊猫为主的卧龙自然保护区和米亚罗红叶风景区相毗邻。

（四）海螺沟

海螺沟位于四川省甘孜藏族自治州东南部，贡嘎山东面，是青藏高原东缘的极高山地，为国家4A级景区。海螺沟位于贡嘎雪峰脚下，以低海拔现代冰川著称于世。晶莹的现代冰川从高峻的山谷铺泻而下，将寂静的山谷装点成玉洁冰清的琼楼玉宇；巨大的冰洞、险峻的冰桥，使人如入神话中的水晶宫。

海螺沟是举世无双的大冰瀑布，高达1000多米，宽约1100米，比著名的黄果树瀑布大出十余倍，壮丽无比。海螺沟是亚洲最东的低海拔现代冰川发现地，海拔为2850米。其大冰瀑布是中国至今发现的最高大冰瀑布。沟内蕴藏有大流量沸热温冷矿泉，大面积原始森林和特高的冰蚀山峰，大量的珍稀动植物资源，金山、银山交相辉映，美丽壮观等美好的形容词都难以表现它特点，给人来的是无限的惊喜。海螺沟晴天月夜，景象万千，令人一见之后，终生不忘。海螺沟有“一沟有四季，十里不同天”的气候特征，冬暖夏凉，云雾较多而日照较少，年降水量为2000毫米。海螺沟不受气候和景观条件的限制，一年四季都可游览，是理想的旅游、度假、疗养、登山、科考、探险的好去处。

（五）蜀南竹海

蜀南竹海，位于四川南部的宜宾市境内，幅员面积120平方千米，核心景区44平方千米，共有八大主景区、两大序景区，共计134处景点。景区内共有竹子58种，7万余亩，是我国最大的集山水、溶洞、湖泊、瀑布于一体，兼有历史悠久的人文景观的最大原始“绿竹公园”；植被覆盖率达87%，为我国空气负离子含量极高的天然氧吧。

蜀南竹海原名“万岭箐”。据传北宋著名诗人黄庭坚到此游玩，见此翠竹海洋，连连赞叹：“壮哉，竹波万里，峨眉姐妹耳!”即持扫帚为笔，在黄伞石上书“万岭箐”三字，因而得名。整个竹海成“之”字形，东西宽、南北狭。山地是典型的丹霞地貌，海拔600～1000米。蜀南竹海可谓是竹的海洋，整个翠竹林覆盖了27条峻岭、500多座峰峦。

除盛产常见的楠竹、水竹、慈竹外，还有紫竹、罗汉竹、人面竹、鸳鸯竹等珍稀竹种。在茫茫的竹海中，还零星地生长着桫椤、兰花、楠木、蕨树等珍稀植物；栖息着竹鼠、竹蛙、箐鸡、琴蛙、竹叶青等竹海特有的动物；林中除了产竹笋，还有许多名贵的菌类：竹荪、猴头菇、灵芝、山塔菌等。据统计，竹海所产的中草药不下200种，堪称一个天然的大药园。春天，到蜀南听春笋破土之声，披洒然春风，看生命蓬勃自由地生长。品一杯清茗，尝几碟鲜嫩的竹笋及地方的风味小吃，一边是不绝如缕的翠竹清风拂面，分不清是天上还是人间。

（六）成都大熊猫繁育研究基地

成都大熊猫繁育研究基地，是一个专门从事濒危野生动物研究、繁育、保护教育和教育旅游的非营利性机构。基地位于成都北郊斧头山，距市区10千米，有一条宽阔的熊猫大道与市区相连。

为进一步开展科普教育，提高公众保护环境、保护野生动物的意识，基地于1993年建立了大熊猫博物馆，它是世界上唯一的为珍稀濒危野生动物建立的专题博物馆，目前已建成了大熊猫馆、蝴蝶馆及脊椎动物馆三大相对独立又有联系的展馆。大熊猫博物馆内珍贵的资料、丰富的展品举世无双，是认识大熊猫、回归大自然、观光旅游、休闲娱乐的极佳场所。四周翠竹葱茏，绿树成荫，花香鸟语，空气清新，山野风光和人工景观巧妙融合。大熊猫、小熊猫、黑颈鹤等珍稀濒危动物在这里悠然自得地生息繁衍。馆舍内、草坪上，大熊猫或卧或坐，或饮或嬉，或进或出，各得其所，令人陶醉。

## 三、主题公园

（一）成都欢乐谷主题公园

成都欢乐谷主题公园是“欢乐谷”连锁品牌，是继深圳欢乐谷、北京欢乐谷之后，欢乐谷连锁品牌走向全国的第三站。成都欢乐谷创立于1998年10月1日，是国家首批5A

级旅游景区——华侨城旅游的核心产品之一，中国主题公园第一品牌。园区由阳光港、欢乐时光、加勒比旋风、巴蜀迷情、飞行岛、魔幻城堡、飞跃地中海等七大主题区域组成，其中设置了130余项体验观赏项目，包括43项娱乐设备设施、58处人文生态景观、10项艺术表演、20项主题游戏和商业辅助性项目。

成都欢乐谷以“时尚、动感、欢乐、梦幻”的激情体验吸引着无数的国内外游客。它拥有中国第一台Mega过山车，中国第一套双龙过山车组合设计，中国最长的双提升矿山车，中国第一个顶仓旋转式飞行岛，中国荧幕最大的4D影院，中国第一台双塔太空梭等16套国际国内顶尖的大型游艺设施设备。在这里还可以欣赏精彩的表演。这里有投资2000余万元由美国引进的《加勒比海盗》影视特技特效实景表演、有根据四川本地特色创作的《抓壮丁》实景枪战打斗表演，大型歌舞晚会《指针》、由彩车和表演方阵组成的欢乐大巡游、鸟类互动表演等精彩节目。还有为孩子们准备的卡通剧场、滑稽小丑、魔术表演；有杂技表演的欢乐马戏场，以及街舞、极限运动等演出。

（二）国色天乡乐园

国色天乡位于成都市温江区万春镇，由中国馆、西班牙馆、美国集市、日本馆、意大利馆、比利时馆、德国馆、法国馆、魔幻岛九个主题区域组成。乐园面向年轻人、儿童、家庭等不同游客群，分别设置了挑战者之旅、15米高急流勇进、豪华双层转马、旋转迪斯科、海洋欢乐岛等三十余项娱乐项目，是国家4A级风景区。

国色天乡乐园拥有极速风车、急流勇进、挑战者之旅、自旋滑车等国际领先的游乐设施，让喜欢刺激的人们过足瘾。“勇敢救火车”、“海豚跳”、“桑巴气球”等游乐项目，集娱乐性、趣味性、互动性于一体，让小朋友们流连忘返，乐此不疲。高空观览车、豪华双层转马、转转杯等项目，又让人们充分体验到家庭游乐的快乐与温馨。

“主题游乐”、“主题演艺”与“主题商业”这三颗明珠，将园区九大主题区域串联成为一条水晶珠链，围绕在60余亩的香颐湖周围。中国的千年文化，法兰西的浪漫，西班牙的激情，日耳曼的奔放，比利时的童趣，意大利的文艺，日本的水韵，湖泊中心魔幻岛的神秘探奇，美国集市的激情碰撞以及设置在各场馆内的家庭型主题游乐项目，给游客带来了颠覆性的娱乐体验。

（三）什邡5·12地震遗址主题公园

地震遗址公园位于什邡市蓥华镇仁和村。主要以2008年5·12特大地震灾害中损毁的宏达什化总厂、蓥峰实业总公司等工厂遗址为主要景点。当年地震发生之后，胡锦涛等多位国家领导人曾在此指导抗震救灾工作。公园有地震遗址参观区、接待中心、地震遗址博物馆、多媒体展示区、地震模拟体验区、志愿者公园、灾难影片拍摄基地、科普教育馆等参观项目。

地震遗址公园内有长51.2米的地震诗歌墙，这是继巴勒斯坦的耶路撒冷哭墙、德国柏林墙和美国越战墙后的世界上第四大“纪念墙”。地震诗歌墙是第一座用诗歌来纪念汶川大地震抗震救灾和灾后重建的建筑物，国内很多文学家和诗人在地震诗歌墙上留言，提醒世人铭记自然灾害的残酷和人间真爱的伟大。

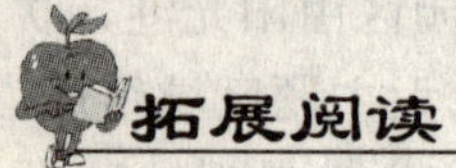


## 人间瑶池黄龙景区　赏美丽雪景

黄龙风景区位于四川省西北部阿坝藏族羌族自治州松潘县境内，由黄龙沟、牟尼沟、丹云峡、雪宝鼎、雪山梁、红心岩、龙滴水7个景区组成。黄龙景区有着当今世界规模最大，保存最完好，造型奇特的露天喀斯特景观。这里有世界上最长的钙华滩流——金沙铺地，有世界上最大的钙华壁——洗身洞，有世界上数量最多，色彩艳丽，结构精巧的钙华彩池群落。整个景观高处俯瞰状如一条“金龙”，有着惟妙惟肖的龙头、龙尾、龙身……属于世界罕有的低温高钙露天大型钙华岩溶景观。黄龙素以彩池、雪山、森林、峡谷、滩流、古寺、民俗“七绝”著称于世。冬季下雪后的黄龙景区，在雪景的衬托下更是美丽多娇。

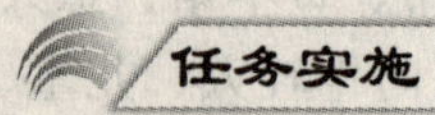


张兵作为一个长期生活在东北的大学生，在四川旅游一定要以成都地区为主，因为成都地区是蜀文化的集中展示之地，也是人文四川的精髓之所在。

我们为张兵推荐的景点为都江堰、杜甫草堂、武侯祠等历史人文深厚的古代遗迹类的景点。作为一个文科大学生，这样可以加深张兵对中国传统文化的认识，激发他的学习热情。除此之外，他可以再去一个高原景点，如阿坝藏族自治州的黄龙自然风景区，开阔一下自己的视野，初步领略中国西部高原的魅力。

## 成都一日游设计

**实训内容**

成都是一个旅游资源丰富的城市，一天的行程肯定不能把所有的景点都顾及到，但是对于时间有限的游客来说，一日游又必须是一个要考虑和设计的旅游线路。对于学生来说，要在充分了解成都旅游资源的基础上，采取自然景点与人文景点、重要景点与次要景点、客流量大的景点与客流量小的景点相结合，合理布局安排。

**实训建议**

各项目团队提交纸质线路设计安排，每组选派一名代表用PPT向全班展示设计的旅

游线路，要求图文并茂；由教师和其他团队成员对本团队的展示的旅游线路做出现场点评。小组内对个人表现进行总结，一定要注意线路的经济性和便捷性。

复习思考题

1. 成都有哪些人文景点？
2. 四川的自然旅游景点主要有哪些？
3. 四川旅游资源的特征有哪些？

## 任务二　重庆——湖北景点赏析

任务导入

五十岁的湖北人梁先生，早年在内蒙古读大学毕业之后，又留在内蒙古工作，而梁先生的妻子王女士是重庆人，与梁先生一样，也是在内蒙古上学毕业后留下工作至今。今年，两人决定相伴到老家湖北和重庆旅游一次。请为这对夫妻设计一条“返乡之旅”的路线。

任务分析

梁先生与王女士都是早年大学毕业之后留在内蒙古的南方人，而今正处于黄金年龄：中年阶段。他们是这个年龄段的精英阶层，经济上应该是没有问题。但是，两人是重返故乡，路线的设计一定要豪华又有所节制。不可一味追求品质，而忽略了两人重温家乡风土人情的某种“低端要求”。

知识准备

### 一、重庆旅游景点

重庆是中国著名的历史文化名城，具有 3000 多年的悠久历史和光荣的革命传统，以重庆为中心的古巴渝地区是巴渝文化的发祥地，这片土地孕育了重庆悠久的历史。重庆古称江州，以后又称巴郡、楚州、渝州、恭州。南北朝时，巴郡改为楚州。公元 581 年隋文帝改楚州为渝州，重庆始简称“渝”。

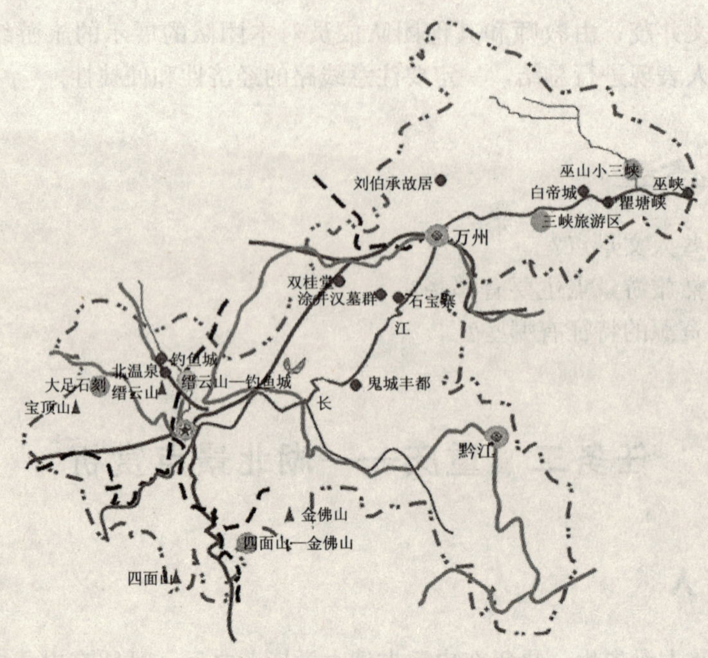


**图 7-2　重庆旅游景点图**

（一）人文景观

1. 白帝城

白帝城位于重庆奉节县瞿塘峡口的长江北岸，三峡的著名游览胜地。据传西汉末年，公孙述割据四川，自称蜀王，因见此地一口井中常有白色烟雾升腾，形似白龙，故自称白帝，遂于此建都，并将紫阳城名改为白帝城。现存白帝城乃明、清两代修复遗址。

白帝城东依夔门，西傍八阵图，三面环水，雄踞水陆要津，为历代兵家必争之地。白帝城是观“夔门天下雄”的最佳地点。历代著名诗人李白、杜甫、白居易、刘禹锡、苏轼、黄庭坚、范成大、陆游等都曾登白帝，游夔门，留下大量诗篇。李白“朝辞白帝彩云间，千里江陵一日还，两岸猿声啼不住，轻舟已过万重山”的诗句，更是脍炙人口。故白帝城又有“诗城”之美誉。

三国蜀汉皇帝刘备讨伐东吴，兵败白帝城，忧伤成疾，临终前在白帝城永安宫向丞相诸葛亮托孤。白帝庙内现陈列有“刘备托孤”大型泥塑。庙内还陈列有瞿塘峡悬棺内的文物和隋唐以来 73 块书画碑刻，以及历代文物 1000 余件，古今名家书画 100 余幅。其中“竹叶字碑”诗画合一，风格独特；“三王碑”镌凤凰、牡丹、梧桐，精美华丽，堪称瑰宝。

2. 丰都鬼城

丰都鬼城是国家首批 4A 级旅游景区。素有“鬼国京都”、“阴曹地府”之称，成为中国民俗文化的重要代表。有“东方神曲之乡、人类灵魂之都”的美誉，为中外游客所神往。景区内林木苍翠，花香鸟语，建筑古色古香，雕塑、绘画风格质朴。

早在唐代，大诗人李白曾写下“下笑世上士，沉魂北丰都”的诗句，使鬼城之名远扬。后来经明清小说的渲染，使之更加神秘怪诞。鬼城仿阳间司法体系，营造了一个等级

森严，融逮捕、羁押、庭审、判决、教化功能为一炉的“阴曹地府”，从而惩治生前作奸犯科者。虽阎王判官小鬼只传说虚妄，但其惩恶扬善的社会教化功用又为人们所称道。景区林木苍翠，建筑精美，磬鼓晨钟，江山一脉；朝霞夕照，风光醉人，庙宇殿堂神像森罗，楼台亭阁依山而立；名人骚客流墨遗雅，碑刻诗联韵味隽永。

3. 重庆人民大礼堂

重庆人民大礼堂位于核心城区渝中区的人民路学田湾，于1951破土兴建，1954年竣工，是一座仿古民族建筑群，也是重庆独具特色的标志建筑物之一。建筑气势雄伟，金碧辉煌，是中国传统宫殿建筑风格与西方建筑的大跨度结构巧妙结合的杰作，以其非凡的建筑艺术蜚声中外实属重庆市的官方名片，是重庆正面形象的杰出代表，也是全面了解重庆的一个窗口，现为国家4A级景区。

1987年，一部由英国皇家建筑师学会和伦敦大学著名专家教授共同主编增订出版的经典著作《比较建筑史》一书，首次向世界介绍了新中国成立后国内著名建筑，重庆人民大礼堂位列第二。除了恢弘的建筑，人民大礼堂更多的是展示重庆人民刚硬不屈的城市性格。人民大礼堂外的人民广场，夜景也十分漂亮，加之灯光音乐喷泉助兴，实在是美不胜收。人民大礼堂旁是著名的长江三峡博物馆，其等比例浓缩长江三峡的全貌及历史由来，值得一看。

4. 渣滓洞白公馆

渣滓洞、白公馆位于重庆市歌乐山麓。渣滓洞原为一小煤窑，因渣多煤少而得名。与渣滓洞相隔不远的白公馆原是四川军阀白驹在重庆沙坪坝郊区的别墅，20世纪30年代，他为了养小妾而修建。1938年，军统局用30两黄金将其买下。1939年军统将其改为军统局本部直属看守所，称军统重庆看守所，主要关押国民党政府认为级别较高的政治犯。现在的渣滓洞和白公馆被开辟为4A级旅游景区。

1943年中美合作所成立后，白公馆内犯人被迁移至渣滓洞。白公馆改名为中美合作所第三招待所，供美方人员居住。第二次世界大战结束后，中美合作所撤销，美方人员回国，白公馆才又恢复为看守所。并且军统将西南的军统集中营，息烽监狱、望龙门看守所、渣滓洞看守所合并，成立了白公馆看守所，后称国防部保密局看守所。如今的渣滓洞和白公馆所在的歌乐山上苍松翠柏，四周青山如画，但置身其间却令人心中充满压抑，一股对先烈的缅怀与崇敬心情油然而生。

5. 大足石刻

大足石刻是重庆市大足县境内主要表现为摩崖造像的石窟艺术的总称。大足县是重庆市所辖郊县，始建于唐乾元元年（758年），以“大丰大足”而得名，是驰名中外的“石刻之乡”、“五金之乡”，全国首批甲级开放县，国家确定的长江三峡旅游县的起点，全国生态农业先进县，重庆市对外开放的重要窗口。大足县境内石刻造像星罗棋布，公布为文物保护单位的摩崖造像多达75处，雕像5万余身，铭文10万余字。其中全国重点文物保护单位6处。是世界文化遗产，进入《世界遗产名录》的神圣殿堂。

大足石刻其规模宏大，刻艺精湛，内容丰富，具有鲜明的民族特色，具有很高的历史、科学和艺术价值，在我国古代石窟艺术史上占有举足轻重的地位，被国内外誉为神奇

的东方艺术明珠，是天才的艺术，是一座独具特色的世界文化遗产的宝库，是一座开发潜力巨大的旅游金矿，是旅游观光的最佳去处。欢迎世界各国的朋友到此旅游观光，领略大足的风情、水光山色，品味大足的地方佳肴。

6. 重庆红岩革命纪念馆

红岩革命纪念馆，位于重庆市渝中区红岩村 52 号，它是抗日战争时期中共中央南方局和八路军驻重庆办事处所在地。1955 年在此筹建纪念馆，1958 年 5 月 1 日对外开放。1959 年董必武题写了馆名。1961 年国务院公布为第一批全国重点文物保护单位。现为国家 4A 级风景区。

抗日战争时期，周恩来、董必武、叶剑英、王若飞、秦邦宪、邓颖超等老一辈革命家曾长期生活、战斗在这里。1945 年重庆谈判期间，毛泽东亦驻足红岩。周恩来、董必武等老一辈革命家在这里建立的丰功伟绩和所培育的红岩精神，使这片红色土地名扬中外，成为著名的革命圣地和全国爱国主义教育基地。1991 年 4 月 16 日江泽民总书记参观红岩后，题词“发扬红岩精神，沿着老一辈革命家开创的道路奋勇前进”。

（二）自然景观

1. 重庆巫山小三峡——小小三峡

巫山小三峡，是大宁河下游流经巫山境内的龙门峡、巴雾峡、滴翠峡的总称。这三段峡谷全长 60 千米。小三峡与长江大三峡毗邻，林木翠竹 20000 多亩。1991 年评为中国旅游胜地四十佳，2004 年 11 月评为国家 4A 级旅游区，2006 年 12 月评为国家 5A 级旅游景区。还被名人誉为中华奇观，天下绝景。

小山峡景区内有多姿多彩的峻岭奇峰，变幻无穷的云雾缭绕，清幽秀洁的飞瀑清泉，神秘莫测的悬崖古洞，茂密繁盛的山林竹木，是一处玲珑奇巧的天然盆景；有攀树纵岩的嬉戏猴群，成双成对的结伴鸳鸯，展翅纷飞的各种水鸟，畅游碧水的多种鱼类，树丛里百鸟啼鸣的欢歌笑语随时可闻，是一种名不虚传的风景动物园；有谜存千古的巴人悬棺、船棺、古寨，是一种珍贵的历史遗迹。奇特的峡谷风光，把自然景观同人文景观融为一体。

巫山小小三峡在大宁河滴翠峡处的支流马渡河上，是长滩峡、秦王峡、三撑峡的总称。小小三峡是大宁河小三峡的姊妹峡，全长 15 千米，因比大宁河小三峡更小，故名“小小三峡”。巫山小小三峡被誉为“中国第一漂”。

2. 武隆风景区

武隆风景区位于重庆东南，距重庆主城区 170 千米。地处中国著名山脉——大娄山与武陵山的交错地带，长江中游最大支流——乌江横贯县境，发育形成了中国独有而丰富的溶洞、天坑、地缝、峡谷、峰丛等地质奇观，拥有国家重点风景名胜景区、国家地质公园、国家 5A 级旅游区等荣誉称号，是长江三峡库区集雄、奇、险、峻、秀、幽、绝等特色于一身的旅游胜地。

武隆风景区重点开发打造了仙女山、芙蓉江、天坑三桥、龙水峡地缝、芙蓉湖景区，以“梦幻武隆”品牌向国内外推出武隆旅游。在武隆洞穴群大小 3000 多个溶洞之中，芙蓉洞为众洞之王。它发现于 1993 年，洞中有五绝：“生命之源”、“珊瑚瑶池”、“巨幕飞瀑”、“石花之王”、“犬牙晶花池”。堪称国内外岩溶洞穴中的极品景观。享有“大地之父”

美称。被评为全国100家洞穴之首。世界洞穴协会副会长安迪先生题赠其为“世界上最好的浏览洞穴之一”。

3. 重庆市万盛经济开发区黑山谷景区

黑山谷景区位于重庆市万盛区黑山镇境内，距万盛城区20千米，重庆主城区110千米。这里山高林密、人迹罕至，保存着地球上同纬度为数不多的亚热带和温带完好的自然生态，森林覆盖率达97%，被专家誉为“渝黔生物基因库”，是目前重庆地区最大的、原始生态保护最为完好的自然生态风景区，也是国家5A级景区。

漫步景区，黑山大佛、夜郎公主峰、九曲画屏、白玉观音、石剑峰、石皇伞、隐佛崖、骆驼西行、黑猴迎宾、飞云瀑、神龙瀑等数十个迷人的景点景观令人目不暇接，流连忘返。黑山谷风景区随春、夏、秋、冬四季更迭而各显奇妙佳景。春天，高山杜鹃、野生大茶花、珙桐花竞相绽放，百鸟争鸣，使景区充满无限生机，如诗如画，是回归自然，探奇览胜的良好去处；夏天，万山叠翠，山静水幽，是远离喧嚣、休闲避暑的胜地；秋天，这里山色如黛，层林尽染；冬天，云雾迷漫，素湍绿潭，一如娴静羞涩的神女。

4. 重庆市酉阳桃花源景区

中国重庆酉阳桃花源国家5A级旅游景区位于渝鄂湘黔四省市边区结合部的酉阳土家族苗族自治县，总面积50平方千米，核心区35.4平方千米。景区距重庆主城340千米，湖南长沙430千米。有舟北机场、渝怀铁路、渝湘高速公路、319国道等二级公路与外界相连，交通条件十分便捷。由世外桃源、桃花源广场、桃花源森林公园景区、伏羲洞、酉州古城、二酉山等六大部分组成，毗邻长江三峡、张家界、凤凰古城、梵净山等国内知名景区。

桃花源景区集秦晋历史文化、土家民俗文化、自然生态文化、天坑溶洞地下河共生岩溶地质奇观于一体。桃花源风景区与陶渊明笔下描述的“世外桃源”毫厘不爽，极其吻合。是远离尘世喧嚣、步入秦晋田园、探寻科学奥秘、回归绿色天堂的绝佳运动、休闲、体验旅游目的地。

5. 重庆缙云山国家级自然保护区

缙云山位于重庆市北碚区境内，雄峙于嘉陵江“小三峡”之温塘峡西岸，距重庆市中心区45千米，距北碚城区15千米。缙云山旅游资源十分丰富，温泉峡谷、丛林古刹、溪流瀑布，奇葩异卉，应有尽有，集中展示了巴山蜀水幽、险、奇、雄的特点，为国家4A级风景区。

“不负蜀中好山水，大峨眉又小峨眉”。这“小峨眉”就是集雄、奇、险、幽于一身的全国重点风景名胜区——缙云山。缙云山林海苍茫，奇峰耸翠，旅游资源十分丰富。从东向西拥有九峰，其形态迥异，险峻嵯峨，人多不可攀。登上峰顶，可远眺雄伟奇特的华蓥山，蜿蜒如带的嘉陵江，两桥飞叠的观音峡，风光秀丽的北碚城，真是“无尽江山胜，都归一览中”。如有幸遇上云海，则云涛浪漫无边际翻涌回卷，壮如万马奔腾，气象万千。如在清晨观日出而遇云海，则朝日初起时，峰后云海偶有灿烂光环，可与峨眉“佛光”媲美。

（三）主题公园

1. 重庆龙门阵主题公园

重庆龙门阵主题公园位于九龙坡区，是国家4A级景区，建有“龙门阵·魔幻山”“龙门阵·水魔方”两大主题乐园，是重庆投资规模最大、设施最先进的现代主题乐园。

龙门阵·魔幻山，是中国唯一一座将本土文化与国际顶尖游乐设备完美结合的“中国人自己的主题乐园”，将巴渝传统民俗文化与先进的游乐设备完美结合，融参与性、观赏性、娱乐性、趣味性于一体。龙门阵水魔方，是一处以魔幻“水”文化为主题，也是中国唯一利用起伏山地形态规划建设的大型水主题乐园，拥有亚洲最大的海啸冲浪，让上万人同时激情狂欢。水魔方与华岩湖彼岸的魔幻山隔水相望，水陆两大主题乐园交相辉映。

2. 重庆恐龙公园

重庆恐龙公园又名重庆桃源科普公园，位于渝北区空港大道桃源公园内，占地400多亩，是围绕陶渊明《桃花源记》意境而规划兴建成为主题公园。桃源恐龙科普公园是渝北区桃源公园的一部分，分为丛林探险、恐龙猎场、与恐龙同行、考古现场、生生不息等多个区域。

在公园茂密的丛林中，看似随意地分布着霸王龙、鸭嘴龙、剑龙、翼龙等大大小小、形态各异的七八十只仿真恐龙，最大的高十多米，最小的藏在草丛中，只有小鸡般大小。不仅有单个的恐龙模型展示，还有恐龙的生活情景再现，有些恐龙怒目相对，像是要搏斗，有些却亲密的依偎着，像是一家人。

景区内有观景园、生态林、香樟园。作为亲子教育活动点，父母可以带着小朋友到这里来认识不同的植物物种、了解自然生态知识；还有山顶观景台，不仅可以观赏到公园美景，还可以看到公园两边茂密的森林和自然田园风光。

## 二、湖北旅游景点

湖北省简称鄂。位于长江中游、洞庭湖之北，春秋战国时为楚国地，宋时为荆湖北路，元属河南江北行省和湖广行省，清置湖北省。湖北省现有12个省辖市、1个自治州、38个市辖区、24个县级市（其中3个直管市）、38个县、2个自治县、1个林区。全省面积18万多平方千米。省会武汉。湖北地处长江中游，位居华中腹地，是中华民族灿烂文化的重要发祥地之一。在湖北郧县等地考古发现远古时代郧阳人、长阳人的化石表明，早在七八十万年前，我们的祖先就在这块土上辛勤劳作，繁衍生息，创造了光辉灿烂的历史文化。

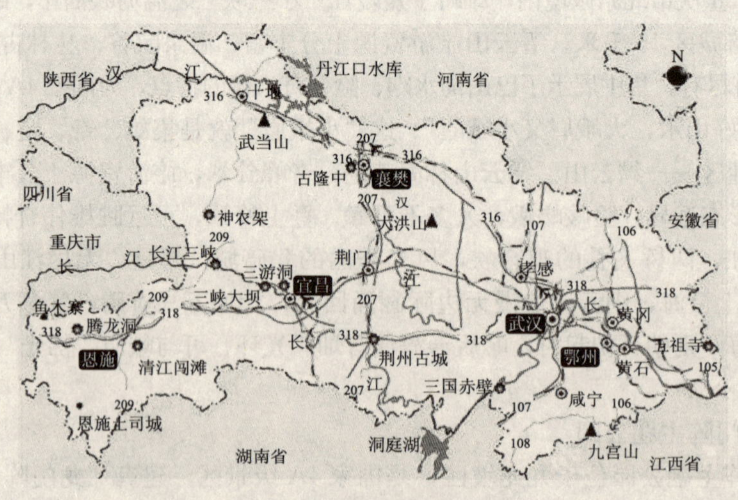


图7-3 湖北旅游景点图

（一）人文景观

1. 黄鹤楼

黄鹤楼位于湖北省武汉市长江南岸武昌的蛇山上，乃江南三大名楼之一，为国家旅游胜地四十佳。它与湖南岳阳楼、江西滕王阁、山东蓬莱阁合称中国四大名楼，素有“天下江山第一楼”之称，是国家5A级景点。

黄鹤楼始建于三国时期吴黄武二年（223年），屡毁屡建，现在的黄鹤楼于1985年建成，外形雄伟壮观、古朴典雅，是武汉市的标志建筑。与江南三大名楼中其他两座——岳阳楼和滕王阁相比，黄鹤楼的平面设计为四边套八边形，谓之“四面八方”。从楼的纵向看各层排檐与楼名直接有关，形如黄鹤，展翅欲飞，整座楼的雄浑之中又不失精巧，富于变化的韵味和美感。

黄鹤楼是闻名中外的名胜古迹，它雄踞长江之滨，蛇山之首，背倚万户林立的武昌城，面临汹涌浩荡的扬子江，相对古雅清俊晴川阁，刚好位于长江和京广线的交叉处，即东西水路与南北陆路的交汇点上。登上黄鹤楼武汉三镇的旖旎风光历历在目，辽阔神州的锦绣山河也遥遥在望。由于这独特的地理位置，使黄鹤楼成为山川与人文景观相互倚重的文化名楼，素来享有“天下绝景”的美誉。崔颢的那首《黄鹤楼》诗：“昔人已乘黄鹤去，此地空余黄鹤楼。黄鹤一去不复返，白云千载空悠悠。晴川历历汉阳树，芳草萋萋鹦鹉洲。日暮乡关何处是，烟波江上使人愁。”更是妇孺皆知。

2. 宜昌三峡大坝

宜昌三峡大坝位于举世闻名的长江三峡之一的西陵峡中段——湖北省宜昌市的三斗坪，距下游葛洲坝水利枢纽工程38千米。三峡大坝的附坝与宜昌市的秭归县城连为一体，为国家5A级景区。三峡大坝旅游区占15.28平方千米，目前对游客开放的是三个观景点：坛子岭、185平台、截流纪念园。

坛子岭景区是三峡大坝的核心景区，也是三峡坝区最早开放的景区，于1997年正式开始接待中外游人，因其顶端观景台形似一个倒扣的坛子而得名。登上坛子岭观景点，能鸟瞰三峡工程全貌，体会毛主席诗句“截断巫山云雨，高峡出平湖”的豪迈情怀。登上坝顶，你能直面雷霆万钧的泄洪景观。来到截流纪念园，又能欣赏人与自然的完美结合，仿佛置身于“山水相连，天人合一”的人间美景。站在185米高的平台上向下俯看，你定能感受中华民族的伟大与自豪。走进近坝观景点，你又能零距离感受雄伟壮丽的大坝。

3. 武当山

武当山，又名太和山、谢罗山、参上山、仙室山，古有“太岳”、“玄岳”、“大岳”之称，是国家5A级景区。它位于湖北省西北部的十堰市丹江口境内，属大巴山东段，西临堵河，东临南河，北临汉江，南临军店河、马南河，背倚苍茫千里的神农架原始森林，面临碧波万顷的丹江口水库。武当山是联合国公布的世界文化遗产地之一，是中国国家重点风景名胜区和国家地质公园，同时它也是道教圣地和武当太极拳的发源地。

武当山整个建筑群严格按照真武修仙的故事统一布局，并采用皇家建筑规制，形成了“五里一庵十里宫，丹墙翠瓦望玲珑，楼台隐映金银气，林岫回环画镜中”的“仙山琼阁”的意境，绵延70千米，是当今世界最大的宗教建筑群。大有玄妙超然、浑然天成的艺术

效果，充分体现了道教“天人合一”的思想，堪称我国古代建筑史上的奇观，被誉为“中国古代建筑成就的博物馆”。

武当山属自然景观和人文景观完美结合的山岳型风景名胜区，被誉为“亘古无双胜境，天下第一仙山”。世界建筑师学会副主席杨廷保称赞武当山古建筑是“人世上的天堂，驾于五岳之上”。

4. 明显陵

明显陵位于湖北钟祥市城东北 7.5 千米的纯德山，是明世宗嘉靖皇帝的父亲恭睿献皇帝朱祐杬、母亲章圣皇太后的合葬墓，也是屹立在中国南方唯一的明清皇陵，早在 1988 就被国务院公布为全国重点文物保护单位，2000 年被联合国教科文组织批准列入《世界遗产名录》，是国家 4A 级旅游景区。

明显陵始建于明正德十四年（1519 年），迄于明嘉靖三十八年（1559 年），历时四十年建成。显陵面积达 183.13 公顷，整个陵园双城封建，其外罗城周长 3600 余米，红墙黄瓦，金碧辉煌，蜿蜒起伏于山峦叠嶂之中。建筑掩映于山环水抱之中，相互映衬，如同“天设地造”，是建筑艺术与环境美学相结合的天才杰作。

明显陵是明嘉靖初期重大历史事件“大礼仪”的产物，规划布局和建筑手法独特，在明代帝陵规制中具有承上启下的作用。其陵寝建筑中金瓶形的外罗城、九曲回环的御河、龙鳞神道、琼花双龙琉璃影壁和内外明塘等都是明陵中仅见的孤例，尤其是“一陵两冢”的陵寝结构为历代帝王陵墓中绝无仅有。由瑶台相连而呈哑铃状的两座隐秘的地下玄宫神秘莫测，一直为世人称奇，堪称中国帝陵的璀璨明珠。

5. 襄樊古隆中

襄樊古隆中位于湖北省襄樊市襄阳以西 13 千米的西山环拱之中。据《舆地志》记载：“隆中者，空中也。行其上空空然有声。”隆中因此而名之。历史上著名的刘备三顾茅庐的史事和诸葛亮的“隆中对策”都发生在这里，现为全国重点文物保护单位，国家 4A 级风景名胜区。

现在的古隆中是一个以诸葛亮故居为主体的风景名胜区，在鄂西北历史文化名城襄樊市区和襄阳、南漳、谷城三县交界处，总面积 209 平方千米，包括古隆中、水镜庄、承恩寺、七里山、鹤子川等五大景区。主景区古隆中位于襄阳城西 13 千米处，自然景色优美，人文景观丰富。古隆中形成文物风景旅游区已有 1700 多年的历史，是一个融观瞻、度假修养于一体的风景名胜区。

6. 荆州古城

荆州城又称江陵城，是国务院 1982 年首批公布的全国 24 座历史文化名城之一，1996 年荆州古城墙又被国务院公布为全国重点文物保护单位，现为国家 4A 级旅游区。

战国时期，秦国攻占楚国的郢都之后，置江陵县，作为县城而得名。其后两千多年里，江陵作为地名，历代沿用，故有一城二名。荆州城历史悠久。早在公元前 689 年楚文王迁都郢（今荆州城北 5 千米的纪南城）后，这里就是楚国的官船码头。荆州城现存砖城为明末清初建筑。整座城呈不规则长方形，东西长 3.75 千米，南北宽 1.2 千米，城垣周长 10.5 千米，城内面积 4.5 平方千米，1970 年后，随着交通事业发展的需要，经国务院

批准，城垣上新开3座三孔城门，原有的6座城门，共有9座城门。

荆州城自明末清初最后一次修复以来，已有350年历史，至今保存完好，是我国现存为数很少的古代城垣中较完好的一座，是长江中游地区唯一一座完好的古城垣，在国内外享有盛名。尤其是《三国演义》故事的广泛流传，使得荆州名扬四海。现在，荆州城已成为我国三国旅游线上的一个重要的旅游区，有30多处三国遗踪和文化景点供游客探寻。

7. 武汉归元寺

归元寺是湖北省重点文物保护单位，是国务院首批公布的开展宗教活动的重点寺庙，位于汉阳城内翠微路上，为国家4A级景区。归元寺与宝通禅寺、溪莲寺、正觉寺今称为武汉佛教的四大丛林。归元寺属曹洞宗，又称归元禅寺，创建于清顺治十五年（1658），其名取佛经“归元性不二，方便有多门”之语意。

归元寺占地4.67公顷，有殿舍200余间。1922年建的新阁是归元寺的一大宝藏，除藏经外，还有佛像、法物、石雕、木刻、书画碑帖及外国友人赠品。还有两件令人惊叹的珍品：一是在长宽不过6寸的纸面写着由5424个字组成的“佛”字，写着全部《金刚经》和《心经》原文；二是血书《华严经》和《法华经》。

归元寺由北院、中院和南院三个各具特色的庭院组成，分别拥有藏经阁、大雄宝殿和罗汉堂等三组主体建筑群。这里的翠微泉，泉水晶莹澄澈，取之不竭，经有关部门检测，泉水里含多种营养成分，适合酿制各类饮料。翠微亭边的墙壁上，镶嵌着白光的《翠微泉》一诗。归元寺创建以来，迭经战乱，屡败屡兴。现存建筑，系清同治三年，光绪二十一年（1895年）及民国初年陆续所建。

（二）自然景观

1. 宜昌三峡人家

宜昌三峡人家位于长江三峡宜昌市的西陵峡段，居三峡大坝与葛洲坝之间，以其“一肩挑两坝，一江携两溪”的独特地理位置优势，融合地质文化、巴文化、楚文化、土家文化、峡江文化、抗战军事文化，是长江三峡黄金旅游线上的一颗璀璨明珠，为国家5A级旅游景区。

三峡人家风景区一网打尽了三峡的所有景观自然元素与文化旧梦，是中国首创的原生态、场景式、体验型大型旅游区。这里把山、石、瀑、洞、泉等多种景观元素巧妙地组合在一起。山有山的伟岸，水有水的柔媚，洞有洞的神奇，瀑有瀑的壮丽，石有石的气质。大自然的天工造化，使得这里有洪荒之美、有苍凉之美、有阴柔之美，更有雄浑之美。乌篷船、古帆船静静泊在三峡人家门前，溪边少女挥着棒槌清洗衣被，江面上有勤快的渔家熟练悠然地撒网打鱼，这种千百年来流传下来的生活，早已融入景区的一山一水之中。

2. 长阳清江画廊

清江画廊风景区位于宜昌市的长阳土家族自治县，涵盖隔河岩大坝以上至水布垭盐池温泉、沿清江流域一线的所有旅游景观及景区景点。当前重点打造的是倒影峡、仙人寨、武落钟离山等三大景点。清江画廊是国家林业局批准建设的国家森林公园，湖北省旅游局命名的全省四大甲级旅游风景区之一，也是国家5A级旅游景区。

清江是长江支流，发源于湖北恩施利川的齐岳山，由西向东流经六个县市之后在宜都的陆城汇入长江。全长423千米，沿途流经高山大川，风景迤逦、景色秀绝。有“八百里清江、八百里画廊”的美誉。清江流域的人文历史，可以用“五千年巴人故里，八百里夷水名疆清江”来概括，这里繁衍着“以哭泣庆贺婚嫁、以歌舞祭祀亡灵”的下里巴人，这里生息着能说话就会唱歌、能走路就会跳舞的土家民族。这里是一首抒情的诗、是一曲优美的歌、更是一幅迷人的画。这里神秘，梦幻，引人向往。三百里的清江画廊，境内峰峦叠嶂，数百翡翠般的岛屿星罗棋布，灿若绿珠。犹如黛江水烟波浩渺，高峡绿林曲径通幽。人称清江有长江三峡之雄，桂林漓江之清，杭州西湖之秀。这里被赞为东方的多瑙河，被称为桨声灯影的梦乡。

3. 神农架景区

神农架位于湖北省西部边陲，东与湖北省保康县接壤，西与重庆市巫山县毗邻，南依兴山、巴东而濒三峡，北倚房县、竹山且近武当，总面积3253平方千米，是我国唯一以“林区”命名的行政区。而神农架景区，位于神农架西南部，是国家级自然保护区，5A级景区。

神农架拥有世界中纬度地区唯一保持完好的亚热带森林生态系统，是最富特色的垄断性的世界级旅游资源，动植物区系成分丰富多彩，古老、特有而且珍稀。

神农架景区内的“神农顶”海拔3105.4米，为华中第一峰。最低点的石柱河谷海拔仅398米，高差竟达2700余米，是最具特点的地质地貌景观汇集地。景区内以原始洪荒特点著称，高山草甸绵延千里，箭竹林遮天蔽日，高山石林突兀阴森，冷杉刺破苍天，杜鹃争艳夺目，更有众多珍禽猛兽出没其间，自然造化之地形迷宫，光怪陆离，给这一方天空披上浓厚的神秘之纱。海拔3000米以上的六座山峰共同构成了华中屋脊，成为长江和汉水在湖北境内的分水岭，起着保护环境、净化空气、水土保持等重要作用。

神农架茫茫的林海，完好的原始生态系统，丰富的生物多样性，宜人的气候条件，原始独特的内陆高山文化，共同构成了绚丽多彩的山水画卷。也使神农架享有了“绿色明珠”、“天然动植物园”、“生物避难所”、“物种基因库”、“自然博物馆”、“清凉王国”等众多美誉。在地球生态环境日益遭到破坏、环境污染日趋严重的今天，神农架正以其原始完美的生态环境而引起世人瞩目。

4. 巴东神龙溪

神农溪又名沿渡河，位于巴东新县城的北岸，是长江走出巫峡进入香溪宽谷之后的第一条支流，发源于著名的“华中第一峰”之称的湖北神农架原始森林主峰的南坡，全长60千米。千百年来，神农溪像龙一样雄踞于千重大山和万道深渊之间，最后在湖北巴东县境内的西壤口，悄悄地拥入浩瀚的长江怀抱。现为国家5A级景区。

神农溪流经三个风景各异的峡谷——绵竹峡、鹦鹉峡、龙昌洞峡（被誉为神龙溪小三峡），是一条典型的峡谷溪流。两岸山峰紧束，绝壁峭耸，溪水在刀削般的峡壁间冲撞，水道曲折，湍急的溪流中有险滩、长滩、弯滩、浅滩六十余处。水道虽狭急却清浅，漂流极富刺激而又安全。

神农溪堪称无污染的天然之流，溪水碧澈，一清到底，除“三色泉”外，几乎见不到一缕混水。漂流神农溪所乘的船，形如半个剖开的豆荚，当地人称为“豌豆角”，小巧轻

便，用坚硬耐磨的花栎木制成，浮力大而吃水浅，可在水不及膝的浅滩处行驶。“豌豆角”全凭人工操纵，每条船需六名船工，船工撑船是神农溪景观之“最”。神农溪水急滩险，船工几无立锥之地，全需涉水拉纤，走在最前边的“头纤”和船尾的“驾长”带头吼起号子，声震峡谷，船工前呼后应，力随声出，一鼓作气，拉上滩去。

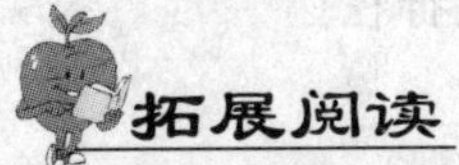

拓展阅读

## 三峡旅游攻略

D1：重庆—游轮—丰都

朝天门

傍晚18：00重庆朝天门码头集合，21：00起航，在绚丽夺目的山城夜景中，开始起航愉快的三峡之旅。次日凌晨6：00抵丰都，游船夜泊丰都。

早餐：自理　午餐：自理　晚餐：自理　住宿：船上

D2：丰都—奉节

丰都鬼城—张飞庙

早7：30～10：30在磐鼓晨钟中下船走进有“中国神曲之乡”美誉的——丰都鬼城(3小时)，品味神秘怪诞的“阴曹地府”的神话传说，游览传说中的鬼门关、奈何桥、阴曹地府所在地。15：00左右船上观赏江中盆景——石宝寨。石宝寨始建于明万历年间，依山逐崖建楼12层，为穿斗式全木结构塔楼建筑，是我国南方民间建筑艺术的标志性精品，被誉为世界八大奇异古建筑之一，盘旋登楼而上，到达楼顶后参观古刹兰若殿，屹立山顶眺望长江，水光山色尽收眼底，顿感心旷神怡；20：00～23：00游览纪念三国大将张飞而修的也称为文藻圣地的张飞庙（2小时），拾级而上平湖岸边依山傍水的新址张飞庙，“江上风清”四个大字依旧隽永浑厚，讲述着刘、关、张三兄弟“桃园结义”的千古传奇。2：30抵奉节夜泊。

早餐：自理　午餐：自理　晚餐：自理　住宿：船上

D3：奉节—长江三峡—巴东

长江三峡—白帝城—小三峡

早6：30～9：00游览中国历史名胜白帝城（自费100元/人，从5月1日起140元/人)。10：00白帝城起航，船上观赏三峡第一峡—瞿塘峡；后抵巫山，12：00～17：00换乘观光游船游览4A级景区——秀丽的大宁河小三峡（龙门峡、巴雾峡、滴翠峡，自费150元/人，不含大昌古镇，大昌古镇如果开放，小三峡自费价格为200/人)，感受悬棺的奇、栈道的险，青山绿水间，为您展开一幅大自然的神奇山水画卷！下午17：00巫山起航，船上观巫峡、神女峰等，22：00抵九畹溪宿夜。

早餐：自理　午餐：自理　晚餐：自理　住宿：船上

D4：巴东——三峡大坝——宜昌

九畹溪—三峡大坝

早6：30～8：30游九畹溪（自费120元/人），乘龙舟竞渡、览幽深秀丽的峡谷风光、探险峻奇特的问天地缝。10：00船抵太平溪，乘车游览三峡大坝，俯瞰大江上下、近观泄洪瀑布、纵览三峡大坝全景及双线五级船闸，16：30抵宜昌市内结束行程！

早餐：自理　午餐：自理　晚餐：自理　住宿：自理

## 任务实施

考虑到梁先生与王女士夫妻的回乡旅游需求，重点为他们推荐以下的重庆景点：湖广会馆、武隆喀斯特旅游区、丰都名山风景区、人民大礼堂及人民广场、红岩革命纪念馆、大足石刻旅游区。湖北景点：归元寺、黄鹤楼、宜昌三峡人家、明显陵。

## 任务总结

为梁先生夫妇推荐的景点为重庆和湖北两地旅游的精华，既有自然景观，也有人文景观。梁先生夫妇一个是湖北人，一个是重庆人，而且旅游的时间较为充足，那么重庆和湖北都要走一走，看一看，而且应该以自然景观和人文景观穿插来进行旅游。

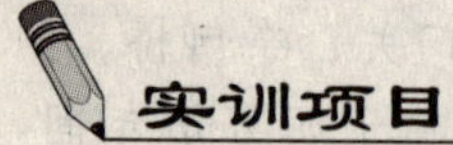

## 实训项目

### 武汉一日游线路设计

**实训内容**

武汉一日游最大的要点就是要把武汉最具代表性的景点罗列出来，但景点之间的距离又不能太远，否则就会走马观花、丧失旅游的乐趣。如此一来，就需要在主要景点里面，选择一条为游客一日游所能够接受、且能够充分展示武汉风貌和人文的景点。

**实训建议**

各项目团队提交纸质行程安排，每组选派一名代表用PPT向全班展示设计的旅游线路，要求图文并茂。

## 复习思考题

1. 江南三大名楼是什么？
2. 长江三峡分别是哪三条峡谷？
3. 简述景点“巫山小三峡”。

# 任务三　湖南景点赏析

## 任务导入

海外归来的国外大学教授鲁先生，想回故乡湖南玩一玩，有哪些景点值得他一去呢？请你为他推荐景点。

## 任务分析

鲁先生属于海外归来的高级知识分子，回故乡湖南走一走，是他多年的心愿，所以推荐的旅游景点必须人文历史比较深厚和丰富。

## 知识准备

湖南幅员辽阔，东邻江西，南接广东、广西，西连贵州、重庆，北交湖北，位于长江中游、洞庭湖以南，是我国东南腹地。因全省大部分地处洞庭湖以南而得名，因省内最大河流湘江流贯全境而简称“湘”。湖南自古多种植芙蓉，故又称“芙蓉国”。湖南历史悠久，人杰地灵。这里有炎帝和舜帝的古老传说，有玉蟾岩和城头山等远古遗迹，有西周青铜器四羊方尊、里耶秦简、西汉马王堆古汉墓和三国吴简等珍贵文物。有岳麓书院和岳阳楼等著名人文景观，有张家界世界自然遗产，还有造纸术发明人蔡伦和新中国的缔造者毛泽东这样蜚声中外的著名人物。

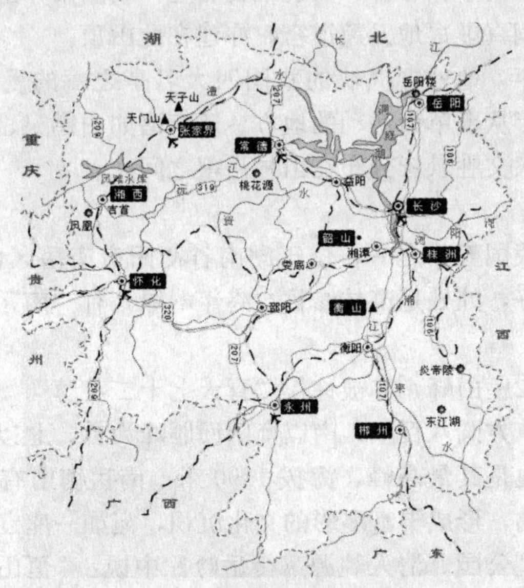


图 7-4　湖南旅游景点图

## 一、人文景观

### （一）岳阳楼—君山岛旅游区

岳阳楼耸立在湖南省岳阳市西门城头、紧靠洞庭湖畔。自古有“洞庭天下水，岳阳天下楼”之誉，与江西南昌的滕王阁、湖北武汉的黄鹤楼并称为江南三大名楼。北宋范仲淹脍炙人口的《岳阳楼记》更使岳阳楼著称于世。君山岛，古称洞庭山、湘山、有缘山，是八百里洞庭湖中的一个小岛，与千古名楼岳阳楼遥遥相对。君山岛与岳阳楼融为一体，为国家5A级旅游区。

岳阳楼屹立于湖南省岳阳市西北的巴丘山下，前瞰洞庭，背枕金鹗，遥对君山，南望湖南四水，北眈万里长江。它虽在湖南省的北端，但正当中国中部，挨长江、伴洞庭，于洞庭湖居其口，于长江居其中。单以水路言，从岳阳出发，上溯长江，经三峡，可通巴蜀；顺长江东下，可达武汉、南京、上海等地，乃至远涉重洋；沿洞庭湖及湘、资、沅、澧四水上溯，可与湖南76个县市相连。岳阳楼包含了中国传统知识分子忧国忧民的情结，因而在近一千年来成为一个家喻户晓的地方。登上楼来，放眼望去，浑无际涯的“八百里”洞庭湖直入眼底，令人陡然间心旷神怡，顿觉入了“无我无人”之境。

### （二）岳麓山—橘子洲旅游区

岳麓山风景名胜区系湖南省首批审列公布的风景名胜区，为国家5A级风景区，位于古城长沙的湘江两岸，总面积36平方千米，由麓山、天马山、桃花岭、石佳岭四个景区及新民学会旧址、南津城士城头二景点组成。

岳麓山濒临湘江，山、江、洲、城浑然一体，实为天作之胜。其荟萃湘楚文化精华，名胜古迹众多，植物资源丰富，革命烈士墓葬群集。它风景优美，且集儒释道为一体，唐代诗人刘禹锡的“群峰朝拱如骏奔”，即是赞其天然雄浑之势。千年学府岳麓书院为宋代四大书院之冠，亦坐落在山中。号称“汉魏最初名胜，湖湘第一道场”的古麓山寺，亦坐落在山中。道家的二十洞真虚福地云麓道宫，亦建在此山顶。

建于清乾隆五十七年，地处青枫峡的我国四大名亭之一的爱晚亭，更是风景绝佳之地，也是毛泽东同志早年从事革命活动的地方。还有诸如白鹤泉、禹王碑、舍利塔、飞来石、自来钟、穿石坡等人文胜景皆分布在山林岳壑之间。

### （三）衡山旅游区

衡山又名南岳，是我国五岳之一，位于湖南省衡阳市南岳区，海拔1300.2米。由于气候条件较其他四岳为好，处处是茂林修竹，终年翠绿，有“南岳独秀”的美称，现为国家5A级景区。

南岳衡山共有七十二座山峰，亦被称作“青天七十二芙蓉”，分别散布在衡阳、衡山、衡东、长沙、湘潭诸县，方圆八百里，南以衡阳回雁峰为首，北以长沙岳麓山为足。祝融峰是衡水的中心山脉，也是其最高峰，海拔1290米。南岳衡山有许多名胜古迹和神话传说，吸引了历代各种人物，形成丰富多彩的文化沉积，宛如一座辽阔的人文与山水文化和谐统一、水乳交融的巨型公园。清人魏源《衡岳吟》中说：“恒山如行，岱山如坐，华山如立，嵩山如卧，惟有南岳独如飞。”这是对衡山的赞美。

人们把南岳的胜景概括为“南岳八绝”，即“祝融峰之高，藏经殿之秀，方广寺之深，磨镜台之幽，水帘洞之奇，大禹碑之古，南岳庙之雄，会仙桥之险”。正因为“南岳八绝”的出类拔萃，才使它当之无愧地赢得了“五岳独秀”的美称。南岳还是著名的宗教圣地。环山数百里，有寺、庙、庵、观等 200 多处。位于南岳古镇的南岳大庙，是中国江南最大的古建筑群，占地 9800 多平方米，仿北京故宫形制，依次九进。大庙坐北朝南，四周围以红墙，角楼高耸。林涧山泉，绕墙流注。庙内，东侧有 8 个道观，西侧有 8 个佛寺，以示南岳佛道平等并存。

（四）韶山旅游区

韶山位于湘乡、宁乡、湘潭交界处。距湘潭市 40 千米，距长沙市 120 千米，是中国各族人民的伟大领袖毛泽东的故乡，也是他青少年时期生活、学习、劳动和从事革命活动的地方。韶山现属湘潭市，湖南省设韶山管理局。韶山的主要景点有：毛泽东故居景区、滴水洞景区、韶峰景区等。现为国家 5A 级风景区。

相传舜帝南巡到此，见风景优美，遂奏韶乐，引凤来仪，百鸟和鸣，又传“韶氏三女得道于此，有凤鸟衔天书到，女皆仙去”。韶山故此得名。韶山山水溢清气，钟灵毓伟人，群山环抱，峰峦耸峙，气势磅礴，翠竹苍松，田园俊秀，山川相趣。主要山峰韶峰为南岳七十二峰之一，色彩神奇；青年水库融蓝天，映青山，碧波荡漾；慈悦庵的六朝松，神秘的“西方山洞”——滴水洞、虎歇坪、滴水洞八景屏等著名景观，点缀灵秀山川。

韶山层峦叠嶂，林壑幽美，大小山峰 35 个连成一体。滴水洞是毛主席别墅，位于韶山冲西边的角落里，与主席故居相距 3 千米，被著名党史专家冯文彬赞誉道：“三湘灵秀地，洞中别有天。”

（五）湖南雷锋纪念馆

湖南雷锋纪念馆 1968 年 10 月开馆，坐落在湖南省长沙市望城区雷锋镇（雷锋故居所在地），是全国爱国主义教育示范基地、全国青少年教育基地，长沙市党性教育基地、国防（人防）教育基地，也是一个全国性的雷锋精神宣传实践基地，国家 4A 级旅游景点。

雷锋事迹陈列馆造型似一面旗帜，正面“雷锋纪念馆”几个金色大字，由江泽民于 1991 年题写。进入纪念馆正厅，1 米多高的雷锋半身塑像便映入眼帘。大厅正面墙上，毛泽东题词“向雷锋同志学习”的金色手书大字在紫红绒布的衬托下闪闪发光。正厅两旁的墙壁上，分别悬挂着刘少奇、周恩来、朱德、叶剑英、邓小平、陈云等党和国家领导人的题词手迹。雷锋精神鼓舞着几代人。一个普通的士兵，能以自己崇高的精神，平凡的事迹载入史册并给历史以永恒的影响，当属雷锋一人，特别是党的三代领导人为其题词，这在历史上是绝无仅有的。

（六）凤凰古城

湘西的凤凰古城是闻名遐迩的魅力小城，是中国首批旅游强县，国家 4A 级景区，曾被新西兰著名作家路易艾黎称赞为中国最美丽的小城。它的地理位置可以概括为：西托云贵，东控辰沅，北制川鄂，南扼桂边。这里与吉首的德夯苗寨、永顺的猛洞河、贵州的梵净山相毗邻，是怀化、吉首、贵州铜仁三地之间的必经之路。

作为一座国家历史文化名城，凤凰的风景将自然的、人文的特质有机融合到一处，透

视后的沉重感也许正是其吸引八方游人的魅力之精髓。古城建于清康熙年间，这颗“湘西明珠”是名副其实的“小”，小到仅有一条像样的东西大街，可它却是一条绿色长廊。凤凰风景秀丽，历史悠久，名胜古迹甚多。城内，古代城楼、明清古院风采依然，古老朴实的沱江静静地流淌，城外有南华山国家森林公园。建于唐代的黄丝桥古城，是举世瞩目的南方长城所在地。

文学巨匠沈从文是凤凰人，凤凰古城因沈从文的“边城”和纯美女孩翠翠而广为流传，而沈从文的文学作品，又因凤凰的大名，而被一代一代的读者所感怀神伤。两者相得益彰，融为一体。

#### （七）马王堆汉墓遗址

马王堆汉墓遗址位于长沙市东郊，距市中心约 4 千米，据地方志记载为五代时期楚王马殷家族的墓地，故名马王堆。堆上东西又各突起土冢一个，其间相距 20 余米，形似马鞍，故也称为马鞍堆。堆上分布西汉墓三座，三座汉墓中，二号墓葬的是汉初长沙国丞相轪侯利苍，一号墓是利苍妻的墓，三号墓是利苍之子的墓。一号墓规模最大，墓坑南北长 19.5 米，东西宽 17.8 米，深 16 米。现在一、二号墓坑已填塞，其中出土的女尸、素纱单衣及一大批西汉器皿和帛书画等都保存于湖南省博物馆；三号墓坑经过整理加固，供人们参观。

马王堆三座汉墓共出土珍贵文物 3000 多件，绝大多数保存完好。其中五百多件各种漆器，制作精致，纹饰华丽，光泽如新。珍贵的是一号墓的大量丝织品，保护完好。品种众多，有绢、绮、罗、纱、锦等。有一件素纱禅衣，轻若烟雾，薄如婵翼，该衣长 1.28 米，且有长袖，重量仅 49 克，织造技巧之高超，真是天工巧夺。出土的帛画，为我国现存最早的描写当时现实生活的大型作品。还有彩俑、乐器、兵器、印章、帛书等珍品。

马王堆汉墓遗址原在湖南省博物馆院内，湖南省博物馆为国家 4A 级景区。现在湖南省已把马王堆遗址从湖南省博物馆中分离出去，并打算将其打造成为新的“马王堆汉墓遗址公园”。

### 二、自然景观

#### （一）天门山国家森林公园

天门山国家森林公园，国家 5A 级旅游区，位于张家界市城区南郊 8 千米，是山岳型自然景区。公园总面积 96 平方千米，山顶面积达 2 平方千米，其主峰海拔 1518.6 米，属典型的喀斯特地貌。

天门山国家森林公园四面绝壁，雄伟壮丽。保存着完整的原始次生林，植物资源丰富，有世界罕见的高山珙桐群落。天门山文化底蕴深厚，留有大量赞咏天门山的诗词，更有众多神闻传说，被誉为“张家界之魂”。山顶天门山寺自唐朝建成以来香火鼎盛，寺外有七级浮屠，掩映于青枝绿叶中，古雅幽清。善男信女入寺拜佛，撞钟响彻天际，击鼓震动山岳，香烟袅袅如云。

天门洞在天门山 1264 米高的绝壁之上，生出一个南北洞穿的天然门洞，洞底至洞顶 131.5 米，宽 37 米，纵深 30 米。天门洞东侧是高约 200 多米的沟槽，有泉水从上面飘散，

落下点点梅花雨。据说谁能张口接下48滴梅花雨，便可羽化成仙。天门洞口，经常能看到岩燕飞舞，山鹰盘旋。随着天气的变化，天门洞有时候吞云吐雾，有时候明朗晴空，构成循环往复、瞬息万变的气象景观。

（二）武陵源

武陵源风景名胜区位于中国中部湖南省西北部，由张家界森林公园、慈利县的索溪峪自然保护区和桑植县的天子山自然保护区组合而成，总面积约500平方千米，新近又发现了杨家界新景区。亿万年前，武陵源是一片汪洋大海，大自然不停地搬运、雕琢，变幻出今日武陵源沙岩峰林峡谷的地貌。

武陵源遍地奇花异草，蔽日遮天的苍松翠柏，突兀耸立的奇峰异石，绝壁生烟的溪绕云谷。这些自然景观的价值和浓郁的原始野性，将所有亲临之人征服。武陵源以“奇峰、怪石、幽谷、秀水、溶洞”这“五绝”，闻名于世。

武陵源风景名胜区是20世纪80年代初新发现的山水名胜。这里的风景没有经过任何的人工雕凿，到处是石柱石峰、断崖绝壁、古树名木、云气烟雾、流泉飞瀑、珍禽异兽。置身其间，犹如到了一个神奇的世界和趣味天成的艺术山水长廊。其独特的石英沙岩峰林均属国内外罕见。峰石名称很多，大如“神堂湾”、“西海长卷”，小如“天女献花”、“屈子行吟”、“罗汉峰”，同样使人产生无拘无束的畅想。

（三）常德桃花源

桃花源位于湖南省西北部的常德市桃源县，为国家4A级景区。桃花源与桃源县，因地有景，又因景扬地。桃花源在神州大地家喻户晓，大多因为东晋大诗人陶渊明在《桃花源诗并序》中描绘的“世外桃源”，千百年以来被人传颂和追寻。久负盛名的桃花源究竟在何处？权威工具书《辞海》在有关“桃源山”条目的解释中明确指出，桃源山“在湖南省桃源县西南。下有桃源洞，又名秦人洞，白马洞”，这正是东晋陶渊明所记桃花源的遗址。

目前的桃花源景区内开发了桃仙岭、桃源山、桃花山、秦人村等景点，景区面积达到了150多平方千米，同时还有沅江风景线、战国彩菱城遗址、热市温泉等可供游览。如果你对那些新建的亭台楼阁不感兴趣，也至少可以享受到宁静的田园风光，那里的自然风光还宛如梦中的桃花源，其临沅江，靠群山，古树修竹遍地都是。

（四）东江湖风景旅游区

东江湖位于湘东南郴州的资兴市（县级市）。风景区以山水交融的东江湖为主体，是以东江急流险滩、兜率灵岩神境、龙景峡谷奇景、岛屿群落景观为特色，供旅游观光、休闲度假、康体疗养的湖岛型旅游区，总面积200平方千米。为国家4A级景区。

东江湖融山的隽秀、水的神韵于一体，挟南国秀色、禀东江风光于一身，被誉为人间天上一湖水，万千景象在其中。东江湖湖面烟波浩渺，景区内气候宜人，山奇水秀，景色迷人，观赏性项目融为一体，别具雄、奇、秀、明、趣的特色。东江湖景区内主要景点有东江大坝、猴古山瀑布、兜率灵岩、拥翠峡、果园风光等。整个景区群山竞秀，绿树如云。溪水潺潺、飞禽走兽、鸟语花香的景色令游人深深体味大自然的清新气息。

（五）莽山国家森林公园

莽山国家森林公园，于1992年经原国家林业部批准设立，1994年又被国务院批准为国家级自然保护区，总面积284平方千米，是我国南方面积最大、生物物种保存最完好的国家森林公园，被誉为“原始生态第一山”。它位于湖南和广东交界处的郴州市宜章县，是国家4A级景区。

在湖南郴州的群山中，莽山的分量最重。这个莽字恰好体现出它茂密的原始植被、连绵的山峰和浩大的气势。这里大片诡异的原始森林、幽深的峡谷，让人仿佛闯进了另一个奇妙的世界。作为湖南省最大的生物基因库，莽山以“富丽完好的森林博物馆”而被中外专家誉为“中国原始生态第一山”。大自然特别厚爱莽山，将华山之险、黄山之秀、庐山之奇、泰山之雄、张家界之峻集于一身，处处入画，韵味无穷。

## 三、主题公园

（一）长沙海底世界

长沙海底世界占地100亩，坐落在浏阳河大桥东金鹰影视文化城内，以“二馆二园一中心”（即海洋馆、科教馆、儿童乐园、水上乐园、中心广场）为展示主体，同时包括海洋中心广场、海底隧道、捞鱼池、海贝馆、科普馆、电影放映厅等景观，是国家4A级旅游景区，是中南地区最大的海洋主题公园，是中国海洋学会和湖南省科协授牌的海洋科普教育基地，是精神文明建设基地和影视拍摄基地。

海洋馆内有逾千上万尾来自世界各地的名贵海洋生物和淡水鱼。那乖巧可爱的海狮、英武剽悍的大鲨鱼、五颜六色的珊瑚礁、千姿百态的水草和神秘的水下奇观，让您饱览海底迷人风光。还有海狮海豹表演、潜水员喂鱼表演、美人鱼表演，“深海体验”自费潜水活动，定会让您惊喜有加，流连忘返。

（二）长沙世界之窗

长沙世界之窗主题公园由湖南电广传媒股份有限公司、深圳华侨城控股股份有限公司和香港中旅集团共同投资兴建的大型文化主题公园，坐落于长沙市金鹰影视文化城，占地40万平方米，是迄今为止湖南省最大的旅游、影视、文化、娱乐基地。为国家4A级景区。

长沙世界之窗是融世界各国建筑奇观、五洲风情歌舞表演、大型器械游乐、先锋时尚活动、影视拍摄基地于一体的综合性大型主题公园。无论就其规模，还是影响力，堪称中南地区之最。长沙世界之窗将世界各国的今古奇观、历史遗迹、风光名胜、建筑民居、各种形式的艺术杰作以及风土人情和歌舞表演汇集于一园。景区内100多个景点建筑采用不同比例，为游客创造出一个多层次、高品位、有韵味的游览空间。

（三）新田孝文化主题公园

新田孝文化主题公园位于湖南省永州市新田县龙泉镇境内。公园占地11万平方米，集孝德教育、敬老养老示范和休闲旅游为一体，建有孝文化主题广场、孝文化博物馆、二十四孝故事园、施恩柱等七大景区，是目前全国规模最大的孝文化主题公园。

新田县被誉为孝文化之乡，孝文化公园地处新田县城南郊，其总体布局以两轴、一

环、一带为骨架。“两轴”即至孝轴和至善轴。至孝轴为东西向，宽12米、长438米；至善轴为南北向，宽10米、长263米。至孝轴和至善轴均为大理石铺装道路，两条轴线支撑起孝文化公园的空间架构。“一环”即沿公园四周环绕游园主路，串联各个景点。“一带”即滨水风光带，串联滨水景观带。

**湖南人**

自古以来，就有“唯楚有才”之说，湖南人的博学多才可谓名声遐迩，历史人物更是不胜枚举，新中国成立初期，身为两个主席的家乡的湖南人着实扬眉吐气了一番。然而，我想说的，并不是这些瞩目的辉煌，而是想谈谈普普通通的湖南市井小民。

湖南人能说会道，语言丰富得像个杂货铺。什么事物，到了湖南人嘴里，都会变得声色俱全，即使是骂人的俚语，也夹杂着颇多的味道。比如说一个人“傻气”，硬要说成是“宝气”，外地人听了，还以为是在夸他，可见湖南人语言上的技巧。乃至“宝里宝气”，显然把语气的氛围加强了不少，比起“傻头傻脑”或“笨手笨脚”要有滋有味得多了。

湖南人说话，还喜欢在字上加个形容词，说来更是饶有趣味。比如说，红，要说成“通红”；白，要说成“嫩白”；黑，要说成“漆黑”；蓝，要说成“汪蓝”；香，要说成“喷香”，臭，要说成“膀臭”。总之，是要把词语表达得更充分些，才觉得有意思。

如果两个湖南人在异地他乡不期而遇，头句话一定会问：“在哪里发财?”然后拍着膀子就称兄道弟起来，这在湖南人嘴里是“满哥”。的确，湖南人说话，讲究形象生动，不把味过足绝不罢休。一个外地人曾经这样描叙湖南人吵架的情景：看湖南人吵架，就像是在辩论，就像是在斗理，更像是两口子躲在房里说悄悄话。湖南人的语言艺术，宛如江南三月的绵绵细雨，话多却不伤人。

光说不会吃不是湖南人，在湖南，几个老朋友相聚，头件事是找个街头的小摊，撮一顿去，称之为“漫酒”。于是一边吃，一边聊，气氛自然就融洽了。最主要的还是过那个瘾。什么瘾？辣椒瘾。

事实上，湖南人吃辣椒，就与性格上有些相近。热情、干脆、麻利，绝不拖泥带水。而且，吃辣椒还有一番讲究，要头大脚尖，劲足味重，辣得嘴里能冒出火来。

据说，在湖南人的菜谱里，什么都可以缺，唯独辣椒少不了，何况已经辣出了水平，辣出了艺术。煎、炸、蒸、煮、炒，样样俱全。湘妹子亦称为“辣妹子”，倒不是说她们泼辣，其实湘妹子温婉娇柔，只是她们嘴上不饶人，所谓“辣椒口豆腐心”。

湖南人称玩为“耍”，有一个重要特点，那就是要玩出点花样来，要玩得与众不同。比如漂流，湖南有天下第一漂的猛洞河。门票上印的两句话，就颇值得玩味，“来猛洞河，与水对话”。分明蕴藏着湖南人骨子里那种豪情壮志。追求生死时速的快感，飞越无垠的兴奋感，绝处逢生的成就感，这就是湖南人玩出的刺激。

当然，湖南人也有文静的一面，喜欢泡茶馆。不光为的是喝茶，而是玩。吟诗作对，品茗对弈。湖南的茶馆普遍建在树木蓊郁的闹市边缘，鸟啭弹唱，花香扑鼻。湖南人懂得转型，从动感玩到静态，要玩就彻底玩个够。

难怪有人说，湖南人无论去哪个地方，都能吃得开。显而易见，这是因为湖南人善于找到展示自我的舞台，也善于对自己的活法表达欣赏。

## 任务实施

考虑到鲁先生为海外华人知识分子，重点为鲁先生推荐以下的湖南景点：岳阳楼—君山岛旅游区、岳麓山—橘子洲旅游区、马王堆汉墓遗址、武陵源和桃花源。

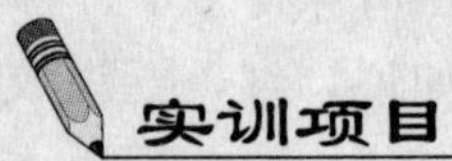

## 任务总结

为鲁先生推荐的主要是长沙和张家界两地周边的景点，长沙附近的景点主要以人文游览为主，而以张家界附近的景点要以自然景点为主。这样，人文景点与自然景点的综合旅游能够全方位展示湖南的美丽风光。而且，以两个地方为主，还可以大大节约旅游所花费的时间。

## 实训项目

### 张家界旅游行程安排

**实训内容**

张家界既是湖南省的一个地级市，又是景点的名称。不管是作为地名，还是景点名，张家界都是一个旅游资源的综合体。在这个旅游综合体中，要充分考虑到各组成景点之间在旅游实践中的结合与统筹，使之更加符合旅游者的需求。

**实训建议**

各项目团队提交纸质行程安排，每组选派一名代表用 PPT 向全班展示设计的旅游线路，要求图文并茂。

## 复习思考题

1. 湖南主要有哪些自然景观?
2. 简述岳阳楼的地理位置?
3. 简述凤凰古城的历史。

# 项目八 南国风光——华南景点赏析

**知识目标**

1. 了解华南地区旅游景点概况，掌握华南地区各省市主要的旅游景点；
2. 熟悉华南地区各省市主要景点适合开展的旅游活动。

**能力目标**

1. 能够对景点进行基本分析；
2. 能够根据商务游客、饱受雾霾之苦的游客、蜜月旅游游客要求，为其推荐景点。

## 任务一 广东景点赏析

西北某电子企业的李经理到广东广州出差。工作之余，李经理计划在广东游历一番。通过本节的学习，请为他推荐一些景点。

李经理旅游属商务旅游。商务旅游者消费能力强、对配套设施要求较高，但其旅游是商务活动的附带行为。所以推荐的旅游景点既要考虑景点的知名度、旅游设施的完备程度，同时要便于李经理商务活动的展开。

知识准备

**广东旅游景点**

广东省简称粤，省会广州，是中国大陆南端沿海的一个省份，位于南岭以南，南海之滨，与香港、澳门、广西、湖南、江西和福建接壤，与海南隔海相望，临近东南亚诸国。优越的地理位置使其很自然的成为一个“窗口”。作为中国文化的交融点，广东对各种文化兼容并蓄，在饮食文化、语言风俗、历史积淀、思想观念等方面都与中国北方地区有很大的不同，独具多元文化的奇幻色彩。广东改革开放成果斐然，已成为我国外国人士最多，经济实力最强，文化最开放的省份。

“活力广东”都市风貌典型，自然风光迷人，文化遗存丰富。广东旅游的吸引力不断增强，打造了“活力商都”、“岭南文化”、“黄金海岸”和“美食天堂”四大旅游品牌，还依托珠三角发达的都市经济、粤北的山地景观、粤西的优质海滩、粤东独特的客家文化等旅游资源开发珠三角都市休闲旅游、粤北生态休闲旅游、粤西滨海生态旅游、粤东特色文化旅游。

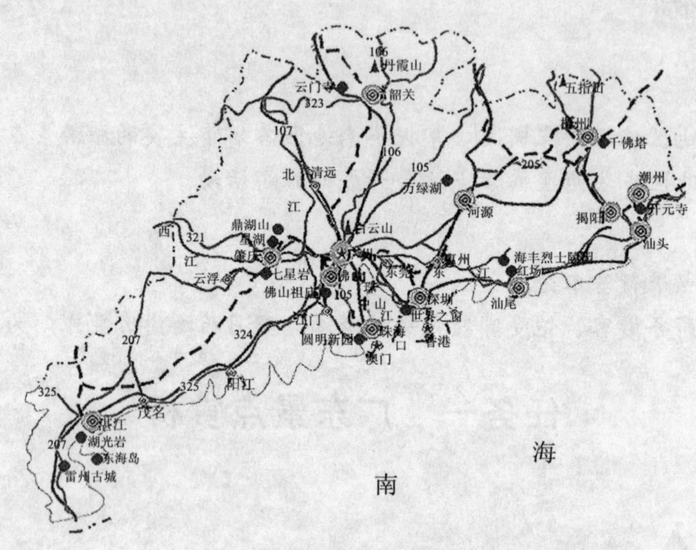


图 8-1　广东省主要旅游景点分布图

**主要景点**

1. 自然景观

(1) 丹霞山

世界“丹霞地貌”命名地——丹霞山位于广东省韶关市东北郊，是广东四大名山之首。丹霞山由红色砾烁岩构成，以赤壁丹崖为特色，总面积 292 平方千米，是以丹霞地貌景观为主的自然风景区。是广东首家世界地质公园、广东目前唯一的世界自然遗产（与贵州赤水、福建泰宁、湖南崀山、江西龙虎山、浙江江郎山捆绑申遗“中国丹霞”）、国家 5A 级旅游景区，现已成为科普教育、度假休闲、探险考察的绝佳旅游地。

丹霞山“色如凝丹，灿若明霞”，被誉为中国的红石公园。丹山、碧水、绿树、田园相辉映，宗教、史迹和乡土文化特色浓郁。景区内有典型的亚热带常绿阔叶林和独特的丹霞地貌生物群落，自然山水构成景观的主体，锦江秀水纵贯南北，沿途丹山碧水，竹树婆娑，满江风物，山内山石林立，造型奇绝，岩穴古洞、飞瀑流泉随处可见。景区以阳元石之雄、阴元石之奇、巴寨之险、锦江之秀、锦石岩之幽、韶石之韵闻名于世。特别是阳元石，“孤留一柱撑天地”。阳元石是一个酷似男性生殖器的天然石柱，高 28 米，直径 7 米，有诗赞曰“百川会处擎天柱，万劫无移大地根”。被誉为“天下第一奇石”。具有极高的观

赏游憩价值。山中还有佛教别传禅寺以及多处石窟寺遗址，历代文人墨客在这里留下了许多传奇故事、诗词和摩崖石刻，具有极大的历史文化价值。

(2) 西樵山

西樵山位于佛山市南海区的西南部，是一座古火山，海拔346米，西樵山自然风光清幽秀丽，旅游文化底蕴厚重，民俗风情古朴自然，是国家级风景名胜区和国家森林公园、国家地质公园、国家5A级旅游区。

俗语称“不上西樵山，不算到岭南”。西樵山山势蜿蜒、钟灵毓秀，奇石异洞散落其间，名胜古迹举目皆是，自古便有“南粤名山数二樵”之誉。黄施民更有“西樵若问比东樵，秀倚南天此最娇”的吟咏。“西樵秀色美于诗”，山上72峰峰峰皆奇，42洞洞洞皆幽，更有湖、瀑、泉、涧、岩、壁、潭、台点缀其间，被誉为“绿色翡翠”、“固体水库”，古人赞之为“谁信匡庐千嶂瀑，移来一半在西樵”。西樵山历史文化深厚，创造了灿烂的“双肩石器”文明，明清期间还有大批文人学子隐居于此，被称为“珠江文明的灯塔”，又有“南粤理学名山”的雅号。西樵山也是当今我国旅游文化热点“南拳文化”的发源地，一代宗师黄飞鸿就出生于西樵山附近村落。著名的景点有大仙峰世界第一观音座像，祈福朝圣的道教圣地黄大仙圣境园，康南海“戊戌变法”的摇篮——三湖书院，南海清代科举圣地——字祖庙、奎光楼，以及黄飞鸿狮艺武术馆的狮艺表演，吸引着游客前来观光游玩。

(3) 广州市白云山风景区

白云山位于广州市东北部，属亚热带气候区。白云山面积20.98平方千米，山体宽阔，由30多座山峰组成，为广东最高峰九连山的支脉。白云山为南粤名山之一，是国家重点风景名胜区、全国文明风景旅游区和国家5A级景区。

自古就有“羊城第一秀”之称的白云山景色秀丽，峰峦重叠，溪涧纵横，主峰摩星岭高382米，是广州市最高峰。登高可俯览全市，遥望珠江。每当雨后天晴或暮春时节，山间白云缭绕，蔚为奇观，白云山之名由此得来。正可谓“云开世外三千界，岩倚天南第一峰”。历史上羊城八景中的“菊湖云影”、“白云晚望”、“蒲间濂泉”、“景泰僧归”都在白云山里。“白云松涛”和“云山锦绣”等胜景也被列入“羊城新八景”。白云山植被类型丰富，覆盖率高，被称为广州的“市肺”。每逢九九重阳佳节，羊城人民更以登白云山为乐事，届时，扶老携幼，人流熙熙攘攘的热闹场景便构成羊城一幅独特的风情画。景区内还有全国最大的园林式花园——云台花园；全国最大的天然鸟笼——鸣春谷；全国最大的主题式雕塑专类公园——雕塑公园。

(4) 广东清远连州地下河景区

连州地下河景区位于广东清远连州以北26千米处的东陂镇大洞村境内，是一处巧夺天工的亚热带喀斯特地貌的典型巨型天然石灰岩溶洞，洞口广阔，仿佛一个大嘴巴，又称大口岩。溶洞全长1860米，可供游览面积达4.3万平方米，最高处47.8米，最宽处53.6米，洞内四季气温常年保持在18℃左右，空气清新，冬暖夏凉，是国家5A级旅游景区，也是旅游避暑的圣地。

连州地下河以其神秘瑰丽的石钟乳及洞穴暗河而驰名中外。溶洞上下共分三层，下层

的地下暗河由北向南，缓缓流动，水流蜿蜒曲折十八弯，经过三个美丽的峡谷，穿过四座山头的底部，沿河两岸布满石钟乳、石英、石柱、石花、石幔等，形态万千，有飞象过河、小鸟啄虫、八仙过海、狮子座莲、地下龙宫、海狮迎宾等石景。沿着曲折起落的上层和中层陆地石径漫步，游客可欣赏形态各异的钟乳石景，有佛光普照、东陂马蹄、关公神像、巴西仙人掌、南天门、连州州汉白玉鹊桥、恐龙化石、孟姜女哭长城、仙人洞、伊甸园等景点，层层钟乳石如梯田般蜿蜒分布“仙人河”两岸，绚丽多彩，令人流连忘返。

（5）梅州市雁南飞茶田景区

梅州雁南飞茶田景区地处广东梅州的阴那山山麓之下，聚天地灵气，览自然之优，总面积 450 公顷，已种植优质茶树 1100 多亩，龙眼、荔枝、芒果等优质果树 1000 多亩，是一处把农业与旅游有机结合，融茶叶生产、加工和旅游度假于一体的旅游度假村、生态农业旅游示范基地和国家 5A 级旅游景区。

景区在“北雁南飞”的客家文化基础上，以茶文化为主题，形成以茶田风光，客家文化，建筑艺术，经典美食与生态环境和谐共生的“世外桃源”。群山环抱中，层峦叠翠的茶园，古朴雅致的别墅，潺潺的流水，景观清新高雅。

（6）湖光岩

湖光岩位于湛江市西南部，为火山喷发之后形成的湖泊，是我国现存的三个火山湖之一，是国内唯一的玛珥湖，也是世界仅存的两个玛珥湖之一。湖光岩与海南省雷琼海口火山群世界地质公园同属雷琼陆谷火山带，二者组合成雷琼地质公园，并成功申报世界地质公园，这是我国唯一的热带城市火山群世界地质公园。

湖光岩景色秀丽。南宋丞相李纲见湖面折射的月光映射在狮子岭的峭壁，美轮美奂，故题字“湖光岩”。湖光岩是以火山湖为中心，由楞严寺、望海楼、狮子岭、雷州古院等组成的度假公园，“四山环一湖，湖水明如镜”，其精粹便是那一汪湛蓝、纯净的湖水。湖水由地下矿泉水汇聚而成，有自我净化功能，水质清冽，富含微量元素。令人惊奇的是，湖水无蛇无蛙无落叶，永不干涸，还有龙鱼神龟出没的传闻。湖面水平如镜，古称“镜湖”，出家人称湖水为圣水，所以又称“净湖”。湖边绿色的狮子岭是火山爆发的火山堆体遗迹，火山地理现象珍稀罕见，奇岩、古藤、榕根比比皆是。月圆之夜，游客还可欣赏湖光映壁的美景。

（7）南澳岛

汕头市南澳岛位于粤闽台三省交界海面，地处亚热带，气候宜人，空气清新，由大小 37 个岛屿组成，是广东唯一的海岛建制县，也是唯一的渔业县。

南澳岛是广东最美岛屿，素有“粤东海上明珠”之称。蓝天、碧海、绿岛、金沙、白浪是南澳生态旅游的主色调。这里有被誉为“东方夏威夷”的青澳度假区，区内滩阔、沙白、水清，是海浴的理想场所，被誉为“泳者天池”，是广东仅有的两个 A 级海滨浴场之一。这里还有黄花山国家森林公园、亚洲第一海岛风电场、历史悠久的总兵府、神奇宋井、太子楼遗址等文史古迹。葱翠的山峦点缀其中，配以湛蓝的海水、忙碌的渔民、捡贝壳的孩童，使南澳岛成为粤东海岸风景线上的一颗明珠。

(8) 放鸡岛

放鸡岛原名汾州山，是茂名最大的海岛。据传每当海船到此，必放一只鸡在岛上放生，以祈求平安，故称“放鸡岛”。

放鸡岛东北岸惊涛拍岸，礁石奇特峻伟，东边有一鸡头状巨石立于倾斜的石基上，仿佛在聆听浪涛滚滚，故名“仙石听涛”。北面港湾舒缓，沙细浪柔，是天然的海水浴场。正东与东南岸则汇集了奇、雄、状、阔的景色，是放鸡岛观景览胜的精华所在。放鸡岛附近海域水深6～12米，能见度可达8米，海底动植物品种繁多，是广东沿海最理想的潜水区和全国最大的垂钓区。

2. 人文景观

(1) 广州广播电视塔（小蛮腰）

“小蛮腰”是广州新电视塔的别称，是广州珠江新城的地标建筑。广州塔于2009年9月建成，矗立在广州城市新中轴线与珠江景观线的交汇处，是广州新的制高点。塔高600米，为中国第一高塔，世界第二高塔，是一座集旅游观光、餐饮、文化娱乐和环保科普教育等多功能于一体的大型景观建筑。为2010年在广州召开的第十六届亚洲运动会提供转播服务。

广州塔高耸入云，两头粗中间细，线条流畅，造型美观。尤其晚上霓虹彩灯变幻莫测，曲线动人。广州市民亲切地称呼为“小蛮腰”。立于塔上，居高临下，俯瞰广州全貌。蓝天、白云和浪漫星空仿如伸手可触。晴空时新鲜的阳光，雨天时缭绕的云雾，广州这座古老与现代融合的城市史诗般的壮阔美感在此一览无余。是摄影发烧友捕捉羊城阳光、月色和迷人星空、拍摄广州全景的最佳位置。塔上休闲娱乐设施齐全，有全球最长的空中漫步云梯，即蜘蛛侠栈道；有最高的旋转餐厅，在424米高空里可容纳400人就餐；有最高的4D影院，可身处百米高空看有香味的电影；有最高的露天观景平台，在450米高空有半个足球场大的观景平台；有最高的横向摩天轮。

(2) 开平碉楼与村落

开平碉楼与村落位于广东省开平市境内，主要旅游景点有立园、自力村碉楼群、马降龙碉楼群、赤坎古镇·影视城。碉楼是中国乡土建筑的一个特殊类型，是集防卫、居住和中西建筑艺术为一体的多层塔楼式建筑。开平碉楼产生于明代后期（16世纪），流亡海外的开平人借鉴融合西方建筑风格建造而成。在当时，碉楼既是财富的象征，也是保护当地居民免受战争和劫掠之苦的有效途径。现在开平广袤的田野里依然矗立着大约1800座碉楼。碉楼将中国传统乡村建筑文化与西方建筑文化巧妙地融合在一起，罕有地体现了近代中西文化在中国乡村的广泛交流，成为中国华侨文化的纪念丰碑和独特的世界建筑艺术景观。2007年“开平碉楼与村落”被正式列入《世界遗产名录》，是我国首个华侨文化的世界遗产项目。

立园位于广东开平塘口镇北义乡赓华村，是已故旅美华侨谢维立先生创建于二十世纪初的花园别墅。该园以《红楼梦》中大观园为依托，对中国园林古典建筑艺术兼收并蓄，并对欧美当时流行的别墅建筑特色加以融会贯通，达到中西合璧之化境，从而拥有“小观园”的美誉。立园的意境是“小桥、流水、人家”，园内布局为大花园、小花园和别墅区三个区域，彼此以人工河或围墙分隔，又用桥亭或通天回廊连成一体，园中有园，景中有景。

自力村碉楼群位于开平市塘口镇，自然环境优美，荷塘、稻田与众多的碉楼、居庐相映成趣，形成独具岭南乡村气息的洋式城堡村落。村内有15座风格各异、造型精美、内涵丰富的碉楼，是开平碉楼兴盛时期的杰出代表。碉楼多建于20世纪二三十年代，吸收了西方的建筑风格和工艺，采用了水泥、钢筋、玻璃等新的建筑材料，同时又融合了中国的传统文化和当地的生活习俗。碉楼墙身厚实，铁门铁窗，并设有枪眼，可储存大量的粮食，防卫功能突出。楼内保存着完整的家具、生活设施、生产用具和日常生活用品，丰富而有趣，是当时华侨文化与生活的见证。

马降龙村落位于开平市百合镇东南面，背靠气势磅礴的百足山，面临清澈如镜的潭江，13座造型别致、保存完好的碉楼掩映在茂密的翠竹丛中，环境优美，与周围民居、自然环境融为一体，被联合国专家称为“世界最美丽的村落”。

赤坎古镇位于开平市中部，20世纪二三十年代兴建的骑楼绵延数千米长，沧桑厚重的鹅卵石街，缕斑驳镂空的窗花，精雕雅致的灰塑，融中西建筑文化精华，形成侨乡独具韵味的欧陆风情街。这里也是著名的影视拍摄基地，姜文导演的《让子弹飞》、王家卫导演的《一代宗师》等多部影视均在此取景。

(3) 沙面

沙面旧称拾翠洲，位于广州荔湾区珠江白鹅潭北岸，原为珠江冲积而成的一个沙洲。沙面占地330亩，环境优美，宋、元、明、清历代为国内外通商要津和游览地，鸦片战争后沦为英、法租界，成为一个拥有各种公共设施的独立于广州城的城区，现为广州重要商埠，是两个国家驻广州领事馆所在地和在穗外籍人士的主要活动地区。沉淀了百年气质的沙面，默默诉说着过往的租界故事，现成为广州著名的旅游区、风景区和休闲胜地。

沙面历史蕴含深厚，富于异国情调，风光旖旎。岛上有150多座欧洲风格建筑，多为19世纪末建造的领事馆、教堂、学校、银行等建筑，其中有42座特色突出的新巴罗克式、仿哥特式、券廊式、新古典式及中西合璧风格建筑，是广州最具异国情调的欧洲建筑群，全国重点文物保护单位、国家级文物保护区。岛上绿化较好，有古树150多株，空气清新，环境优美，处处树木葱茏，西式的路灯、花圃、木椅、雕塑小品比比皆是，漫步其间，犹如世外桃源、异国小镇。

(4) 珠江夜游

珠江夜游是广州旅游一大特色，从白鹅潭东至广州大桥，南至白鹤洞，是珠江夜景游览河段。

入夜，华灯初上，游船搭载乘客从人民桥附近西堤码头出发，向东行驶，经解放大桥、海珠桥、江湾大桥、海印大桥、广州大桥至鹤洞大桥，而后回程，全程两个小时左右。沿途观赏珠海丹心、东湖春晓、黄埔云樯、鹅潭夜月等“羊城八景”，以及南方大厦、爱群大厦、广州宾馆、华厦大酒店、江湾大酒店、二沙海珠广场花园、白天鹅宾馆、沙面洋房等特色建筑。碧水潋滟、华灯闪烁、景色秀丽的珠江犹如一条异彩纷呈的彩虹点缀着广州的夜空。

(5) 中山纪念堂

中山纪念堂位于广州市越秀公园南麓，是广州人民和海外华侨为了纪念孙中山先生筹资兴建的纪念性建筑物。中山纪念堂由我国著名建筑师、南京中山陵的设计师吕彦直先生设计，1929 年动工，1931 年完成。现已成为广州最具标志性的建筑物之一、游览胜地，也是广州大型集会和演出的重要场所。

中山纪念堂环境幽静、舒适。建筑整体呈现恢弘壮美、金碧辉煌的特色，并富有浓厚的民族风格。中山纪念堂占地 6 万平方米，建筑面积 1.2 万平方米，高 49 米，是一座八角形宫殿式建筑，由前后左右四个宫殿式重檐歇山抱厦建筑组成，就像四层卷叠的龙脊，组成一个整体，烘托出中央巨大的八角形攒尖式屋顶。重檐歇山顶的中央，高悬着一块蓝底红边的漆金大匾，上面有孙中山手书的“天下为公”四个大字，雄浑有力。

(6) 黄埔军校旧址

黄埔军校旧址位于广州市黄埔区长洲岛。黄埔军校即“中国国民党陆军军官学校”，1924 年由孙中山成立，目的是为国民革命训练军官，因位于广州黄埔，史称黄埔军校。1949 年学校迁往台湾高雄。黄埔军校人才济济，指挥北伐战争和抗日战争的国共两党多名将领均在此工作学习过，为中国革命事业作出了重大的贡献，是近代中国远近闻名的一所军事学校，也被誉为世界历史上四大军校之一。黄埔军校旧址现为全国重点文物保护单位，广东首批爱国主义教育基地。

黄埔军校旧址的纪念建筑有军校正门、校本部、中山纪念碑、中山故居、俱乐部、游泳池及东征烈士墓等。正门风格朴实，中央横匾白底黑字上书“陆军军官学校”，门内多副对联。校本部为一座日字形的二层砖木结构、三路四进、回廊相通的岭南祠堂式四合院建筑。中山故居即“史迹陈列室”，陈列军校校史、照片等珍贵文物，生动地展示了第一次国共合作时期国共两党携手进行反帝反军阀斗争的历史。

(7) 陈家祠

陈家祠之于广州就像豫园之于上海，是去广州不可不去的景点之一。陈家祠位于广州，原称陈氏祠堂，于光绪十二年（1886 年）建成，是当时广东省 72 县陈姓人氏合资兴建的合族祠堂，为本族各地读书人来广州参加科举考试时提供住处，是广东省著名的宗祠建筑。也是岭南地区最具文化艺术特色的博物馆、全国重点文物保护单位。

陈家祠坐北朝南，整体建筑为三进五间九堂六院，建筑面积 6400 平方米，由大小 19 座建筑组成。建筑前后左右，严谨对称，虚实相间，极富层次；廊、庑相连，整个建筑四通八达；庭院园林点缀其中，形成各自独立而又相互联系的整体。

陈家祠集岭南民间建筑装饰艺术之大成，各种装饰遍布在祠堂内外的顶檐、厅堂、院落、廊庑之间。尤其是陈家祠的“三雕（石雕、木雕、砖雕）、三塑（彩塑、灰塑、陶塑）、一铸铁（指连廊铁柱和月台铁铸双面通花栏板）”更让人惊叹。陈家祠现为广东民间工艺博物馆，收藏、研究、展出以广东地区为主兼及全国各地的陶瓷、刺绣、雕刻等历代民间工艺品，有极高的研究价值和欣赏价值。陈家祠巧夺天工的建筑装饰艺术与广东历代民间工艺精品共冶一堂，交相辉映，更以“古祠流芳”入选“新羊城八景”。

3. 主题公园

（1）深圳华侨城旅游度假区

深圳华侨城旅游度假区位于深圳市华侨城杜鹃山，是 1997 年兴建的国内最新一代大型主题公园，华侨城相继建成了锦绣中华、中国民俗文化村、世界之窗、欢乐谷等四大主题公园多个旅游文化项目，形成一个集旅游、文化、购物、娱乐、体育、休闲于一体的，面积近 5 平方千米的文化旅游度假区。

锦绣中华是深圳华侨城的一个旅游区，坐落在风光绮丽的深圳湾畔。它是目前世界上面积最大、内容最丰富的实景微缩景区。锦绣中华将国内近 100 个景点按中国版图位置缩小分布，是中国自然风光与人文历史精粹的缩影。游客在数小时内将祖国大江南北尽收眼底，不论是世界八大奇迹的万里长城、秦陵兵马俑，肃穆庄严的明十三陵、如诗似画的漓江山水、宏伟的布达拉宫、险峻挺拔的长江三峡还是乐山大佛、敦煌莫高窟等都聚集于园内。此外，皇帝祭天、孔庙祭典的场面与民间的婚丧嫁娶风俗尽呈眼前。一天之内即可领略中华五千年历史风云，畅游大江南北锦绣河山。锦绣中华是中国的历史之窗、文化之窗、旅游之窗。

中国民俗文化村是国内第一个荟萃各民族的民间艺术、民俗风情和民居建筑于一体的大型文化游览区，汇聚了 56 个民族的建筑风情，一族一寨，非常别致。世界之窗毗临锦绣中华、中国民俗文化村，是一个集世界奇观、历史遗迹、自然风光与民俗风情于一体的大型主题乐园。“您给我一天，我给您一个世界”，世界之窗以弘扬世界文化为宗旨，把世界奇观、历史遗迹、古今名胜、民间歌舞表演汇集一园，营造了一个精彩美妙的世界。欢乐谷集海、陆、空三栖游乐为一身，是一座融参与性、观赏性、娱乐性、趣味性于一体的中国现代主题乐园。

（2）广州长隆旅游度假区

广州长隆旅游度假区位于广州番禺，包括长隆欢乐世界、长隆水上乐园、长隆香江野生动物世界、长隆国际大马戏等多个旅游项目，是一个贩卖欢乐的王国。游乐项目新奇刺激、科技含量高，是首批国家 5A 级景区。

欢乐世界是全国拥有大型游乐设施最新、最多的全球顶尖主题游乐园，集乘骑游乐、特技剧场、巡游表演、生态休闲、特色餐饮、主题商店、综合服务于一体，包括过山车、U 形滑板、超级水战等，其中垂直过山车被誉为“全球最顶尖过山车之王”。水上乐园是亚洲最大、世界上水上游乐设施最多、最先进的水上乐园。香江野生动物世界以大规模野生动物种群放养和自驾车观赏为特色，是亚洲最大的野生动物主题公园。长隆国际大马戏可容纳近万人，堪称全球最大的马戏场，引进的马戏节目属世界顶尖级。

（3）观澜湖休闲旅游度假区

观澜湖休闲旅游度假区横跨深圳和东莞两个城市，位于“莞深港 1 小时生活圈”的核心地带，位置优越，运动休闲生活度假设施冠盖亚洲，是一个集运动养生、商务会议、度假休闲、文化娱乐为一体的休闲旅游度假区，是国家 5A 级旅游景区，而且是唯一一家以休闲度假旅游为主题的 5A 级景区，充分体现并代表了广东的旅游特点，也为中国 5A 级景区创造了新的样本。

区内的观澜湖高尔夫球会拥有12个国际级高尔夫球场，以216洞的规模被认定为世界第一大高尔夫球会，是目前中国乃至亚洲规模最大、设施最齐全的私人高尔夫度假胜地，也因此成为目前中国举办国际赛事和国际体育文化交流活动的理想场所，并取得连续十二年高尔夫世界杯的主办权。

4. 岭南园林

(1) 清晖园

国家4A级景区清晖园位于广东省佛山市顺德区大良镇，原为明末状元黄士俊所建的黄氏花园，经龙氏五代经营修建，逐渐形成了格局完整而又富有特色的岭南园林。现存建筑主要建于清嘉庆年间，园取名“清晖”，意为和煦普照之日光，喻父母之恩德。清晖园尽显岭南庭院雅致古朴的风格，是岭南园林的杰出代表，与东莞可园、佛山梁园、番禺余荫山房合称广东四大名园。

清晖园占地约5.1亩，分为三个景区。南园方池，为园中水景区；中园园林小筑，掩映在绿树繁花深处，是园内景色最集中的游览区；北园楼屋栉比，是园主起居之所。清晖园的造园特色首先在于园林的实用性。为适应南方炎热气候，建筑轻巧灵活，开敞通透，布局前疏后密，前低后高。造园的重点围绕着水亭做文章，空间组合以各种小空间来烘托水庭大空间。其治园艺术，还表现在大量使用镂空木雕花板、花罩、砖雕等装饰工艺以及巧布玉堂春、紫藤、素馨花等古树名木上。园区集明清文化、岭南古园林建筑、江南园林艺术、珠江三角水乡特色于一体，使人大有“所至得其妙，心知口难言”之感。园内还保存着一套清朝乾隆年间评定的“羊城八景”，是一套仅存于世的清代旧羊城八景套色雕刻玻璃珍品，已被初步鉴定为国家一级保护文物。

(2) 可园

可园位于东莞市莞城区，毗邻东江，全园占地仅2204.5平方米。清朝道光年间江西按察使署理布政使张敬修，以文人之风行世，在可园广邀文人雅士聚会，使可园成为“居派画法”的发生地和岭南画派的重要策源地。是广东四大名园之一、岭南园林的杰出代表。

可园没有重复江南庭院那种深庭曲院的图式，也不似厚重华荣的北方庭园，而是以一种特有的岭南风情融贯全园，以畅朗轻盈的乡土格调取胜。可园蜃楼阁悬，廊庑萦回，亭台点缀，叠山曲水，极尽园趣。其布局之灵巧、构图之清新、装修之精雅、园景之幽致，前人赞为“可羡人间福地，园夸天上仙宫”，是岭南古典庭园少有的佳例。

(3) 梁园

梁园位于佛山松风路先锋古道，是佛山梁氏宅园的总称，由当地诗书画名家梁蔼如、梁九章、梁九华及梁九图叔侄四人于清嘉庆、道光年间（1796—1850年）陆续建成，是省级重点文物保护单位，是广东四大名园之一、岭南园林的杰出代表。

梁园布局精妙，宅第、祠堂与园林浑然一体，特有曲水回环、松堤柳岸的岭南水乡韵味，格调高雅。主体位于松风路先锋古道，主要由“十二石斋”、“群星草堂”、“汾江草庐”、“寒香馆”等不同地点的多个群体组成，规模宏大。梁园素以湖水萦回、奇石巧布著称岭南，并珍藏着历代书家法帖，秀水、奇石、名帖堪称梁园“三宝”。梁园是研究岭南

古代文人园林地方特色、构思布局、造园组景、文化内涵等问题不可多得的典型范例。

(4) 余荫山房

余荫山房，又名余荫园，位于广东番禺南村镇东南角，是清道光年间举人邬燕山为纪念其祖父邬余荫而建的私家花园。余荫山房是广东四大名园之一、岭南园林的杰出代表，也是四大名园中保存原貌最好的古典园林。

余荫山房布局精巧，以小巧玲珑的独特风格著称于世。园林不足 2000 平方米，但以“藏而不露”和“缩龙成寸”的手法，将画馆楼台，轩榭山石亭桥尽纳于三亩之地，布成咫尺山林。亭桥楼榭，曲径回栏，荷池石山，名花异卉等，一应俱全，造成园中有园、景中有景、幽深广阔的绝妙佳境。全园文饰丰富而精致、素色而高雅，给人恬静雅淡之感。漫步园林，如置身于“波暖尘香”之中，正是“余地三弓红雨足，荫天一角绿云深”，令人流连忘返。

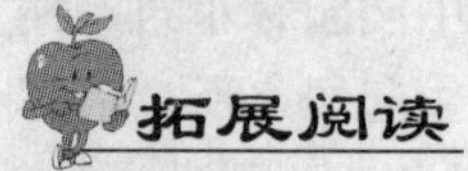


## 广州城市中轴线的前生今世

在广州城 2200 多年的发展历史中，一共出现过三条引领广州城发展的中轴线。

古代轴线——北起越秀山镇海楼，经洪桥街、正南路、北京路，直达珠江边。它通过官府纵贯南北的中轴线，是中国古代延续至现代最古老的城市中轴线之一。

近代轴线——北起越秀山中山纪念碑，经中山纪念堂、广州市政府、人民公园，乃至珠海广场，由此确定了广州城市云山珠水的结构秩序。1999 年施行的《广州历史文化名城保护条例》明文规定其为广州传统城市中轴线。

现代轴线——北起白云山南麓的燕陵公园，经火车东站、中信大厦、天河体育中心、珠江新城、海心沙岛，跨过珠江至广州塔、琶州塔、最后经新客运港达珠江外航道，形成有收有放、有山有水有树林、人文景观和自然景观交错有致的空间结构体系。

前两条中轴线突现了政治和行政功能，后一条中轴线是对前一条中轴线的继承与发展。由丰富的历史文化积淀而成。地势上自北而南从高渐低，乃一条怡人的景观视廊。平面上轴线将古城划分为东部官衙区和西部商贾区两部分。“东山少爷，西关小姐”形象地刻画了两种社区的人文风貌。轴线上大小文物景点（区）30 多个，古树名木蔚为壮观，是岭南建筑与文化的集中展示地。

新中轴线上汇聚了第 16 届亚运会开闭幕式的举办地海心沙、广州新电视塔“小蛮腰”、广州四大文化建筑（广州大剧院、广州省博物馆、广州市第二少年宫、广州图书馆）、广州国际金融中心（简称广州西塔）、广州天河体育中心、广州中信广场、珠江新城等，展示着广州繁华开放的国际都市景观。

考虑到商务游客的工作需要和旅游偏好，重点为李经理推荐以下的广东景点：丹霞山、观澜湖休闲旅游度假区、陈家祠、广州塔、珠江夜游、雁南飞茶田景区、南澳岛、放鸡岛等，让游客在“活力广东”的“繁华商都”、“岭南文化”和“黄金海岸”中获得高端旅游体验。

为李经理推荐景点主要考虑两个方面，一方面要选择广东最有代表性的景观，另一方面期望通过旅游，商务游客能更好的开展商务活动。丹霞山、南澳岛、放鸡岛等地自然景观优美，适合开展山地和滨海生态休闲旅游，让游客在紧张的工作之余回归自然、放松休闲。观澜湖休闲旅游度假区、雁南飞茶田景区以高端休闲旅游项目吸引商务游客前来商务洽谈、休闲度假。广州塔、珠江夜游则为商务游客提供了解广东繁华都市的窗口。

## “岭南文化”专题旅游线路设计

**实训内容**

“活力广东”独特的地理环境和历史条件，孕育出开放、进取、包容的岭南文化。这在广东的建筑、园林、工艺美术、音乐等诸多方面均有所体现。独特的岭南文化风情百般，旅游魅力无穷。请根据区内景区景点所展示的地域文化特色，以“岭南文化”为主题，设计出一条主题鲜明、内容丰富、行程安排科学合理的旅游线路。

**实训建议**

各项目团队提交纸质行程安排，每组选派一名代表用 PPT 向全班展示设计的旅游线路，要求图文并茂；由教师和其他团队成员对本团队的展示的旅游线路做出现场点评。小组内对个人表现进行总结，以鼓励为主。

1. 广东四大名园是指哪些园林？
2. 广东省主要有哪些国家 5A 级旅游景区？
3. 深圳华侨城旅游度假区主要有哪些主题公园？

# 任务二　福建景点赏析

岁末年初，北方多地饱受雾霾之苦。“清新福建”打动了众多“避霾”游客的心弦。不少北方游客拟南下福建，享受清新空气游。通过本节的学习，请为他们推荐一些景点。

此类旅游属于生态旅游，生态旅游讲求“回归自然、保护自然”，对旅游景点生态环境要求较高。所以推荐的旅游景点在考虑景点知名度的同时，要把握好游客找寻自然、追求宁静的心理诉求，重点推荐原始生态、环境优美的景区。

**福建旅游景点**

福建省简称闽，省会福州，位于中国东南沿海，是中国东海与南海的交通要冲。福建东隔台湾海峡与台湾省相望，闽台同源，与台湾关系密切。福建多山，河谷、盆地穿插其间，素有“八山一水一分田”之称。福建气候温和，雨量充沛，森林覆盖率高。福建文化底蕴丰厚，是“海上丝绸之路”、“郑和下西洋”、伊斯兰教、妈祖信仰等重要文化发源地和商贸集散地，也是中国著名的侨乡。境内少数民族散居，世居有畲、回、满、蒙古等，是全国畲族人口最多和祖国大陆高山族人口较多的省份，也是回族发祥地之一。在福建，世界三大宗教的佛教、基督教、伊斯兰教，以及印度教、摩尼教和道教均有比较浓厚的基础，妈祖信仰即发源于此。民间信仰供奉神祇之庞杂、活动场所之多、人数之众、影响之深远、与海外联系之密切，在国内均属罕见。

“清新福建”旅游资源丰厚，“山海一体，闽台同根，民俗奇异，宗教多元”成为福建旅游的鲜明特色。迷人的武夷仙境、浪漫的鼓浪琴岛、神圣的妈祖朝觐、奇特的水上丹霞、动人的惠女风采、神奇的客家土楼、光辉的古田会址、悠久的昙石山文化、神秘的白水洋奇观、壮美的滨海火山构成了福建独具特色的十大旅游品牌。

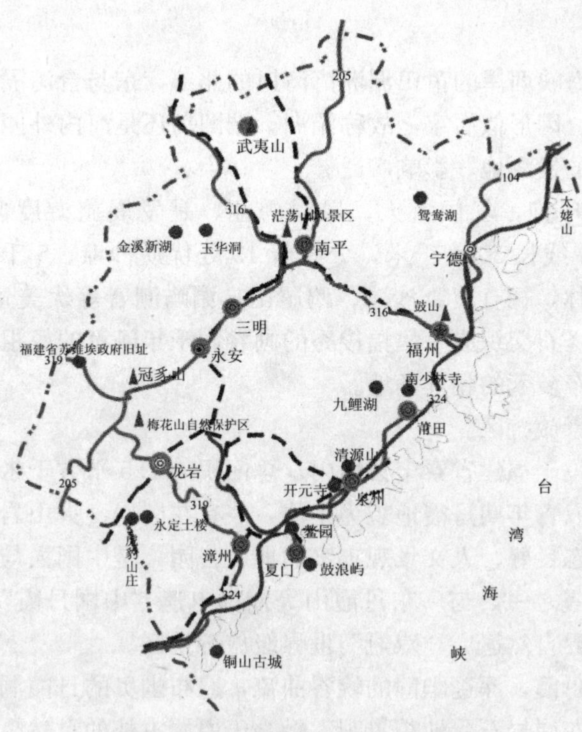


图 8－2　福建省主要旅游景点分布图

**主要景点**

1. 自然景观

(1) 武夷山风景名胜区

武夷山位于福建西北的武夷山市，属典型的丹霞地貌，自然风光独树一帜，历史文化灿烂悠久。景区总面积达 999.75 平方千米，是目前全国面积最大的世界遗产地，也是继泰山、黄山、峨眉山乐山大佛之后，我国第四个“世界自然与文化双重遗产”。

“桂林山水甲天下，不及武夷一小丘。”武夷山素有“碧水丹山”、“奇秀甲东南”之美誉。九曲溪和三十六峰是武夷山风景的精华所在。发育典型的丹霞单面山、块状山、柱状山临水而立，“三三秀水清如玉，六六奇峰翠插天”、“曲曲山回转，峰峰水抱流”，构成了奇幻百出的武夷山水之胜。传统娱乐活动是乘竹筏游九曲溪，两岸美景尽收眼底，还可观看高挂于悬崖绝壁之上的“武夷船棺”。武夷山是悬棺葬俗的发祥地、朱子理学的摇篮，拥有汉城遗址、大量寺庙和书院遗址，更有李商隐、范仲淹、陆游、辛弃疾、徐霞客等名家留下墨宝，是三教名山。故此有诗云“东周出孔丘，南宋有朱熹；中国古文化，泰山与武夷。”

景区内武夷山自然保护区是我国东南现存面积最大、保留最为完整的中亚热带森林生态系统。区内峰峦林立，山势陡峭，常年云雾缭绕，雨量充沛，有着极为丰富的生物资源。被誉为“研究两栖、爬行动物的钥匙”、“鸟的天堂”、“蛇的王国”、“昆虫的世界”、“世界生物之窗”。原始森林茂密，景色融雄浑、古朴、隽秀于一体，被纳入联合国“人与自然”保护区。

（2）湄洲岛

湄洲岛位于台湾海峡西岸的莆田湄洲湾湾口的北部，东与台湾隔海相望，自古就是闽台民间交往的桥头堡。因形似眉宇，故称湄洲。湄洲岛还是海内外闻名的“海上女神”妈祖的故乡、妈祖文化的发源地，影响广泛。

湄洲岛三面青山环抱，气候宜人，风景秀丽，是发展旅游度假的宝地。全岛面积14.35平方千米，海岸线长30.4千米，分布着13处优质沙滩、5千米长的海蚀地貌和1万多亩防护林、红树林，拥有黄金沙滩、鹅尾山、湄屿潮音等优美景观30多处。碧海蓝天、金沙绿林、青山怪石交织成一幅幅俊秀的画卷，千年氤氲的妈祖庙是全世界2亿多妈祖信众心仪神往、魂牵梦萦的朝拜圣地。

（3）三明泰宁风景旅游区

泰宁风景名胜区位于福建省泰宁县境内，总面积492.5平方千米，总的地势西北高东南缓中间低。泰宁是以青年期丹霞地貌为主体，兼有花岗岩、火山岩、构造地质地貌等多种地质遗迹、自然生态良好、人文景观丰富的地质公园，是中国人与生物圈网络成员单位和中国最美的七大丹霞之一，与广东丹霞山等捆绑申遗“中国丹霞”，是目前福建省唯一的世界地质公园、世界自然遗产“双冠”世界级旅游景区。

神奇灵秀的水上丹霞，深邃幽静的峡谷曲流，遍布幽奥的丹霞洞穴，千奇百怪的山峰石柱以及奇险峻伟的花岗岩石蛋地貌景观，融会于原始古朴的自然生态，构成了泰宁世界地质公园独特的自然风光体系。地质学家形象地称之为“碧水丹山大观园”、“峡谷洞穴博物馆”，联合国教科文组织专家评价其为“中国地质公园的样板”。“汉唐古镇、两宋名城”的泰宁古城是泰宁人文精华的积淀，皇帝赐名的古城，曾出现“一门四进士，隔河两状元，一巷九举人”之盛况。古城以“江南第一民居”尚书第为核心，明清时期的官宅、民居、祠堂、店面，门屋相连、布局严谨、气势恢弘，是江南地区保存最为完整的明代民居群。

（4）宁德世界地质公园

宁德世界地质公园位于福建宁德市境内，坐落在太姥山脉和鹫峰山脉的群山之中，由亲水天堂白水洋、海上仙都太姥山、名山奇峡白云山三个园区组成。公园以雄伟壮观的晶洞花岗岩山岳地貌、绚丽多姿的火山岩山岳地貌、千姿百态的河床侵蚀地貌为主要特征，兼有瀑布、深潭等水体景观、海岸岛屿地貌、海蚀地貌等，构成了“山海川岛湖林洞”的奇特景观，2010年入选世界地质公园。

（5）厦门鼓浪屿风景名胜区

鼓浪屿是一座与厦门岛隔海相望的小岛，因岛西南方有一礁石，每当涨潮水涌时，浪击礁石，声如擂鼓，明朝时得名“鼓浪屿”。

鼓浪屿面积1.87平方千米，因受海浪扑打，岛上岩石峥嵘、礁石鬼斧神工，奇趣天成。鼓浪屿四季如春，树木苍翠、繁花似锦、鸟语花香，小楼红瓦，无车马喧嚣，素有“海上花园”之誉。由于历史原因，岛上建有英、美等13个国家领事馆、教堂、公馆、洋行、学校等，中外风格各异的建筑物在这座“弹丸小岛”上被完好地汇集、保留，有“万国建筑博览”之称。鼓浪屿人热爱音乐，还拥有国内唯一的钢琴博物馆，又得美名“钢琴

之岛”、“音乐之乡”。

(6) 泉州市清源山风景名胜区

清源山位于泉州北郊，相传八仙中的铁拐李见此处景色迷人，不禁以铁拐捅地，拔出时清泉涌出，故名清源山。清源山云雾缭绕，苍松翠柏，泉水潺潺。清源山高不过500米，但因高僧弘一法师的舍利塔、中国最大的老子石刻像等众多文物古迹而闻名全国，是中国国家级风景名胜区、国家自然与文化双遗产。

清源山上有最引人注目的宋代石刻——老君巨型石雕像，高5.63米，髯飘胸前，神采飞扬，是我国现存最大的道教石雕像。有近代高僧弘一法师的舍利塔、宋代伊斯兰先贤圣墓（默罕默德高徒三贤四贤墓）、九日山祈风石刻群（“海上丝绸之路”历史题刻）、元代藏传佛教“三世佛”石刻造成像（系我国目前发现时代最早、保存最完整的藏传佛教摩崖石刻）等。还有北宋米芾的“第一山”、明将俞大猷的“君恩山重”、弘一法师的“悲欣交集”等石刻。诸多石刻精品集于一山，实属世上罕见，堪称“宗教石刻艺术博物馆”。

2. 人文景观

(1) 福建土楼（永定·南靖）旅游景区

福建土楼是古代由北方南迁而来的客家人为防风避雨，躲避倭寇和战乱而创造的一种世界上独一无二的、神话般的山区建筑形式。福建土楼一般一楼为灶间，二楼是粮仓，三楼以上住人，所有的房间形状大小均相同，有通畅的走廊连接组成一个大的圆环或者口字形，中间为天井，内有水井。土楼的门楼对面为祖堂，具有聚族而居、防盗、防震、防火、通风采光等特点。福建土楼众多，其中永定和南靖的土楼群以其独特的建筑风格和悠久的历史文化著称于世，在2008年被列入世界文化遗产名录。

福建土楼（永定）旅游景区以历史悠久、规模宏大、结构精巧而闻名于世。山间林地、平川河畔、环立相依、方圆相衬的土楼所展现的雄伟与厚重之美，令人赞叹。位于永定县湖坑镇洪坑村的客家土楼民俗文化村是永定土楼的精华所在。景区内土楼建筑独特，有富丽堂皇的“圆楼王子”——振成楼，五凤楼（府第式土楼）经典——福裕楼，布达拉宫式宫殿建筑——奎聚楼，“袖珍圆楼”——如升楼等40多座土楼，它们沿溪而上，气势恢弘，错落有致，与青山绿水、翠竹拱桥、水车农田和谐相处，多姿多彩。

福建土楼（南靖）旅游景区主要有河坑土楼群（北斗七星阵）、田螺坑土楼群（四菜一汤）、华安大地土楼群、上坪土楼群、裕昌楼（东倒西歪楼）等，以造型奇异、风格独特著称。河坑土楼群由十四座不同年代、不同造型的土楼组成，方形和圆形的大型土楼错落有致的分布在不足一平方千米的山谷之间，是福建土楼世界文化遗产点土楼最密集的地方。其中的东升楼、晓春楼、永庆楼、春贵楼、绳庆楼、南动楼、永荣楼7座土楼组成“北斗七星”的星相奇观。田螺坑土楼群中一方一椭三圆五座土楼，高低错落有致，如梅花般绽放，被称为五朵金花。

(2) 长汀

新西兰女作家路易·艾黎说，中国两个最美的古城，一是湖南凤凰，一是福建长汀。福建龙岩的长汀从盛唐到清末均是州、路、府的治所，悠久的历史给长汀留下了丰富的文化遗产。是国家历史文化名城、客家首府，著名的八闽汀州故地和福建古代文明发祥地之一。

长汀城区现有保存完好的唐代建筑古城门、三元阁、宝珠门，明代朝天门，唐至明代的古城墙，宋代汀州文庙，明清的汀州试院等宝贵文物，还有陈氏宗祠、赖氏坦园宗祠、紫云宗祠等，雕梁画栋，精美绝伦。长汀还有众多的革命遗址，有福建省苏维埃政府旧址、中央红军医院旧址福音医院、周恩来故居、刘少奇故居等。

（3）清净寺

清净寺位于泉州市鲤城区，始建于北宋年间，元代由伊朗艾哈默德重修，用青色和白色花岗岩仿照叙利亚大马士革伊斯兰礼拜堂的建筑形式建造的，故又称“艾苏哈卜寺”，是中国现存最古老的具有阿拉伯建筑风格的伊斯拉寺。

清净寺现存主要建筑有大门楼、奉天坛和明善堂。大门楼为辉绿岩条石砌筑的阿拉伯伊斯兰教建筑，透过门楼，礼拜殿——奉天坛景致清幽，仅存四面石墙，西墙上有尖拱形的高大壁龛，龛内可有保存完好的古阿拉伯文的《古兰经》经句石刻，北墙嵌有“月”“台”阴刻。寺内有明成祖于永乐五年颁发的保护清净寺和伊斯兰教《敕谕》石刻一方，极为珍贵。

（4）泉州开元寺

开元寺始建于唐垂拱二年（686年），至今已1300多年历史。开元寺原名莲花寺，唐开元二十六年改为开元寺。泉州开元寺曾与洛阳的白马寺、北京的广济寺、杭州的灵隐寺齐名，是福建省内最大的寺庙、我国少有的现存最大的佛教寺院之一，为全国重点文物保护单位。

开元寺占地面积78000平方米，寺内殿宇宏伟、清幽肃静。入寺通过天王殿门、拜亭，即可看到凌空而立的紫云双塔，高40多米，是我国最高的一对石塔，也是泉州古城的独特标志和象征。寺内大雄宝殿独特的“百柱殿”、“五方佛”、“飞天乐伎”也是罕见的艺术珍品。寺中的甘露戒台与北京戒台寺、杭州昭庆寺合称为中国三大戒台。寺内还建有弘一法师纪念馆。

（5）龙岩市古田会议会址景区

古田会议会址景区位于上坑县古田镇溪背村，会址系廖氏宗祠，建于清道光二十八年，1929年红四军进驻古田后改为“曙光小学”。1929年12月毛泽东主持的红四军第九次代表大会在此召开，史称古田会议。

古田会议旧址的红色旅游景点主要有红四军司令部旧址中兴堂、红四军政治部旧址松荫堂、毛泽东《星星之火，可以燎原》的写作旧址协成店、中共闽西特委树槐堂、红军桥、红军哨所、中共闽西一大会址蛟洋文昌阁等，其中会址大厅里代表席位、大会会标、主席台及墙上的党旗都按照实际情况布置。

（6）马尾船政文化景区

马尾船政文化景区又称福州市中国船政文化景区，以具有世界唯一性的船政建筑群为依托，充分挖掘和再现清同治五年（1866年）以来船政作为中国近代海军摇篮、中国近代航空事业发源地、近代中国新式教育发端，中法马江海战古战场的历史印记和文化遗存，被誉为“中国近代史上的活化石”。

景区已有140余年历史，创造了中国近代史上53个第一，保护了40多处船政遗迹、遗址，开辟了中国船政文化博物馆、马江海战纪念馆、亭江北岸炮台、闽安巡检司衙门和船政主题公园等，是一处以自然山林为依托，以船政文化为内涵的人文游览胜地，具有丰富的爱国主义内涵和突出的人文精神。景区风光旖旎，名胜古迹极多，走进景区，既可游山玩水、踏浪观潮，又可寻胜访古，体验深厚的文化魅力。

(7) 福州市三坊七巷历史文化街区景区

三坊七巷是福州市南后街两旁从北到南依次排列的十条坊巷的简称。“三坊”即衣锦坊、文儒坊、光禄坊，“七巷”是杨桥巷、郎官巷、安民巷、黄巷、塔巷、宫巷、吉庇巷，最初为唐安史之乱时，社会名流南迁建成的一个以士大夫和文人为主的街区。是中国十大历史文化名街之一，“三坊七巷一朱紫坊建筑群”为全国重点文物保护单位。

三坊七巷总占地面积38.35公顷，基本保留了唐宋的坊巷格局，现存建筑多为明清风格，保存较好的明清古建筑计159座。岁月打磨的青石板路、斑驳的灰瓦飞檐，让人有历史的穿越感。世人赞誉为“明清建筑博物馆”、“城市里坊制度的活化石”。这片街区名人荟萃，林则徐、冰心、严复、沈葆桢、何振岱、林觉民、郁达夫等人的故居就坐落在此，供人凭吊。

(8) 崇武古城

在惠安县城东南的崇武半岛上有一座白色花岗岩建筑的古城，这就是崇武古城。古城是明洪武年间江夏侯周德兴奉命为防御倭寇兴建的军事防御体系，三面临海，是东南海疆要塞，也是我国仅存的一座比较完整的花岗岩石头城。

崇武古城高7米，全长2467米。四方设门楼，东西北三面各建月城。建筑独特而合理，被称为“古代系统工程的案例”。古城自然景观和人文历史资源十分丰富且地方特色浓郁，石头、海岸、惠安女是古城的特色。巍峨雄浑的崇武古城、巧夺天工的石雕艺术、神奇迷幻的山海景观以及风情独俏的惠东妇女、古朴奇特的民间习俗，展示着一个不一样的崇武。

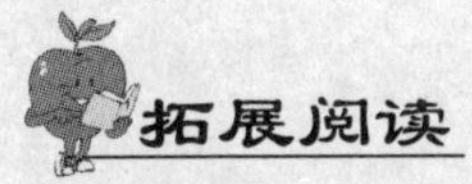


## 世界文化与自然遗产：武夷山

批准时间：1999年12月

遗产种类：文化与自然双重遗产

遗产遴选标准：根据自然遗产和文化遗产遴选标准N (III) (IV)、C (III) (VI)，武夷山被列入《世界遗产名录》

世界遗产委员会评价：武夷山位于中国东南部福建省西北的武夷山市，总面积达99975公顷。武夷山的自然风光独树一帜，尤其以“丹霞地貌”著称于世。九曲溪沿岸的奇峰和峭壁，映衬着清澈的河水，构成一幅奇妙秀美的杰出景观。

武夷山保存着大量完整无损、多种多样的林带，是中国亚热带森林和南中国雨林最大、最具有代表性的例证。它保存着大量古老和珍稀的植物物种，其中很多是中国独有的。这里还生存着大量爬行类、两栖类和昆虫类动物。

武夷山是一处被保存了12个多世纪的景观。它拥有一系列优秀的考古遗址和遗迹，包括建于公元前1世纪的汉城遗址、大量的寺庙和与公元11世纪产生的朱子理学相关的书院遗址。这里也是中国古代朱子理学的摇篮。作为一种学说，朱子理学曾在东亚和东南亚国家中占据统治地位达很多世纪，并在哲学和政治方面影响了世界很大一部分地区。

## 任务实施

考虑生态旅游者对旅游景点的需求，推荐武夷山、三明泰宁风景旅游区、宁德世界地质公园中的“奇特景观、亲水天堂”屏南白水洋·鸳鸯溪旅游景区、“海上仙都”太姥山，湄洲岛、鼓浪屿、福建土楼（永定·南靖）旅游景区、古城长汀、福州贵安温泉旅游度假村等。

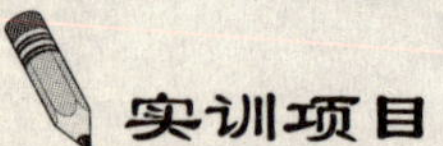

## 任务总结

生态旅游者对旅游地的生态环境有较高的要求，因此为生态旅游者推荐景点首选世界级的自然景观，主要有山清水秀的“双遗”武夷山，世界地质公园、世界自然遗产“双冠”的三明泰宁风景旅游区以及宁德世界地质公园等。“音乐之岛”鼓浪屿、妈祖故里湄洲岛生态环境优美，文化底蕴深厚，游客神往之，由来已久。福建土楼（永定·南靖）旅游景区、古城长汀则为游客展示人与自然的和谐统一。山水灵秀间，泡泡温泉、逛逛土楼，让游客体验福建的清新山水之旅，忘记生活的不快和雾霾的烦恼。

## 实训项目

### “亲子清新游”专题旅游线路设计

**实训内容**

雾霾天气持续，带上孩子、回归自然，成为不少父母的选择。“清新福建”原始生态，山清水秀，是孩子亲近自然、认识自然的好去处。且福建民俗奇异，宗教多元，为旅游平添一份神奇迷幻。请根据区内景区景点的生态与文化特色，设计出一条寓教于乐、生态环境优美、文化内涵丰富的“亲子清新游”旅游线路。

**实训建议**

各项目团队提交纸质行程安排，每组选派一名代表用PPT向全班展示设计的旅游线路，要求图文并茂；由教师和其他团队成员对本团队展示的旅游线路做出现场点评。小组内对个人表现进行总结，以鼓励为主。

1. 福建旅游的鲜明特色是什么？
2. 福建崇安古城的特色是什么？
3. 以“中国丹霞”捆绑申报世界遗产并成功的景区分别是哪几个景区？

## 任务三　海南景点赏析

家住西藏的小李和小王刚刚结婚，打算利用新年假期去旅游度蜜月。国际旅游岛海南是我国最受欢迎的热带滨海度假胜地，也是他们的向往所在。通过本节的学习，请为他们推荐一些旅游景点。

刚结婚的小夫妇筹划蜜月旅游。蜜月旅游者期望行程浪漫、休闲之余，亦不失私密性、刺激性和挑战性。所以推荐的旅游地及旅游景点既要考虑景点的代表性和知名度，又要突出浪漫的意境，同时要符合年轻人的偏好。

海南旅游景点

海南省简称琼，省会海口，位于中国的最南端，北以琼州海峡与广东省划界，西临北部湾与越南相对，东濒南海与台湾省相望，东南和南边在南海中与菲律宾、文莱和马来西亚为邻。海南省包括海南岛和中沙、西沙、南沙群岛及其周围广阔的海域，全省陆地总面积 3.54 万平方千米（其中海南岛陆地面积 3.39 万平方千米，是我国仅次于台湾岛的第二大岛），海域面积约 200 万平方千米，是我国陆地面积最小、海洋面积最大的省。海南省也是我国最年轻的省份和最大的经济特区，实行“落地签证”制度，并设免税区，是著名的购物天堂。

海南岛与美国夏威夷处在同一纬度，属热带季风气候，是中国唯一的热带岛屿省份。这里四季无冬，阳光充沛，空气清新，水质纯净，堪称人间天堂、南海明珠。清澈的海水、雪白的沙滩、明媚的阳光，旖旎的海底世界及富有传奇色彩的少数民族风情，使海南成为中国最受欢迎的热带滨海度假胜地。

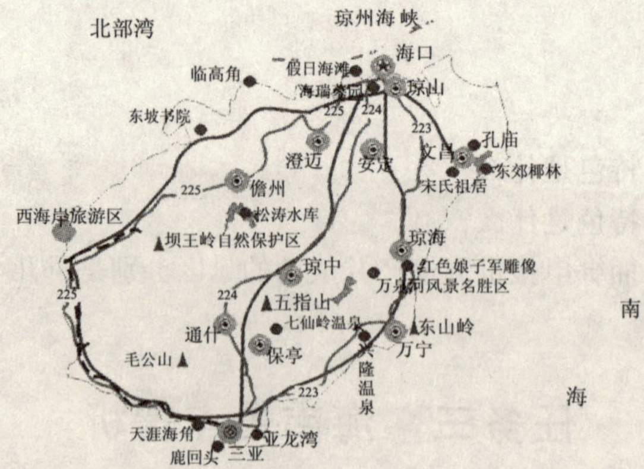


图 8-3　海南省主要旅游景点分布图

**主要景点**

1. 自然景观

（1）海南呀诺达雨林文化旅游区

呀诺达热带雨林景区位于海南省保亭县三道农场，是中国唯一地处北纬 18 度的真正热带雨林，是海南岛五大热带雨林精品的浓缩，也是海南省第一个充分展示和表现海南热带雨林“绿色生态文化”的综合性主题景区，是国家 5A 级景区。

雄伟瑰丽的峡谷奇观，飞瀑流泉、飞花溅雪，悠久精美的黎锦工艺，甘美如饴的黎家香醇和长年不断的热带瓜果。独具特色的热带雨林六大奇观使呀诺达热带雨林景区成为海南岛的“香格里拉”。在气候上，是避暑消寒之谷；在地质上，是瀑布溪水之谷；在养生上，是南药温泉之谷；在文化上，是“黎族”风情之谷。景区集热带雨林、峡谷奇观、流泉叠瀑、黎峒风情、热带瓜果、南药、温泉多种旅游资源于一身，以天然形胜和热带雨林景观为主体基础景观，融会“热带雨林文化、黎峒文化、南药文化、生肖文化”于一体，构建了一个以“原始绿色生态”为主格调的高档次、高品位、高质量的大型生态文化旅游主题旅游景区。被誉为“最具观赏价值的热带雨林资源博览馆”。

（2）三亚大小洞天旅游区

三亚大小洞天旅游区位于三亚市以西 40 千米的南山西南隅，始创于南宋（公元 1187 年），是我国最南端的道家文化旅游胜地，是海南省历史最悠久的风景名胜，为国家首批 5A 级景区。

大小洞天自古因奇特秀丽的海景、山景、石景与洞景被誉为“琼崖八百年第一山水名胜”。大小洞天面朝大海、背朝南山，与南山文化旅游区隔山而望。景区占地 22.5 平方千米，山景、海景、石景融为一体，被称作南山三景，享有“海山奇观”之美誉。景区至今还保留有小洞天、海山奇观、钓台、仙梯、仙人迹、试剑峰等遗迹和文人石刻。海边巨大的礁石下洞口开阔，即为小洞天。据《崖州志》记载，大洞天内石桌、石凳，小溪环绕，宛若仙境，但至今无人找到，这让景区更加充满神秘色彩。

（3）海南分界洲岛旅游区

海南分界洲岛旅游区位于海南陵水黎族自治县分界洲，是海南省最早开发开放的无人

居住型海岛旅游区，是中国首个、也是中国目前唯一一个国家5A级海岛型旅游景区。分界洲岛是海南南北气候分界、行政分界和民族分界的地标，故此得名。

分界洲岛旅游区内海洋景观优美，海岛独特、沙滩洁净、海水明澈，海洋生物丰富。旅游区突出海洋海岛特色，推出多样化的海陆空立体亲海旅游产品，可潜水（有海豚潜水、堡礁潜水、远海潜水等）、海钓（海南最大的海钓基地）、海底潜艇观光（有中国唯一一艘海底观光潜艇）、游艇、海豚表演、鲸鲨观光、海岛婚礼（中国海底婚礼首创地）等多种体验型产品。岛上还有目前海南最大的以海洋科普为主题的珊瑚馆，馆内展示了南海海底的珍稀海洋生物标本、“海上丝绸之路”古代商船及遗留在海底的景德镇古瓷器、陶罐等，还有海底打捞到的古代火炮、古铁锚等。美丽浪漫的大海吸引了众多情侣来拍摄婚纱照和举行婚礼，是著名的婚纱拍摄基地。

（4）天涯海角游览区

天涯海角游览区位于海南岛南端的三亚市天涯镇，由于此处是清代测绘中国陆地版图南极点的标志。清雍正年间崖州知州程哲在海滨巨石上题刻了“天涯”二字，民国时期当地政要又在相邻的巨石上题写了“海角”二字，使这里成了名副其实的“天涯海角”。历史上贬官逆臣的悲剧人生，历代文人墨客的题咏描绘，现代人的“海誓山盟”、“走遍天涯海角”的梦想使得天涯海角游览区成为富有神奇色彩的国家重点风景名胜区、首批国家4A级景区。

游览区依山傍海，椰林摇曳，怪石嶙峋，风景如画，以椰风海韵的热带滨海风光、白沙巨磊的自然奇观、悠久唯一的历史文化“天涯文化”和多彩浓郁的民族风情而驰名海内外。闻名遐迩的摩崖石刻群让人抚今怀古，尤其刻有“天涯”、“海角”、“南天一柱”、“海判南天”的巨石雄峙海滨，为海南一绝，也使整个景区如诗如画，美不胜收。盛大的天涯海角国际婚庆节和新丝路中国模特大赛，又使这里成为情侣们表达忠贞爱情的圣殿和模特们展示美丽风采的舞台。景区还有海上游艇、观光潜艇、动力伞、大象表演、海滨浴场、歌舞表演等，让游客放松身心。

（5）雷琼海口火山群世界地质公园

雷琼海口火山群世界地质公园位于海南省海口的石山、永兴镇，面积为108平方千米，与广东湛江湖光岩同属雷琼陆谷火山带，二者组合形成雷琼地质公园，并成功申报世界地质公园。这是我国唯一的热带城市火山群世界地质公园。雷琼海口火山群世界地质公园也因此位居海南国际旅游岛“琼州百景”之首。

公园分布着40多座第四纪火山，涵盖了玄武质火山喷发的熔岩锥、碎屑锥、混合锥、玛珥火山等各类火山。与火山相伴的熔岩构造，结壳熔岩、岩浆溅落抛射物、熔岩隧道等地质景观极为丰富和罕见，被认为是名副其实的第四纪火山天然博览园。火山口隐身在阴霾与幽绿之中，涓涓细流从中流出，石壁上长满了绿色植物，石壁边还有石阶通往洞底。各种火山奇石遍布园中，名曰“金蟾”的巨大火山石被称为镇园之宝。漫步园中，山林秀丽，熔岩奇峻，洞穴幽深，风韵独特。

（6）亚龙湾国家旅游度假区

亚龙湾位于三亚东南，是海南岛最南端的一个绵延7.5千米的月牙形海湾，总面积

18.6平方千米。亚龙湾背朝青山，面朝大海，舒展开银白柔软的海滩。山清、水碧、沙白，是海南南端海岸线上最受欢迎也是最繁华的沙滩。

亚龙湾的阳光、海水、沙滩、空气、绿色和海底都是海南其他海滨无法比拟的。被誉为“天下第一湾”、“东方夏威夷”，位列中国最美八大海岸之首。沙滩平缓开阔，沙子是珊瑚和贝壳风化后形成，洁白细软。海水清澈，呈绿、蓝、黛青色相间，水温年平均26℃，透明度深达10～15米，海底色彩斑斓的珊瑚礁、海底生物清晰可见，适于终年开展海钓、潜水观光以及各种水上运动。这里称为水上运动爱好者的天堂，从日出到日落，冲浪爱好者都可以乘风破浪，披荆斩棘。高大茂盛的棕榈树下还有多家豪华奢侈的高星级宾馆供人休憩。

(7) 三亚蜈支洲岛度假中心

三亚蜈支洲岛度假中心位于海南省三亚市海棠湾镇蜈支洲岛，这个形似蝴蝶的小岛面积1.48平方千米，东西长1500多米，南北宽1100多米，海岸线全长5.7千米。岛东部、南部地势较高，悬崖壁立，礁石万千，最高峰海拔79米。西部和北部地势平坦，沙白如雪。

岛上漫山遍翠，热带植物2700多种，其中有恐龙时代流传下来的桫椤，迄今为止地球上最古老的植物“地球植物老寿星”——龙血树，寄生、绞杀等现象随处可见。海水清澈透明，能见度达6～27米。海底珊瑚密布，尤其南部水域珊瑚礁保护最好。各项海上休闲运动发达，设有潜水、摩托艇、香蕉船、划水、沙滩排球等项目。蜈支洲岛是海南最早开展潜水活动的海域之一。岛上宾馆酒店点缀山林之中，是著名的度假天堂。

(8) 南湾猴岛生态景区

南湾猴岛位于中国海南省陵水县南的南湾半岛，三面环海，气候宜人，雨量充沛，椰树、荔枝、菠萝蜜、杨桃、芒果等花果代谢不衰、四季飘香，因而成了1500多只猕猴的花果山。

南湾猴岛是世界上唯一的热带岛屿型猕猴自然保护区，总面积约10.2平方千米，共生活着约24个猴群。山脚附近的猴群已被基本驯化，猴子仪仗队像模像样，沐猴而冠令人开怀，猴子马戏团可爱搞笑，还有调皮的猴子抢走游客手中的食物，无处不显示着猕猴聪明活泼而且顽劣的天性。每年10月底至翌年2月是猴王“大选”，届时竞选王位者打得不亦乐乎，为这座花果岛增添无限魅力。

2. 人文景观

(1) 海南三亚南山文化旅游区

海南三亚南山文化旅游区位于三亚市的西南20千米处，是中国最南端的山。因此而得名“南山”。南山文化旅游区是依托南山独特的山海景观和丰富的历史文化渊源开发建设的全国罕见的超大型生态和文化景区，是中国最南端的佛教圣地，国家首批5A景区。

南山与福寿文化渊源悠久，历来被称为吉祥福泽之地。南山因形似巨鳌，古称鳌山，鳌是传说中观音菩萨的坐骑，又是长寿的图腾。观音菩萨为救度芸芸众生，曾发“常居南海愿”。唐代鉴真法师曾在此建寺布道，随后成功东渡日本。日本第一位遣唐僧空海也在此登陆传法。“福如东海，寿比南山”则更道出了南山与福寿文化的悠久渊源。景区最引

人注目的当属南山佛教文化苑，拥有辑入世界吉尼斯大全的国宝“金玉观世音”，世界上规模最大、工艺最精湛的室内三十三观音群像，体现中华古钟文化的梵钟苑以及体现福寿文化的长寿谷。更有举世瞩目的伫立在南海之滨的108米高“南山海上观音”，“一体化三尊”的造型挺拔壮观，气势恢弘，高越天下。这项被誉为“世界级、世纪级”的佛教造像工程历时六年，已于2005年4月24日（佛历三月十六）举行了举世瞩目、千载一时的盛大开光大典。南山之美，南山之奇，游客既能在此领略热带滨海阳光、碧海、沙滩、鲜花、绿树的美景，更能获得佛教文化带来的心灵慰藉，体味回归自然、天人合一的乐趣。

（2）博鳌亚洲论坛永久会址

在海南琼海，万泉河流至博鳌，与九曲江、龙滚江汇合奔流入海，三河交汇，冲击出东屿、沙坡和鸳鸯三个小岛，形成了博鳌小城。从空中俯瞰，酷似缓缓游向大海的鳌，因此而得名。又因为水天一色，博鳌又称博鳌水城。

博鳌风光无限，海的汹涌、河的安详，内外相映，构成了一幅奇异的景观。海河交融处横亘着一条绝美的沙坝为玉带滩，是世界分割海河最狭长的沙滩半岛，已被载入吉尼斯世界纪录。博鳌，这个原本宁静的滨海小镇，除了景色优美，更是因举办“博鳌亚洲论坛”而闻名世界。这里是世界著名的博鳌亚洲论坛永久会址所在地。每年4月，世界各国政要、专家、富商云集于此，纵横宏论，共谋发展。岛上还有亚洲唯一的林克斯风格（原始植被风貌）高尔夫球场、新贵享受型勒克斯风格（人工地貌）高尔夫球场。博鳌旅游业发达，是个度假的好去处。

（3）五公祠

五公祠位于海口市琼山区，是海南历史最悠久的古建筑群，被誉为“海南第一楼”。五公是指唐宋被贬官至此的唐朝宰相李德裕，北宋宰相李纲、赵鼎及南宋大学士李光、胡铨。他们万里投荒，不易其志，教化百姓。清光绪十五年（1889年）雷琼道道台朱为潮为纪念这五位高风亮节的仁人志士，修建了五公祠。是国家重点文物保护单位。

五公祠为一座南洋风格的二层木式建筑，四角攒尖式的屋顶，素瓦红椽，三面回廊，可凭栏眺望。横匾上书“海南第一楼”。楼阁参差，亭廊婉转，叠石假山，花繁似锦，与四周的绿叶繁枝相辉映，显得格外庄严肃穆。“圣祠叠翠”，五公祠周围还有学圃堂、观稼堂、西斋（五公精舍）、东斋、苏公祠、两伏波祠、洞酌亭，浮粟泉、琼园和新建的五公祠陈列馆。环境幽静，花木繁茂。素有“琼台胜境”、“瀛海人文”和“海南第一名胜”之美誉。“千秋功罪垂定论”，愿“五公英烈气”呼唤“群才奋起莫负斯楼”。

## 离岛免税：打造海南购物天堂

海南岛规划到2020年，旅游服务设施、经营管理和服务水平与国际通行的旅游服务标准全面接轨，初步建成世界一流的海岛休闲度假旅游胜地。为实现这一目标，海南从

2011 年 4 月 20 日起试点离岛免税政策。并于 2012 年 10 月 24 日对离岛免税政策进行调整和完善。

何谓离岛免税政策？

离岛免税政策是指乘飞机离岛（不包括离境）旅客实行限次、限值、限量和限品种免进口税购物，在实施离岛免税政策的免税商店内付款，在机场隔离区提货离岛的税收优惠政策。

在国际上，离岛免税政策并不是一种通行做法。此前仅有日本冲绳岛、韩国济州岛以及我国台湾省澎湖岛实施，其中实施时间较长、运行较为成熟的主要是日本冲绳和韩国济州。这两个地区均为四面环海、地理位置相对独立、环境相对脆弱的海岛区域，与海南省较为相似。

免税享受对象：年满 18 周岁、在海南乘飞机离岛不离境的中外旅客，包括海南本岛居民。

免税商品品种：限定为进口的中高档商品，商品品种限定为首饰、工艺品、手表、香水、化妆品、笔、眼镜（含太阳镜）、丝巾、领带、毛织品、棉织品，服装服饰、鞋帽、皮带、箱包、小皮件、糖果、体育用品、美容及保健器材、餐具及厨房用品、玩具（含童车）共 21 种。

免税优惠幅度：与国内相比，同样商品的免税零售价格低于国内其他地区有税价格约 15%至 35%。与日、韩相比，海南离岛免税政策综合税率优惠幅度明显偏高。海南免税税种为关税、进口环节增值税和消费税。同类免税商品的价格不高于香港商品的价格，而韩国济州每人每次免税购物限额约合人民币 2400 元，日本冲绳约合人民币 16000 元，但只免除税率较低的关税。

离岛免税政策含金量高，影响面广，有利于把海南岛打造成中国乃至国际的购物天堂，直接带动海南旅游业和现代服务业发展，加快海南国际旅游岛建设的步伐。

## 任务实施

鉴于蜜月旅游的旅游需求，重点为小李夫妇推荐呀诺达热带雨林景区、南山文化旅游区、南山大小洞天旅游区、分界洲岛旅游区、天涯海角游览区、博鳌亚洲论坛永久会址、亚龙湾国家旅游度假区、南湾猴岛生态景区等景区，让游客体验海南的浪漫激情之旅。

## 任务总结

蜜月旅游者期望旅游能带给他们欢快、浪漫和幸福，为小李夫妇推荐的景点为浪漫海南岛的代表性景观。海南岛的“香格里拉”呀诺达热带雨林景区、分界洲岛旅游区、南山大小洞天旅游区、南湾猴岛生态景区等为游客展示一个热情洋溢的热带海岛景观。欣赏美景的同时，到天涯海角游览区寻找山盟海誓、天荒地老的爱情；在水上运动者的天堂亚龙湾国家旅游度假区、分界洲岛旅游区体验潜水、冲浪等运动的激情；去吉祥福泽之地南山文化旅游区祈福许愿，体验博鳌亚洲论坛的“华山论剑”，这样的蜜月旅游相信一定能让游客心动、行动。

## 实训项目

# 专题旅游线路设计

**实训内容**

华南区5A级景区、世界遗产、世界地质公园等高品级的景区为数不少，请确定一个专题，将区内的高品级景区有选择的设计成一条主题鲜明、内容丰富、行程安排科学合理的旅游线路。

旅游主题包括心灵、朝圣、亲子、游艇、自由行、美食、体育、红色、生态、文化等。旅游线路可从中任选一种主题进行设计。

**实训建议**

各项目团队提交纸质行程安排，每组选派一名代表用PPT向全班展示设计的旅游线路，要求图文并茂。

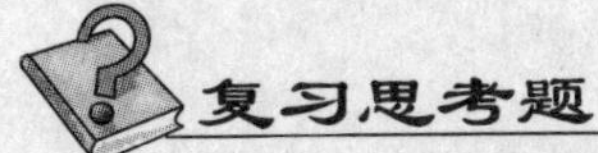

## 复习思考题

1. 我国唯一的热带城市火山群世界地质公园是指哪里？
2. 海南省主要有哪些国家5A级旅游景区？
3. 海南省适于开展海钓、潜水等水上运动的景区有哪些？

# 项目九 奇观荟萃——西南景点赏析

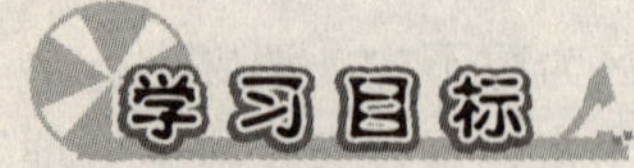

**知识目标**

1. 了解西南地区旅游景点概况，熟悉西南地区各省市主要旅游景点；
2. 掌握西南地区自助游和背包客的旅游方式及特点。

**能力目标**

1. 能够对美国青年、商务人士、高三学生需求进行分析，并进行线路设计；
2. 能够根据自助游、家庭游的要求，为其推荐西南旅游的精华。

## 任务一 广西景点赏析

一位美国青年大卫，特别喜欢在溶洞探险，他听说广西的溶洞景观世界闻名，想去看看，做一次初步旅游，为之后的探险做准备。

对于外国游客，首先考虑的是他们的兴趣爱好，毕竟兴趣是他们来中国旅游的首要动机。其次，在给他们推介旅游景点的时候，一定要简单明了，要充分考虑他们在异国他乡因语言等各种原因所造成的旅行障碍和困难。

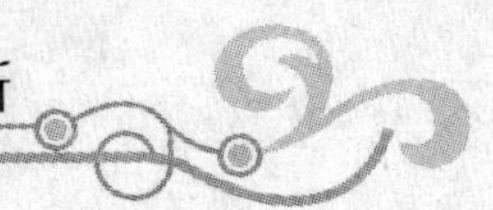

## 知识准备

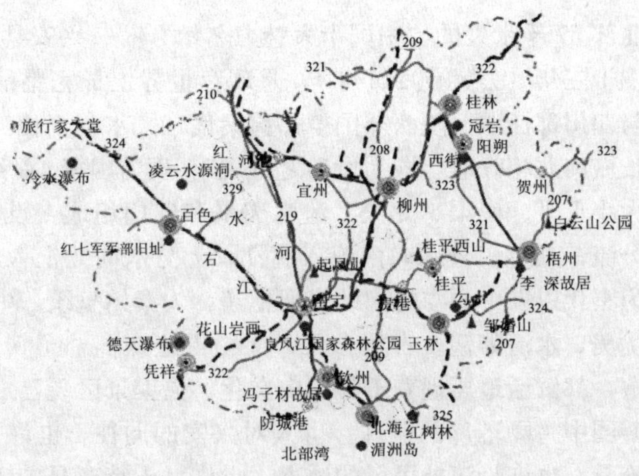


图 9－1　广西旅游景点图

### 一、人文景观

（一）广西民族博物馆

广西民族博物馆，馆址位于南宁市青秀山风景区，占地 130 亩，由主体大楼、管理楼、传统民居文化生态展示园组成。

广西民族博物馆是建国以来广西壮族自治区建设规模和投资规模最大的文化设施项目，是一座自治区级、全民所有、公益性、专业性的民族文化博物馆。博物馆主体建筑外形取材于富有广西地域特色和民族特色的铜鼓，整个建筑如一只展翅的鲲鹏，遨游于青山绿水之间。

博物馆主打展区“铜鼓文化”专题展区，有 303 面铜鼓，是全世界铜鼓收藏最多的地方。整个陈列分为“山寨铜鼓声”、“铜鼓之路”、“当代铜鼓艺术”三个部分，主要介绍铜鼓的历史、用途及其文化习俗。被展出的铜鼓已不仅只是陈列在橱窗中，而是与各个民族的人物塑像结合起来构成生动活泼、形态各异的少数民族节日场景。受到了群众的广泛喜爱。

（二）柳州丹州古城

丹州古城位于广西壮族自治区柳州市三江县南面 55 千米处，处于四面环水的岛中。丹州岛呈狭长状，总面积 1.6 平方千米。丹州古城是三江县的古县城所在地，已有四百多年的历史，至今仍有东门、北门、粤闽会馆、书院、古城墙、古县衙、明清古民居等建筑。现为国家 4A 级风景区。

丹州岛空气清新，安逸恬静，拥有得天独厚的自然风光。山环水抱、玉带缠腰的丹州岛四季如春，是休闲度假、生态旅游的好地方。在丹州古城内外，古城墙、古书院、古会馆、古码头、古青石板路，无不记录着历史的沧桑。错落有致的古巷道、石头雕刻而成的古地图，无不叙说着曾经的几百年繁华。这里就像一本优雅的历史书，无声的打开在游客面前，穿越时空，让人遐想无穷。

（三）灵渠

灵渠位于桂林北部57千米处的“中国十大魅力名镇”——兴安县境内，全长37.4千米，建成于秦始皇三十三年（公元前214年），是现存世界上最完整的古代水利工程，最古老的运河之一，与四川都江堰、陕西郑国渠并称秦代三大水利工程。当代著名学者郭沫若先生称之为“与长城南北相呼应，同为世界之奇观”。现为国家4A级景区。

灵渠由铧嘴、大小天平、南渠、北渠、泄水天平和陡门组成，设计科学，建筑精巧，铧嘴将湘江水三七分流，其中三分水向南流入漓江，七分水向北汇入湘江，沟通了长江、珠江两大水系，成为秦代以来中原与岭南的交通枢纽，为秦始皇统一中国起了重要作用。

灵渠两岸风景优美，水清如镜。古树参天，文物古迹众多。尤其是水街的亭台楼榭、小桥流水、市井风情，都鲜活地再现着千年历史文化。灵渠景区现已成为桂林著名的旅游胜地，是大桂林旅游圈中一颗璀璨的明珠。世人对兴安的向往，也许是灵渠工程的盛名，也许是古老历史的沧桑，也许是淳朴民风的诱惑，也许是土特产品的吸引。总之，这一切都让人遐想联翩，憧憬无限。

（四）百色起义纪念馆

百色起义纪念馆，位于广西壮族自治区百色市东北郊迎龙山。1929年12月11日，邓小平、张云逸、陈豪人、李明瑞、韦拔群、雷经天等领导了威震南疆的百色武装起义。百色起义有力地打击了国民党桂系军阀的嚣张气焰，在中国革命史上留下了光辉的一页。1961年，由张云逸大将提议，经广西壮族自治区党委批准，正式成立“右江革命文物馆”。1996年11月1日，正式改名为“百色起义纪念馆”。现为国家4A级旅游区。

纪念馆大门四根粗大圆柱稳稳地支撑着皇冠形的外廊，象征着百色人民顶天立地、气壮山河的气魄。在大门上方的正中，镌刻着江泽民总书记题写的“百色起义纪念馆”七个行书镏金大字。大门两侧分别是高7.3米、宽8.9米的浮雕，栩栩如生地再现了“土地革命”和“武装斗争”的场面。序幕厅的正壁是高4.28米、宽25.23米的“百色起义”汉白玉大型浮雕，以磅礴的气势，生动地再现了当年百色起义波澜壮阔的场面。邓小平、张云逸等老一辈无产阶级革命家，以顶天立地的光辉形象，屹立于大厅正壁的浮雕中。

（五）凭祥友谊关

友谊关位于广西中越边界的凭祥市西南端，322国道终端穿过友谊关拱城门，与越南公路相接，是通往越南的重要陆路通道和国家一类口岸，距凭祥市区18千米。友谊关是我国九大名关之一。关楼左侧是左弼山城墙，右侧是右辅山城墙，犹如巨蟒分联两山之麓，气势磅礴。现为国家4A级旅游区。

友谊关初建于汉朝，初名为雍鸡关，后改名界首关、大南关。明朝改名为镇南关。清时建关楼一层，门两重，贯以通道，外层额书“南疆重镇”，内层额书“镇南关”，中法战争时被毁。晚晴大臣苏元春督边时又重建二层关楼，关后建有关帝庙和昭忠祠。光绪年间，太平知府甘汝来重修关楼，拆去关帝庙和昭忠祠，改建一幢法式建筑“法国楼”。经历多次维修，现法国楼仍保持原貌。尔后关楼在抗日战争中又被毁，仅剩底层拱城门。

1957 年，广西壮族自治区政府拨款重修关楼，基本按原貌重建。整座关楼由底座和回廊式楼阁两部分组成，通高 22 米。底座建筑面积为 365.7 平方米，长 23 米，底宽 15.9 米，平均高度为 10 米。拱门上方用汉白玉雕刻着“友谊关”三个刚劲有力的大字，是当年任国务院副总理兼外交部长的陈毅元帅题写的关名。

#### （六）程阳侗族八寨景区

程阳侗族八寨景区位于广西柳州市三江侗族自治县县城东北部的林溪河畔，距县城 19 千米。景区总共由八个侗寨组成，俗称程阳八寨，占地面积为 12.55 平方千米。景区具有丰富的侗族原生态旅游资源，是侗族文化和侗族风情旅游的集中体现，也是中国首批景观村落，广西十大魅力乡村，国家 4A 级旅游景区。景区核心景点程阳风雨桥 1982 年被列入全国重点文物保护单位，近年还被评为世界十大最壮观桥梁之一，世界四大历史名桥之一。

程阳风雨桥，又叫永济桥、盘龙桥，是广西众多具有侗族韵味的风雨桥中最出名的一个，也是典型的侗族建筑。这座横跨林溪河的木石结构大桥，建于 1916 年，桥中有五个多角塔形亭子，飞檐高翘，犹如羽翼舒展。整座桥雄伟壮观，气象浑厚，仿佛一道灿烂的彩虹。它的建筑惊人之处在于整座桥梁不用一钉一铆，大小条木，凿木相吻，以榫衔接。全部结构，斜穿直套，纵横交错，却一丝不差。桥上两旁还设有长凳可供人憩息，游人坐在凳上向远处放眼。

## 二、自然景观

#### （一）桂林漓江景区

漓江历史上曾名桂水，或称桂江、癸水、东江，流经广西壮族自治区第三大城市，政治、经济、交通、文化及旅游中心——桂林市。漓江流域孕育的独特绝世而又秀甲天下的自然景观——桂林山水，以其风景秀丽，山清水秀，洞奇石美，而驰名中外。现为国家 5A 级景区。

漓江属珠江水系的桂江上游河段。发源于兴安、资源县交界处海拔 1732 米的越城岭老山界南侧，属中亚热带季风气候区。漓江流域拥有丰富的自然山水景观。早在南宋时期，“桂林山水甲天下”就已名扬天下。漓江，这条萦绕在祖国南疆的秀丽江水，自古以来以其悠久的历史文明，令无数文人墨客为之倾倒。“江山惹得游人醉，印入肝肠都是诗”便是无数游人抒发的感慨。

“江作青罗带，山如碧玉簪”，以漓江风光和溶洞为代表的山水景观有山青、水秀、洞奇、石美“四绝”之誉。从桂林至阳朔的 83 千米漓江河段，也称漓江精华游，有“深潭、险滩、流泉、飞瀑”的佳景，是岩溶地形发育典型、丰富和集中地带，集中了桂林山水的精华，令人有“船在水中游，人在画中游”之感。

1982 年 11 月漓江被国务院列为第一批国家重点风景名胜区，要求重点保护。1991 年 12 月漓江风景区在国家旅游局公布的“中国旅游胜地四十佳”名单中名列第二。1996 年 11 月漓江被列为国家重点保护的 13 条江河之一。畅游漓江，将尽情领略奇丽的山水风光，饱餐大自然的秀色，留下难忘的美好回忆。

（二）南宁青秀山

青秀山风景区，位于南宁市区东南方，坐落在蜿蜒流淌的邕江畔，总面积约为 13.54 平方千米（核心保护区约 6.43 平方千米）。景区以森林为主体，以绿色为特征，包括青山、凤凰岭等十几座山峦，群峰起伏、林木青翠、泉清石奇、江环如带，是南宁市最著名的风景区，素以“山不高而秀，水不深而清”著称，被誉为“绿城翡翠，壮乡凤凰”。2000 年被评为全国首批 4A 级风景区，2005 年被评为广西仅有的两个“全国创建文明风景区工作先进单位”之一和“广西十佳景区”。

青秀山风景区从 1985 年开始建设，其中的“雨林大观”，是我国独具南亚热带雨林特征的生态园林景观。同时还有明代风格的龙象塔，别具异国风情的中泰友谊园，汇聚东盟各国国花国树和国际友好城市代表性雕塑的国际友谊园，以及广西十二个世居民族的雕塑群、十二生肖文化园，青秀山长廊，十八童子情景雕塑等 50 多个景点。青秀山是集旅游观光、休闲娱乐、科研科普为一体的风景名胜区。青秀山风景区是绿城南宁最美丽的一道风景线，吸引着众多的游客，年接待游客量超过 200 多万人次，是中外政要及广大游客来邕考察参观和旅游度假的首选之地。

（三）北海涠洲岛

北海市拥有广西最大的海岛涠洲岛。涠洲岛位于北海半岛东南面 24 海里处，由南至北长 6.5 千米，由东至西宽 6 千米，最高海拔 79 米，北海涠洲岛是我国最大最年轻的火山岛。岛上住有 2000 多户人家，16000 多人口，85%以上都是客家人。

涠洲岛上气候宜人，资源丰富，四季如春，气候温暖湿润。具备世界旅游界向往的“三 S 景观”（海水 sea、阳光 sun、沙滩 sand），素有“大蓬莱”仙岛之称。从高空鸟瞰，面积为 25 平方千米的涠洲岛，犹如一枚翡翠漂浮于湛蓝的大海中。

踏上这座火山岛，撞入眼帘的是奇特的海蚀海积地貌与火山熔岩景观：猪仔岭憨态可掬；鳄鱼石栩栩如生；滴水岩泉水叮咚；红色火山岩好像刚刚喷发过。位于盛堂村的法国天主教堂，更是在十九世纪末就落户在岛上，材料全部取于岛上的珊瑚、岩石，历经百年岁月，依然坚固如初。四百多年前，明代著名戏剧家汤显祖游览该岛，就曾写下“日射涠洲廓，风斜别岛洋”的诗句。

（四）北海银滩

北海银滩旅游区位于广西壮族自治区北海市东南部海滨，东至大冠沙，西起侨港镇渔港，银滩东西绵延约 24 千米。北海银滩原来叫“白虎头”，因为从地图上看整个区域像一个张开嘴的大白虎。银滩上的沙是上等的石英砂，在阳光的照射下，洁白、细腻的沙滩会泛出银光，故后改称银滩。北海银滩已成为全国首批 4A 级旅游景区。

这里的海水水质清洁，透明度在 2 米以上。而且这里的海水退潮快，涨潮慢，所以游泳安全系数很高，银滩附近海域每年有 9 个多月可以入水游泳。这里空气中负离子含量为内地城市的 50 至 1000 倍，所以特别清新，是各类慢性及老年性疾病患者最适宜的疗养场所，有“南方北戴河”之誉。

北海银滩有着“滩长平、沙细白、水温净、浪柔软、无鲨鱼、气清新”等特点，1991 年建成正式对外开放，1992 年 10 月被国务院列为 12 个国家级旅游度假区之一。许多专家

一致认为银滩是中国最大、最理想的海滨浴场和休闲度假胜地，被誉为“天下第一滩”。

（五）七星（岩）景区

七星（岩）景区位于桂林市漓江东岸，漓江支流小东江畔，距市区1.5千米，因七星山、七星岩而得名，是桂林市最大的综合性的生态景区，占地面积约134.7公顷，集山青、水秀、洞奇、石美于一体，俨然成为桂林山水的缩影，为中国首批4A级旅游景区。

七星岩景区游览内容丰富，主要自然景观有“栖霞真境”七星岩、“壶山赤霞”骆驼山、普陀石林、月牙山、天然空调元风洞等。景区内的丹桂岩是新石器时代古人类洞穴遗址（约6000—10000年前）。七星岩是中国历史上开发最早的游览岩洞，洞内石钟乳、石笋、石柱、石幔，千姿百态，像一条雄伟壮观、气势磅礴的地下画廊，自一千三百多年前的隋唐时就已成为游览胜地，被誉为“神仙洞府”。始建于唐代的西南名寺栖霞禅寺经重修，于2002年9月新寺落成，为目前中国最大的唐式建筑风格的寺庙。建于南宋的花桥是桂林市最古老的石拱桥，距今约八百年历史，“花桥虹影”构思独特、巧夺天工。

游览七星岩，四季皆宜，它总能让人忘却尘世烦忧。春天，桃花、杜鹃争相开放，花红柳绿，莺歌燕舞；夏季绿荫浓密，荷边嬉戏，飞瀑流水，使暑热顿消；中秋桂香馥郁，涌金流银，月下赏菊，令人清心悦目；初冬丹枫漫天，银杏叶落，奇峰怪石显露，引人回味多思。在这里，人们与动物和谐相处，您可以休憩在山边与猴群共同玩耍，可以看到孔雀在草坪上展示自己美丽的羽毛，听到湖边天鹅等各种水禽自由的戏水，回望山坡上小鹿在奔跑跳跃，还可以喂鸽、逗羊、骑马、更可以摸摸屁股的温顺的“大猫”东北虎。人与动物在这里真正实现了零距离的接触。

（六）藤县石表山休闲旅游风景区

石表山休闲旅游风景区位于广西东部的梧州市藤县境内，属典型的丹霞地貌，总面积约15.8平方千米，处在珠三角经济圈和北部湾经济圈的交汇点。石表山集“雅、幽、奇、险、神”于一体，城墙式的丹崖绝壁及险峻幽深的额状岩廊随处可见。类型多样，包括原生态水域景观、沙滩景观、丹霞地貌景观、历史人文景观、田园村落景观等。其丹山、碧水、沙滩、翠竹、村落组合完美，是集休闲、度假、览胜于一体的天人合一山水诗画景区，为国家4A级旅游景区。

景区坐落的象棋镇道家村是历史名村，隋唐以来，历朝均在此设立驿站，现村中尚存多处文物古迹，隋时护城河、唐时通济桥、清时福隆庄等仍保存良好。景区内的思罗河漂流属于原生态休闲漂，全程约7千米，丹山、碧水、金滩、翠竹把思罗河点绘成了一条如诗如梦的立体画廊，那里空气明净，环境清幽，河水清澈，翠竹葱郁，是天然的大氧吧，坐在竹排上悠然而漂，还可领略当地原汁原味的水上风情，是不可多得的放松身心、亲近自然的好去处。

石表山景区内道家沙滩公园堪称中国内河第一滩，濒临于素有“古代南方水上丝绸之路”美誉的北流河。沙滩的沙子中含有丰富矿物质，利用这些天沙子进行沙疗，有十分明显的理疗效果。因山势险要，石表山还是天然的军事要塞，在秦汉时期便有人在山上筑寨而居，至今山上仍留存有古人构筑的古寨门、古石墙、古城堡、古石井等遗迹。

（七）靖西古龙山峡谷群生态旅游景区

古龙山峡谷群位于广西百色市靖西县城东南30千米处。峡谷长约6.8千米，宽100

米，由古劳峡、新灵峡、新桥峡和三个地下暗河、溶洞构成。峡谷内自然植被丰富，溪流常年不断，景色幽雅；峡谷洞峡相连，明河与地下暗河相通，形成世界罕见的“三峡三洞”连贯奇观。现为国家 4A 级旅游景区。

在景区，游人可以先穿过一道峡谷，进入一个溶洞，走过一条小道，又上船在神秘的洞穴漂流。从这在一条旅游线上欣赏到“山、水、瀑、洞、林”为一体，“奇、险、幽、旷、奥、秀、狂、野、精、绝”为特色的独特景观。在峡谷的尽头，是从天而降的气势磅礴而又秀美如画的古龙山瀑布。瀑布高 98 米，其三面被陡峭的绝壁环抱，绿树古藤伴随左右，狂野中伴着清秀，充满诗情画意，是广西西南边陲一颗生态旅游明珠。

## 三、主题公园

### （一）桂林乐满地度假世界

桂林乐满地度假世界位于广西桂林市兴安县，现为广西最好的休闲主题公园、中国自驾车旅游品牌十大景区、国家旅游局首批“全国旅游标准化试点”景区，为国家首批 5A 级景区。乐满地，源自于英语“romantic”一词的直译，即“浪漫”的意思。乐满地八景包括：烟波灵湖、风雨侗桥、茶道情长、福满云天、月老情缘、松林听涛、相思霞堤、云想衣裳花想容。

乐满地在兴安县灵湖景区 6000 余亩的土地上，融合桂林山水之美、广西少数民族艺术及乐满地欢乐文化的五星级酒店，闲逸高雅。依山势高低错落而建的丽庄园木屋别墅区，隐晰山林间，尽享自然特色。美式丘陵国际标准 36 洞高尔夫球场，独览桂林山水盛景，挑战您的极至尊荣。缤纷主题乐园，时尚、动感、刺激与欢乐并存。这些构成了集尊贵、自然、浪漫、闲逸、欢乐为一体的度假胜地。

### （二）龙胜龙脊梯田

龙胜县龙脊梯田位于桂林市龙胜县东南部和平乡境内的平安村，全部的梯田分布在海拔 300 米至 1100 米之间，最大坡度达 50 度，一层层从山脚盘绕到山顶，层层叠叠，高低错落。其线条行云流水，其规模磅礴壮观。现为中国最好的梯田主题公园，国家 4A 级景区。

龙脊梯田始建于元朝，完工于清初，距今已有 650 多年历史。人们建设家园的智慧和力量，在这里被充分地体现出来。在这梯田的海洋里，最大的田不过一亩，大多数田都是只能种一二行水稻的“带子丘”和“青蛙一跳三块田”的碎田块。

龙脊梯田群，如链似带，从山脚盘绕到山顶，小山如螺，大山似塔，层层叠叠，高低错落，集壮丽与秀美为一体，堪称天下一绝。龙脊主要居住着壮族，据说这里是广西境内壮族风俗保存最完好的地方。村寨中依山而筑的吊脚楼，据说这里的村民大多自山东沿海一带迁徙而来，为表达对大海的追思与敬意，村民的头饰至今仍保留蓝白相间的飘带。村民多彩的民族服饰，与梯田的曲线构成了壮美的风俗画面。

### （三）南宁凤岭儿童公园

南宁市凤岭儿童公园位于南宁市东面青秀区琅东凤岭北核心 CBD 区，占地面积 55 万平方米，是广西唯一集水陆游乐、购物餐饮、休闲观光为一体的主题乐园。公园共设“梦幻海湾”“梦幻乐园”“梦幻王国”“梦幻花园”“乡村体验园”以及“梦幻水世界”六大主

题区域。

为了增加公园的广西传统地方特色，在公园南侧，种植着高大乔木，并设计出具有广西壮族特色的干栏式建筑。公园充分利用原有连绵起伏的山间绿地、幽曲多变的山谷坡地和平坦开阔的山顶平地等丰富的自然景观资源，运用回归自然的设计理念，通过师法自然的造景手法，营造出了各类亲近自然又变幻多样的园林景观。

拓展阅读

## 桂林米粉

桂林地处岭南要冲，自古官宦商旅云集，饮食习惯南北交融，粤、川、湘、浙、赣、闽均有承传。近百年以来，粤、川饮食影响大，同时融入地方习惯，又因旅游的发展，逐渐形成了有一定地方特色的风味小吃。在诸多小吃中，尤以桂林米粉为最。

桂林米粉以其独特的风味远近闻名。其做工考究，先将上好大米磨成浆，装袋滤干，揣成粉团煮熟后压榨成圆根或片状即成。园的称米粉，片状的称切粉，通称米粉，其特点是洁白、细嫩、软滑、爽口。其吃法多样。最讲究卤水的制作，其工艺各家有异，大致以猪、牛骨、罗汉果和各式佐料熬煮而成，香味浓郁。卤水的用料和做法不同，米粉的风味也不同。大致有生菜粉、牛腩粉、三鲜粉、原汤粉、卤菜粉、酸辣粉、马肉米粉等。

冒热米粉：把烫热的米粉滤干，再配以锅烧猪牛肉片，卤牛膀、牛肝等，加卤水、花生油、酥黄豆或辣椒、蒜蓉，搅拌入味。这种米粉吃起来拂拂作响，声色味俱全。

原汤米粉：把切好调味的猪牛杂，放入小铁锅中煮熟，倒进盛有米粉的碗中，加上葱花、味精、胡椒、麻油。这种米粉味道十分鲜美。

醋水米粉：这是一种无肉的素粉，只加酸醋、酸刀豆、酸辣椒拌吃，经济爽口，妇女特别爱吃，夏天最受欢迎。

桂林米粉有许多种，最有名的是马肉米粉。它用特制的红烧马肉作配料，马肉鲜嫩味香，壮阳补肾。过去吃马肉米粉多用特制小碟来盛，米粉仅供一箸，上面有几片薄薄的马肉，再加以几粒油炸花生，拌以桂林辣酱，风味特佳。一人一口一碟，可吃二、三十碟粉。现在已改用大碗，滋味不变。

马肉米粉以城中老店会仙楼的最为驰名，据说它开设于清代道光年间，原来设备不足，店面不大，但生意非常兴隆，店主限定每日的出售量，以致后来的食客，只好等明天清早了。现在则不同了，顾客日夜盈门。此外，桂林的街头巷尾都有米粉、米粉摊，游人逛了秀丽山水，再吃一碗桂林米粉，饱享眼嘴之福，实在是一大乐事。桂林米粉老店以又益轩粉店、石记米粉、味香馆最为有名。

任务实施

大卫作为一个第一次去广西，而且对溶洞特别感兴趣的美国人，应该把旅游地区锁定在桂林一个地方，因为桂林是广西喀斯特溶洞地貌的集中之地。集中的溶洞地貌旅行，可以充分调动大卫的兴趣，为他下一次的具体溶洞调查做准备。

任务总结

我们为大卫推荐的景点为桂林漓江景区、七星岩景区、芦笛景区、象山景区、阳朔聚龙潭景区等溶洞比较多的景点。作为一个外国人，这样的旅游景点可以集中给大卫一个广西旅游的特色印象。

实训项目

## 桂林漓江三日游

**实训内容**

桂林山水甲天下，而漓江两岸便是桂林山水的精华之所在，甚至是整个广西旅游的精华之所在。对于学生来说，以漓江为主打的景点，在桂林非常多，尤其是从桂林到阳朔这一段，处处都是景，处处都可以成为游客驻足的地方。但旅行的时间为三天，不长也不短，有足够的时间来充分突出重点，但又不能失去整个漓江旅游的整体性。

**实训建议**

各项目团队提交纸质线路设计安排和时间，每组选派一名代表用 PPT 向全班展示设计的旅游线路，要求图文并茂。

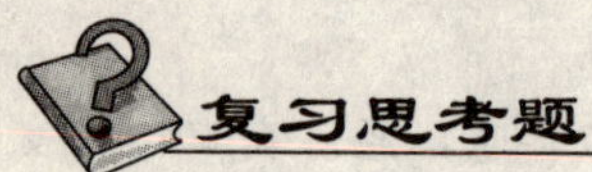

复习思考题

1. 桂林有哪些溶洞地貌景点？
2. 简单介绍一下广西民族博物馆的铜鼓展示？
3. 南宁凤岭儿童公园共设有哪几大主题区域？

# 任务二　贵州景点赏析

任务导入

35 岁的北方人杨先生，十多年前大学毕业之后，来到贵州的省会贵阳工作，五年之后，离开贵州到深圳去创业。现在，杨先生在事业上小有成就。今年，他决定忙里偷闲，到曾经工作过的贵州去走一走，看一看，借此舒缓一下事业发展上的紧张和压力。

杨先生是一个正处于事业发展黄金时期的老板，他到贵州旅游有两个目的，一是故地重游，缅怀一下刚参加工作时的岁月，二是通过“缅怀”过去清贫的岁月，来缓解身心的疲惫。所以，推荐的景点不一定要考虑太大的知名度，但大体要以高端、闲适、优雅和回归自然为主。

贵州简称“黔”或“贵”，国土面积 17.6 万平方千米，其中民族自治地方占全省总面积的 55.5%，据第六次人口普查，全省常住人口 3475 万人，少数民族人口占全省总人口的 36.1%，是一个山川秀丽、气候宜人、资源丰富、人民勤劳、少数民族聚集、发展潜力很大的省份。

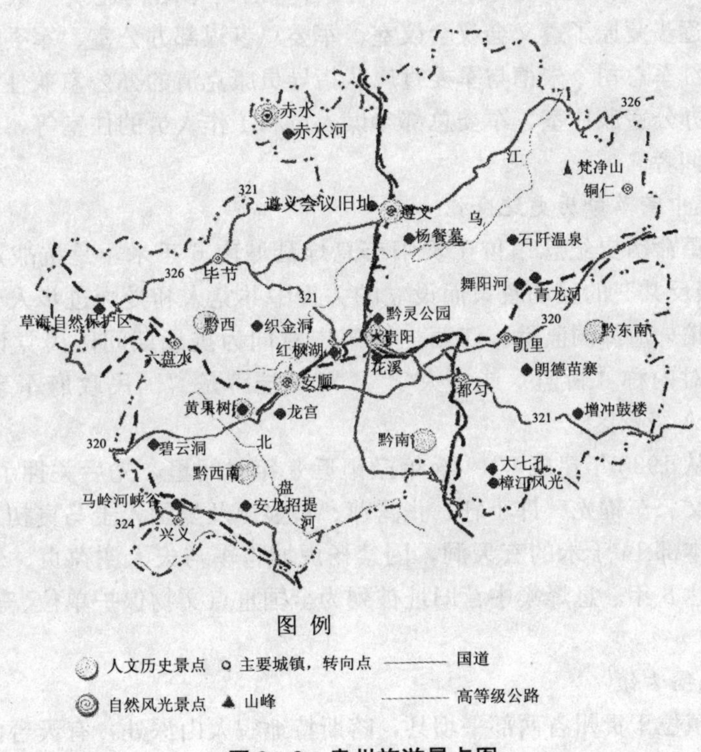


图 例

人文历史景点　主要城镇，转向点　国道

自然风光景点　山峰　高等级公路

**图 9－2　贵州旅游景点图**

## 一、人文景观

### （一）大明边城

大明边城景区，位于贵州省铜仁市东郊，毗邻梵净山、湖南凤凰古城及张家界。整个景区以“明”史为据，以“明”文化为内涵，以“明”军事为主脉，以地方特色为背景，致力于明朝以来贵州600年历史文化的挖掘，集“吃住行游购娱”及“休闲、养生、体育、影视”等为一体，是西南最大的综合历史文化景区，现为国家4A级景区。

景区划分为边城广场演艺区、边城市井文化区（含五角大楼剧场）、边城军事体验区、边城水师龙舟营、大明水寨锦江渔文化区、大明酒庄等文化体验区块。作为一座文化之城、故事之城、体验之城，大明边城将成为展示贵州六百年历史文化的重要窗口。游走在大明边城，漫步于古朴的街道，每一步都是穿越时空的体验。历史与文化的交融演绎出的体验互动节目，让游客在参与的同时，真切的感受到六百年的贵州民族文化。

（二）遵义会议旧址

遵义会议旧址位于遵义市老城红旗路（原子尹路）80号，老地名叫琵琶桥，房屋原是黔军二十五军第二师师长柏辉章的私人官邸，是遵义城三十年代最宏伟的建筑。1935年1月上旬，中国工农红军第一方面军长征到达遵义后，主要领导即住在这幢楼房里，并在这之后召开了决定中国革命命运的遵义会议。现为国家4A级景区。

会址是一座坐北朝南的二层楼房，为中西合璧的砖木结构建筑。从1964年到现在，会址主楼的房间逐步复原了遵义会议会议室、军委总参谋部办公室、军委副主席周恩来的办公室兼住室、红军总司令朱德与军委直属队指导员康克清的办公室兼住室，以及红军总参谋长刘伯承的办公室兼住室、军委总部参谋人员和工作人员的住室等，每天都接待着成百上千前来的瞻仰者。

（三）息烽集中营革命历史纪念馆

息烽集中营革命历史纪念馆位于贵阳市息烽县城南6千米，是抗战期间国民党坚持“消极抗日、积极反共”的反动政策而设立的关押中共党人和爱国进步人士的最大秘密监狱，与重庆白公馆—渣滓洞监狱、江西上饶集中营同为抗战期间国民党设立的三大集中营。息烽集中营对内称“新监”或“大学”，对外挂牌是“国民政府军事委员会息烽行辕”。现为国家3A级景区。

息烽集中营从1938年建成至1946年撤销近8年时间里，先后关押了1200多人，著名革命烈士罗世文、车耀先、许小轩、张露萍、黄显声及爱国人士马寅初、陈其尤等关押于此。距集中营本部14千米的玄天洞，囚禁杨虎城将军与夫人谢葆贞、幼子杨拯中、幼女杨拯贵一家长达8年。息烽集中营旧址被列为全国重点文物保护单位、全国爱国主义教育示范基地。

（四）天龙屯堡古镇

天龙屯堡古镇位于贵州省西部平坝县，喀斯特地貌大山深处，有天台山、龙眼山两山脉，距贵阳市72千米。这里地处西进云南的咽喉之地。天龙屯堡在元代就是历史上有名的重要驿站，名“饭笼驿”。明初时，朱元璋调北镇南，在这里大量屯兵，因官兵大都来自江浙汉族，在此地形成了独特的汉文化。

走进天龙屯堡，仿佛走进梦的巷子，600年前的战事已经随着岁月远去。春天的寨子是灵动的，屯堡姑娘操着地道的普通话讲解着屯堡故事、明代遗风。由于军事地理位置重要，从明代开始就在这里及周边大量屯兵。清朝康熙年间，云贵总督范承勋奉旨实行“改

土归流”后，屯堡人由军户转变为普通百姓。但由于地理位置的重要性，这里依然是清廷的驿站和屯兵重地。故而，一直到现在，都保存着明清两代驻军时的建筑和风貌。

## 二、自然景观

### （一）黄果树大瀑布

黄果树国家重点风景名胜区位于贵州省西南部的安顺市，距省会贵阳市 128 千米，距西部旅游中心城市安顺市区 45 千米。景区内以黄果树大瀑布（高 77.8 米，宽 101 米）为中心，分布着雄、奇、险、秀等风格各异的大小 18 个瀑布，形成一个庞大的瀑布“家族”，被大世界吉尼斯总部评为世界上最大的瀑布群，列入世界吉尼斯纪录。现为国家 5A 级景区。

黄果树大瀑布是黄果树瀑布群中最为壮观的瀑布，是世界上唯一可以从上、下、前、后、左、右六个方位观赏的瀑布，也是世界上有水帘洞自然贯通且能从洞内外听、观、摸的瀑布。明代伟大的旅行家徐霞客考察大瀑布赞叹道：“捣珠崩玉，飞沫反涌，如烟雾腾空，势甚雄伟；所谓‘珠帘钩不卷，匹练挂遥峰’，俱不足以拟其壮也，高峻数倍者有之，而从无此阔而大者。”

水帘洞位于大瀑布 40 米至 47 米的高度上，全长 134 米，有六个洞窗、五个洞厅、三股洞泉和六个通道。到了黄果树瀑布，而不进水帘洞，就不会真正领略到黄果树瀑布的雄奇和壮观，那将是人生一大憾事。穿越水帘洞，还有一个绝妙奇景，即可从各个洞窗中观赏到犀牛潭上的彩虹。这里的彩虹不仅是七彩俱全的双道而且是动态的，只要天晴，从上午九时至下午五时，都能看到，并随你的走动而变化和移动。

### （二）安顺龙宫景区

国家级风景名胜区——龙宫，与举世闻名的黄果树大瀑布毗邻，距贵州省会贵阳市 116 千米，距贵州旅游中心城市——安顺市仅 27 千米，全程高速公路直驱，交通十分便利，为国家 5A 级景区。

龙宫风景区总体面积 60 平方千米，有着很多禀赋极高的自然风景资源。“吞石为洞，吐石为花，神宫赖水造；聚水成渊，覆水成瀑，胜景依石生”，是龙宫景观的真实写照。步入龙宫，就是步入喀斯特景观博物馆，翻开了一幅喀斯特的清明上河图。其地上景与地下景、洞内景与洞外景交替展现，令游客目不暇接、乐不思归。

除以“水旱溶洞最多、最为集中和天然辐射剂量率最低”获两项世界纪录外，还有着许多神奇秀丽的喀斯特景观，其中备受游客推崇的有：一是被游客誉称为中国第一水溶洞的地下暗河溶洞；二是全国最大的洞中寺院——龙宫观音洞；三是全国最大的洞中瀑布——龙宫龙门飞瀑；四是“山不转水转”的旋水奇观——龙宫漩塘。

### （三）梵净山风景名胜区

梵净山是武陵山脉的主峰，位于贵州省铜仁市东北部江口、印江、松桃三县交界处，毗邻湖南省凤凰、张家界景区，与重庆市南部接壤。山体庞大雄浑，摩云接天，早在明初就被尊为“名岳之宗”，是著名的佛教圣地。1986 年被列为国家级自然保护区，同年又获选入国际生物圈保护区网，被誉为“地球和人类之宝”，为国家 4A 级旅游景区。

梵净山伟立于黔东之境，绵亘在楚渝之间，是巍巍武陵山脉之主峰，是滔滔辰河之源泉。这片古陆海拔2572米，方圆500平方千米，年龄大约在10亿至14亿岁以上，在地球的历次造山运动中铸就了她大气磅礴、奇峰耸立、千山万壑、风光逶迤的神奇山体，以红云金顶，蘑菇石为主的山体景观，堪为中国，乃至全世界的地质奇迹。现在梵净山保护区内，保留着众多的寺庙遗址，生长着多种古老的珍稀树木，栖息着黔金丝猴等珍禽异兽。

（四）贵阳黔灵公园

黔灵公园是国家4A级旅游区，因素有“黔南第一山”之称的黔灵山而得名，位于贵阳市中心区西北，距市中心1.5千米，面积426公顷，是国内为数不多的大型综合性城市公园之一。以明山、秀水、幽林、古寺、圣泉、灵猴而闻名遐迩。公园建于1957年，园内峰峦叠翠，古木参天，林木葱茏，古洞清涧，深谷幽潭，景致清远。

黔灵公园集山、林、泉、湖、洞、寺、动物于一体，清绝于世。有“贵在城中，美在自然”之称。园区山岭连绵、谷地相间，地形富于变化，海拔在1100～1396米之间，地形各有起伏，相对高差不大，约200米左右。山体有：白象岭、八角岩、大罗岭、象王山、七冲岭、檀山、杖钵山。其中大罗岭海拔高1396米，是园内及贵阳城西北第一高峰。

（五）红枫湖景区

红枫湖位于贵州中部清镇、平坝县境内，距安顺77千米、贵阳33千米，为国家4A级景区。红枫湖是中国岛屿最多的高原岩溶湖泊，以岩溶地貌和湖光山色为特色，被誉为贵州腹地的一颗明珠。湖边有座红枫岭，岭上及湖周边多枫香树。深秋时节，枫叶红似火，点缀着万顷碧波，故名“红枫湖”。

红枫湖始建于1958年，当时因为修建电站而人工挖成，湖水面积57平方千米，相当于北京十三陵水库的13倍，最深处达百米以上，是贵州省最大的人工湖。红枫湖由192个大小岛屿及半岛散布其间，形成山外有山、水外有水、湖中有岛、岛中有湖的奇异景观。景区内建有苗、侗、布依等三个民族村寨，苗家吊脚楼、布依石板房和侗家的鼓楼、风雨桥错落有致，别具特色。泛舟漫游穿梭于幽谷、石林和水湾之间，令人如入仙宫。

在此，还可欣赏到当地的民族歌舞，接受侗族敬酒歌、苗家拦路酒等少数民族待客礼仪，碰巧的话，还可参加每周六举行的“土风狂欢晚会”。游客可坐游船沿红枫湖前往侗寨兜一圈，登上侗寨鼓楼可以看到红枫湖全景。

（六）黔南州平塘掌布“藏字石”景区

黔南州平塘掌布“藏字石”景区位于贵州省黔南州平塘县掌布乡的桃坡村，是布依族聚居区，地处偏僻，人烟稀少。景区内有一块神奇的“藏字石”，体积约1000立方米，能在上面看到“中国共产党”五字，每字约一尺见方。地群众称此石为“救星石”，后由当地政府命名为“藏字石”。现为国家4A级景区。

掌布景区总面积10.5平方千米，由石蛋滩、水月岛、藏字石、藤竹峡等38个景点组成，景区生态保存完整，有被游客称为奇石、奇洞、奇山、奇水、奇竹、奇树、奇鱼的“七奇”景观，有很高的观赏性和科考价值。

（七）黔西南州万峰林景区

万峰林景区位于黔西南兴义市，黔、滇、桂三省区结合部的兴义市，由近两万座奇峰

翠峦组成，在海拔 2000 多米至海拔 800 米左右的亚热带红壤山地上，形成一个环形山带，长 200 多千米，宽 30～50 千米，仅兴义市境内就有 2000 多平方千米的面积，占兴义市国土面积三分之二以上。根据峰林的形态，分为列阵峰林、宝剑峰林、群龙峰林、罗汉峰林、叠帽峰林五大类型，是中国西南三大喀斯特地貌之一，为国家 4A 级景区。

位于兴义城南的峰林呈南北走向，神奇、秀美，绵延 15 千米，山峰密集奇特，气势宏大壮阔，整体造型完美，形成一道天下罕见的峰林画廊。从地质学的角度看，其北部为峰林盆地，中南部为峰林洼地和峰丛山地。峰林、峰丛大多为呈锥形，部分为钟状、平顶状和马鞍状，堪称一座“中国锥状喀斯特博物馆”。在 360 多年前，明代地理学家、旅行家徐霞客就曾到过万峰林，赞叹这片连接广西、云南的峰林：“磅礴数千里，为西南形胜”，相传还发出这样的赞叹：“天下山峰何其多，惟有此处峰成林。”

（八）赤水丹霞

赤水丹霞位于遵义赤水市境内，丹霞地貌面积达到 1000 多平方千米，以发育成熟典型，形态壮美而闻名。赤水丹霞与湖南崀山、广东丹霞山、福建泰宁、江西龙虎山、浙江江郎山等 6 大著名丹霞地貌景区一起成为世界自然遗产，被称为中国丹霞。景区境内有“赤水大瀑布 4A 级景区”、“燕子岩 4A 级景区”、“桫椤国家级自然保护区”、“竹海国家级森林公园”、“四洞沟风景区”等风景名胜区。

丹霞地貌是我国南方红色岩系发育的一种特殊地貌。当地古时曾沉积着厚厚的红色地层，当红色砂岩经长期风化剥离和流水侵蚀，岩层沿垂直节理方向发育，红层便被割成一片片红色孤立的山和陡峭的奇岩怪石，形成我们如今看到的丹霞地貌。赤水丹霞是中国丹霞项目中面积最大的丹霞景观。赤水的典型丹霞地貌主要发育于赤水市南部地区。赤水丹霞幽深的峡谷、红崖绝壁、溪流飞瀑以及茂盛的森林和竹海等要素的有机组合，形成了独具特色的丹霞地貌景观。

中国当代丹霞地貌研究权威专家黄进教授，多次考察赤水后这样评价说，赤水丹霞地貌景观是大自然的杰作，是赤水人民的宝贵财富，是具有世界意义的宝贵财富。

## 三、主题公园

（一）贵阳欢乐世界动漫主题公园

贵阳欢乐世界动漫主题公园由原白云公园改建而成，占地面积 700 余亩，其中水域占地 200 亩，是集山、水、林为一体的园林式生态型的动漫游乐主题公园，是整个西南地区投资最大、规模最大、游乐设施最全的主题游乐场所。公园位于贵阳市白云区，内有悬挂过山车、摩天轮、双层豪华旋转木马、挑战者之旅、4D 影院等四十余个具有国内领先水平的动漫游乐设施。

贵阳以动漫主题公园开发和经营为契机，以贵阳数字内容产业园为依托，实现旅游与文化产业的有机结合、旅游与动漫创意的有机结合，旅游与科技创新的有机结合，打造一个一流的创意乐园，使贵阳成为省内外有名的动漫旅游基地。

（二）天下第一壶茶文化主题公园

天下第一壶茶文化主题公园位于素有“中国名茶之乡”美誉的贵州省遵义市湄潭县湄

江河畔、湄潭县城中心火焰山山顶，总占地面积6万多平方米，总建筑面积5000平方米。“天下第一壶”建筑，高48.2米，直径24米，获上海大世界吉尼斯总部认证“大世界吉尼斯之最”称号。巨壶耸立火焰山顶，壶内旅游、休闲、观光功能齐全，射程达20千米之远的壶顶激光灯在夜空中变换的各种造型，更是公园一绝。

公园为了传承茶文化，精雕细琢，以“秀甲天下茶品质、海纳天下茶文化、诚聚天下爱茶人”为主题，集茶文化博物馆、茶文化特色旅游、茶文化特色酒店、茶知识科普、茶文化休闲、茶产品展示、书画欣赏及水上娱乐等为一体。公园由天下第一壶、天壶茶廊、天壶水上乐园和茶文化广场四部分构成。

## 拓展阅读

### 赤水丹霞竹海二日游线路推荐

D1：遵义—赤水五竹峰—竹海景区—赤水

早上7：30白杨洞集合，土城用中餐后进入五柱峰。景区内最有特色的是佛光岩和五竹峰两处景点，佛光岩是一处高300米，宽720米的环形丹霞石壁，像一本巨大的天书摊开在半天云海中，阳光照射下石壁艳丽如霞，一挂瀑布从石壁中跌落，飘散的水雾如烟如缕，赋予赤壁灵动的活力。后游风光让人心醉的浩瀚的“竹海”。区内尚有“天锣”、“地瀑”、“八仙树”、“夫妻树”等奇特的自然景观为游人增添无穷乐趣，给人以回归大自然的美好享受。后前往市区用餐，晚餐后入住酒店。

D2：赤水—红石野谷—土城红军四渡赤水纪念馆—遵义

早餐后乘车至红石野谷景区，欣赏美轮美奂、惟妙惟肖、奇妙无穷、惊世骇俗的丹霞奇观；体验被赞誉为“竹海第一滑”的刺激与快乐；走进观音沟原生态瀑布群区，观赏千姿百态的瀑布奇观，与桫椤姑娘共舞，让您体会到“桫椤戏泉水，竹海映丹霞”的其乐无穷；走进“恐龙园”与恐龙对话，探寻侏罗纪的奥秘；可到“逮鱼场”免费抓竹乡鱼（抓着鱼可免费带走）。后乘车到土城用中餐，餐后参观红军长征四渡赤水纪念馆。感受对红军战役转移具有决定意义的四渡赤水。后乘车返回遵义，下午18：00左右结束行程。

## 任务实施

为成功的青年企业家重点推荐的贵州景点：黔灵公园、红枫湖、贵阳市天河潭景区、贵阳市野生动物园、贵阳市保利国际温泉和贵阳市南江大峡谷景区。

## 任务总结

为杨先生推荐的景点都是省会贵阳周边的景观，这主要是因为他曾经在贵阳工作，只有把贵阳的山山水水串联起来，才能够勾起他对清贫岁月的回忆。而且，这些景点主要是

自然风景区，可以极大限度地缓解杨先生的工作压力，以一种归隐山林的心态来仔细思考一下人生和事业发展的方向。

## 实训项目

### 清华大学大一新生国庆旅游行程安排

**实训内容**

清华大学的学生都是全国各地的佼佼者，大一新生刚刚结束三年紧张的高中生涯，现在才刚刚度过一个月的大学生活。正如此，他们需要在贵州壮美磅礴的自然环境中，为自己的未来定下一个方向，旅游线路和旅游活动的安排也就一定要突出回归自然、无为而无不为的特色。

**实训建议**

各项目团队提交纸质行程安排，每组选派一名代表用 PPT 向全班展示设计的旅游线路，要求图文并茂。

## 复习思考题

1. 简述黄果树瀑布之最？
2. 何为“中国丹霞”？
3. 简述梵净山的地理位置？

# 任务三　云南景点赏析

## 任务导入

东北临江市的高三毕业男生田鲁，想趁高考之后的暑假到云南去玩一玩，有哪些景点是他绝对不能错过的呢？请你为田鲁推荐景点。

## 任务分析

田鲁出来旅游一定有父母相伴，是典型的家庭旅游，来云南走一走一直是田鲁的梦想，所以推荐的旅游景点既要考虑景点的知名度，同时又要考虑云南景点与东北景点的差异性和对比性，增加其旅游的美感和体验感。

知识准备

云南简称“云”或“滇”，地处中国西南边陲，北回归线横贯南部。总面积 39.4 万平方千米，占全国总面积的 4.1%。东与广西壮族自治区和贵州省毗邻，北以金沙江为界与四川省隔江相望，西北隅与西藏自治区相连，西部与缅甸唇齿相依，南部和东南部分别与老挝、越南接壤，共有陆地边境线 4061 千米。

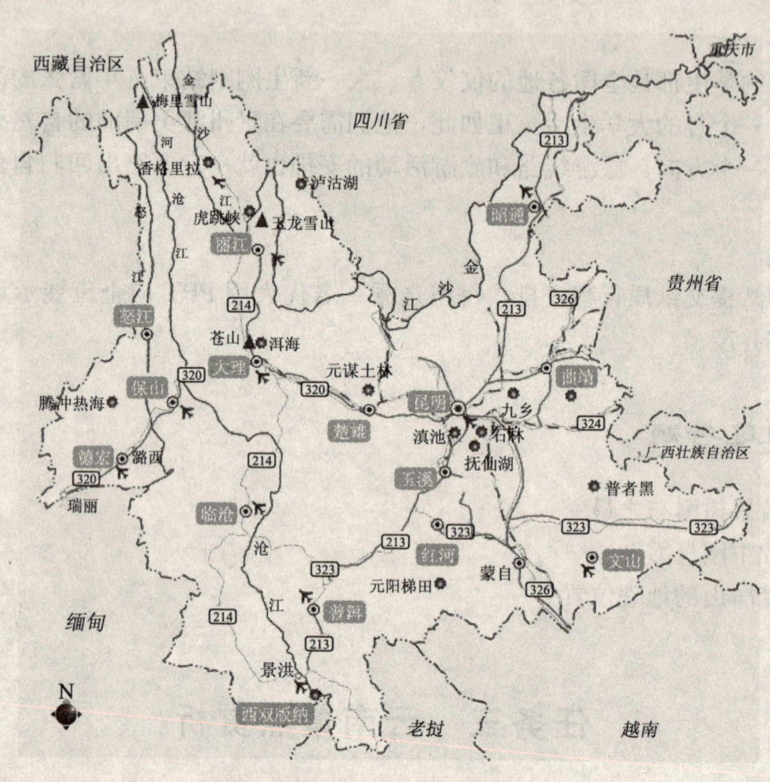


图 9－3　云南旅游景点图

## 一、人文景观

（一）丽江古城景区

世界文化遗产丽江古城，具有 800 多年历史的丽江古城，坐落在丽江坝子中部，面积约 3.8 平方千米，始建于南宋末年，是元代丽江路宣抚司，明代丽江军民府和清代丽江府驻地。发源于城北象山脚下的玉泉河水分三股入城后，又分成无数支流，穿街绕巷，流布全城，形成了“家家门前绕水流，户户屋后垂杨柳”的诗画图。现为国家 5A 级旅游景区。

丽江古城内纳西族占总人口绝大多数，有 30%的居民仍在从事以铜银器制作、皮毛皮革、纺织、酿造业为主的传统手工业和商业活动。位于古城中心的四方街是丽江古街的代表。在丽江古城区内的玉河水系上，修建有桥梁 354 座，其密度为平均每平方千米 93 座。

桥梁的形制多种多样，较著名的有锁翠桥、大石桥、万千桥等，均建于明清时期，其中以位于四方街以东100米的大石桥最具特色。

古城内的木府原为丽江世袭土司木氏的衙署，始建于元代，1998年重建后改为古城博物院。联合国世界遗产委员会曾评价，古城丽江把经济和战略重地与崎岖的地势巧妙地融合在一起，真实、完美地保存和再现了古朴的风貌。古城的建筑历经无数朝代的洗礼，饱经沧桑，它融会了各个民族的文化特色而声名远扬。

（二）大理崇圣寺三塔文化旅游区

崇圣寺三塔文化旅游区位于我国云南省大理州境内大理古城北，是集苍洱风光、文物古迹、佛教文化、休闲度假为一体的国家5A级旅游景区。崇圣寺三塔是国务院首批公布的全国重点文物保护单位，是大理城市的标志和象征。

崇圣寺始建于唐开元年间（713—741年），为南诏、大理国时期著名的王家寺院，曾有九位大理国国王在此出家修行。极盛时期的崇圣寺“基方七里，为屋八百九十间，佛一万一千四百尊，用铜四万五百五十觔”，有“三阁，七楼，九殿，百厦”之规模，享有“佛都”之美誉。以三塔、建极大钟、雨铜观音像、“佛都”匾、三圣金像五大重器著称于世。清咸丰、同治年间，崇圣寺毁于兵燹和自然灾害，现仅存三塔。

崇圣寺三塔为古代崇圣寺五大重器之首，主塔名千寻塔，高69.13米，建于唐代南诏国时期，为方形密檐式空心砖塔，共16级，塔心内有木梯盘旋而上。塔身呈纺锤形，线条圆润，属典型的唐代建筑风格。南北两座小塔建于宋代大理国时期。古人建塔，大致可以分为崇扬佛教，镇灾降邪和观赏三种功用。崇圣寺三塔集三种功用于一身，建塔艺术登峰造极，具有极高的历史、文化和建筑价值。

（三）云南民族村

云南民族村位于昆明市西南郊的滇池之畔，占地面积89公顷，是反映和展示云南26个民族社会文化风情的窗口，是国家4A级旅游景区、国家民委民族文化基地、CIOFF（国际民间艺术节组织）中国委员会民间传统文化基地和国家民委全国首批民族工作联系点之一。

云南民族村是集云南的彝、白、傣、苗、景颇、佤、哈尼、纳西、傈僳、独龙等25个少数民族于一体的村寨。村寨采用复原陈列的手法展示云南的民族风情。在云南民族村里，吉祥的傣寨白塔，壮观的白族大理三塔，高耸的彝家图腾柱，源远流长的纳西东巴文化，佤族的木鼓，布朗族的婚俗，基诺族的太阳鼓，拉祜族的芦笙舞，雪域高原的藏族佛寺，哈尼族的龙巴门，德昂族的龙阳塔，景颇的木脑纵歌，壮族的铜鼓文化，奇特的摩梭人母系氏族社会遗承，风趣的亚洲群象表演，精美独特的民族风味美食、多元的民族文化，风情浓郁的民俗展示等，将令您陶醉其中，流连忘返。

云南民族村作为昆明滇池国家旅游度假区的一个重要组成部分，荟萃了云南各民族优秀的人文景点和自然景观，是反映和展示边疆各民族社会生活的窗口，为美丽的春城增添了又一令人难忘的旅游景点。

（四）玉溪映月潭休闲文化中心

映月潭修闲文化中心坐落于玉溪坝子西南部的“云南第一村”——大营街。大营街地处玉溪大河下段，境内九龙池河、西河、洲大河等九龙溪流均汇流于大营街左前方的玉溪大河。“九”，数之极也，“极”，又是“吉”的谐音，按民间的说法，大营街是九九归一大吉大利的吉祥地。为国家4A级旅游景区。

映月潭修闲文化中心由映月潭温泉、映月潭水体中心、感恩旅游街、映月温泉客栈、释迦文化静享园、玉泉寺组成，由佛教文化、感恩文化、温泉文化、传统民族文化、地域文化及生态文化有机结合，形成了映月潭独具特色的“修闲之道”，营造出心灵环保的理想氛围。这个“修”是修养的修，而不是休息的休，游客可以通过在映月潭的休闲，会真正感受到何为“修闲”。

（五）梁河南甸宣抚司署

南甸宣抚司署坐落于德宏傣族景颇族自治州东北部梁河县城遮岛，建于清咸丰元年(1851年)，是目前云南保存最完好的土司衙署，1996年被列为国家级重点文物保护单位，2005年批准最为国家4A级旅游景点。

梁河历史悠久，是南方古道上一颗闪亮的明珠，是古代通向东南亚的必经之地。古称南宋，又名南甸，两汉时属益州郡，东汉属永昌郡。元代起设南甸军民总官府，开始成为一个独立的政区。明代设南甸宣抚司，其建筑为宫殿式，分为大堂、二堂、三堂、正堂，一进四院，逐堂升高。周围有7拐24间耳房、花园、佛堂、戏楼、小姐楼、佣人住房、厨房、粮库、马房、军械库、监狱等建筑。整个建筑群规划整齐，主次分明，共有4个主院落、10个旁院落、47幢149间房，占地面积10625平方米，建筑面积7780平方米。南甸宣抚司署不但是游览的胜地，而且是研究土司历史的重要见证。

（六）建水文庙

建水文庙位于云南红河州建水县城西北隅，始建于元代（1285年），后经明清两代扩建，迄今已有600多年的历史，现为国家4A级景区。文庙现占地114亩，是除了山东曲阜外的第二大文庙。建水文庙经历50多次扩建增修，面积7.6公顷。文庙总体布局采用中轴对称的宫殿式，仿曲阜孔庙风格。

走进文庙大门，游客首先看到的是一个20多亩的大池塘，碧波荡漾，垂柳依依，名为“学海”。文庙现存一殿一亭一阁二庑二堂三祠八坊，其中尤以大成殿最为壮丽，正殿大门的22扇屏门上，精工雕刻有近百飞禽走兽的图案，形态各异，生动活泼。殿前悬挂着“先师庙”三个鎏金大字，每字长1米，宽1.5米，笔力遒劲雄浑，气势不凡。

## 二、自然景观

（一）中国科学院西双版纳热带植物园

西双版纳热带雨林自然保护区位于云南省南部西双版纳州景洪、勐腊、勐海3县境内。总面积2420.2平方千米。西双版纳热带植物园便是雨林自然保护区的精华部分，是国家知识创新基地、全国科学普及教育基地、全国青少年科教基地、全国5A级旅游景区(点)、全国文明风景旅游区示范点，每年近50万人来园旅游并接受科普教育。

地处云南南端的西双版纳热带雨林是当今我国高纬度、高海拔地带保存最完整的热带雨林，具有全球绝无仅有的植物垂直分布“倒置”现象。西双版纳州的热带雨林、南亚热

带常绿阔叶林、珍稀动植物种群，以及整个森林生态都是无价之宝，是世界上唯一保存完好、连片大面积的热带森林，深受国内外瞩目。在植物园 1100 公顷的园地上，保存着大片的热带雨林，有引自国内外近 12000 种热带植物，分布在棕榈园、榕树园、龙血树园、苏铁园、民族文化植物区、稀有濒危植物迁地保护区等 35 个专类园区，是集热带科学研究、物种保存、科普教育为一体的综合性植物园。

（二）云南石林风景名胜区

石林位于云南省昆明市石林彝族自治县境内，西北距昆明市区约一百千米，是我国著名的风景胜地，是世界唯一能以“石林”发育遗迹和“石林”景观系列展现地球演化历史的喀斯特地质地貌奇观景区，被誉为“天下第一奇观”、“地球自然迷宫”和“大自然雕塑博物馆”，是国家 5A 级景区。

大约在两亿多年以前，这里是一片汪洋大海，沉积了许多厚重的石灰岩。经过各个时期的造山运动和地壳变化，岩石露出了地面。约在 200 万年以前，由于石灰岩的溶解作用，石柱彼此分离，又经过常年的风雨侵蚀，无数石峰、石柱、石笋、石芽拔地而起，形成了今天这种千姿百态的石林。

石林是一座名副其实的由岩石组成的“森林”，穿行其间，但见怪石林立，突兀峥嵘，姿态各异。石林壁峰之间，翠蔓挂石，金竹挺秀，山花香溢，灵禽和鸣，一派生机盎然。石林分布面积达 26000 多公顷，主要游览区约占三分之一，游览路程 5 千米。包括李子箐石林、乃古石林、芝云洞地下石林、奇风洞、长湖、月湖、大叠水瀑布等风景区。石林中几乎每块石头都有灵性，都在讲述一个动人的传说，如“阿诗玛”就是最著名的一个。

（三）丽江玉龙雪山景区

玉龙雪山位于丽江市的西北部，距离玉龙县城约 15 千米。整座雪山由十三峰组成，由北向南呈纵向排列，延绵近 50 千米，东西宽约 13 千米。主峰扇子陡海拔 5596 米，是世界上北半球纬度最低、海拔最高的山峰。玉龙雪山是云南亚热带的极高山地，从山脚河谷到峰顶具备了亚热带、温带到寒带的完整垂直带自然景观。雪山自然旅游资源丰富，景观大致可分为雪域、冰川景观、高山草甸景观、原始森林景观、雪山水景等，为国家 5A 级景点。

玉龙雪山以险、奇、美、秀著称于世，气势磅礴，玲珑秀丽，随着时令和阴晴的变化。它有时云蒸霞蔚、玉龙时隐时现；有时碧空如水，群峰晶莹耀眼；有时云带束腰，云中雪峰皎洁，云下岗峦碧翠；有时霞光辉映，雪峰如披红纱，娇艳无比。山上山下温差明显，植被情况是其最直接显标。玉龙雪山在纳西族被称为“波石欧鲁”，意为白沙的银色山岩。玉龙雪山是纳西族及丽江各民族心目中一座神圣的山，纳西族的保护神“三朵”就是玉龙雪山的化身。

（四）迪庆梅里雪山景区

梅里雪山属横断山脉，位于云南迪庆藏族自治州德饮县和西藏的察隅县交界处，距离昆明 849 千米。梅里雪山属于怒山山脉中段，处于世界闻名的金沙江、澜沧江、怒江“三江并流”地区。它逶迤北来，连绵十三峰，座座晶晶莹，峰峰壮丽，为国家 4A 级景区。

由于垂直气候明显，梅里的气候变幻无常，雪雨阴晴全在瞬息之间。梅里雪山既有高原的壮丽，又有江南的秀美。蓝天之下，洁白雄壮的雪山和湛蓝柔美的湖泊，莽莽苍苍的林海和广袤无限的草原，无论在感觉上和色彩上，都给人带来强烈的冲击。梅里雪山是世界上罕见的低纬度、高海拔、季风性、海洋性现代冰川。由于降水量大、温度高，就使得梅里冰川的运动速度远远超过一般海洋性冰川。剧烈的冰川运动，更加剧了对山体的切割，造就了令所有登山家闻之色变的悬冰川、暗冰缝、冰崩和雪崩。

（五）迪庆普达措国家公园

普达措国家公园位于迪庆藏族自治州香格里拉东 22 千米处，公园的大门设在“香格里拉第一村”霞给村的村头，由碧塔海与属都湖生态旅游区组成。碧塔海、属都湖两个美丽的淡水湖泊素有高原明珠之称。普达措国家公园是中国第一个国家公园，为世界自然遗产“三江并流”风景名胜区的重要组成部分，也是拉姆撒国际湿地的重要组成部分，风景绝美。现为国家 4A 级景区。

普达措国家公园内有明镜般的高山湖泊，水美草丰的牧场，百花盛开的湿地，茂密的原始森林。每年夏季，这里满山的杜鹃花竞相开放；秋冬季节大量的黄鸭等飞禽在湖边嬉戏，天然成趣。公园边上的霞给村里有土陶坊、唐卡坊、木器坊、牛角雕刻坊、藏香坊、民居博物馆、藏银坊等各式各样的民间作坊，摆满了制作精美的各式各样藏族手工艺品，让人爱不释手。普达措国家公园不同季节景致不同，最美应该是夏、秋两季。六月花开，十月树黄。但是这里因为海拔较高，温度偏低，要注意防寒。

（六）瑞丽莫里热带雨林景区

莫里热带雨林景区位于德宏傣族景颇族自治州瑞丽市东北部的莫里峡谷，距离瑞丽市区约 20 千米，目前，该景区是瑞丽市唯一的国家 4A 级景区。“莫里”是傣语，意为“美丽的瀑布”。进入茂密的热带雨林，零距离接触热带雨林，感受天然负离子氧吧里“醉氧”的感觉，是慕名前来者走进这里的最终目的。

这里森林茂密，古木参天，保存有大叶榕、细叶榕、高榕、七叶莲、“森林魔王”绞杀藤以及有“上亿万年活化石”之称的树蕨等数十种珍稀植物；除放养动物外，景区内现有野猪、狗熊、麂鹿、蟒蛇、孔雀、青猴等野生珍禽异兽。

穿过一段三角梅长廊，游客便进入了莽林密布的莫里峡谷。一路上，淙淙奔流的山泉唱着歌向东流淌，而有人却循声西行，沿途成千上万种热带和亚热带植物遮天蔽日，碗口粗的百年古藤像秋千又似吊床，横挂在树与树之间；被视为“冷血杀手”的寄生植物，正在无声地相互绞杀；成片的千年古蕨、万年古木化石又像一本厚厚的教科书，陈列在人们面前。还有树包石、石包树等奇景，让人目不暇接。走进瑞丽莫里热带雨林，很多人都有种异样清爽的感觉不离左右，据说，这里是中国负氧离子最高的一个天然森林氧吧。

（七）陆良彩色沙林景区

陆良彩色沙林景区位于曲靖市陆良县城西南 20 千米终南山附近。景区面积 6 平方千米，其中，陆地 5 平方千米，水面（水库）1 平方千米。彩色沙林大约形成于三亿四千万年前，是大自然亿万年演变的结果，是地震冲击、岩浆喷射、地壳运动、风雨侵蚀逐步形成的千姿百态的地貌奇观，是多色彩沙凝聚起来的沙柱、沙峰、沙屏、沙皱的集合体。现为国家 4A 级景区。

陆良县素有“鱼米之乡”、“滇中粮仓”之美誉，更让人称道的是上天似乎特别厚爱陆良，赐与她一块惊世绝伦的七彩宝地——彩色沙林。其主要景点有群雄争艳、驼峰、火焰山、书生洞、古长城、万年右木、古城堡、金沙林、雪峰、三十六计、七擒孟获等。2001年3月10日，由世界沙雕协会、云南省旅游局、曲靖市人民政府主办的“陆良首届国际彩色沙雕节暨沙雕大赛”在沙林举行，从此，彩色沙林成了陆良走向世界的最精美的名片。

（八）昆明市西山森林公园

西山风森林公园位于昆明市西郊15千米，由华亭山、太华山、罗汉山等组成。它峰峦连绵40多千米，海拔1900米至2350米。相传古时有凤凰停歇，见者不识，呼为碧鸡，故也称碧鸡山。又因形状像卧佛，也叫卧佛山，为国家4A级景区。

西山森林茂密，花草繁盛，清幽秀美，景致极佳，在古代就有“滇中第一佳境”之誉。从昆明城东南眺望，西山宛如一位少女卧在滇池两岸。她的头、胸、腹、腿部历历在目，青丝飘洒在滇池的波光浪影之中，显得风姿绰约，妩媚动人，所以又叫睡美人。

## 三、主题公园

（一）世界恐龙谷

世界恐龙谷位于楚雄彝族自治州禄丰县城以南23千米处的川街乡阿纳村恐龙山，地处昆楚高速公路旁，距楚雄市68千米。世界恐龙谷是一个集遗址保护、观光休闲、科普科考等为一体的恐龙文化旅游主题公园，为国家4A级旅游景区。

从1938年至今，在禄丰境内已发掘出土较为完整的恐龙化石个体120余具，年代跨越侏罗纪早、中、晚三个时期。中外专家认为，禄丰是迄今世界上出土恐龙化石最丰富、最完整、最古老、最原始的地区之一，是中国恐龙的原乡。其年代长、个体数量多、种属丰富、保存完整、埋藏区域集中，举世罕见。公园分为“恐龙遗址科考观光区”和“侏罗纪世界旅游区”两大区域。世界恐龙谷展示的恐龙知识较全面，科技含量较高，互动性较强，其中包括在禄丰发掘的60具恐龙化石的装架展示。此外还有各种游艺、游乐设施以供娱乐。

（二）昆明世界园艺博览园

昆明世界园艺博览园（简称世博园）是1999年中国昆明世界园艺博览会的会址，位于昆明市东北郊，距市中心7千米，占地218公顷，植被覆盖率达90.1%，现为国家4级景区。

园区整体规划依山就势，错落有致，气势恢弘，集全国各省、区、市地方特色和众多国家风格迥异的园林园艺精品、庭院建筑和科技成就于一园，体现了“人与自然和谐相处”的时代主题。园内共种植各类植物2511种，200多万株（丛），其中珍稀濒危植物112种，是一个具有“云南特色、中国气派、世界一流”的高品位的园林园艺精品大观园。

（三）楚雄彝人古镇

楚雄彝人古镇位于云南楚雄市经济技术开发区北侧，古镇东边是龙川江。古镇是集彝

族文化、建筑文化、旅游文化为一体的大型建筑文化主题公园。占地 3161 亩，建筑面积 150 万平方米，为楚雄彝族文化走出楚雄、走出云南搭建了一个重要的文化传承平台，实现了文化与经济的成功嫁接。现为国家 4A 级景区。

彝人古镇在建筑风格上延续了原德江城的风貌，100 万平方米的超大仿古建筑群，再现南宋时期的盛世繁华。古镇建筑样式还汇集了云、贵、川等地的彝族高档民居样式，同时，又吸取大理古城、丽江古城、江南水乡等园林景观精华，时间上广纳唐、宋、元、明、清，空间上博采东、西、南、北、中，荟萃经典样式，使之成为以彝族为主调的古典民居博物馆。楚雄彝人古镇经过百万网民的投票选举勇摘“中国最美十大主题公园”殊荣，被云南省授予“文化产业示范基地”的称号。

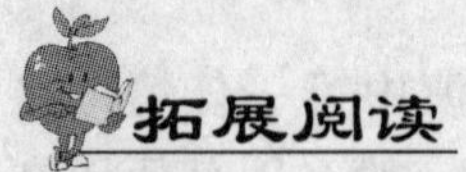
拓展阅读

## 滇缅抗战博物馆：历滇缅抗战史探腾冲神奇境

滇西边城腾冲，和顺古镇掩映在静谧祥和的田园风光中，滇缅抗战博物馆就坐落在古镇上。这里展示着大量抗战文物，无声地讲述着一段悲壮的历史。

博物馆所收藏的抗战物品都是由创办者段生馗先生历时 20 多年，辗转滇西和缅甸等地收集起来的，现收藏到 2 万多件抗战文物，包括中国远征军、英美盟军、民众抗战等方面的珍贵资料和揭示日军暴行的重要证据，文物背后还有许多真实感人的故事。

滇缅抗战博物馆展览分 6 个部分：山河破碎、悲壮远征、沦陷岁月、飞虎雄鹰、剑扫烽烟和日月重光。展览通过大量实物和照片，讲述了中国共产党领导抗日统一战线、云南人民用鲜血修筑滇缅公路、南洋华侨机工回国参战、10 万中国远征军入缅作战、日军在滇西沦陷区的累累罪行、盟军开辟中印公路和驼峰航线、中国驻印军缅北作战、滇西大反攻等惨烈和悲壮的历史。

博物馆收藏了 23700 多件抗战文物，其中包括许多珍品和孤品，目前公开展出的有 7000 多件。博物馆收藏和展示的文物之丰富和珍贵在我国抗战类博物馆中首屈一指。

任务实施

考虑到高中毕业生的需求特点，重点为田鲁推荐以下的云南景点：石林、丽江玉龙雪山、中科院西双版纳植物园、迪庆梅里雪山和迪庆普达措国家公园等景点。

任务总结

为田鲁推荐的景点为云南省的自然景观。主要考虑到他高考刚刚结束，需要在大自然

中缓解一下紧张的学习气氛，而云南的自然景观恰好与东北形成巨大的反差，使田鲁倍感祖国大好河山的丰富多彩。

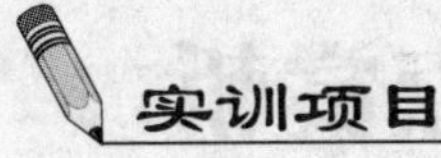

## 实训项目

### 云南一周游的行程安排

**实训内容**

云南是一个面积大省，更是一个旅游大省，其各个市州都分布着各具特色的旅游景点。所以，对于云南旅游线路的设计，首先是要照顾到本省明星级别的景区，又能够穿插一些名气不是特别大、但有云南风味十足的景点。而且，时间只有一周，要有所突出，又不至于面面俱到，失去特征。

**实训建议**

各项目团队提交纸质行程安排，每组选派一名代表用 PPT 向全班展示设计的旅游线路，要求图文并茂。

## 复习思考题

1. 云南的世界遗产有哪些?
2. 何为“三江并流”?
3. 简单介绍一下“世界恐龙谷”这个旅游景点?

# 项目十　多姿多彩——青藏新景点赏析

**知识目标**

1. 了解青藏新旅游区旅游景点概况；
2. 熟悉青藏新旅游区主要旅游景点。

**能力目标**

1. 能够对外企职员、速8业主进行基本分析；
2. 能够根据游客要求，为自驾游游客推荐青藏新旅游区景点。

## 任务一　青藏景点赏析

小王在深圳一家外企工作，平时工作很忙，他和其他三个同事相约想利用7月底休年假的时间去神往已久的青海、西藏，享受那里的白云、蓝天以及放松、宁静的生活。请你为他们推荐合适的景点。

小王平时工作很忙，在钢筋水泥的城市丛林中奔波，渴望在大自然中享受放松、宁静的生活，又能体验藏文化带来的新鲜体验。因此，推荐的景点要既有美丽的自然风光，也要有体现藏族风俗特点的人文景观。

### 一、青海旅游景点

青海省位于青藏高原东北部，东西长约1200千米，南北宽800千米，面积为72万平方千米。境内山脉高耸，地形多样，河流纵横，湖泊棋布。巍巍昆仑山横贯中部，唐古拉

山峙立于南，祁连山矗立于北，茫茫草原起伏绵延，柴达木盆地浩瀚无限。长江、黄河之源头在青海，中国最大的内陆高原咸水湖也在青海。与甘肃、四川、西藏、新疆接壤，省会为西宁市。有藏、回、蒙古、撒拉等43个少数民族，人口510万。

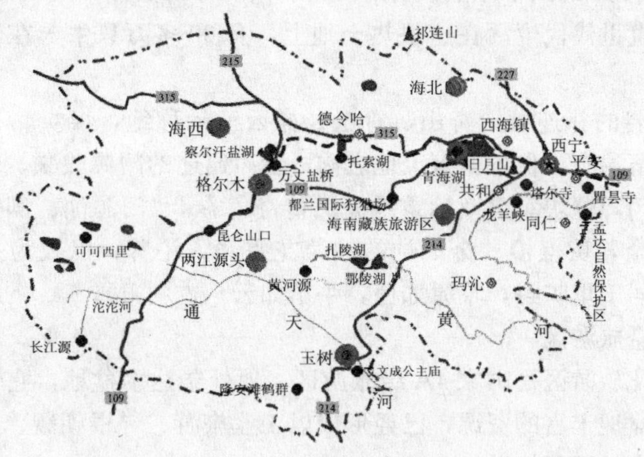


**图 10-1　青海旅游景点图**

1. 自然景观

(1) 青海湖

青海湖又名“库库淖尔”，即蒙语“青色的海”之意。它位于青海省东北部的青海湖盆地内，既是中国最大的内陆湖泊，也是中国最大的咸水湖。由祁连山的大通山、日月山与青海南山之间的断层陷落形成。青海湖湖区的自然景观主要有：青海湖、鸟岛、海心山、沙岛、三块石、二郎剑；湖滨山水草原区主要有日月山、倒淌河、小北湖、布哈河、月牙湖、热水温泉、错搭湖、夏格尔山、包忽图听泉和金银滩草原等。青海相关部门还在这里推出“大美青海·环青海湖国际公路自行车赛系列活动”。

在青海湖畔眺望，苍翠的远山，合围环抱；碧澄的湖水，波光潋滟；葱绿的草滩，羊群似云。每年3～4月，从南方迁徙来的雁、鸭、鹤、鸥等候鸟陆续到青海湖开始营巢；5～6月间鸟蛋遍地，幼鸟成群，热闹非凡，声扬数里，此时岛上有30余种鸟，数量达16.5万余只；7～8月间，秋高气爽，群鸟翱翔蓝天，游弋湖面。夏秋季节，当四周巍巍的群山和西岸辽阔的草原披上绿装的时候，青海湖畔山清水秀，天高气爽，景色十分绮丽。辽阔起伏的千里草原就像是铺上一层厚厚的绿色的绒毯，那五彩缤纷的野花，把绿色的绒毯点缀的如锦似缎，数不尽的牛羊和膘肥体壮的骢马犹如五彩斑驳的珍珠洒满草原；湖畔大片整齐如画的农田麦浪翻滚，金黄色的油菜花，芳香四溢；那碧波万顷，水天一色的青海湖，好似一泓玻璃琼浆在轻轻荡漾。每年11月份，青海湖便开始结冰，浩瀚碧澄的湖面，冰封玉砌，银装素裹，就像一面巨大的宝镜，在阳光下熠熠闪亮，终日放射着夺目的光辉。

（2）青海金银滩景区

金银滩草原，位于青海省海北州境内，它的西部同宝山与青海湖相临，北、东部是高山峻岭环绕，南部与海晏县三角城接壤（三角城是西海郡遗址，建于西汉王莽秉政时期），在这方圆1100平方千米的大草原上，有麻皮河和哈利津河贯穿，这就是青海有名的金滩、银滩大草原；藏民世世代代生活在这块热土地上，有30多万只牛羊在这里生息，是典型的牧区。

以富饶美丽扬名的祁连县，奇山、青松、祥云三景称绝，煤炭、石棉、黄金诸宝富地，林茂粮丰，鹿畜遍野，自古就有宝地之称；蜚声遐迩的门源骏骥、珠固白牛、浩门清油、仙米云海，使门源这块军事政治重地充满传奇色彩；“门源油、满街流”，每逢盛夏，青山滴翠，川地鎏金，黄橙橙、金灿灿的油菜花香袭人沁脾；以牧为主的海晏、刚察两县，面万顷波涛，居千里旷野，草原如茵，牛羊如云，古刹肃穆。

（3）格尔木昆仑旅游区

格尔木昆仑文化旅游区是国家4A级旅游区，地处柴达木盆地，它依托昆仑山深厚的文化底蕴和柴达木盆地丰富的资源，已经形成以工业旅游、寻根朝觐、登山探险、历史探古、文化旅游等为主的西部旅游中心。

此旅游区旅游资源极其丰富：茶卡盐湖、万丈盐桥使人走入梦幻般的盐世界；纳赤神泉被誉为“冰山甘露”，至今还流传着当年文成公主一行进藏时在此歇息的佳话；生活在柴达木盆地的蒙古族在青海高原数百年的生活过程中，已经逐步形成了具有青海特色的蒙古族风情；分布在柴达木盆地西北部的雅丹地貌为世界所罕见。远远望去，高高低低的小山丘翩翩起舞，似鲸鱼、游龙在沙海中翻腾。近看犹如古城堡、金字塔、兽形、圆柱形……身临其境，犹如进入迷宫。这样宏大的雕琢工艺品，是大自然经过漫长地质时期鬼斧神工的作品，具有很高的旅游观赏和科学研究价值。

2. 人文景观

（1）塔尔寺

塔尔寺位于青海省西宁市湟中县鲁沙尔镇西南隅的莲花山坳中，是我国藏传佛教格鲁派（俗称黄教）创始人宗喀巴大师的诞生地，是藏区黄教六大寺院之一，也是青海省首屈一指的名胜古迹和全国重点文物保护单位。塔尔寺也称塔儿寺，得名于寺中大金瓦殿内纪念宗喀巴的大银塔。藏语称“衮本贤巴林”，意为十万佛像弥勒洲。塔尔寺始建于公元1379年，距今已有600多年的历史，占地面积600余亩。

寺院建筑分布于莲花山的一沟两面坡上，殿宇高低错落，交相辉映，气势壮观。位于寺中心的大金瓦殿，绿墙金瓦，灿烂辉煌，是该寺的主建筑，它与小金瓦殿（护法神殿），大经堂，弥勒殿，释迦殿，依诂殿，文殊菩萨殿，大拉让宫（吉祥宫），四大经院（显宗经院，密宗经院，医明经院，十轮经院）和酥油花院，跳神舞院，活佛府邸，如来八塔，菩提塔，过门塔，时轮塔，僧舍等建筑形成了错落有致，布局严谨，风格独特，集汉藏技术于一体的宏伟建筑群。殿内佛像造型生动优美，超然神圣。栩栩如生的酥油花，绚丽多彩的壁画和色彩绚烂的堆绣被誉为“塔尔寺艺术三绝”，寺内还珍藏了许多佛教典籍和历史，文学，哲学，医药，立法等方面的学术专著。每年举行的佛事活动“四大法会”，更

是热闹非凡，游人如潮。

（2）马步芳公馆景区

马步芳公馆始建于1942年6月（民国31年），耗资3000万大洋，次年6月建成，为马步芳私邸，取名为“馨庐”。在马公馆里许多建筑的墙面镶有玉石，故人们亦称为“玉石公馆”。“公馆”保留下来的院落占地近3万平方米，建筑面积6800余平方米，共有房屋298间，“马步芳公馆”是青海省保存最为完整的民国时的建筑，具有较高的历史文物价值和浓郁的地方民族文化特色。

公馆分别由前院、中院、南院、西一号院、西二号院、西三号院以及后花园等7个独立而又联系的院落组成，各个院落的房舍布置有序，结构严谨，构成了统一和谐的整体。各院和重要厅宅都有暗道相通，院落设计精巧，建筑古朴典雅，整个院落透出老宅的深沉、庄严和神秘的气息。位于公馆南端的后花园栽种了名贵的花卉和树木，还有亭榭，著名的“晓泉”也在其内。

（3）循化撒拉族绿色家园

循化是中国撒拉族的故乡，位于青海省东部，总面积2100平方千米，总人口11.4万人，其中撒拉族占62%，藏族占23%，境内平均海拔2300米，平均气温8℃。盛产瓜果、辣椒、花椒等著名特产，素有“青海小江南”之美誉。

循化山峻水奇，风光独好。积石山奇峰耸峙，丹霞地貌峥嵘相间；公伯峡、积石峡雄奇壮美，“双峡中分天际一，黄河拥雪排空来”；郁郁葱葱的孟达国家级自然保护区原始森林；苍松荫绿的文都、尕楞林海；娴静秀丽的孟达天池；云雾缭绕的大里加神池；瀑布飞湍，绵延草原，珍禽异兽……这令人流连忘返的景色，既有江南风光的妩媚秀丽，又有青藏高原的雄伟、粗犷和险峻，是旅游观光、回归自然的极好去处。

（4）互助土族故土园旅游区

互助县位于青海省东北部，是全国唯一的以土族为主体民族的自治县，被称为“土族之乡”，土族民族风情又是青海省最具吸引力的民族文化旅游资源，因而将互助的整个旅游景区统称为互助土族故土园。国家4A级景区，境内交通便利，距青海省会西宁市31千米，是集游览观光、休闲度假、体验民俗、宗教朝觐为一体的综合旅游景区。

景区内原始淳朴的自然环境、雄奇独特的生态环境、古老神秘的文化遗迹，风格迥异的民族风情具有很强的吸引力和竞争力。极具特色土族民族文化，发育完好的高原生态系统，历史悠久的宗教文化和青稞酒文化构成了互助旅游的四大品牌。以威远镇古城村的小庄，东沟乡的大庄、姚马等自然村为代表，主要从事民俗旅游接待。开辟出土族服饰、土族刺绣、“安召舞”、“轮子秋”、土族花儿、土族婚俗、青稞酒文化等项目。

## 二、西藏旅游景点

西藏自治区位于中华人民共和国西南边陲，青藏高原的西南部。它北临新疆维吾尔自治区，东北连接青海省，东连四川省，东南与云南省相连；南边和西部与缅甸、印度、不丹、锡金和克什米尔等国家和地区接壤，形成了中国与上述国家和地区边境线的全部或一部分，全长近4000千米。西藏以其雄伟壮观、神奇瑰丽的自然风光闻名。它地域辽阔，

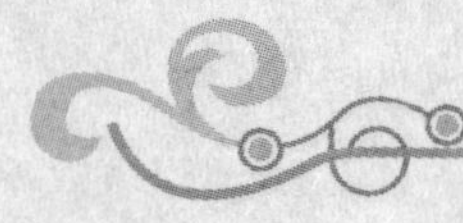



地貌壮观、资源丰富。自古以来，这片土地上的人们创造了丰富灿烂的民族文化。

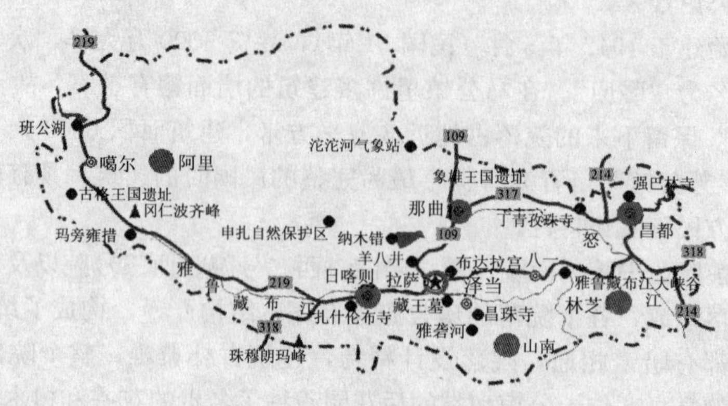


图 10-2　西藏旅游景点图

1. 人文景观

(1) 布达拉宫

布达拉宫屹立在西藏首府拉萨市区西北的红山上，是一座规模宏大的宫堡式建筑群。始建于7世纪吐蕃王朝松赞干布时期，17世纪五世达赖喇嘛重建布达拉宫后，布达拉宫成为历代达赖喇嘛的冬宫居所，也是西藏政教合一的统治中心。主体建筑分白宫和红宫，整个建筑占地面积13万平方米，主楼13层高达117米，大小房间二千余间，它内部主要由达赖喇嘛宫殿，佛殿及僧院各政权机构三大部分组成。

布达拉宫被称为“世界屋脊明珠”，它是拉萨乃至青藏高原的标志。这座世界上海拔最高最雄伟的宫殿里，收藏着极为丰富的文物和工艺品，同时也珍存着独一无二的雪域文化遗产。它的宫殿布局、土木工程、金属冶炼、绘画、雕刻等方面均闻名于世，体现了以藏族为主，汉、蒙、满各族能工巧匠高超技艺和藏族建筑艺术的伟大成就，堪称是一座艺术的殿堂。1961年布达拉宫被中华人民共和国国务院公布为第一批全国重点文物保护单位之一。1994年被列为世界文化遗产。

(2) 罗布林卡

罗布林卡藏语意为“宝贝公园”，位于西藏拉萨西郊。始建于18世纪40年代（达赖七世），为历代达赖喇嘛的夏宫。经过200多年的扩建，全园占地36万平方米，园内有植物100余种，不仅有拉萨地区常见花木，而且有取自喜马拉雅山南北麓的奇花异草，还有从内地移植或从国外引进的名贵花卉，堪称高原植物园。建筑以格桑颇章、金色颇章、达登明久颇章为主体，有房374间，是西藏人造园林中规模最大、风景最佳、古迹最多的园林。罗布林卡在2001年被作为布达拉宫的扩展项目列入《世界遗产名录》，成为世界文化遗产。

罗布林卡是一座典型的藏式风格园林，树木茂密，在绿树丛中，湖心宫、龙王亭、金色林卡等极具藏式风格的建筑隐约其间，幽曲动人。清新的空气，安谧的环境，具有一种西藏园林特有的朴实自然的情趣。

(3) 大昭寺

大昭寺，又名“祖拉康”、“觉康”（藏语意为佛殿），位于拉萨老城区中心，是一座藏传佛教寺院，始建于唐贞观二十一年（647 年），距今已有 1350 年的历史，是藏王松赞干布为纪念尺尊公主入藏而建，后经历代修缮增建，形成庞大的建筑群。大昭寺是西藏现存最辉煌的吐蕃时期的建筑，也是西藏最早的土木结构建筑，并且开创了藏式平川式的寺庙市局规式。经历代多次整修、增拓，遂形成了如今占地 25100 余平方米的宏伟规模。大昭寺在藏传佛教中拥有至高无上的地位。2000 年 11 月，大昭寺作为布达拉宫的扩展项目列入《世界遗产名录》，成为世界文化遗产。

大昭寺殿高 4 层，整个建筑金顶、斗拱为典型的汉族风格。碉楼、雕梁则是西藏样式，主殿二三层檐下排列成行的 103 个木雕伏兽和人面狮身，又呈现尼泊尔和印度的风格特点。寺内有长近千米的藏式壁画《文成公主进藏图》和《大昭寺修建图》。大昭寺内保存有大量珍贵文物，为藏学研究提供了丰富的素材。此外，在大昭寺门前广场上树立的唐蕃会盟碑见证了汉藏人民的深厚友情，种痘碑（为纪念清朝乾隆年间中央政府向西藏人民传授种痘方法以防治天花所立）则见证了中央政府对西藏人民的关怀。

(4) 西藏博物馆

西藏博物馆坐落于拉萨市罗布林卡东南角，是西藏第一座具有现代化功能的博物馆。1994 年 7 月列入西藏自治区成立 30 周年大庆援藏 62 项工程之一，于 1999 年 10 月中华人民共和国成立 50 周年和西藏民主改革 40 周年之际落成开馆。西藏博物馆占地面积 53959 平方米，总建筑面积 23508 平方米，展厅面积 10451 平方米，宏伟壮丽。馆区中轴线上依次坐落着序言厅、主展馆和文物库房。整体布局结构严谨。展馆区一层是旅游纪念品商店，二层是西藏历史展览。三层是唐卡、动植物、玉石等专项展览和临时展览。

博物馆墙体用花岗石砌就，上端为藏式女儿墙即镶嵌柽柳女墙，屋顶用琉璃瓦覆盖。博物馆内部结构采用现代结构体，朝阳一面镶有进口落地大玻璃。馆内还装备有十分先进的监控和调温设备。极目回顾，馆区层楼叠阁，绿树成荫，斗拱实厚，回廊蜿蜒，整个建筑群碧瓦红砖，画栋雕梁，交相辉映，显示出浓厚的藏民族建筑风格和现代气息。

(5) 扎什伦布寺

扎什伦布寺意为“吉祥须弥寺”，是西藏日喀则地区最大的寺庙，位于日喀则市城西的尼玛山东面山坡上。寺院占地面积 15 万平方米，周围筑有宫墙，宫墙沿山势蜿蜒迤逦，周长 3000 多米。寺内有经堂 57 间，房屋 3600 间，错钦大殿为该寺最早建筑，最宏伟的建筑是强巴佛殿和历世班禅灵塔殿。扎什伦布寺为四世之后历代班禅驻锡之地，可与达赖的布达拉宫相媲美。它与拉萨的“三大寺”甘丹寺、色拉寺、哲蚌寺及青海的塔尔寺和甘肃的拉卜楞寺并列为格鲁派“六大寺”。现为全国重点文物保护单位之一。

整个寺院依山坡而筑，背附高山，坐北向阳，殿宇依次递接，疏密均衡，和谐对称。金顶红墙的高大主建筑群更为雄伟、深厚、壮观。远处眺望，楼台醒目，殿堂叠耸，金碧辉煌，宏观而壮美。进寺观看，香炉紫烟升腾，贡台灯火闪烁，众佛尊容各异，形态十分逼真。大殿里，僧侣诵经井然；佛像前，信徒顶礼膜拜。五百多年来，它强烈地吸引着国内外佛教信徒，游人在这里朝拜，观瞻。

（6）桑耶寺

桑耶寺又名存想寺、无边寺，位于西藏山南地区的扎囊县桑耶镇境内，雅鲁藏布江北岸的哈布山下。它始建于公元8世纪吐蕃王朝时期，寺内珍藏和保存着自吐蕃王朝以来西藏各个时期的历史、宗教、建筑、壁画、雕塑等多方面的遗产，它是藏族古老而独特的早期文化宝库之一，是祖国民族文化遗产之典范。正如《贤者喜宴》所说："此寺系一难以想象之建筑。此世间无与伦比之寺院。"1996年，桑耶寺被国务院公布为第四批中国重点文物保护单位之一。2005年，桑耶寺被评定为4A级旅游景点。

整个寺院的布局，是按照佛经中的"大千世界"的结构布局设计而成，是依照密宗的曼陀罗建造的：乌孜大殿代表世界中心须弥山，大殿周围的四大殿表示四咸海中的四大部洲和八小洲，太阳、月亮殿象征宇宙中的日、月两殿，寺庙围墙象征世界外围的铁围山；主殿四周又建红、白、绿、黑四塔，以镇服一切凶神邪魔，防止天灾人祸的发生。围墙四面各设一座大门，东大门为正门。寺院建成后，莲花生在这里剃度第一批藏人出家为僧，号称"七觉士"，此寺因而成为西藏第一座佛、法、僧三宝齐全的佛教寺院。

2. 自然景观

（1）纳木错

蒙古语称"腾格里诺尔"，藏语纳木错，意为天湖、灵湖或神湖，是藏传佛教的著名圣地，信徒们尊其为四大威猛湖之一，传为密宗本尊胜乐金刚的道场，位于拉萨市当雄县和那曲地区班戈县之间。该湖被《中国国家地理》"选美中国"活动评选为"中国最美的五大湖泊"第三名。湖面海拔4718米，东西长70千米，南北宽30千米，面积1920平方千米，是中国西藏自治区最大的内陆湖，中国的第二大咸水湖，也是世界上海拔最高的咸水湖。

它的东南部是直插云霄，终年积雪的念青唐古拉山的主峰，北侧依偎着和缓连绵的高原丘陵，广阔的草原绕湖四周，天湖像一面巨大宝镜，镶嵌在藏北的草原上。湛蓝的天、碧蓝色的湖、白雪、绿草、牧民的牛毛帐篷及五颜六色的山花交相辉映，组成一幅大自然美丽、动人的画面，身临其境，无不感到心旷神怡。

（2）珠穆朗玛峰国家级自然保护区

珠穆朗玛峰自然保护区位于西藏自治区的定日、聂拉木、吉隆和定结四县交界，大致位于北纬27°48′～29°19′，东经84°27′～88°之间，面积338.1万公顷，1988年经西藏自治区人民政府批准建立，1994年晋升为国家级自然保护区，主要保护对象为高山、高原生态系统。保护区还具有丰富的水能、光能和风能资源以及由独特的生物地理特征、奇特的自然景观和民族文化、历史遗迹构成的重要的旅游资源。珠峰保护区的科学价值无法估量，是研究高原生态地理、板块运动和高原隆起及环境科学、社会科学等学科的宝贵研究基地。

举世无双的珠穆朗玛峰以它独特的自然景观、丰富的生态类型和深藏的科学奥秘，吸引着中外科学工作者和旅游者，具有极大的保护、研究和开发价值，为世界上海拔最高的自然保护区。

（3）雅鲁藏布大峡谷

西藏雅鲁藏布江下游的雅鲁藏布大峡谷是地球上最深的峡谷。大峡谷核心无人区河段的河床上有罕见的四处大瀑布群，其中一些主体瀑布落差都在30～50米。峡谷具有从高山冰雪带到低河谷热带季雨林等9个垂直自然带，麇集了多种生物资源，包括青藏高原已知高等植物种类的2/3，已知哺乳动物的1/2，已知昆虫的4/5，以及中国已知大型真菌的3/5，堪称世界之最。雅鲁藏布大峡谷北起米林县大渡卡村（海拔2880米），南到墨脱县巴昔卡村，雅鲁藏布江下游，江水绕行南迦巴瓦峰，峰回路转，在巨大马蹄形转弯处，形成了一个巨大的峡谷。

大峡谷有两个基本特点：奇特的大拐弯和青藏高原最大的水汽通道，壮观、奇特、雄伟、秀美、原始、自然、洁净、环境独特、资源丰富无与伦比。前者最好从空中来立体观赏它，特别在空中能一睹它那全景的壮观和秀丽，后者的水汽和热量为大峡谷地区生态旅游带来齐全的山地垂直自然带，生物的多样性和季风型海洋性温性冰川、高山湖泊的无穷魅力和神奇壮秀以及变化无穷、独特壮丽的万千气象。

（4）林芝鲁朗风景区

鲁朗，藏语意为“龙王谷”，也是“叫人不想家”的地方，是西藏自治区下林芝县所辖镇。鲁朗海拔3700米，位于距林芝地区八一镇80千米左右的川藏路上，坐落在深山老林之中。这是一片典型高原山地草甸狭长地带，长约15千米，平均宽约1千米。

两侧青山由低往高分别由灌木丛和茂密的云杉和松树组成“鲁朗林海”；中间是整齐划一的草甸，犹如人工整治一般；草甸中，溪流蜿蜒，泉水潺潺，草坪上报春花、紫苑花、草梅花、马先蒿花等成千上万种野花怒放盛开，颇具林区特色的木篱笆、木板屋、木头桥及农牧民的村寨星罗棋布、错落有致，勾画了一幅恬静、优美的“山居图”。林海绿得丰富，正所谓“幼林葱翠母林幽”，尤其是高耸入云的南迦巴瓦峰的皑皑白雪与林海相互映照，越发显得西藏高原的雄奇壮丽。

（5）巴松措

巴松错又名错高湖，藏语中是“绿色的水”的意思，湖面海拔3700多米，湖面面积达6千多亩，位于距林芝地区工布江达县50多千米的巴河上游的高峡深谷里，是红教的一处著名神湖和圣地。巴松措在1994年被评为国家风景名胜区，同时被世界旅游组织列入世界旅游景区（点），2001年被国家林业部授予国家森林公园称号。

巴松措景区集雪山、湖泊、森林、瀑布牧场、文物古迹、名胜古刹为一体，景色殊异，四时不同，名类野生珍稀植物汇集，实为人间天堂，有“小瑞士”美誉。松措湖水清澈见底，四周环绕的雪山倒映其中。沙鸥、白鹤浮游湖面，湖水透明可见游鱼如织，情趣盎然。每到春季，湖四周群花烂漫，雪峰阵列并倒影湖中，景色宜人至极。秋季万山红遍，层林尽染，天空碧蓝如洗，火红的枫叶折射灿烂的阳光，倒影在碧蓝的湖面，景色美不胜收。

## 拓展阅读

# 玛吉阿米餐厅

玛吉阿米坐落在西藏拉萨市八廓街的东南角，考虑到其客源的多元性，这里既有藏族特色饮食，又有印度、尼泊尔、西餐特色饮食。餐厅带有浓郁的藏式风格，二楼有藏族歌手在吧台旁献演节目。餐厅茶几上有很多留言本，写满世界各地旅游者的感受，有些游客甚至在留言簿用完后，将向情人的告白写在餐巾纸上夹于其中，餐厅还曾将留言结集出版。玛吉阿米楼顶的平台是俯瞰八廓街的绝佳地点，八廓东街和八廓南街一览无余。

玛吉阿米用一首情歌和一段与情歌紧密相连的动人故事为企业打造了品牌。传说在几百年前的某个星月之下，坐落在古城拉萨八廓街东南角的一幢藏式酒馆里，来了一位神秘人，他看似普通，却是一个不寻常的人。恰巧这时一位月亮般纯美的少女也不期而至，她那美丽的容颜和深情深深地印在了这位神秘人的心里和梦里。从此，他常常光顾这家酒馆，期待着与这位月亮姑娘的重逢。遗憾的是，这位月亮少女再也没有出现过。那为神秘人物为追忆月亮少女而写下了这首脍炙人口的诗句：在那东方高高的山尖，每当升起那明月皎颜。玛吉阿米醉人的笑脸，会冉冉浮现在我心田。

这首诗或者情歌就出自六世达赖喇嘛的传世之作《仓央嘉措情歌》，是其中最经典的一段，在三大藏区都有不同版本的传唱，是所有作家文学中，最具有民间亲和力的一首。“玛吉阿米”的意思是圣洁、无瑕、纯真。不仅如此，这段情歌还引出一个更为重要的内容——八廓街上的黄房子。据说当年仓央嘉措与那位月亮少女相遇的那座藏式酒馆，如今仍旧坐落在拉萨八廓街的东南角上。这就是玛吉阿米拉萨店所在的地方，也是玛吉阿米这个文化品牌的历史渊源。随着一批又一批国内外游客的频繁往来，“玛吉阿米”这个名字也随之游走各方。

## 任务实施

根据小王等 4 人的情况，重点推荐以下的青海景点：塔尔寺、青海湖。西藏景点：布达拉宫、大昭寺、扎什伦布寺、林芝雅鲁藏布江大峡谷、巴松措、南迦巴瓦峰、鲁朗林海。

## 任务总结

为小王等 4 人推荐的景点为青藏旅游区最有代表性的景观。塔尔寺、青海湖、布达拉宫为 5A 级景区，其余皆为 4A 级景区，代表着青海、西藏最美的自然风光和影响力最大、最值得游览的人文景观。这些地区与小王生活工作的城市有着巨大的自然、文化反差，强烈的新鲜感对心理的放松会有明显作用。因青藏旅游区海拔高，故先安排青海 2 个景点做

适应性游览，西藏地区也是安排了林芝等低海拔地区，尽量减少高原反应带来的不适。

## 摄影爱好者青藏行摄活动安排

**实训内容**

随着数码摄影技术的发展，很多年轻人都购买了价格不菲的单反相机，在旅行中拍摄照片，在博客、微博、微信上发表、交流，成为了一种时尚。深入青海、西藏拍摄气势磅礴、独具特色、色彩鲜亮的照片，一直都是年轻人的梦想。这个团是摄影 QQ 群的骨干成员，希望能在这次旅途中多拍些好的照片，并互相交流摄影心得，提高技术。请根据旅游团成员的旅游动机及特征，结合景点知识，尝试为其编制旅游路线。

**实训建议**

各项目团队提交纸质行程安排，并制作行程介绍的宣传片，要求突出该地区旅游特色，图文并茂、画面优美，结构清晰。也可以举行竞标会，每组向全班进行展示与讲解，要求小组成员全体参与。

1. 青海的主要自然旅游景区有哪些？
2. 藏传佛教格鲁派六大寺是指哪些寺院？
3. 青海和西藏的旅游景点有什么共同点？

# 任务二　新疆景点赏析

基于业主间的工作交流、加深彼此的印象和友情、增加业主对速 8 酒店品牌的向心力、以提升速 8 品牌知名度为目标，速 8 业主们自发组织成立了车友会，并定于 8 月组织新疆自驾游。线路安排要求既能欣赏到新疆的茫茫草原，又能感受到浩瀚的大漠风情。现已有 18 名会员报名参加此次主题活动，本次活动参加者的年龄多在 35～45 岁之间，自驾车经验丰富，在专业配备上也较为完备。请为这次活动设计一条自驾游线路。

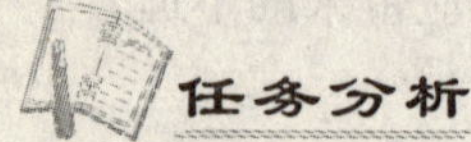

## 任务分析

自驾车旅游是指旅游者以休闲体验为主要目的，有组织、有计划，以自驾车为主要交通手段的旅游形式。自驾游符合中上收入阶层的心理，他们生活条件好，受教育程度高，但工作压力大、生活节奏快，通过自驾游追求人格的独立和心性的自由。观光、休闲度假、娱乐、探险摄影是自驾车旅游的主要动机。

## 知识准备

**新疆的主要景点**

新疆维吾尔自治区简称新疆或新。位于我国西北部，地处欧亚大陆中心。面积 166 多万平方千米，约占全国面积的 1/6，是我国面积最大的一个省区。除东南连接甘肃、青海，南部连接西藏外，其余与 8 个国家为邻，边境线长达 5400 多千米，是我国边境线最长、对外口岸最多的一个省区。新疆维吾尔自治区是举世闻名的歌舞之乡、瓜果之乡、黄金玉石之邦。新疆幅员辽阔，山川壮丽，古迹遍地，民族众多。旅游资源极为丰富，在这广阔大地上，冰川雪岭与戈壁瀚海共生，高原山水景观蕴含在天山、阿尔泰山、昆仑山等世界名山之中，有着众多的雪域冰川、叠嶂雄峰、飞泉瀑布、珍奇异兽。这里有海拔 8600 米的世界第二高峰，又有低于海平面 154 米的中国最低洼地，既有一泻千里的河流、万顷碧波的草原，又有光怪陆离的戈壁幻境，神秘莫测的沙漠奇观。保存完好的原始动植物种群，更显出得天独厚的大自然的本色。

**图 10－3　新疆旅游景点图**

## 一、自然景观

1. 天山天池

天山天池古称“瑶池”，位于乌鲁木齐东北 100 千米阜康县境内，博格达峰北坡山腰，湖面海拔 1910 米。天山天池风景区以天池为中心，包括冰川积雪带、高山亚高山带、山地针叶林带和低山带 4 个完整的山地垂直自然景观带。天池湖面呈半月形，长 3400 米，最宽处约 1500 米，面积 4.9 平方千米，最深处约 105 米。1982 年，它被列为第一批国家重点保护的风景名胜区。1990 年联合国设立“博格达《人与生物圈》保护区”，把天山天池风景区纳入了保护区的范围。

天山天池雪峰倒映，云杉环拥，碧水似镜，风光如画，湖水清澈，晶莹如玉。四周群山环抱，绿草如茵，野花似锦，有“天山明珠”盛誉。挺拔、苍翠的云杉、塔松，漫山遍岭，遮天蔽日。每到盛夏，乘游艇在湖面上行驶，一阵阵凉风吹来，暑气全消，是避暑的好地方。

2. 吐鲁番葡萄沟

葡萄沟，位于新疆吐鲁番市区东北 11 千米处，呈南北走向，全长 8 千米，东西宽约 2 千米，是火焰山下的一处峡谷。沟内有布依鲁克河流过，主要水源为高山融雪，因盛产葡萄而得名，是新疆吐鲁番地区的旅游胜地。2007 年 5 月 8 日，吐鲁番市葡萄沟风景区经国家旅游局正式批准为国家 5A 级旅游景区。

葡萄沟的葡萄甜是出了名的，吐鲁番四周被高山围绕，夏季盆地内异常炎热，高温有利于葡萄的生长，从而使吐鲁番成为中外闻名的“葡萄之乡”。形形色色的葡萄挂满藤架。有的葡萄晶莹如珍珠，有的鲜似玛瑙，而有的绿若翡翠，那五颜六色、翠绿欲滴的鲜葡萄，令人垂涎不止。每年 8 月，吐鲁番会举行吐鲁番葡萄节。届时，葡萄品尝、达瓦孜表演、木卡姆歌舞民俗活动、大型歌舞晚会等各种丰富多彩的活动会齐聚一堂，游人可以充分领略到葡萄之乡经典的维吾尔族风情。

3. 喀纳斯湖

喀纳斯是蒙古语，意为“美丽富饶、神秘莫测”，它位于新疆维吾尔自治区阿勒泰地区布尔津县境内北部，距县城 150 千米，是一个坐落在阿尔泰深山密林中的高山湖泊。与我国绝大部分的江河属于太平洋水系不同，喀纳斯属于北冰洋水系。环湖四周原始森林密布，阳坡被茂密的草丛覆盖。湖水来自奎屯、友谊峰等山的冰川融水和当地降水，从地表或地下泻入喀纳斯湖。湖面海拔 1374 米，面积 44.78 平方千米，比著名的博格达天池整整大 10 倍，湖水最深处达 196 米左右。是中国唯一的西伯利亚区系动植物保护分布区。喀纳斯湖自然景观保护区就是以喀纳斯湖为中心建立的。总面积达 5588 平方千米，保护区自上而下分别为冰川恒雪带、山地冻雪带、高山草甸带、山地草原带等，垂直分布。

湖面碧波万顷，群峰倒映，湖面还会随着季节和天气的变化而时时变换颜色，是有名的“变色湖”。喀纳斯湖呈弯豆荚形，湖东岸为弯豆荚的内侧，沿岸有 6 道向湖心凸出的平台，使湖形成井然有序的 6 道湾。每一道湾都有一个神奇的传说。其中第一道湾的基岩平台有一个巨大的羊背石，恰似一只卧羊昂首观湖；三道湾的观湖台，是赏湖上落日的最佳地点；当旭日东升或夜幕降临时，乘船或站在第四道湾平台上探寻湖心秘密，运气好的话还可能看到时隐时现的神秘“湖怪”。北端的入湖三角洲地带，大片沼泽湿地与河湾小滩共存，地形平坦开阔，各种草类与林木共生，一派生机勃勃的景象。喀纳斯湖上端，有湖心岛浮于水面，四周皆森林茂密，湖水碧绿纯净，每至秋季，层林尽染，景色如画。

4. 那拉提旅游风景区

那拉提旅游风景区，地处天山腹地，位于被誉为“塞外江南”的伊犁河谷东端，新源县那拉提镇东部，218 国道经过草原北部，距新源县城约 110 千米，总面积 400 平方千米。三面环山，巩乃斯河蜿蜒流过，可谓是“三面青山列翠屏，腰围玉带河纵横”。那拉提草原名列世界四大河谷草原之一，地势由东南向西北倾斜。原野上山泉密布，溪流似网，河道交错，森林繁茂，被人们誉为“空中草原”。

那拉提风景区自南向北由高山草原观光区、哈萨克民俗风情区、旅游生活区组成，独特的自然景观、悠久的历史文化和浓郁的民族风情构成了这里独具特色的边塞风光。这里山峦起伏，绿草如茵，既有草原的辽阔，又有溪水的柔美；既有群山的俊秀，又有松林如涛的气势。它以特有的原始的自然风貌，向世人展示天山深处一道宛如立体画卷般的风景长廊。

5. 可可托海

新疆可可托海风景区暨新疆可可托海国家地质公园，哈萨克语的意思为“绿色的丛林”，蒙古语意为“蓝色的河湾”。位于新疆东北部阿勒泰地区富蕴县，距乌鲁木齐 485 千米，距富蕴县城 53 千米。景区由额尔齐斯大峡谷、可可苏里湖、伊雷木湖、卡拉先格尔地震断裂带四部分组成。可可托海也是寻找碧玺、海兰、水晶、雪莲、冬虫夏草等特产的宝地。

这里有优美的峡谷河流、山石林地、矿产资源、寒极湖泊和奇异的地震断裂带，融地质文化、地域特色、民族风情于一体，以观光旅游、休闲度假、特种旅游（徒步、摄影等）、科学考察等为主要特色，是国家 5A 级旅游景区。

6. 和硕金沙滩

和硕金沙滩旅游区位于焉耆盆地北部，新疆巴音郭楞蒙古自治州和硕县，中国最大的内陆淡水湖博斯腾湖东北岸，距乌鲁木齐 369 千米，是新疆新开辟的夏日旅游胜地，这里平湖万顷，湖水清澈见底，沙滩海岸线长 2000 米、宽 160 米，是一处得天独厚的湖泊型天然浴场。浴场地质为金黄色的细沙，故称“金沙滩”，湖水清澈，沙鸥翔集，享有“新疆夏威夷”之美称。这里的旅游设施已初具规模，功能完备，水上旅游项目繁多，有垂钓、划艇、潜水、水上降落伞、洗浴中心、水上娱乐城、射箭、网球场、赛马场、沙滩排球等项目。

乘艇游至湖中，北望高山巍峨，冰盔雪甲，南眺沙山起伏，沙水共处，神秘莫测。悠悠碧水，渔船点点，一派蔚蓝色的柔情。阳光、沙滩、海浪，堪称西海一绝。不远处分布着许多平畴绿浪的芦苇荡，那里是水鸟的乐园。芦苇丛间水道纵横交错，绿波如云，水鸟翻飞鸣唱，好一幅“草长平湖白鹭飞”的水墨风景画。

7. 吐鲁番库木塔格沙漠风景区

库木塔格沙漠位于新疆维吾尔自治区吐鲁番盆地东缘，鄯善县城南，与鄯善老城东环路南段相连，是塔克拉玛干沙漠的一部分。距首府乌鲁木齐 280 千米，西行 90 千米可到达中国旅游名城吐鲁番。该景区东西长 62 千米，南北宽 40 千米，沙漠面积 1880 平方千米。是世界上离城市最近的沙漠。

库木塔格沙漠主要组成元素不是沙丘，而是沙山，库木塔格在维吾尔语中就是“沙山”之意。沙丘轮廓清晰、层次分明，丘脊线平滑流畅，迎风面沙坡似水，背风坡流沙如泻。站在大漠深处沙山之巅，可静观大漠日出的绚丽，目睹夕阳染沙的缤纷，赞叹“大漠孤烟直，长河落日圆”的壮景。

## 二、人文景观

1. 艾提尕尔清真寺

艾提尕尔清真寺位于新疆喀什，是新疆最大的清真寺，也是中亚最有影响力的三大清真寺之一。艾提尕尔清真寺始建于 1442 年，占地 25.22 亩，坐落在喀什市中心艾提尕广场西侧。这是一个有着浓郁民族风格和宗教色彩的伊斯兰教古建筑群，坐西朝东，由寺门塔楼、庭园、经堂和礼拜殿四大部分组成。目前这里已经成为全新疆穆斯林聚礼处，每天到这里礼拜的人达到两三千人，星期五主麻日下午男穆斯林的礼拜人数达到六七千人，古尔邦节时，全疆各地都有穆斯林前来礼拜，通宵达旦地狂欢。

作为大清真寺入口的寺门塔楼，在造型艺术上位列整个建筑之首，堪称维吾尔族古建筑艺术的典范，早已成为喀什噶尔古城的地方象征而名扬中外。大庭园内设有两个水池，四周白杨参天，桑榆繁茂，虽居闹市中心，内中却格外清静幽雅。礼拜殿南北总长 140 米，东西进深 19 米，如此面阔的大型礼拜殿，“不但国内所无，即在国际上也极为少见”。外殿有 140 根高达 7 米的绿色雕花木柱成网格状排列，支撑着白色的密肋天棚，宏敞齐整、气势雄浑。

2. 交河故城

交河故城，位于吐鲁番市以西约 13 千米的亚尔乡，吐鲁番市西郊 10 千米牙尔乃孜沟两条河交汇处 30 米高的黄土台上，长约 1650 米，两端窄，中间最宽处约 300 米，呈柳叶形半岛。这里是古代西域三十六城郭诸国之一的车师前国都城，是该国政治、经济、军事和文化中心。吐鲁番的干旱少雨，使故城保存得非常完整，建筑全部由夯土版筑而成，形制布局则与唐代长安城相仿。城内市井、官署、佛寺、佛塔、街巷，以及作坊、民居、演兵场、藏兵壕、寺院佛龛中的泥菩萨都还可以找到。寺院占地 5000 平方米，有汲水井一口。佛塔群有佛塔 101 座。从空中俯视，交河故城像一片大柳叶。

交河故城是世界上最大最古老、保存最完好的生土建筑城市，也是我国保存两千多年最完整的都市遗迹，唐西域最高军政机构安西都护府最早就设在交河故城。1961 年被列为国家重点文物保护单位。

3. 库车王府

库车王府位于新疆库车县城，占地 4 万平方米，是 1759 年乾隆皇帝为表彰当地维吾尔族首领鄂对协助平定大小和卓叛乱的功绩，专门派遣内地汉族工匠建造而成。到本世纪初，原“库车王府”仅存部分房屋和城墙。2004 年，库车县政府根据库车最后一位王爷达吾提·买合苏提的回忆，在原址重建了“库车王府”，为末代“库车王”建造了专门住所，并于 2006 年 3 月 26 日重新对外开放。

库车王府既有中原汉文化风格建筑，又有新疆维吾尔族特色建筑，还有俄罗斯式建筑。在这里，可一睹中国最后一位王爷的风采，可享受到高标准的民族式接待，可品尝王府佳肴，欣赏民族歌舞，还可以同年轻的维吾尔姑娘、小伙翩翩起舞。

4. 新疆国际大巴扎

新疆国际大巴扎于 2003 年 6 月 26 日落成，是世界规模最大的大巴扎（维吾尔语，意为集市、农贸市场），总建筑面积 10 万平方米，包括 6100 平方米大巴扎宴会厅，8000 平方米大巴扎美食广场，3000 平方米大巴扎欢乐广场，600 平方米大巴扎室外表演广场，80 米新疆第一观光塔，1 座观光伊斯兰清真寺，1 个露天大型舞台。国际大巴扎集伊斯兰文化、建筑、民族商贸、娱乐、餐饮于一体，是新疆旅游业产品的汇集地和展示中心，是“新疆之窗”、“中亚之窗”和“世界之窗”，2004 年入选乌鲁木齐市“十佳建筑”，国际大巴扎具有浓郁的伊斯兰建筑风格，在涵盖了建筑的功能性和时代感的基础上，重现了古丝绸之路的繁华，集中体现了浓郁西域民族特色和地域文化。

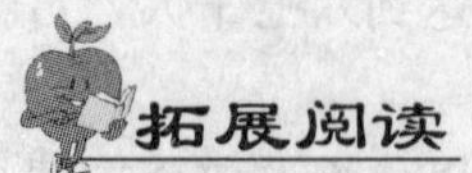


## 维吾尔族十二木卡姆艺术

维吾尔十二木卡姆，是维吾尔族人民对中华民族灿烂的文化所作的重大贡献，它运用音乐、文学、舞蹈、戏剧等各种语言和艺术形式表现了维吾尔族人民绚丽的生活和高尚的情操，反映了他们的理想和追求以及当时的历史条件下所产生的喜怒哀乐。它集传统音乐、演奏音乐、文学艺术、戏剧、舞蹈于一身，具有抒情性和叙事性相结合的特点。这种音乐形式在世界各民族的艺术史上独树一帜，堪称一绝。

木卡姆历史源远流长，背景广阔而深远，与维吾尔族人民的历史时代同步发展。尽管属于维吾尔族民俗范畴的部落众多，地域辽阔，其音乐文化也具有多层次多源流的特点，但她仍以自己独特的风格而有别于其他民族的音乐。十二木卡姆的源流，从时代和地域因素上主要有两点，一是由古代流传下来的传统音乐的基础上发展成的套曲和歌曲；二是地方音乐，即库车、喀什、吐鲁番、哈密和和田音乐以及刀郎音乐。这种时代和地域因素相互交织渗透，浑然一体，形成产生于维吾尔族人民的生活方式、民族特征、道德观念及其心理素质的民族调式特点。这种特点则是通过独特的音乐形式、演奏方法以及独特的演奏乐器加以体现的。维吾尔十二木卡姆包括拉克、且比亚特、木夏吾莱克、恰尔尕、潘尔尕、乌孜哈勒、艾且、乌夏克、巴雅提、纳瓦、斯尕、依拉克等木步姆。

维吾尔十二木卡姆的第一个木卡姆均分为大乃额曼、达斯坦和麦西热甫等三大部分；

每一个部分又由四个主旋律和若干变奏曲组成。其中每一首乐曲既是木卡姆主旋律的有机组成部分，同时，又是具有和声特色的独立乐曲。维吾尔木卡姆是维吾尔诗歌的音乐表达形式。每个木卡姆配上那些含义隽永、内容丰富、色彩斑斓、朗朗上口、轻松活泼、便于演唱的古典诗词以及格则勒（双行诗）、民谣而显得情趣盎然，生机勃勃。尤其是维吾尔诗词中那最富韵味的格则勒的十八种格律更使木卡姆乐曲显得新颖而别致。从而使文化宝库中的这颗无价之宝日臻完美，光彩照人。木卡姆音乐现象分布在中亚、南亚、西亚、北非 19 个国家和地区，新疆处于这些国家和地区的最东端。得益于横贯欧亚的古代陆上交通大动脉——“丝绸之路”，维吾尔木卡姆作为东、西方乐舞文化交流的结晶，记录和印证了不同人群乐舞文化之间相互传播、交融的历史。因此，“中国新疆维吾尔木卡姆艺术”被人们赞誉为“华夏瑰宝”、“丝路明珠”。2005 年，维吾尔“十二木卡姆”被联合国列入“人类口头和非物质遗产名录”。2007 年 10 月 24 日 18 时 05 分成功发射升空的“嫦娥一号”搭载了 31 首歌曲，《十二木卡姆》选曲名列其中。

根据此次自驾游的目的和要求，重点推荐以下景点：新疆国际大巴扎、天山天池风景名胜区、吐鲁番葡萄沟风景区、库木塔格沙漠风景区、喀纳斯景区、可可托海景区、乌尔禾魔鬼城景区、五彩滩景区、那拉提旅游风景区。

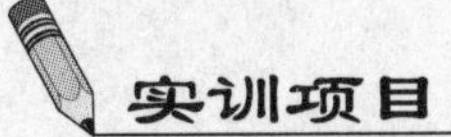

为速 8 自驾游推荐的景点为新疆地区最有代表性的景观。天山天池风景名胜区、吐鲁番葡萄沟风景区、喀纳斯景区、可可托海景区、那拉提旅游风景区为 5A 级景区，其余皆为 4A 级景区，这些景区基本包含了北疆最美的自然风光和影响力最大、最值得游览的人文景观，路况良好，风景优美，景区集中分布在环形线路上，适合自驾车旅游。

## 实训项目

# 日本丝绸之路考察团活动安排

**实训内容**

随着以反映新疆自然风光为主题的摄影展、日本 NHK 制作的电视片《新丝绸之路》、新疆出土文物展以及西北四城市旅游推介会在日本各主要城市轮番推出，吸引了许多日本人的眼球。现有日本文化界人士一行 25 人来华考察丝绸之路文化，完成陕西、甘肃考察后，将来新疆进行为期 5 天的考察、游览。请根据旅游团成员的旅游动机及特征，结合景点知识，尝试为其编制旅游路线。

**实训建议**

各项目团队提交纸质行程安排，并制作行程介绍的宣传片，要求突出该地区旅游特色，图文并茂、画面优美，结构清晰。还可以举行竞标会，每组向全班进行展示与讲解，要求小组成员全体参与。

## 复习思考题

1. 新疆旅游景点的类别有哪些？
2. 新疆北疆地区著名的旅游景点有哪些？
3. 新疆有浓郁的民族特色的景点有哪些？

# 项目十一 都市风貌——港澳台景点赏析

**知识目标**

1. 熟悉港澳台地区旅游景点概况；掌握港澳台地区主要旅游景点；
2. 了解港澳自由行的基本常识；熟悉台湾自由行的基本条件。

**能力目标**

1. 能够对游客进行基本分析；
2. 能够根据游客要求，为游客推荐港澳台地区旅游景点。

## 任务一 港澳景点赏析

南京的小伙儿小陈和新婚妻子小李想去港澳度蜜月，新郎想给新娘一次难忘的蜜月旅行，有哪些景点不容新婚夫妻错过呢？请你为他们推荐景点。

新婚的小陈夫妇到港澳度蜜月，将是他们一生中非常美好而且难忘的记忆。作为80后的新婚夫妇，比较追求浪漫、现代、新颖、时尚的景点，同时，城市里的年轻人事业、生活都还属于上升和不稳定期，工作压力又大，需要精神的寄托和慰藉。所以推荐的旅游景点既要考虑景点的知名度、现代感，同时要考虑景点的内在价值和纪念意义。

**知识准备**

### 一、香港旅游景点

香港，全称中华人民共和国香港特别行政区，是世界上最大最繁忙的国际大都市之一，仅次于纽约、伦敦的第三大金融中心，地处珠江口以东，与广东省深圳市隔深圳河相望，濒临南中国海。香港共分为4个部分，香港岛、新界、九龙和离岛，总面积为1104平方千米，人口为713.63万人（2012)。1842至1997年间，香港曾作为英国的殖民地；1997年7月1日，中国恢复对香港的主权。香港实行资本主义制度，以廉洁的政府、良好的治安、自由的经济体系及完善的法治闻名于世。香港是中西方文化交融的中心，是全球最为安全、富裕、繁荣的地区之一。香港是国际重要的经济、金融、航运中心和最具竞争力的城市之一，经济自由度居世界前列，被誉为“东方之珠”。香港属于亚热带气候，一年有四季，秋季（9月下旬至12月下旬）天气晴朗，清凉干爽，是香港的旅游旺季。

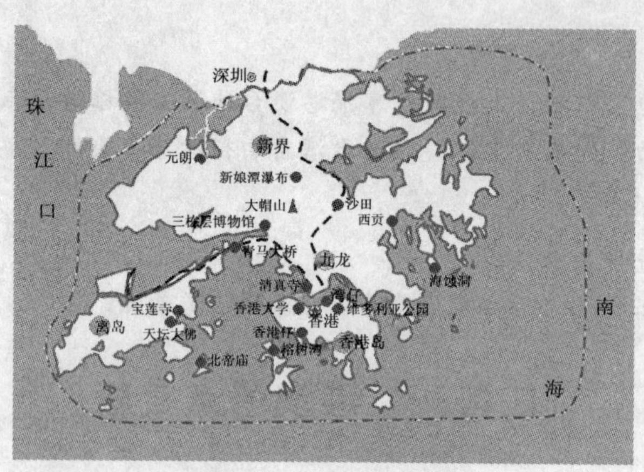


**图11-1　香港旅游景点图**

**主要景点**

1. 人文景观

(1) 湾仔

湾仔由于它位于中环较低的位置昔日又称为“下环”，在150年前，湾仔是港岛北岸的一个细小的海湾。随着时间的过去，湾仔由一个小渔村，逐渐变成一个繁盛的商业中心。

湾仔保存了很多独特的历史建筑物，著名的历史古迹和文物包括香港最古老的邮政局——湾仔旧邮政局。同时，湾仔拥有多座世界级的摩天大楼与现代建筑物，其中具代表性的有香港会议展览中心及金紫荆广场。

(2) 香港会议展览中心

香港会议展览中心是国际大型会议及展览会的首选场地，1997年香港回归祖国中英两国移交主权仪式的地点。

香港会议展览中心外貌雄伟，由两座建筑物组成。旧翼于1988年落成，新翼则于1997年扩建而成。新翼外形以流线型上盖为设计重心，犹如大鹏展翅，成了湾仔海旁的标记。

（3）金紫荆广场

湾仔香港会议展览中心新翼外的金紫荆广场（又名“博览海滨花园”），矗立着“永远盛开的紫荆花”雕塑和香港回归祖国纪念碑。它们标志着英国结束对香港的殖民统治，香港回归中华人民共和国，香港特别行政区成立。

金紫荆铜雕有 6 米高，在设计方面，金色的紫荆花坐落在圆形暖红色花岗石的基座上，基座以城墙作为设计原型，城墙代表中国的万里长城，象征祖国，基座的形状呈下方上圆，寓意九州方圆。而紫荆花则代表香港，整个设计象征香港坐落于中国疆土之内，香港是中国的一部分。纪念碑分为基石、碑柱和柱头三部分，基石和碑柱均采用坚实耐久的麻石筑成，柱头则为青绿色锻铜，柱身正面还刻有江泽民亲题的碑名。

（4）黄大仙祠

黄大仙祠又名啬色园，始建于 1921 年，是香港著名庙宇之一，祠庙设计色彩丰富、建筑雄伟、金碧辉煌，极富中国传统寺庙建筑的特色。

据祠内的《赤松子自述》记载，黄大仙原名黄初平，约于公元 328 年于浙江省金华县兰溪市出生。他十五岁得仙翁指示开始学道，并在赤松山一石室中修炼，潜心修道，40 年不食人间烟火，最后修得法道。他得道后，在民间惩恶除奸，赠医施药。因为他隐居于赤松山，故又称为赤松仙子。黄大仙祠占地 18000 多坪，除主殿大雄宝殿外、祠旁还设有小园林、三圣堂、从心苑，以及供善信们购买香火及平安符等的小摊位。祠内的九龙壁仿照北京故宫九龙壁而建，壁上刻有中国佛教协会主席的题诗，增添黄大仙祠的中国传统特色。到黄大仙祠祀，据说“有求必应”，签文尤其灵验，但是求得来的签果，都只是解当年的运势。因此在农历过年前后，是黄大仙庙香火最鼎盛的时候，善男信女纷纷前来求问一整年的运势及还神。

（5）天坛大佛

在大屿山宝莲禅寺前广场附近有一座庄严雄伟的佛像，为“天坛大佛”，是香港著名的宗教建筑物。

天坛大佛由 200 块青铜铸件组成，高 26.4 千米，重达 250 吨，是全球最大的户外青铜坐佛。天坛大佛面相参照龙门石窟的昆庐庶那佛，衣服的纹理和头饰则参照敦煌石窟第 36 窟的释迦牟尼佛像。天坛大佛坐在莲花上，取其出污泥而不染之意。在象征北京天坛的三层基座之内，设有展览厅，布置了各佛教艺术品如壁画、书画及佛祖释迦牟尼的舍利子等陈列。

（6）香港星光大道

香港的电影工业为香港带来了“东方好莱坞”的美誉。位于尖沙咀海滨花园的“星光大道”，旨在表扬幕前巨星和幕后电影工作者的杰出贡献，记录香港的百年电影史，是香港的热门旅游景点。

位于香港尖沙咀海滨长廊，毗邻香港艺术馆。香港星光大道原是位于香港九龙尖沙咀东的海滨长廊，用以连接红磡及尖沙咀。后得到政府拨款美化建成。大道仿照美国好莱坞星光大道设计，耗资四千万港元建成，以香港电影业发展史及旨在表扬幕后巨星和幕后电影工作者成就为主题，从香港艺术馆旁伸延至新世界中心对开，全长 440 米。于 2004 年 4

月28日正式开放。漫步于“星光大道”，维多利亚港和香港岛沿岸的优美风光一览无遗。旅客可沿途参观杰出电影业人士的手印和牌匾、电影发展里程碑，欣赏香港电影金像奖雕塑和国际功夫巨星李小龙的两米高铜像，还可闲逛电影纪念品店，选购心仪的商品。

(7) 中环

中环是香港历史最悠久、最富传统特色的地区之一，在香港的发展历程中，享有独特的地位。

中环可说是港岛区的中心地带，为香港的商业、旅游及金融中心，也是特区政府决策及权力中心，特区政府总部及立法会大楼均坐落于此。中环也是著名的旅游及购物中心，多间中外名牌旗舰店林立在德辅道中及皇后大道中，还有大型商场如国际金融中心商场、置地广场及太子大厦等。云咸街及安兰街一带开设了一些新兴而又富有特色的时装商店，而售卖古董的荷李活道更被选为世界十大购物街之一。

2. 自然景观

(1) 太平山顶

太平山俗称山顶，雄踞香港岛的西部，海拔554米，是港岛最高的山峰。太平山是观赏香港这颗“东方之珠”美妙夜景的最佳去处，跟日本函馆和意大利那不勒斯（拿坡里）并列为世界三大夜景之一。

游览太平山，可以乘车从公路盘旋而上太平山顶。不过，更多的游客喜欢选择登山缆车，因为它是前往山顶既快捷又极富游览价值的交通工具。当夜幕降临之际，站在太平山上放眼四望，只见在万千灯火的映照下，港岛和九龙宛如镶嵌在维多利亚港湾的两颗明珠，互相辉映。香港的心脏中环地区，更是高楼林立，显示着香港的繁华兴旺。太平山以其得天独厚的地理环境和人文景观，吸引着成千上万的海内外游客，成为人们到香港的必游之景点。

(2) 浅水湾

香港岛南部海岸线蜿蜒曲折，自然拥有很多美丽的海滩。浅水湾位于港岛南部，是香港最具代表性的泳滩。

浅水湾水清沙细，海滩绵长，滩床宽阔，而且波平浪静。夏季是浅水湾最热闹的时候，大批泳客蜂拥而至作日光浴或畅泳，沙滩上人山人海，各式各样的泳装组成了一幅色彩斑斓的图画。浅水湾东端的林荫下，是富有宗教色彩的镇海楼公园。园内面海矗立着两尊巨大塑像“天后娘娘”和“观音菩萨”，其旁则放置海龙王、河伯和福禄寿等吉祥人物塑像，栩栩如生。附近建有七色慈航灯塔，气势雄伟，吸引着众多游客在此留影。浅水湾的秀丽景色，使它成为港岛著名的高尚住宅区之一，区内遍布豪华住宅。这些依山傍水的建筑，构成了浅水湾独特的景区，令人流连忘返。

3. 主题公园

(1) 海洋公园

海洋公园是东南亚最大的海洋主题消闲中心，它依山傍海，占地215亩，集海洋奇观与游乐设施于一体，是香港居民最佳消闲去处，更是大陆及国外游客旅游香港的必到之地。

以印度太平洋珊瑚礁为主题的海洋馆，是旅客必到之热点。馆内饲养超过 2600 条分属 200 多种类的热带鱼。海洋馆共分四层，以玻璃作屏障，令游客仿如置身海底。海洋剧场有海豚及海狮的天才表演，会令游客赞不绝口。此外，可观看海豹和企鹅，走访百鸟居、金鱼大观园、鲨鱼馆和蝴蝶屋。刺激有趣的玩意儿有疯狂过山车、摩天巨轮及滑浪飞船。小孩可到儿童游乐场玩耍。

（2）香港迪士尼乐园

位于大屿山竹篙湾的香港迪士尼乐园于 2005 年 9 月开幕。香港迪士尼乐园占地 126 公顷，背靠北大屿山、面向竹篙湾，是全球第五个以迪士尼乐园模式兴建、迪士尼全球的第十一个主题乐园，中国第一个迪斯尼主题乐园。

香港迪士尼乐园由华特·迪士尼公司与香港特别行政区合作发展，发展项目包括迪士尼乐园式的主题乐园，两间酒店及乐园内各式各样的购物、饮食娱乐设施。香港迪士尼乐园里包括有：美国小镇大街、明日世界、探险世界和幻想世界。游客可以在这个奇幻国度共享欢笑：在乐园里找到他们最心爱的迪斯尼人物；在探险世界里亲身感受亚洲及非洲地区的原始森林旅程；在明日世界里尝试充满科幻奇谈及现实穿梭的太空幻想，还可以在香港迪士尼乐园酒店举办真正迪士尼特色的婚礼；在迪士尼好莱坞酒店里感受 20 世纪 30～40 年代好莱坞黄金时期的魅力。园内将兴建两间酒店：维多利亚式的香港迪士尼乐园酒店和迪士尼好莱坞酒店共拥有 1000 间房间供游客入住。游客在乐园内亦可享用到亚洲各地的菜式。乐园内除了有中西式餐厅外，更有其他亚洲特色美食，包括点心、明炉烧味以及多种中国地道美食等。

## 二、澳门旅游景点

澳门是中华人民共和国两个特别行政区之一，位于中国东南沿海的珠江三角洲西侧，由澳门半岛、凼仔岛、路环岛和路凼城四部分组成，在总面积共 32.8 平方千米的土地上生活了 50 余万人，这也使澳门成为全球人口密度最高的地区。澳门此名，是因为从凼仔岛眺看澳门半岛，它的左右各有一座山，远远望去像是两扇开启的“门”，半岛周围环绕着海水，人称此种地形为“澳”。那么，连在一起，这方土地便称为“澳门”。澳门优越的地理位置、宜人的亚热带气候、发达的服务设施，使之在国际旅游界颇具影响。地区旅游自然景观较少，主要是几百年来形成的人文旅游资源，大量古迹保存完好，既有传统的中国文化色彩，又有浓郁的葡国情调，加上兴旺的博彩业，令澳门有“东方蒙特卡罗”之称，每年都吸引大量的游客。尤其是澳门国际机场投入运营以后，为旅游业的发展注入了新的活力，澳门已成为一个现代旅游城市。

**图 11－2　澳门旅游景点图**

**主要景点**

1. 自然景观

（1）黑沙踏浪

路环岛南部的黑沙海湾，沙滩宽约 1 千米，沙细而匀，呈黑色，故有黑沙海滩之名，是澳门最著名的天然海湾浴场。

黑沙海湾因其沙滩上闪光黝黑的沙粒而闻名于世，事实上，海滩上的黑沙是受黑色的“海绿石”侵袭而形成的，海绿石受海流和风浪的影响，被推移到海滩，这样，白沙就变成黑的了。岸边种植了一大片木麻黄树，成为岸边常绿林带，与黑沙海滩相映成趣，最宜郊游、划艇、游泳。

（2）灯塔松涛

松山是澳门半岛的最高山冈，又叫东望洋山。

松山灯塔是我国沿海以及远东地区的第一座灯塔，建于 1865 年，因耸立在松山松涛中而得名。它与另两座 300 年历史的松山炮台和松山教堂，构成松山三古迹，于此远眺，澳门全景及珠江口的壮丽景色尽收眼底。

2. 人文景观

（1）大三巴牌坊

大三巴牌坊是“澳门八景”之一，位于炮台山下，左临澳门博物馆和大炮台名胜，下连 68 级石阶，显得巍峨壮观。大三巴牌坊是天主之母教堂（即圣保禄教堂）的前壁遗址。

建筑由花岗石建成，宽 23 米，高 25.5 米，上下可分为五层，自第三层起往上逐步收分，至顶部则是一底边宽为 8.5 米的三角形山花，整个墙壁是巴洛克式，但一些设计或雕

刻，却具有明显的东方色彩，如中文或象征日本传统的菊花圆形等图案，这座中西合璧的石壁在全世界的天主教堂中是独一无二的。400多年前，葡萄牙人侵占了澳门，也把天主教带到了澳门。1562年，葡萄牙人历经数年，在澳门建起了这座哥特式教堂，取名“圣保禄”教堂。葡语“圣保禄”发音接近当地方言中的“三巴”，所以也称“大三巴教堂”。后来，教堂两次毁于火灾。1602年，圣保禄教堂再次重建，历经35年于1637年完工。1835年的一场大火，又把教堂烧毁，只剩下耗资3万两白银的前壁，这就成了今天的大三巴牌坊。

（2）金莲花广场

金莲花广场位于澳门新口岸高美士街、毕士达大马路及友谊大马路之间。为庆祝1999年澳门主权移交，中华人民共和国中央人民政府致送了一尊名为《盛世莲花》的雕塑。金莲花广场已成为澳门其中一个著名地标及旅游景点。

“盛世莲花”主体部分由花茎、花瓣和花蕊组成，共16个造型，采用青铜铸造，表面贴金，重6.5吨；基座部分由23块红色花岗岩相叠组成。雕塑总高6米，花体部分最大直径为3.6米。三层红色花岗岩相叠的基座，形似莲叶，寓意澳门三岛。莲花盛开、亭亭玉立、冉冉升腾，象征澳门永远繁荣昌盛。

（3）妈阁庙

妈阁庙是澳门最著名的名胜古迹之一，是澳门最古老的禅院。妈阁庙原称妈祖阁，在澳门东南方，俗称天后庙，建于1488年。

妈阁庙背山面海，沿崖建筑，古木参天，风光优美。整座庙宇包括大殿、弘仁殿、观音阁等四座主要建筑，石狮镇门、飞檐凌空，是一座富有中国文化特色的古建筑。每年春节和农历3月23日是娘妈生辰日，也是妈祖阁香火最鼎盛的时候。除夕午夜开始，不少善男信女纷纷到来拜神祈福，庙宇内外，一片热闹，而诞期前后，庙前空地会搭盖一大棚作为临时舞台，上演神功戏。神功戏是澳门妈阁水陆演戏会历年的酬神习俗。“神功”是指为神做的功德。在节日、神诞等庆祝活动上表演粤剧，表达“神人共乐”的精神。

（4）澳门旅游塔

澳门旅游塔（葡文：Torre de Macau，英文：Macau Tower）在港澳地区习称为观光塔。从地面到澳门旅游塔的最高点，总高度为338米。主观光层位于离地面223米的位置。它是全球独立式观光塔第十位的观光塔，是世界高塔联盟的成员之一。

（5）国父纪念馆

国父纪念馆是澳门专为纪念孙中山先生而设立的纪念馆，坐落在文第士街上、环球酒店之侧。

纪念馆是一幢3层高5开间的西式建筑，1918年由孙中山胞兄孙眉斥资兴建，一度是孙中山先生原配夫人卢慕贞的寓所。1930年8月13日澳门兵头花园后方军火贮存库爆炸时，孙府曾被波及，后来得以重建。重建后的孙府面貌、结构与昔日截然不同，典雅庄严，外形优美，外绕以短墙，左侧辟一个小花园，孙先生生前喜欢在此坐立。如今里面矗立着一尊国父的全身铜像及“天下为公”四个大字，供游人瞻仰。纪念馆内的装修保留原貌，陈设均为孙先生在广州任大元帅时所用的文物家具，及在澳门行医时所用的物品。另有一些国父的真迹和生前珍贵照片，包括与革命先烈们的合照。

（6）大炮台

大炮台又名圣保禄炮台、中央炮台或大三巴炮台。大炮台坐落在大三巴牌坊侧，是澳门主要名胜古迹之一。

大炮台建于公元1616年明神宗年间，是中国最古老的西式炮台之一。本属教会所有，为保护圣保禄教士而兴建，用以防范海盗，后转为军事设施区。昔日炮台高踞澳门市中心，负起防卫之责，为一军事重点。炮台四周均置有巨型铜炮，现今古炮虽已失去军事作用，却成为澳门的古旧文物和历史见证。大炮台上有大片空地已建成花园，绿草如茵，古木参天，古炮雄踞于旁。从这儿可眺望澳门的全景，还可以看见圣保禄教堂的遗迹。1998年，澳门博物馆在这里落成。

（7）葡京娱乐场

葡京娱乐场是澳门最具规模的博彩娱乐场，位于苏亚利斯博士大马路，由澳门旅游娱乐有限公司专营，场内设有多种博彩方式，不设入场券，可自由进出，但18岁以下未成年人及21岁以下本地人不准进入。

澳门把赌博称为幸运博彩，把赌场称为“娱乐场”，娱乐场一般附设于大酒店。澳门的赌场设备豪华，保安严密。澳门葡京娱乐场设在澳门葡京大酒店（Hotel Lisboa Macau）内，正门向着嘉乐庇总督大桥（旧称澳凼大桥），内设四间娱乐场及一间角子机娱乐场。澳门葡京娱乐场所处的区域附近也开设不少娱乐场或角子机娱乐场，如酒店正门与永利澳门相对，旁边则与金碧娱乐场、新葡京娱乐场相邻，并设有天桥及行人隧道连接葡京酒店与金碧娱乐场所在新建业商业中心、新葡京酒店两所娱乐设施。

（8）威尼斯人度假村

威尼斯人度假村占地11万平方米，是全球第二大、亚洲最大的赌场度假村综合建筑。以意大利水都威尼斯为主题，威尼斯特色拱桥、小运河及石板路都在这里可以看到，处处充满威尼斯人浪漫狂放享受生活的异国风情。

澳门“威尼斯人”度假村酒店拥有3000间套房，足可容纳90架747波音珍宝客机，是亚洲区内唯一集庞大设施、旅游热点和各种优良设备于一身的旗舰级建筑。更重要的是酒店拥有的八百多张赌台的博彩大厅亦是其他赌场难及的优势。共有850张赌桌，4100台老虎机，赌桌数量全世界第一。

（9）普济禅院

普济禅院俗称观音堂，有近400年的历史，是澳门三大古庙中规模最大、占地最广、建筑最为雄伟的一家，也是保存南方庙宇特色较好的寺院之一。建于明朝末年，1844年美国侵略中国的第一个不平等条约——《望厦条约》就是在此签订的。

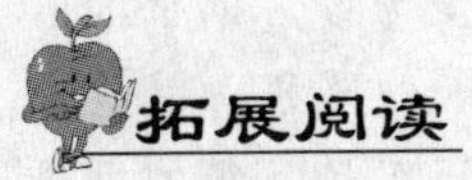


## 港澳交通须知

香港是国际化大都市，购物天堂，现在很多朋友去香港澳门，都采用自由行（自助游）的旅游形式，到香港去“淘货”。因此，了解香港交通出行就尤为重要了。

香港的街道普遍窄小，即使拿着地图也不一定能找到要去的地方。澳门的街道规划比较好，但人生地不熟，仍然需要别人帮助指路。找不到要去的地方时，可以向任何一个香港和澳门人问路。对于游客问路，香港和澳门人很是热情，他们会详细地告诉你如何如何走，怎么走更近更方便。这也体现出香港和澳门作为国际化旅游城市的成功之道，展现了香港和澳门市民热情好客的良好素养，这也间接推动了香港和澳门旅游业的发展——只有游客感受到一个城市和它的市民的温暖，才会对这个城市留下好印象，也才会形成口碑传播，吸引更多的游客光临。

香港的交通很发达，到香港旅游最常坐的是地铁和巴士。在香港旅游最好办一张“八达通卡”，以减少四处换零钱坐车的麻烦。八达通卡是一种储值交通卡，使用前需要存入一定数量的港币。八达通卡可以在地铁、大巴、中巴使用，只要轻轻一刷就可完成付车费的过程，很是方便。在街头四处可见的“7—11”便利店和一些店铺购物，也可以使用八达通卡付款。旅游结束离开香港时，可以到任何一个八达通卡办理点退卡。

香港地铁线路多，乘坐很方便，能够到达绝大部分景区和商业区。乘坐地铁时，只需在第一个入口处刷八达通卡，随后可以在各个地铁站转车而不用再刷卡，到达目的地下车时再刷一次卡，地铁的售票系统会自动从八达通卡上扣除相应的车费。值得一提的是，香港的地铁分别使用普通话、粤语和英语报站名。香港地铁地图不需要专门购买，在部分商场和酒店免费提供的香港地图中，标有详细的地铁运行路线图。香港的大巴和中巴线路多车次也多，乘坐大巴和中巴也很方便。需要注意的是，车费常常有零头，比如5.2港币，而且是自动投币不找零钱，这时候就显示出八达通卡的威力了。

对于内地游客来说，坐香港的大巴很不方便，大巴司机不报站名，需要自己注意是否到达站点。在到达站点前还需要按车厢上方的按铃，否则如果前方站点没有人候车司机有可能不停车。香港的中巴可以使用八达通卡刷卡付车费，使用普通话报站。

香港的出租车按营运区域分为三种，分别是市区出租车、新界出租车和大屿山出租车。市区出租车车身涂成红色，专门跑香港最繁华的区域，所以收费最贵；新界出租车车身是绿色，专门跑香港新界地区，收费次之；大屿山出租车车身是蓝色，一般只在大屿山附近营运，收费最便宜。各种出租车不允许跨区搭载乘客。香港把不同区域的出租车分别定价，体现了以人为本的理念。如果不分类，由于香港最繁华地区乘客较多，出租车都愿意在这里拉客人，那么其他区域的出租车就很少了，不利于市民出行。另外，由于郊区交通不便，居民较为依赖出租车服务，所以香港特区政府划定区域，推出车费较便宜的出租车服务，专门在郊区等地搭载乘客。香港的出租车车费有点贵，还是少坐为妙。以市区出租车为例，它的收费是这样的：起步价为16港币，起步价包含前2千米的路程，以后每增加200米收费1.4港币，每分钟等候时间收费1.4港币，每件放在出租车后备箱的行李收费5港币（随身携带、放在车内的不收费），如果带有宠物每只收费5港币，电话召出租车加收5港币。此外，如果路程较远，需要过海底隧道，还需要加收海底隧道过路费和10港币到15港币不等的回程费。

澳门的交通以中巴和出租车为主。站牌上除了标有中巴的停靠站点，还标有中巴的车费信息。澳门中巴车费也是有整有零，自动投币不找零钱，可以直接投港币纸币和硬币。澳门的出租车车费也不便宜。它的收费是这样的：起步价13澳门币（港币通用），包含前1600米，以后每增加230米收费1.5澳门币，每分钟等候时间收费1.5澳门币，每件放在出租车后备箱的行李收费3澳门元。此外，有些路段还收取2澳门元到5澳门元不等的附加费。因此，如果想在交通上省钱，要多坐地铁、大巴和中巴，多问路，少坐出租车。

考虑到年轻人新婚夫妻的特点，重点为他们推荐以下的香港景点：香港会议展览中心、金紫荆广场、黄大仙祠、香港星光大道、中环、太平山顶、浅水湾、香港迪士尼乐园。澳门的景点：大三巴牌坊、金莲花广场、妈阁庙、葡京娱乐场、威尼斯人度假村、松山。

为新婚夫妇推荐的景点为港澳独有的、最有代表性的景观。香港会议展览中心、金紫荆广场、大三巴牌坊、金莲花广场是香港最有代表性和纪念意义的景点；香港星光大道、迪士尼乐园、葡京娱乐场、威尼斯人度假村是年轻人喜好的新颖、娱乐的景点；太平山顶、浅水湾、松山是蜜月旅行浪漫的景点；黄大仙祠、妈阁庙是心灵祈福的景点；中环是商业购物中心，满足年轻人追求时尚的特点。

实训项目

## 为家庭团设计“港澳6日自助游”行程

**实训内容**

孙志是一位医生，他有一个12岁的儿子和一个幸福的三口之家。他想让孩子进一步开阔视野，增长见识，同时，他的妻子也想去香港购物，所以他与其他两位同事商量准备暑假组成9人的家庭旅游团去港澳进行6日自助游，请你为他们设计行程。

**实训建议**

各项目团队提交纸质行程安排，每组选派一名代表用 PPT 向全班展示设计的旅游行程和线路手绘图，要求图文并茂。

1. 香港主要有哪些人文景点?
2. 澳门有哪些自然景点?
3. 港澳两地旅游景点有哪些共同特点?

## 任务二　台湾景点赏析

青岛退休的张先生夫妇，想在有生之年到台湾旅游，有哪些景点不容老人家错过呢?请你为老人推荐景点。

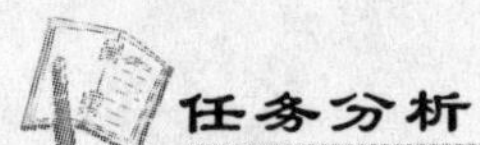

退休的张先生夫妇出来旅游属夕阳红旅游，去到宝岛台湾看看是他们毕生的心愿，所以推荐的旅游景点要既要考虑景点的知名度，同时要考虑老人家的接受能力。

台湾旅游景点

台湾位于中国东南海面，面积 3.6 万平方千米，包括台湾岛（面积 3.58 万平方千米）、澎湖列岛、绿岛、钓鱼岛、兰屿、彭佳屿、赤尾屿，全省共划 7 市 16 县。台湾岛多山，高山和丘陵面积占全部面积的三分之二以上。台湾森林面积约占全境面积的 52%，台北的太平山、台中的八仙山和嘉义的阿里山是著名的三大林区。台湾农耕面积约占土地面积的四分之一，盛产稻米，一年有二至三熟，米质好，产量高；主要经济作物是蔗糖和茶。蔬菜品种超过 90 种，栽种面积仅次于稻谷。台湾素有“水果王国”美称，水果种类繁多。花卉产值也相当可观。台湾气候冬季温暖，夏季炎热，雨量充沛，夏秋多台风暴雨。北回归线穿过台湾岛中部，北部为亚热带气候，南部属热带气候，年平均气温（高山除外）为 22℃，年降水量多在 2000 毫米以上。

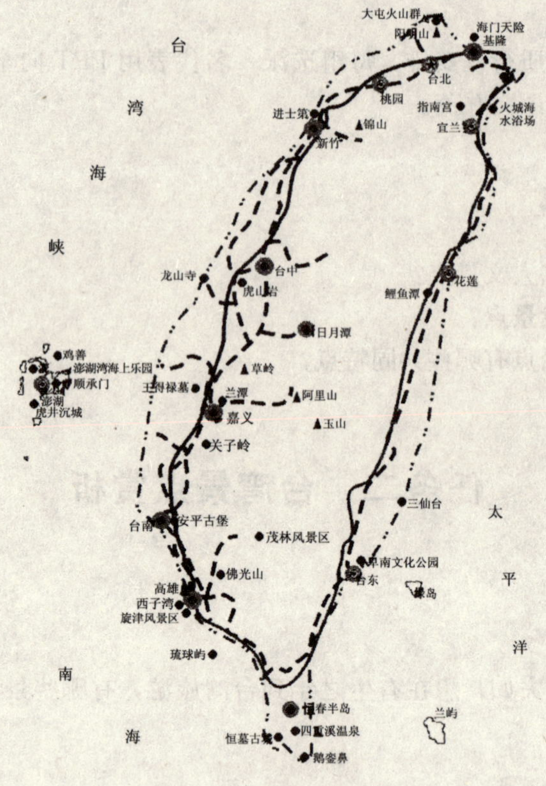


图 11－3　台湾旅游景点图

**主要景点**

1. 自然景观

(1) 日月潭

旧称水沙连，又名水社里，位于阿里山以北、能高山之南的南投县鱼池乡水社村，是台湾最大的天然淡水湖泊，堪称明珠之冠。岛的东北面湖水形圆如日，称日潭，西南面湖水形觚如月，称月潭，统称日月潭。

日月潭由玉山和阿里山漳的断裂盆地积水而成。环潭周长 35 千米，平均水深 30 米，水域面积达 900 多公顷，比杭州西湖大三分之一左右。日月潭中有一小岛，远望好像浮在水面上的一颗珠子，名“珠子屿”。抗战胜利后，为庆祝台湾光复，把它改名为“光华岛”。在清朝时即被选为台湾八大景之一，有“海外别一洞天”之称。区内依特色规划有六处主题公园，包括景观、自然、孔雀及蝴蝶、水鸟、宗教等六个主题公园，还有八个特殊景点，以及水社、德化社两大服务区。

(2) 阿里山

阿里山位于台湾嘉义市以东，是阿里山脉中央群峰石山、儿玉山、水山、祝山、大塔山等 18 座山峦的总称。主峰大塔山海拔为 2663 米，是台湾最大的林区。阿里山的相对高度大，自山下至山上有热带、暖温带、温带、寒带等多种气候带，山上植物资源丰富，有“亚洲天然植物园”的美誉。相传以前，有一位邹族酋长阿巴里曾只身来此打猎，满载而

归后常带族人来此，为感念他便以其名为此地命名。园区内除了有丰富珍贵的自然资源之外，亦保留了邹族200多年原住民的人文资源，如今更因新中横公路而与玉山国家公园串联起来，是一段兼具知性与感性的森林之旅。

（3）西子湾

西子湾位于台湾高雄的一个风景区。西子湾的位置在高雄市的西隅，位于高雄市西侧，高雄港旁、万寿山西南端的山麓下，距市中心车程约20分钟。西子湾南面隔着海峡与旗津岛相望，是一个风景天成的湾澳。而最北端则傍着万寿山，是一处由平滩和浅沙所构成的海水浴场，以及以夕阳美景及天然礁石闻名的海湾。

（4）阳明山

阳明山国家公园位于台北盆地的东北方，建于1986年，其面积达11456公顷，东起磺嘴山、五指山东侧，西至烘炉山、面天山西麓，北抵竹子山及其西北之土地公岭，南迄纱帽山南麓，以大屯山和七星山火山群为中心，因此各种特殊的火山地形景观及地质构造，便成为本区的一大特色。

阳明山公园分为中正公园（前山公园）和阳明公园（后山公园）二部分，中正公园，园内有游泳池、篮球场、溜冰场等设备，湖边亦有杜鹃、樱花簇拥，再加上满山槭树，在深秋节红叶片片，湖光山色，景色宜人，在公园的东北方壮丽的古典建筑，即为纪念国父百年诞辰而兴建的中山楼；而阳明公园，南倚纱帽山后侧，四周环境绕着七星山、纱帽山、竹子湖山、中正山、大屯山等，为自然与人工之美，也是阳明山的精华之一，占地约61公顷，著名的景观有小隐潭、七彩喷水池、展望台、瀑布区和最具代表性的大花钟，园内更遍植梅、樱、桃、李、杜鹃、茶花等各式花卉，每年2月中旬至4月初，园内百花怒放，花团锦簇，是阳明山最佳赏花处。

（5）太鲁阁国家公园

太鲁阁国家公园横跨花莲、南投及台中，以雄伟壮丽、几近垂直的大理岩峡谷景观闻名。

四百万年前，菲律宾海洋板块与欧亚大陆板块碰撞而成台湾，慢慢降起的中央山脉表层岩层受到风化侵蚀作用而剥离，大理岩因而露出地表。这些大理岩受到立雾溪长期侵蚀下切作用与地壳不断隆起上升，形成几乎垂直的U形峡谷。公园内巨峰林立，从清水到南湖大山顶，落差达3742米，造就了层次复杂的植物林相，并提供野生动物栖息活动的空间。沿着立雾溪的峡谷风景线而行，触目所及皆是壁立千仞的峭壁、断崖、峡谷、连绵曲折的山洞隧道、大理岩层和溪流等风光。

（6）渔人码头

渔人码头位于台北淡水镇，淡水河出海口右岸，旧名淡水第二渔港；渔人码头东连大屯山脉、西隔淡水河与观音山相峙，闻名遐迩的“淡江夕照”于此可以一览无余。

渔人码头原来只是一个传统的小渔港，如今，渔人码头不但拥有一座美轮美奂的浮动码头，还有一条330多米长的木栈道、堤岸咖啡和超大的港区公园。它们构成了一个环状动线，让人们可以完整流畅地体验渔港风情。站在步道远眺对面的观音山和出海口尽头的台湾海峡，看着夕阳从水平面上缓缓落下，美景之盛，令人流连忘返。

2. 人文景观

(1) 台北故宫

台北故宫博物院位于台北市郊阳明山脚下双溪至善路 2 段 221 号，始建于 1962 年，是仿照北京故宫样式设计建筑的宫殿式建筑，1965 年新馆落成，1966 年启用，原名中山博物院，后改为国立故宫博物院。

它是中国著名的历史与文化艺术史博物馆。建筑设计吸收了中国传统的宫殿建筑形式，淡蓝色的琉璃瓦屋顶覆盖着米黄色墙壁，洁白的白石栏杆环绕在青石基台之上，风格清丽典雅。台北故宫藏品包括清代北京故宫、沈阳故宫和原热河行宫等处旧藏之精华，以及海内外各界人士捐赠的文物精品，共约 60 万件，分为书法、古画、碑帖、铜器、玉器、陶瓷、文房用具、雕漆、珐琅器、雕刻、杂项、刺绣及缂丝、图书、文献等 14 类。

(2) 国父纪念馆

国父纪念馆以纪念国父孙中山先生为宗旨，开馆初期，主要展出国父革命史迹相关文物，并提供部分展演活动。时至今日，已成为台北市民不可或缺的重要文化社教中心，许多文艺表演或颁奖典礼，比如金马奖，均会选择在此举行。

国父纪念馆以黄色屋顶采顶起翘角像大鹏展翼的形状，全部面积共 35000 坪，为仿中国宫殿式建筑，巍峨雄伟。此外，还有逸仙艺廊、德明艺廊、翠亨艺廊、载之轩、翠溪艺廊、翠溪艺廊视听室、视听中心团体欣赏室、中山讲堂、演讲厅、逸仙放映室、孙逸仙博士图书馆、励学室等。周围还有樟树、凤凰木和白千层等树木，让整座国父纪念馆成为台北都会区中的绿地。最适合市民周休假期或是早晨、黄昏户外运动、休闲及室内艺文、知性活动的多元化地点。

(3) 台北 101 大楼

外观像一支巨大的温度计，总高 508 米的大楼，是台北的地标性建筑。

台北 101（TAIPEI101）是位于台湾台北市信义区的一栋摩天大楼。由建筑师李祖原设计，KTRT 团队建造，是世界最高摩天大楼（不含天线）和目前全世界第二高的大楼（以建筑结构实际高度来计算）。拥有世界最快速电梯（38 秒即可直达 89 楼观景台），以及世界最大、最重，且唯一可供参观的风阻尼器。

(4) 中正纪念堂

中正纪念堂于 1976 年，为纪念蒋介石而建，幅员广阔，占地 15600 平方米，由中山南路、爱国东路和信义交围而成，以中国庭园造景为主要设计形制，加廊窗棂古典而幽雅，整体建筑则以蓝、白二色搭配相和，有着自由、平等的寓意。

中正纪念堂由高耸的纪念楼为中心，包围着蓊郁茂密、迎风摇曳而色彩缤纷的树木花圃与池塘小桥，环境清幽而宁静，纪念楼则肃穆而庄严，一楼主要以展览室和放映室为主，展示蒋介石生平事迹文物，顶楼则为蒋介石铜像，两旁驻守着卫兵，而每个小时定时换班的仪式也成为游客游览的重点之一。

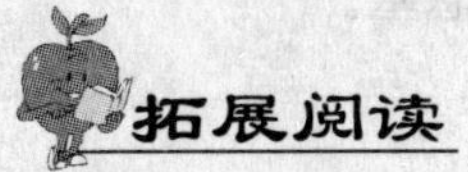


## 台湾自由行相关知识

1. 台湾自由行首批试点城市

首批试点的城市包括北京、上海和厦门三市。除此之外，双方同意开放福建居民赴金门、马祖、澎湖地区个人旅游。

2. 台湾自由行航班和航点

在两岸航班事宜上，两岸航班的总班次将达到每周558班，增加50%以上。在航点确定上，大陆将新增盐城、兰州、温州、黄山4个客运定期航点，台湾新增台南为客运包机航点，新增台南及高雄为不定期旅游包机航点，两岸客运航点总体上将增加到50个。

3. 台湾自由行费用价格

自由行价格比平常团体游平均贵出三成左右，据了解，各大旅行社6日游价格基本维持在6000元左右。如果想做一些深度旅游，行程在10到13天左右，费用可能在9000元至12000元左右。

4. 台湾自由行政策（台湾自由行条件）

首批试点城市在上海、北京、厦门进行，每天限定人数为500人上限。游客须为具有三地正式户籍的居民，必须达到以下资格审查，才可以取得自由行资格：申请人必须从银行开具已有3个月存入期的至少5万元的定期存款原件或公司开具的15万以上年收入证明或到银行出具近半年的信用卡（必须是金卡）对账单。

个人游将比照团体游的双审查制，必须先取得大陆赴台证，可到户口所在地公安机关出入境管理部门申请办理《大陆居民往来台湾通行证》及个人旅游签注，然后再向台湾申请入台证，或者自行办理，或者通过旅行社办理，游客在取得入台证后，可在有效期30天内择时入台旅游，每次在台停留时间不超过15天。

5. 台湾自由行适合人群

一是到过台湾的人。想深入了解台湾社会的某个方面，或者是对某个地方、某个内容情有独钟的。

二是习惯了背包旅行的人。已经掌握了丰富的交通、食宿等资讯，知道自己想看什么、能干什么的。

三是在台湾有亲朋好友的探亲族。他们在台湾的亲属会提供一些旅行便利。

四是“不差钱”的商务人士。对这部分人来说，食宿、交通根本不是问题，他们可以用三两天的时间谈业务，剩下的时间再旅游。

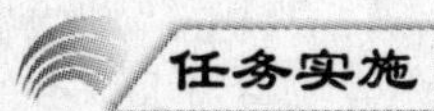


考虑到老年人的年龄特点，重点为张先生夫妇推荐以下的台湾景点：日月潭、阿里

山、太鲁阁国家公园、台北故宫、国父纪念馆、台北 101 大楼、中正纪念堂。

## 任务总结

为张先生夫妇推荐的景点为台湾最有代表性的景观。日月潭、阿里山、太鲁阁国家公园为台湾代表性景区景点，享誉国内外，也是老人耳熟能详，一心向往之处。台北故宫、国父纪念馆、台北 101 大楼、中正纪念堂是台湾的典型代表景观，是每一个中国人都想去参观的。

## 实训项目

### 为李先生一行 5 人设计“台湾商务考察自由行”行程

**实训内容**

李先生是经营农产品的生意人，他听说台湾的农业很发达，因此想跟合伙人一起到台湾去商务考察，顺便旅游，请你为他们设计“台湾 7 日商务考察自由行”行程。

**实训建议**

各项目团队提交纸质行程安排，每组选派一名代表用 PPT 向全班展示设计的旅游行程和线路手绘图，要求图文并茂。

## 复习思考题

1. 台湾主要有哪些人文景观？
2. 台湾有哪些自然景观？
3. 台北故宫与北京故宫有哪些不同？

# 项目十二　魅力全球——国外景点赏析

**知识目标**

1. 了解世界主要旅游区及区内主要国家；
2. 熟悉各旅游区主要旅游景点。

**能力目标**

1. 能够进行游客（大学生）分析；
2. 能够根据游客要求和实际情况（背包客、沙发客），为游客推荐旅游线路。

## 国外主要景点赏析

佛山人沧海一沙是大二学生，天天教室宿舍两点一线让他有点厌烦。于是在2013年3月底从广州出发，先后前往了拉萨、尼泊尔、云南，做“沙发客”近一个月。

沧海一沙和同学在尼泊尔呆了23天，在当地大学旁听课程一星期，感触颇深。当地的学生都很友好，还有几个逃课一天陪他们逛当地的景点，了猴庙、杜巴广场、烧尸庙……而且一路上，遇到不同的人一起玩，懂得了很多生活的道理。当地人生活条件很差，每天停电6、7个钟，没有地铁没有洗衣机，连拥有一台电脑对他们来说都是一件奢侈的事；街上垃圾满地，却鲜有清洁工清理；连他们的自来水都是混黄色的。这些让沧海一沙这个来自农村也干过农活吃过苦的人吓了一跳，感慨万千。

沧海一沙很珍惜现在的生活和所拥有的一切，觉得自己很幸福了，衣食无忧，有书读、父母健在，有几个好朋友……他很想利用剩下的学生时代走出国门游遍寰宇，去体验别人的生活，开阔眼界，使自己成长。但是，他的经济条件的确有限，他只能做背包客，沙发客出行，你能替他制订一个长远的旅游计划吗？

## 任务分析

作为一个拥有13亿人口的国家，庞大的人数基数决定了我们非常强大的出游。2012年出境游达到8300万游客，8300万这是什么概念呢？这个市场的规模相当于德国的总人口，也相当于四个多的澳大利亚的人口，每年中国就有这么多出境游客到达世界各地去旅游。随着中国正式开展业务ADS（Approved Destination States已批准的目的地国家）目的地已经达到115个，可以说中国游客足迹已经可以遍及世界各个角落，除了我们通常去的新马泰，澳大利亚、欧洲这样一些国家，中国游客的足迹也到达了北极、南极这样一些相对来说不太热点的区域。

在中国庞大的游客群体当中，现在只有不到60%游客是首次出境，接近40%的游客是多次出境。出境经验的不断增加，意味着出境游的不断成熟，也就意味着消费需求的层次的分级正在不断的明显，不断的显著。我们可以看到游客的需求不仅从原来的只是目的地走一走，看一看而现在转变成要休闲、度假、宗教、旅游，出行方式由原来通常参加团队旅游，发展到现在家庭式这些小包团，以及自由行等等多种形式。而且随着中国经济格局不断的西进，出境游客源地从原来传统上的东部沿海地区，逐渐地向中部地区，以及西部地区的二三线城市转移。

## 知识准备

根据自然地理区域与行政区划兼顾、综合分析与主导因素相结合、主要为旅游服务的原则，世界可划分为7个旅游区域。

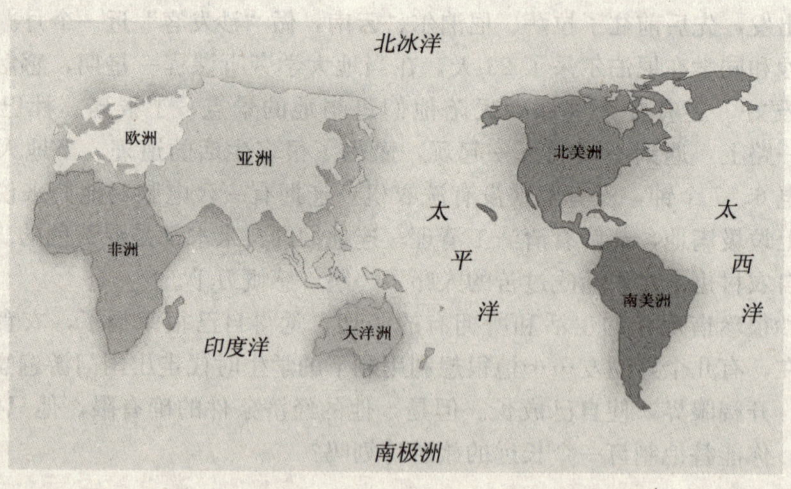


图12-1 世界旅游区划图

## 一、欧洲旅游区

从东部的白令海峡向西一直延伸到大西洋沿岸，是沿纬线方向延伸距离最长的旅游大区。纬度位置较高，东、南、西三面多山地、高原，内部是平原和低地，以温带森林和亚热带常绿硬叶林、灌丛为主的自然景观。本大区是资本主义经济的发祥地，人文旅游资源异常丰富，是世界旅游业最发达之区，有“旅游王国”之称的西班牙，欧洲文明古国希腊和意大利，“世界公园”瑞士，旅游业发展较早的英国、法国等都在本区。地中海沿岸是世界开发最早、最发达的海滨旅游地。

(一) 旅游资源概述

1. 北欧旅游区

北欧旅游区，是由斯堪的纳维亚半岛、日得兰半岛和众多岛屿所组成，包括瑞典、挪威、丹麦、芬兰、冰岛等国家和地区，面积大约132万平方千米。北欧旅游区地处北纬55度以北的高纬度地区，许多地方积雪长达半年，具有奇特的极昼、极夜、极光现象。斯堪的纳维亚山脉两侧冰川地貌普遍，湖泊众多而密布。芬兰被誉为“千湖之国”、冰岛有“冰火之国”的雅称，挪威是欧洲著名的“滑雪之乡”。该区域还拥有丰富的人文旅游资源，民族风情独具特色。如“童话王国”丹麦，芬兰“古都”土尔库城堡，历史文化名城奥斯陆（挪威）、斯德哥尔摩（瑞典）等，都是吸引国际旅游者的重要旅游胜地。

2. 苏联东欧旅游区

东欧旅游区主要是指波罗的海以东和黑海沿岸地区，包括俄罗斯、乌克兰、白俄罗斯、罗马尼亚、保加利亚等国家和地区，总面积2250万平方千米。该区域内河流众多、湖泊独特，特别是伏尔加河、多瑙河、顿河等流域风光美丽、引人入胜；世界最大的咸水湖里海、世界最深的湖泊贝加尔湖都在该区域。湖畔环境优美，湖中动植物资源丰富，是生态旅游、科考旅游和休闲度假的理想之地。该区拥有大量的历史文化名城，如俄罗斯的莫斯科、圣彼得堡，保加利亚的索非亚，乌克兰的基辅，白俄罗斯的明斯克，拉脱维亚的里加等城市。这些城市拥有众多古堡、教堂、博物馆、宫殿和名人故居等。

3. 西南欧旅游区

西南欧旅游区，是指欧洲西部濒临大西洋地区与附近岛屿和阿尔卑斯山以南的巴尔干半岛、亚平宁半岛、伊比利亚半岛和附近地中海岛屿，包括英国、爱尔兰、比利时、卢森堡、法国、摩纳哥、西班牙、葡萄牙、意大利等20多个国家和地区，面积约230万平方千米。该区域旅游资源丰富，经济发达，是欧洲重要的旅游客源地和旅游目的地。

该区域现已建成许多世界规模巨大的海滩观光、海上运动和休闲度假的旅游胜地，如法国的科西嘉岛、爱琴海上的阿罗斯安塔利亚岛及大西洋上的艾莱岛等都是欧洲著名的海岛、海滨旅游胜地；该区有大量的山地、丘陵和平原风光，如阿尔卑斯山脉、比利牛斯山脉、亚平宁山脉等既是雪山观光、度假疗养、消闲避暑胜地，又是开展登山、滑雪、探险等体育旅游的基地；意大利的维苏威火山、埃特纳火山奇观，南斯拉夫、马其顿、克罗地亚的国家公园等，都是令人流连忘返的旅游胜地。该区有丰富的历史文化和古代遗迹，如著名的古城堡有法国的香波堡，著名的庙宇教堂有希腊的巴特农神庙，意大利的圣玛利亚

教堂，英国的大英博物馆等，每年吸引着成千上万的游客前往观赏、考察和游览。

该区域的民族风情和人造景观独特而丰富，对国际旅游者具有很大的吸引力，如西班牙的斗牛表演和热情奔放的西班牙舞蹈，法国的国际电影节和葡萄节；而像法国的迪斯尼公园、英国的阿尔顿公园、巴黎的埃菲尔铁塔以及布鲁塞尔的滑铁卢战役纪念馆等，都深受国内外旅游者的喜爱，每年都有大量的国际旅游者前往参观和游览。

4. 中欧旅游区

中欧旅游区，是指位于欧洲大陆中部，介于阿尔卑斯山脉以北与波罗的海之间的区域，包括德国、波兰、瑞士、奥地利、捷克、斯洛伐克、匈牙利及列支敦士登等 8 个国家，面积 101.5 万平方千米。该区域拥有丰富的温泉旅游资源，是欧洲著名的康复疗养地。匈牙利首都布达佩斯有 100 多口温泉，是欧洲最大的温泉疗养中心；斯洛伐克的皮耶仕佳尼都有许多著名的温泉疗养地。此外，该区域的许多地区还拥有国家公园、高原湖泊、自然保护区等。德国的柏林、汉堡、科隆和德累斯顿等地区的交响乐团世界闻名，奥地利享有“音乐之邦”的美誉，维也纳是世界著名的“音乐名城”，每年在维也纳及奥地利其他城市举办的各种电影节、文化节、音乐节吸引众多的国际旅游者。

（二）主要景点

1. 德国景点

科隆大教堂：位于科隆市中心，始建于 1248 年，1880 年竣工，历时 632 年。是世界最大、最高的教堂之一。为中世纪哥特式建筑艺术的代表作。

亚琛大教堂：位于历史古城亚琛。初建于 796 年，为查理曼大帝宫廷教堂。它是八角形带圆拱顶教堂，装饰华丽，为中世纪加洛林式建筑艺术杰作。该教堂的形制曾被欧洲许多国家模仿。已列入《世界遗产名录》。

巴登—巴登：位于卡尔斯鲁厄市西南的旅游名镇。为世界著名疗养地，有“欧洲夏都”之称。历史上就以矿泉疗养地闻名，19 世纪以来逐渐成为富商和达官贵人的消遣乐园和上流社会的社交聚会地。

特里尔古城：位于莱因兰—普法尔茨州。这座古罗马城市始建于公元 1 世纪。公元 293 年罗马帝国实行分区治理，特里尔遂成为首都之一。城内存有皇宫、露天剧场、桥梁、公共浴池等大量古罗马文明的遗迹，有“北方罗马”之称。已列入《世界遗产名录》。

2. 英国景点

白金汉宫：位于伦敦。自 1837 年起为英国王宫。宫门前广场每天举行皇家卫队复杂的换岗仪式，为重要观光项目。

圣保罗大教堂：位于伦敦。是世界第三高教堂，伦敦主教座堂。初建于 604 年，1675 年重建。为英国古典主义建筑的代表作。

伦敦塔：位于伦敦。是英国罗曼式城堡建筑群，始建于 1078 年。现为英国珍宝馆。已列入《世界遗产名录》。

威斯敏斯特宫：位于伦敦。又称英国国会大厦。是英国浪漫主义（哥特复兴式）建筑的代表作，也是世界最大的哥特式建筑群。初建于 11 世纪中期，曾是英国主要王宫。1547 年起为英国国会驻地。已列入《世界遗产名录》。宫北端的钟塔大本钟高 96 米，为伦

敦和英国标志，其报时的前奏音乐世界闻名。

威斯敏斯特大教堂（西敏寺）：位于伦敦议会广场西南侧。始建于1050年，以后历代增建。是英国哥特式建筑的杰作。历代国王在这里举行加冕典礼，王室成员在此举行婚礼。它又是国葬墓地，有20多位国王和许多著名文学家、艺术家、政治家、军事家、科学家安葬在这里（如莎士比亚、狄更斯、达尔文、牛顿、丘吉尔等），故英国人视西敏寺为“荣誉的宝塔尖”。

汉德里安防御墙：横贯不列颠岛颈部的“长城”，全长118千米。系122年遵照古罗马帝国皇帝汉德里安旨意建造。除防御墙外，还包括驿站、要塞、城堡等。已列入《世界遗产名录》。

大英博物馆：位于伦敦。它与巴黎罗浮宫、纽约大都会博物馆、圣彼得堡艾尔米塔奇博物馆并称“世界四大博物馆”。大英博物馆以埃及、希腊罗马、东方三个艺术馆的馆藏最著名。

3. 法国景点

凡尔赛宫：位于巴黎西南郊。是建于路易十四、十五时期的皇家宫殿，对17、18世纪欧洲建筑产生了决定性影响。凡尔赛富的园林古地100公顷；为欧洲古典主义园林艺术的代表。已列入《世界遗产名录》。

枫丹白露：位于巴黎大区塞纳一马恩省。自1737年起，为国王寝宫。系意大利文艺复兴式和法国传统风格交融的宫廷建筑。已列入《世界遗产名录》。

罗浮宫：位于巴黎。现为世界最大的美术博物馆。收藏各国艺术珍品40多万件。其中三件藏品被列为国宝，即萨莫色雷斯的《胜利女神》雕像、米洛斯岛的《维纳斯》雕像和达·芬奇的《蒙娜丽莎》油画。

埃菲尔铁塔：位于巴黎市中心。1889年建造，是巴黎最高建筑物，也是巴黎和法国的象征。

巴黎圣母院：始建于1163年，是欧洲早期哥特式建筑与雕刻的主要代表，对后来欧美哥特式建筑有重大影响。法国历史上许多重大事件都发生在这里。

4. 俄罗斯景点

红场：莫斯科的中心广场。广场西南与克里姆林宫毗连。广场西侧为列宁墓。广场南面耸立着瓦西里·勃拉仁内大教堂，上举形式不同的葱头形穹顶，宛如烈焰腾空，被誉为古代俄罗斯建筑艺术的卓越代表。

克里姆林宫：位于莫斯科，为建于12～17世纪的宏伟建筑群，曾是历代沙皇的皇宫。现为俄罗斯总统府及国家杜马所在地。主要建筑有大克里姆林宫、圣母升天大教堂、克里姆林大会堂等。东宫墙上的斯巴斯克钟楼是克里姆林宫的主塔，以塔顶的“克里姆林宫的红星”著称于世，为莫斯科和俄罗斯的标志性建筑。

艾尔米塔奇博物馆：位于圣彼得堡。由冬宫等五座建筑物组成。冬宫原为沙皇皇宫，是十月革命遗址。艾尔米塔奇博物馆藏有各国不同时期艺术珍品近300万件，是世界四大博物馆之一。

5. 意大利景点

梵蒂冈城国：位于罗马城西北角的梵蒂冈高地上，面积 0.44 平方千米，是世界上最小的国家，也是以教皇为首的罗马教廷的所在地。领土包括圣彼得广场、圣彼得大教堂、梵蒂冈官和梵蒂冈博物馆等。建在耶稣门徒圣彼得墓穴之上的圣彼得大教堂是意大利文艺复兴建筑的最重要代表，是天主教的中心教堂，世界天主教徒的朝圣地，也是世界最大的天主教堂之一。1984 年梵蒂冈城列入《世界遗产名录》。

古罗马竞技场：位于罗马市中心，是古罗马时代最伟大的建筑之一，也是保存最好的一座椭圆形竞技场。场内可容纳 107 万名观众。这是当年斗兽、竞技、赛马、歌舞、阅兵和演戏的场地。

花之圣母大教堂：又译作百花大教堂、佛罗伦萨大教堂。是佛罗伦萨市最著名的一组建筑，1436 年落成，由大教堂、钟塔与洗礼堂构成，1982 年作为佛罗伦萨历史中心的一部分被列入《世界遗产名录》。教堂最出名的是它那模仿罗马万神殿的穹顶，是天才建筑师布鲁内莱斯基的绝世之作。

水城威尼斯：意大利东北部港口城市，是驰名世界的旅游中心。由 118 个小岛组成，并以近 180 条大小河道、401 座桥梁连成一体，以舟相通，故有“水上都市”之称，是世界上唯一没有汽车的城市。古老的圣马可广场是城市活动中心，广场周围耸立着圣马可教堂、总督宫、圣马可图书馆等拜占庭和文艺复兴时期的建筑物。1987 年，威尼斯及其环礁湖列入《世界遗产名录》。

比萨斜塔：位于意大利托斯卡纳省比萨城比萨大教堂的后面，系大教堂钟楼。钟楼始建于 1173 年，1372 年完工。设计为垂直建造，从地面到塔顶高 55 米，但在工程开始后不久便由于地基不均匀和土层松软而倾斜，目前的倾斜率约 10%，即 5.5。偏离地基外沿 2.3 米，顶层突出 4.5 米。传说 1590 年，意大利物理学家伽利略曾在比萨斜塔上做自由落体实验。1987 年，比萨城的奇迹广场（包括大教堂、洗礼堂、比萨斜塔和墓园）列入《世界遗产名录》。

## 二、美洲旅游大区

跨南北两半球，从北冰洋沿岸向南一直延伸到德雷克海峡，南北跨距 15000 千米左右，是世界沿经线方向延伸距离最长的旅游大区。美洲是仅次于欧洲的世界旅游业发达区，既有资本主义大国现代科技文化，又有印第安人创造的古代文明，这里是世界著名的古玛雅文化、印加文化的发源地，加勒比海沿岸是世界上继地中海之后新兴的海滨旅游地。

（一）旅游资源概述

1. 北美旅游地区

北美旅游区位于美洲北部，以美国和加拿大两国所构成的美加旅游区为主体。北美是当今世界上经济实力最强的地区，旅游业十分发达，不论是国际旅游收支还是出入境游客人数，都在国际旅游业中占有很高比重，是目前仅次于欧洲的第二大国际旅游区，对国际旅游业的发展具有举足轻重的作用。

图 12－2　北美旅游地区图

北美江河湖泊众多，素有“百川之父”的密西西比河全长 6200 多千米，是世界闻名的第四长河；美加边界上的五大湖是全球最大的淡水湖群，总面积达 24 万平方千米，被誉为“北美的地中海”；位于美加边界的尼亚加拉大瀑布蜚声全球；是世界上创建国家公园最早、划定自然保护区和风景旅游区范围最大的洲；北美旅游区拥有先进的科学技术和发达的经济，城市化程度较高，从而形成许多著名的工业化城市和国际旅游城市，如美国的“汽车城”底特律、“赌城”大西洋城，加拿大的“教堂城”多伦多、“郁金香城”渥太华、“花园城市”维多利亚，以及一大批拥有诸如“自由女神像”、“金门大桥”等现代城市景观和许多以高科技和文化教育为特色的城市风貌等，使该地区成为当今世界旅游的重要旅游目的地之一。

2. 南美旅游区

通常是指南美洲整个区域，共有哥伦比亚、委内瑞拉、圭亚那、苏里南、厄瓜多尔、秘鲁、智利、巴西、阿根廷等 12 个国家，总面积 1797 万平方千米。

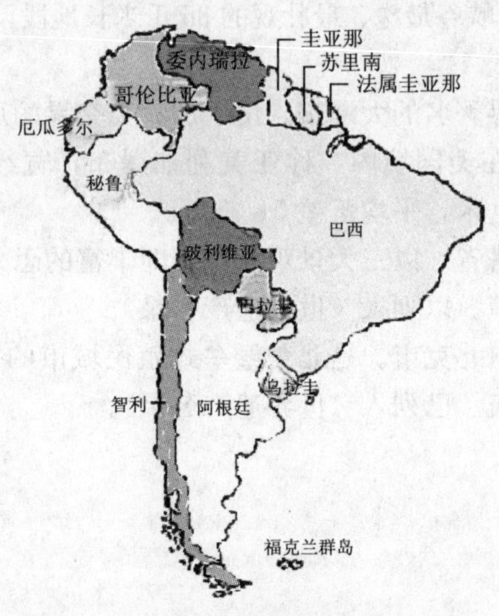


图 12－3　南美旅游区图

南美旅游区地跨南北两半球，有世界上最长的山脉安第斯山脉，世界上面积最大的高原巴西高原，世界最大的冲积平原亚马逊平原，有世界少有的“热带动植物园”，其中，亚马逊平原拥有世界上面积最大，最典型的原始热带雨林，雨林中的植物种类大约占世界植物种类的一半。南美洲河流纵横、湖泊众多、海岸线漫长，形成了丰富多样的水域风光。著名的河流有亚马逊河、拉普拉多河、圣弗朗西斯科河、巴拉圭河等，其中亚马逊河是世界上最长、流域面积最广、流量最大的河流。众多河流纵横奔流、切穿岩层而形成许多壮观的瀑布，其中委内瑞拉的安赫尔瀑布落差达 979 米，是世界上落差最大的瀑布；巴西和阿根廷交界处的伊瓜苏瀑布，汛期宽达 4000 米，是世界上最宽的瀑布。

（二）主要景点

1. 美国景点

自由女神像：位于纽约港入口处的自由岛上。1886 年落成，系法国赠送给美国人民的礼物。为美国东海岸门户象征。已列入《世界遗产名录》。

费城国家独立历史公园：在美国历史上占有首屈一指的地位。公园内的独立厅已列入《世界遗产名录》，具有世界意义的美国独立宣言（1776 年）和美国宪法（1787 年）均在这里诞生。

黄石国家公园：位于美国西北部落基山区，占地近 9000 平方千米，是世界建立最早的国家公园。公园尤以世界奇观间歇喷泉著称于世。间歇喷泉多达 300 余处，占世界总数的一半以上。已列入《世界遗产名录》。

夏威夷群岛：位于太平洋。地处热带，四季如春。其中的瓦胡岛有环岛沙滩，是世界驰名的海滨度假旅游区。夏威夷火山国家公园以冒纳罗亚、基拉韦厄两座活火山著称，奔腾汹涌的火山熔岩是该公园最具特色的景观，已列入《世界遗产名录》。

大都会艺术博物馆：位于纽约。收藏世界不同时期艺术珍品 36 万余件，是世界四大博物馆之一。

大峡谷国家公园：又名科罗拉多大峡谷，位于亚利桑那州西北部。全长 443 千米，科罗拉多河穿越其间。公园位于峡谷最深、最壮观的 35 千米长地段，已列入《世界遗产名录》。

2. 加拿大景点

尼亚加拉大瀑布：世界著名的大瀑布。位于加、美交界的尼亚加拉河上。经山羊岛分流，形成两大瀑布，一个在美国境内，称亚美利加瀑布，宽约 300 米；一个在加拿大境内，称马蹄瀑布，宽约 800 米，平均落差 51 米。

恐龙公园：位于艾伯塔省。以三大景观著称，即丰富的恐龙化石层、奇特的崎岖地带及沿红鹿河罕见的生态环境。以列入《世界遗产名录》。

魁北克古城区：位于魁北克市。是北美堡垒式殖民城市的完美典型。古城区内有 700 余座古老的民用及宗教建筑。已列入《世界遗产名录》。

## 三、亚太地区

（一）旅游资源概况

1. 东亚旅游区

东亚旅游区主要包括中国、朝鲜、韩国、蒙古和日本五个国家，陆地面积 1177 万平

方千米，是亚洲面积最大、人口最多的区域。

东亚旅游区地域辽阔，南北间纵跨纬度 50 度，东西横跨经度达 80 度。巨大的纬度、经度差异和特殊的地质地貌形成了本区自然环境的复杂多样性。其中，以中国的喜马拉雅山，日本的富士山，韩国的雪岳山为代表的雪山冰川风光；以中国的长江、黄河、日本的琵琶湖为代表的江河湖泊风光；以中国的云南石林、广西桂林等为代表的喀斯特地貌风光等，都是世界著名的自然生态风光。

东亚旅游区内各国地缘相近，历史和文化相通，其独特的东方文化、大量的文物古迹强烈地吸引着来自世界各地的旅游者。尤其是中国，作为世界著名的四大文明古国之一，拥有丰富的名胜古迹，如北京的故宫、万里长城、西安秦兵马俑等举世闻名的历史遗迹。朝鲜半岛也有较悠久的历史和文化，韩国庆州古代新罗王朝。

2. 东南亚旅游区（中南半岛和马来群岛的所有国家）

东南亚旅游区由亚洲东南部的中南半岛和马来群岛所组成，陆地面积 448 万平方千米。主要包括越南、老挝、缅甸、泰国、马来西亚、新加坡、文莱等 11 个国家和地区。

东南亚旅游区的马来群岛是世界上拥有岛屿最多的群岛。据不完全统计，菲律宾拥有 7000 多个岛屿，印度尼西亚拥有 13000 多个岛屿，因此菲律宾和印度尼西亚都享有“千岛之国”的誉称。其中，马来群岛与中南半岛的海岸线总长达 10 万千米，堪称世界之最。该旅游区地处热带，属热带季风和热带雨林气候，温暖湿润的气候、茂密的热带森林、丰饶的物产、绚丽多姿的海山胜景，是当地自然旅游资源最突出的特征。此外，东南亚也是世界上最大的热带经济作物产区，每年各国都举办各种品尝新鲜水果的“果园旅游”活动。

东南亚地区古代受中国、印度两大东方文明古国文化的熏陶，以后又受伊斯兰文化和西方殖民主义文化的影响，遗留下大量的宗教古迹，人文旅游资源极为丰富。泰国居民普遍信奉佛教，黄衣僧侣随处皆有，因而被称为“黄袍佛国”。缅甸素称“佛塔之国”，现存佛塔 5000 多座，其中最著名的是仰光大金字塔，据说已有 2000 多年历史。柬埔寨的吴哥古都遗址占地 155 平方千米，古建筑 600 多处；印度尼西亚的婆罗浮屠始建于公元 8 世纪，是世界上最大的佛塔。

3. 大洋洲旅游区（大洋洲的所有国家）

大洋洲旅游地区由澳大利亚大陆和广布于太平洋上的美拉尼西亚、密克罗尼西亚、玻利尼西亚三大群岛组成，岛屿最多且分布零散，总计有 2 万多个岛屿，人口密度小，平均每平方千米 3 人。这里是联系各大洲的海空航线和海底电缆的经过之地，在旅游交通与通讯上具有重要意义。大洋洲多火山岛和珊瑚岛，以热带、亚热带海岛风光和“活化石博物馆”（古老奇特的动植物）而著称于世。属西方文化区，澳大利亚和新西兰的居民绝大部分是欧洲移民及其后裔，通用英语，其他国家和地区的居民以当地人为主体，属巴布亚语和马来——波利尼西亚语系，全洲约有 80%人口信仰基督教。

4. 南亚旅游区

南亚是指亚洲南部从喜马拉雅山山脉南侧到印度河之间的广大地区，其包括印度、巴基斯坦、尼泊尔、孟加拉国、马尔代夫等 8 个国家，总面积 418 万平方千米。南亚旅游大

区高耸的喜马拉雅山脉位居本大区北部，使南亚成为一个相对独立、特征明显的旅游区域。地形上分为北部山地、中部印度河——恒河平原和南部德干高原三部分，典型的热带季风气候及热带季风林景观。属印度文化区，是世界上人口最多最稠密地区之一，平均每平方千米 210 人，居民兼有三大人种的血缘，而以白种人和黑种人的混合型为主。语言分属印欧和达罗毗荼两大语系，本大区是婆罗门教和佛教的发源地，婆罗门教后演化为印度教。印度河——恒河流域是世界古文明发祥地之一。

南亚地区旅游资源十分丰富，拥有奇特的高原雪域风光；其中喜马拉雅是“冰雪之乡”的意思，平均海拔超过 7000 米的高峰有 50 多座，8000 米以上的参天高峰有 14 座，许多形态各异的高山冰川、冰塔、冰柱、冰帘、冰洞、冰丘等吸引着来自世界各地的旅游者。南亚旅游区还拥有独特的热带海岛风光；拥有“千岛之国”美誉的马尔代夫，主要由 19 组珊瑚环礁和 1200 多个珊瑚小岛所组成，景色十分优美，被称为“印度洋上的花环”。

南亚是世界上最早的人类文化发祥地之一，拥有悠久的历史和灿烂的文化，历代王朝都修建了金碧辉煌的王宫和许多佛塔、庙宇和寺院，遗留下许多珍贵的文物古迹。有“世界七大建筑奇迹”之一的泰姬陵、著名的皇宫建筑群红堡、印度教圣地和历史名城瓦拉纳西等；巴基斯坦有青铜时代最大的古城遗址——摩亨昨达罗，被联合国教科文组织列为世界文化遗产。

5. 西亚旅游区

西亚旅游区主要包括除埃及以外的中东地区所有国家和阿富汗。是联系三大洲、沟通两大洋的世界海际空交通要冲，有“三洲五海之地”的美称，古代由中国通往西方的著名的“丝绸之路”横贯西亚，地形以高原为主，气候炎热干燥，属于荒漠、半荒漠景观，是世界石油宝库。属伊斯兰文化区，民族构成较复杂，阿拉伯人占多数，居民的宗教信仰也相当复杂，这里是伊斯兰教、基督教和犹太教等世界性宗教的发源地，目前以伊斯兰教徒人数最多，主要使用阿拉伯语，少数使用闪米特语。幼发拉底河与底格里斯河流域是世界古文明中心之一，当地人民在文学、数学、天文、历法、医学等许多方面对人类做出了重大贡献。

（二）主要景点

1. 日本景点

富士山：位于本州中南部。是日本第一高峰，世界著名火山及风景游览区。日本人民视其为圣山，已成为日本象征。

桂离宫：位于京都市东北。初建于 1620 年，1883 年成为皇室行宫。桂离宫的建筑和庭园，堪称日本民族建筑的精华，不少人认为它是“日本之美”的代表。

比睿山：位于京都市东北，为琵琶湖国立公园一部分。该山是日本佛教天台宗总本山，山上有建于公元 785 年的名寺延历寺。

岚山：位于京都西南，为世界著名风景游览区。四季景色各异，尤以秋天红叶和春天樱花景色驰名。1980 年，日本人民在岚山建周恩来总理纪念诗碑，上刻周总理 1919 年写的《风雨岚山：日本京都》诗全文。

唐招提寺：位于奈良市。公元 759 年，由唐代高僧鉴真和尚创建，为日本佛教律宗总

本山。寺内开山堂供奉鉴真的干漆夹纻坐像，系在他圆寂前仿其影像塑造。唐招提寺的建筑和众多佛像被日本定为国宝。

东大寺：位于奈良市。初建于7世纪中叶，是日本佛教华严宗总寺院。寺内的戒坛院系为鉴真大师传戒而建。

箱根：位于福冈和神奈川县交界处。为日本东部地区最大的温泉群，著名温泉疗养地。

江户城遗址：位于东京。江户城始建于15世纪中叶。为日本国家“特别史迹”。江户城西部的皇宫，现为日本天皇居所。

2. 新加坡景点

裕廊飞禽公园：是世界最大鸟类公园之一。拥有世界500多种、6000多只鸟，尤以东南亚稀有珍禽著称。

新加坡植物园：有2000多种植物，尤以1.2万多株名贵兰花为特色。

圣淘沙岛：是新加坡最佳度假地。有亚洲村、海底世界等景区及各种娱乐设施。

鱼尾狮塑像：位于新加坡河河口的狮头鱼尾传奇动物塑像，已成为新加坡的象征。

3. 泰国著名景点

帕提雅：位于暹罗湾。是泰国最负盛名的海滨旅游胜地。当地著名旅游项目有：东芭文化村（热带植物园，有驯象和传统文艺表演）、小人国（微缩景观）、“人妖”表演等。

大皇宫：位于曼谷。是几代泰国国王的宫殿，为泰国民族建筑文化的集中体现。

玉佛寺：位于曼谷。为皇家寺庙，寺中供奉的翡翠玉佛被列为三大国宝之一。

卧佛寺：是曼谷最古老和最大的寺院。供奉的金箔包裹的卧佛长46米，被列为三大国宝之一。

金佛寺：位于曼谷。供奉的金佛高3米，重5吨半，被列为三大国宝之一。

郑王庙：位于曼谷。系供奉泰王郑信坐像的皇家寺庙。郑王是华侨后裔，他于1768年驱逐侵占泰国的缅甸军队，复兴了泰国。庙内还有1809年建的婆罗门式尖塔（拉玛二世墓塔），高79米，为泰国最高之塔。

鳄鱼园：世界最大的鳄鱼饲养场。这里的驯鳄表演为著名旅游项目。

4. 马来西亚景点

国家清真寺：位于吉隆坡。1965年建成，是东南亚地区最大清真寺，可容8000人礼拜。

黑风洞：位于吉隆坡，为印度教圣地。溶洞中有建于1891年的印度教庙宇，供奉成百尊彩绘神像。

云顶高原：位于吉隆坡以北50千米，为著名度假胜地，有马来西亚唯一合法的赌场。

三宝山：位于马六甲市郊。1406年，三宝太监郑和下“西洋”时曾驻扎此山。山麓有三宝庙，系1795年为纪念郑和而建。三宝山又是中国境外最大华人墓地。

青云亭：位于马六甲市。建于1685年，为马来西亚最古老的中国庙宇，供奉观音、妈祖等神像。

5. 菲律宾景点

马荣火山：位于吕宋岛东南端。是菲最大的活火山，游览胜地。

塔尔湖：位于吕宋岛西南部。为巨大的火山口湖，面积 244 平方千米。湖中有一小岛，岛上有塔尔火山。是菲律宾避暑和游览胜地。

碧瑶：位于吕宋岛西部。为菲律宾的"夏都"。碧瑶四面环山，以花木繁丽、气候凉爽闻名于世。

椰子宫：位于马尼拄市。系用椰子树建成的大厦。室内地毯、家具、灯具、座钟和各式工艺品均用椰子树材料制成。

6. 印度尼西亚景点

婆罗浮屠佛塔：位于日惹市西北。是世界最大佛塔，与中国万里长城、埃及金字塔、柬埔寨吴哥窟并称为东方四大奇迹。建于八九世纪，形似山冈，共分 9 层，按佛教三界规划，为巨大的曼荼罗（坛场）。塔上有大小佛像 505 尊，佛本生故事浮雕 2500 幅。

巴厘岛：岛上风景如画，名胜古迹众多，有"诗之岛"之称。居民大多数信奉印度教，庙宇成千上万，故又称"千庙之岛"。神庙中以百沙基陵庙（祀当地阿贡火山之神）最著名。巴厘舞蹈及手工艺品在世界艺术史上享有独特地位。

茂物植物园：位于茂物市。是世界最大的热带植物园。

三宝庙：位于港口城市三宝垄市。为供奉明朝太监郑和的中国式祠庙。传说郑和出使"西洋"时，曾在此登岸。印度尼西亚华人每年农历六月十三日在此举行盛大庙会纪念郑和。

三色湖：位于佛罗勒斯岛一座火山之巅。按水面颜色，湖分左湖、右湖和后湖。左湖艳红，右湖碧绿，后湖淡青。

7. 韩国景点

景福宫：位于首尔，建于 1394 年。是李朝（1392—1910 年）时期汉城（首尔）五大宫之一，也是李氏王朝的正宫。拥有 200 多幢殿阁，主要建筑有勤政殿、思正殿、康宁殿、交泰殿、庆会楼、香远亭等。

石窟庵：位于庆州，建成于 774 年。白色花岗岩石窟内有佛、菩萨、天王、罗汉等石像数十尊，为新罗文化的代表作。已列入《世界遗产名录》。

佛国寺：位于庆州，建于新罗王朝时期。被誉为韩国最精美佛寺。已列入《世界遗产名录》。

海印寺：位于庆尚南道伽耶山。初建于新罗时期（802 年）。是韩国三大佛寺之一。寺内藏经板库建成于 1488 年，内藏离丽大藏经板 8 万余块，是世界佛教的宝贵文献。高丽大藏经板和藏经板库已列入《世界遗产名录》。

雪岳山：太白山脉的最高峰。山上有神兴寺、洛山寺等名胜古迹，又有众多溪谷瀑布等自然景观。是韩国著名旅游胜地。

济州岛：位于朝鲜半岛南端的亚热带岛屿。岛中央的汉拿峰是韩国最高峰。山顶有巨大的火山口湖白鹿潭。岛上还有 45 个火山熔岩洞窟和著名的正房瀑布。是韩国著名的避暑旅游胜地。

8. 澳大利亚景点

悉尼歌剧院：位于悉尼，三面环海。其建筑外形宛如扬帆出海的船队，又像一组大贝壳。世界公认为20世纪最美建筑之一。已成为悉尼和澳大利亚的标志。

大堡礁：位于东北部海域，为世界最大珊瑚礁群。其珊瑚绚丽多彩，造型千姿百态。人称“度假天堂”。

黄金海岸：位于昆士兰州东南，靠近热带、亚热带地区。因有一段长32千米的金黄色海滩而得名。是澳大利亚人最喜爱的海滨度假旅游地。

## 我家有沙发

驴友们好！我最近才看到沙发客这名字，也去了解了不少，一下子就疯狂爱上了这旅游方式。想去当沙客，也想接待沙客。如果我被接待会给别人带来什么不便之处，当我去做沙客时可以减少给别人麻烦。我住在美国纽约，在2013年9月5日—2013年9月10日可以接待男、女沙客，也可以当导游让你更深入地了解当地文化和交流。但希望过来之前可以提前预约和提供证件。还可以提供早餐，驴友们对我的厨艺大可放心，之前在一些星级西餐店做过厨。自已现在是日餐和西餐的大厨。吃住都解决了当然讲玩这方面了，如果你没节目或找人陪当导游，我有空可以带你走走。

到了纽约第一件事当然是买张地铁卡了，在纽约地铁很方便可以去到每一个角落。

(1) 自由女神像：自由女神像已经成为美国自由的象征，迎接为了追求美好生活而来到美国定居的各地移民。你可以坐船到岛上，门票25美元，我去过但觉得无须花这钱因为在岛上没什么好观看，现在也不让入内部走上火炬里。所以我会带你到第二个景点坐船经过自由女神拍照留念，重点是坐船是免费的。

(2) 史泰登岛渡轮：史坦顿岛渡轮是从下曼哈顿至史坦顿岛的免费渡轮，面向经常往返两地的当地居民和那些希望参观纽约港和自由女神像的游客。

(3) 洛克菲勒中心：位于曼哈顿市中心的洛克菲勒中心以其圣诞树、溜冰场、这景点在圣诞节去比较有气氛。

(4) 帝国大厦：是《北京遇上西雅图》场景之一。厌倦了仰视纽约城里的摩天大楼了，何不尝试从帝国大厦的顶楼俯瞰纽约市的景色，如果你提前在网上购票，就可以避免排着长队等待帝国大厦的门票了。所以提早通知我是对的可以省了50美元的门票。

(5) 美国自然历史博物馆：电影《博物馆奇妙之夜1》拍摄景地。

(6) 中央公园：150多年以来，中央公园已经成为人们暂时避开充斥着混凝土气息的纽约市的好去处。在这里散散步，划划船，或者享用一顿野餐，你就能发现中央公园为什么受人欢迎了。划船10美元，一小舟可以坐5个人，平均每人2美元，非常值得玩。

(7) 纽约大都会博物馆：纽约大都会博物馆馆藏极为丰富，容纳了200多万件来自世界各地的艺术品。大都会博物馆无疑是非常值得参观的标志性艺术博物馆。喜欢艺术的人可以在这里观看几天都看不完，我有个朋友看了一个星期。我觉得他神经病，但艺术家都是这个样。

(8) 纽约现代艺术博物馆：蒂莫西·赫斯利于1929年成立的纽约现代艺术博物馆是第一家致力于推广现代艺术的博物馆。纽约现代艺术博物馆丰富的现代艺术展品令人过目难忘。从绘画、雕塑到电影和建筑。里面有个下雨的艺术特好玩，在一个房间里全都下雨，但你走过的地方雨都停了。所以在雨中走不湿身。

(9) 唐人街：身为中国人当然要走一趟的地方了。

(10) 时代广场：不想睡就去这里了，夜里去比早上去更好！这里的夜景和灯光太美了。夜里三四点还全都是人来人往的。

(11) 第五大道：在60街到34街之间的第五大道，则被称为“梦之街”，因为这里聚集了许多著名的品牌商店，是高级购物场所。据英国一家咨询公司对全球45个国家所做的年度调查显示，第五大道仍是全球租金最贵的零售业场所。第五大道商铺的年租金可超过每平方英尺1000美元。

话外题我会在9月20号左右从广州出发，经过的地方有广东—广西—云南—西藏—四川—陕西—山西—北京—河北—河南—湖北—湖南—广州。经过那些地方有名的景点都走一趟，希望各位驴友可以同行的请加我QQ，或提供住宿，或在景点处可相约游景点，互相交流经验也行。

（资料来源：中国沙发客网）

## 四、非洲旅游大区

非洲旅游大区（非洲所有国家），是以高原为主的热带干燥大陆，自然景观以赤道为中轴南北对称分布，此外，东非大裂谷也是非洲自然地理上的一大特色。非洲有世界上面积最大、最典型的热带稀树草原和热带荒漠、半荒漠，热带雨林范围也不小，多天然动物园，使非洲有“世界自然资源博览会”之称。属非洲文化区，居民的种族构成复杂，兼有世界上黑、白、黄三大人种的成分，其中大多数属于黑种人——尼格罗人种，为世界黑种人的故乡。语言复杂，以昆日尔—刚果语系和科伊桑语系为主，宗教多样化，信仰伊斯兰教和基督教的各约1亿人，信仰原始宗教的约有2万人。尼罗河流域是世界文明的发祥地之一，闻名世界的金字塔显示了古埃及人民惊人的创造力。本大区由于长期遭受侵略，文化落后，经济不发达。在旅游业方面，非洲是一个发展中的大陆，许多资源有待进一步开发。

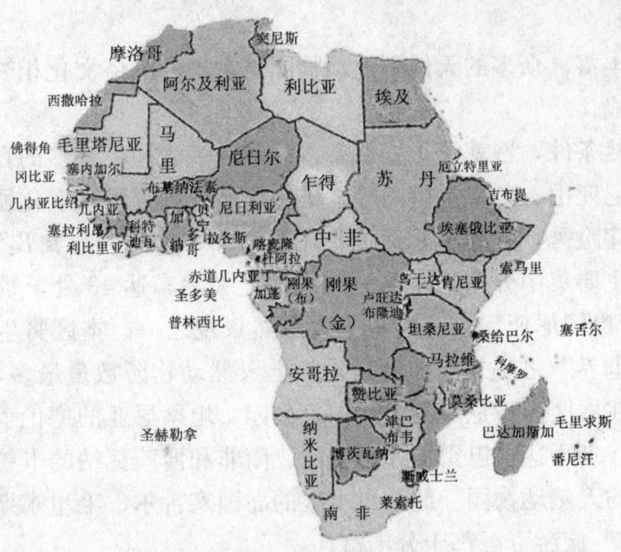


图 12－4　非洲旅游区图

（一）旅游资源概述

1. 北非旅游区

北非是非洲旅游业最发达的地区。埃及、突尼斯、摩洛哥等国都是知名度很高的国际旅游目的地。本区旅游资源丰富多样，其中，灿烂的历史文化与阳光海滩，是北非最主要的特色。

北非是孕育世界古代文明的摇篮之一。埃及、摩洛哥、突尼斯等都是非洲著名的文明古国。悠久的历史、灿烂的文化，留下了众多的名胜古迹。埃及的金字塔、亚历山大庞贝柱、底比斯古城遗址及其神庙、石质帝国陵墓群、突尼斯的迦太基城遗址等，都是非洲古代文明的见证，大多被列入了世界文化遗产名录。同时，北非地区还深受腓尼基、希腊和罗马文化影响，境内代表这些文化的文物古迹广泛分布。北非居民以阿拉伯人为主，大多信仰伊斯兰教，宗教在人们生活中占有重要的位置。埃及、突尼斯、摩洛哥等国，都拥有在伊斯兰世界占有重要地位的宗教圣地和遗迹，成为穆斯林朝圣者的宗教旅游活动中心。埃及有“尼罗河赠礼”之说，埃及人民把尼罗河尊为圣河，沿岸风光秀丽，城镇稠密，古迹众多。举世闻名的苏伊士运河有“世界航运十字路口”之称。其繁忙的景象、沿海城镇风光、中东战争遗址等都是不可多得的旅游胜地。

地中海沿岸、红海之滨的阳光海滩，充满了神话般迷人的风情，是北非最亮丽的一道自然风光。埃及的亚历山大、马特鲁，突尼斯的突尼斯城、苏萨，摩洛哥的拉巴特等地中海沿岸城市中，都有独具魅力的海滩度假地。北非南部横亘着世界上最大的撒哈拉沙漠，茫茫沙海浩瀚无边，点点绿洲如世外桃源，独特的大漠风情吸引着越来越多的游人。埃及、突尼斯、阿尔及利亚等沙漠周边国家都开展了形式多样的沙漠旅游，尤其以突尼斯的国际沙漠联欢节最具特色。

2. 南非旅游区

本区旅游资源丰富，众多的天然野生动物园与古朴的民俗文化相映生辉，构成了南部非洲最主要的风景线。

本区优越的自然条件，造就了千姿百态、数量众多、种类繁多的自然风景。赤道雪峰乞力马扎罗山、肯尼亚山、鲁文佐里山等，雄伟峻峭，垂直景观变化剧烈，蔚为壮观。东非大裂谷，谷壁雄伟险秀，谷地林木葱茏，湖泊棋布，多飞鸟水禽出没，一派盎然生机。非洲众多的瀑布，主要集中分布在本区。刚果河上大瀑布达 43 处，赞比西河上大瀑布多达 72 处，其中莫西奥图尼亚瀑布为世界七大自然景观之一。本区野生动物极其丰富，为非洲赢得了“动物世界”之美誉。非洲是世界上天然动物园数量最多，面积最大的一洲，它们主要集中分布在本区。肯尼亚的察沃国家公园、坦桑尼亚的塞伦盖蒂国家公园、赞比亚卡富埃国家公园、乌干达卡巴雷加瀑布公园、南非和博茨瓦纳的卡拉哈里羚羊国家公园等，都是享誉世界的天然动物园。此外，本区的岛国塞舌尔、毛里求斯、科摩罗、圣多美和普林西比等，“3S”旅游资源都十分丰富。

本区是世界上黑种人的故乡，有“黑非洲”之称，黑人占本区总人口的 90％以上。生活在这里的黑人分属于几百个不同的部族，仅肯尼亚就有 42 个部族。不同的部族有着各自的语言、风俗习惯和原始的宗教信仰，形成了多姿多彩的民俗风情。贝宁维冈的水上村庄等富有特色的民居建筑，马赛人、图阿雷格人等的奇特服饰装束，形形色色的婚丧嫁娶、节日庆典、宗教信仰，古老的酋长制遗风，独特的音乐、舞蹈、绘画艺术、体育竞技，以及制作精巧的手工艺品等，对境外的游人有着巨大的吸引力。此外，本区的肯尼亚还是人类发源地之一。位于其西北部的史前人类遗址，为目前世界上已发现的最早的石器时代聚居地之一，既有重大的科研意义，又有很高的观赏价值。

（二）主要景点

1. 埃及景点

埃及博物馆：坐落在开罗市中心的解放广场，1902 年建成开馆，是世界上最著名、规模最大的古埃及文物博物馆。该馆收藏了 5000 年前古埃及法老时代至公元六世纪的历史文物 25 万件，其中大多数展品年代超过 3000 年。博物馆分为二层，展品按年代顺序分别陈列在几十间展室中。该馆中的许多文物，如巨大的法老王石像、纯金制作的宫廷御用珍品，大量的木乃伊、及重 242 磅的图坦卡蒙纯金面具和棺椁，其做工之精细令人赞叹。

金字塔：埃及共发现金字塔 96 座，最大的是开罗郊区吉萨的三座金字塔。金字塔是古埃及国王为自己修建的陵墓。大金字塔是第四王朝第二个国王胡夫的陵墓，该金字塔内部的通道对外开放，该通道设计精巧，计算精密，令人赞叹。第二座金字塔是胡夫的儿子哈佛拉国王的陵墓，建于公元前 2650 年，比前者低 3 米，但建筑形式更加完美壮观，塔前建有庙宇等附属建筑和著名的狮身人面像。狮身人面像的面部参照哈佛拉，身体为狮子，高 22 米，长 57 米，雕像的一个耳朵就有 2 米高。整个雕像除狮爪外，全部由一块天然岩石雕成。由于石质疏松，且经历了 4000 多年的岁月，整个雕像风化严重。第三座金字塔属胡夫的孙子门卡乌拉国王，建于公元前 2600 年左右。当时正是第四王朝衰落时期，金字塔的建筑也开始衰落。门卡乌拉金字塔的高度突然降低到 66 米，内部结构纷乱。

尼罗河：发源于埃塞俄比亚高原，流经布隆迪、卢旺达、坦桑尼亚、乌干达、肯尼亚、扎伊尔、苏丹和埃及九国，全长6700千米，是非洲第一大河，也是世界上第一条最长的河流，可航行水道长约3000千米。

苏伊士运河：位于埃及东北部，扼欧、亚、非三洲交通要冲，沟通红海和地中海、大西洋和印度洋，具有重要战略意义和经济意义。1859—1869年由法国人投资开挖，埃及有10万民工因此丧生。近年，通过苏伊士运河的船只日平均约60艘，运河年收入近20亿美元。

帝王谷：位于尼罗河西岸的一条山谷中，集中了许多国王和王室成员的陵墓，埋葬着第17王朝到第20王朝期间的64位法老，其中只有17座开放。最大的一座是第19王朝沙提一世之墓，从入口到最后的墓室，水平距离210米，垂直下降的距离是45米，巨大的岩石洞被挖成地下宫殿，墙壁和天花板布满壁画，装饰华丽，令人难以想象。

2. 肯尼亚景点

马塞马拉野生动物自然保护区：位于肯尼亚的西南角，方圆1500平方千米，与坦桑尼亚的塞伦盖蒂野生动物园毗邻，形成世界上最著名的野生动物保护区。保护区内动物繁多，数量庞大，约有95种哺乳动物和450种鸟类，是地球上大型野生哺乳动物最集中的栖息地，是非洲野生动物观光的第一目的地，也是世界上最好的禁猎区之一，著名电视节目《动物世界》中的许多镜头拍摄于此。每年从7月底到10月底这里都上演着世界上最壮观的野生动物大迁徙。

纳库鲁湖国家公园：位于肯尼亚裂谷省首府纳库鲁市南部，占地188平方千米，海拔1753～2073米。1960年，纳库鲁湖连同左近草地、沼泽、树林和山地被划为鸟类维护区，1968年正式辟为国家公园，是非洲地域为维护鸟类最早树立的国度公园之一。

树顶公园：位于肯尼亚中部高原（中央省）阿伯岱尔国家公园内，树顶始建于1932年。1952年2月，当时的英国伊丽莎白公主在肯游览时夜宿树顶，当晚其父乔治六世去世，英国王室当即宣布伊丽莎白公主继位。翌日清晨，伊丽莎白飞回伦敦登基，伊丽莎白历史性的在树顶登基成为女王。1983年英女王故地重游，在女王套间下榻，由此树顶家喻户晓。

3. 坦桑尼亚景点

塞伦盖蒂：位于坦桑尼亚，是坦桑尼亚最古老和最受青睐的国家公园，因动物一年一度大迁徙而闻名，迁徙时有六百万动物的蹄践踏开阔的平原，20多万只斑马和30万只汤氏瞪羚，均为寻找鲜嫩的牧草而加入牛羚的跋涉。然而，迁徙过后，塞伦盖蒂又展现出作为非洲最引人注目的动物保护区的本色：大群水牛、小群的大象和长颈鹿，数千只转角牛羚、东非狷羚、黑斑羚和葛氏瞪羚，景象壮观。

恩戈罗恩戈罗保护区：包括与它齐名的著名火山口、奥杜瓦尔峡谷、广袤无垠的高地平原、矮树丛，以及覆盖面积大约为8300平方千米的森林。是坦桑尼亚最美丽的地方之一，这里积淀着历史的足迹，云集着大量的野生动物。恩戈罗恩戈罗火山口通常被称作“非洲的伊甸园”，以及“世界第八大自然奇迹”。

桑给巴尔岛：由两座主要岛屿安古迦岛和奔巴岛，桑给巴尔城在安古迦岛上，桑给巴尔主要是指桑给巴尔城。桑给巴尔岛是世界上最美的岛屿之一，它像一颗璀璨的宝石一样镶在印度洋宁静水面上。

乞力马扎罗山：位于坦桑尼亚东北部及东非大裂谷以南约 160 千米，赤道与南纬 3 度之间，是非洲最高的山脉，也是一个火山丘。该山的主体沿东西向延伸将近 80 千米，主要由基博、马温西和希拉三个死火山构成，面积 756 平方千米，其中央火山锥呼鲁峰，海拔 5892 米，是非洲最高点。乞力马扎罗山素有“非洲屋脊”之称，而许多地理学家称它为“非洲之王”。

4. 南非景点

太阳城：在约翰内斯堡西北方向大约 250 千米处，是南非的著名旅游胜地，连续举办过五届的世界小姐选举。这里有创意独特的人造海滩浴场、惟妙惟肖的人造地震桥、优美的高尔夫球场和人工湖。有南非最大规模之一的赌博城全天 24 小时营业、人工海浪沙滩泳池、由南非籍的世界级设计师所设计的两个高尔夫球场。太阳城的美丽景色和魅力令前来观光者流连忘返。

好望角：位于大西洋和印度洋的汇合处，即非洲南非共和国南部。强劲的西风急流掀起的惊涛骇浪常年不断，这里除风暴为害外，还常常有“杀人浪”出现。这种海浪前部犹如悬崖峭壁，后部则像缓缓的山坡，因此，这里成为世界上最危险的航海地段。

黄金城：位于约堡南部，是在金矿旧址上建立的主题公园，也是约翰内斯堡最出名的旅游点。园内逼真地重现了 18 世纪后期至 19 世纪初期淘金热潮时黄金城的建筑，有反映当时繁荣的银行、邮局、警察局、餐厅、酒吧等。

5. 南极洲旅游大区

南极大陆没有永久居民，是一个最独特的潜在旅游区。这里几乎全部在南极圈（南纬 66°30′）范围内，自然条件极其严酷，外围大洋水域又有宽广的浮冰区。大陆陆地表面平均高度为 2600 米，由高原和山地构成，上覆巨厚的冰盖，仅极少数山峰出露于冰盖顶部。冰盖厚 2000 米以上，最厚可达 4800 米。气候恶劣，终年严寒，年平均气温为－55℃～－30℃，最低气温达－88.3℃；风暴猛烈，一年中大风日在 240 天以上，最大风速达 88.83 米/秒；降水稀少，年降水量仅 30～40 毫米。大陆几乎没有高等植物，但沿海却有令人感兴趣的企鹅、海象和海豹。

南极大陆远离世界人口密集区，特别是距世界主要国际旅游客源区十分遥远。而且，去南极大陆需要乘特制舰船。目前除科学考察、探险者到达外，已有旅游者乘船到达南极。自 1885 年到 1992 年 3 月，全世界共有 296 次旅游客轮航班，运送了 43000 多位旅行者到达地球南端的这个大陆。通常，赴东南极大陆从新西兰、澳大利亚或南非的港口启航；赴西南极大陆从智利、阿根廷或乌拉圭的港口起航。

## 任务实施

考虑到沧海一沙的经济条件，建议他及他的伙伴们由近及远的进行环球航行。可以先考虑中国周边的出境游，然后亚洲—欧洲—澳洲—美洲—非洲逐一开始旅游。也可以在沙客网上找沙发，根据沙发所在的位置进行旅行。

## 任务总结

出境游需要一定的经济实力和空闲时间，大学生有寒暑假，但经济实力有限，所以要实现出境游，认识世界，最好选择合适的出游方式。

## 实训项目

### 世界旅游区填图

**实训内容**

世界主要旅游区填图要求：在空白世界地图上用彩笔区分世界七大旅游区。

图 12－5　世界主要旅游区图

**实训建议**

1. 以项目团队为学习小组，2 人一组；
2. 各项目团队说出各旅游区所包括的国家；
3. 评价与总结：由教师和其他团队成员进行现场点评，以鼓励为主。

## 复习思考题

1. 世界七大旅游区是？
2. 世界七大旅游区的特点分别是什么？
3. 世界七大旅游区发展最快的旅游区是哪个？它的特色旅游有哪些？

# 参考文献

［1］王春梅．中外热点旅游线路［M］．北京：中国物资出版社，2012.
［2］都大明．中国旅游文化［M］．上海：上海交通大学出版社，2008.
［3］肖星．中国旅游资源概论［M］．北京：清华大学出版社，2006.
［4］吕连琴．中国旅游地理［M］．郑州：郑州大学出版社，2006.
［5］蓝勇．中国历史地理［M］．北京：高等教育出版社，2002.
［6］郭武备．中国的世界遗产导游词［M］．北京：中国建筑工业出版社，2012.
［7］唐富龄．历代小品妙语［M］．北京：崇文书局，2010.
［8］赵宏．中国旅游文化概览［M］．西安：西安交通大学出版社，2010.
［9］叶骁军．中国旅游资源基础［M］．天津：南开大学出版社，2008.
［10］吴肖淮．旅游资源规划与开发［M］．北京：电子工业出版社，2009.
［11］吴春美．中国旅游地理［M］．北京：旅游教育出版社，2009.
［12］广东自助游（藏羚羊自助游系列）［M］．北京：人民邮电出版社，2011.
［13］海南自助游（藏羚羊自助游系列）［M］．北京：人民邮电出版社，2011.
［14］华东自助游攻略［M］．北京：中国旅游出版社，2012.
［15］华南自助游攻略［M］．北京：中国旅游出版社，2012.
［16］中国国家旅游局官网．http：//www. cnta. gov. cn/.
［17］中国各省市自治区政府官网，中国各省市自治区旅游委官网．
［18］人民网旅游频道．http：//www. people. com. cn/GB/index. html.
［19］百度百科．http：//baike. baidu. com/.
［20］马蜂窝网．http：//www. mafengwo. cn/.
［21］广东旅游局官网．http：//www. gdta. gov. cn/.
［22］沙发客．http：//www. cnsfk. com/.
［23］西樵山官方网站．http：//www. xiqiaoshantour. com/.
［24］丹霞山风景名胜区官方网站．http：//www. danxiashan. org. cn/.
［25］开平碉楼门户网站．http：//www. kptour. com/.
［26］广州市白云山风景区．http：//www. baiyunshan. com. cn/.
［27］广东连州地下河旅游网．http：//www. lzdxh. com/lzdxh/index. asp.
［28］中国福建·福建省人民政府政务网．http：//www. fujian. gov. cn/.
［29］福建旅游之窗．http：//www. fjta. com/.

[30] 福建省旅游局政府门户网站. http：//www. fjta. gov. cn/.
[31] 阳光海南网. http：//www. visithainan. gov. cn/government/.
[32] 海南旅游资讯网. http：//www. visithainan. gov. cn/hainantravel/.
[33] 海南三亚大小洞天旅游区. http：//www. sanyapark. com/.